中国国际问题研究基金会丛书

国际问题纵论文集

2014 / 2015

主　　编：刘古昌

执行主编：沈国放

副 主 编：吴祖荣

世界知识出版社

编委会名单

顾　　问：张德广
主　　编：刘古昌
执行主编：沈国放
副 主 编：吴祖荣

编委会（按姓氏笔画为序）：
于振起　刘古昌　安惠侯　华黎明
李长华　张德广　沈国放　吴正龙
吴祖荣　陈德照　黄桂芳

序　言

　　进入新世纪以来，世界上发生了许多新的重大事件。国际形势正经历着深刻而又复杂的变化。维护世界和平，促进共同发展，扩大互利合作，既有有利条件，也出现不少不利因素，挑战和机遇并存。如何从纷繁复杂的世界大势中理出头绪，正确认识国际关系演变的趋势，是人们普遍关注的问题。世界上许多国家的专家、学者纷纷著书立说，予以论述。由于立场各异，视角不一，观点大相径庭。中国是当今世界最为活跃力量之一，在国际问题研究方面理应做出自己的贡献。

　　中国国际问题研究基金会是以促进我国学术界对重大国际问题进行综合性、前瞻性和战略性研究为宗旨的全国性法人团体。基金会的成员大多为中国前大使、参赞等资深外交官，他们具有外交工作实践经验，现在仍关心世界大势和中国的国际环境，继续追踪并研究国际形势和国际关系的发展趋势。基金会还拥有一批对国际政治、经济、军事、文化等方面进行研究的知名学者和专家。基金会经常就国际形势和重大国际问题举办研讨会，基金会的成员还不时有著作问世，有些经常活跃在电视媒体上，有些经常撰写文章，发表在国内著名报刊上。不能说他们的论点或阐述都很正确或完整，但是这些作者具有以下两个共同的特点：一是写作态度严肃认真；

二是努力学习和运用辩证唯物主义和历史唯物主义的观点与方法去观察、分析问题。他们在掌握大量材料的基础上，力求分析问题的本质，指出发展的趋势，所言所写都值得参考。

现在中国关心世界大势的人越来越多，人们希望从中找到正确的答案。中国国际问题研究基金会决定把基金会成员每年撰写的文章精选整理成册，形成国际问题研究丛书，这是一件很有意义的工作。我虽然已从外交工作第一线退了下来，但对国际问题研究仍然十分关注，故乐为之序。

钱其琛

目　　录

中国外交

国际形势

大国动态和大国关系

周边动态

中东问题

非传统安全问题

发展中国家形势

中国外交

传承和发展和平共处五项原则

黄桂芳[①]

内容提要：中国首倡的和平共处五项原则，历经60年国际风云变幻的考验，具有强大的生命力，成为当代世界指导国际关系的行为准则。在新的历史时期，中国坚定不移地走和平发展道路，推出新理念、新倡议和新举措，彰显中国和平外交和走社会主义特色道路的特点，愿为促进世界和平和各国共同发展做出更大的贡献。

关键词：和平共处五项原则　和平发展　合作共赢

2014年，我们迎来了和平共处五项原则发表60周年，中国、印度和缅甸举办了一系列纪念活动。1954年6月28日、29日，周恩来总理出访印度和缅甸时，同印度总理尼赫鲁、缅甸总理吴努发表联合声明。这两份严正声明都强调维护国家主权独立，"各国人民都应该有选择他们的国家制度和生活方式的权利，不应受到其他国家的干涉"。联合声明表示：互相尊重主权和领土完整、互不侵犯、互不干涉内政、平等互利、和平共处五项原则是处理国与国关系的基本准则。一个甲子以来，无数事实表明，这些符合联合国宗旨和宪章的原则经久不衰，具有强大的生命力。和平共处五项原则，是中国外交理论的基础和在实践中不断发展丰富的指南。它逐步为国际社会包括广大的发展中国家、发达国家作为指导国家关系的基本准则始终发挥着重要的作用，对争取建立更加公正、合理的国际政治、经济新秩序，具有重大的意义。五项原则作为国际法原则体系，随着国际形

---

① 作者系中国国际问题研究基金会研究员，中国前驻外大使。

势的发展，不断被赋予新的内涵，从"和平共处"到"和平发展"，再到"合作共赢"的"利益共同体"、"命运共同体"，既有传承，更有发展，必将以其广泛的适用性，继续为亚洲乃至世界和平与发展做出重要贡献。

一、中国首倡的和平共处五项原则日益成为当代世界指导国际关系的行为准则

第二次世界大战结束后，亚洲、非洲和拉丁美洲国家争取民族独立和解放的斗争风起云涌，一个又一个国家摆脱殖民主义的桎梏，取得了独立。但是，帝国主义、殖民主义并不甘心，它们通过干涉别国内政或以武力威胁甚至使用武力，力图夺回失去的地盘。在此形势下，获得独立的国家迫切需要建立平等的新型国家关系，以维护国家主权和振兴民族经济。

中国和印度是亚洲的两个大国，又是山水相连的近邻。两国人民通过艰苦不懈的斗争，终于分别在1949年和1947年获得了解放和取得了独立。新中国诞生后，印度是第一个与中国建交的非社会主义国家（1950年4月1日中印两国正式建交）。但是，西方殖民主义统治造成的中印之间一些历史遗留问题阻碍着两国关系的发展。中国多次表示两国间存在的问题可以通过和平谈判解决。周恩来总理兼外长1953年12月31日接见来北京谈判"西藏问题"的印度政府代表团时说："新中国成立后就确立了处理中印两国关系的原则。那就是互相尊重领土主权、互不侵犯、互不干涉内政、平等互惠、和平共处的原则。"① 周恩来总理的主张得到了印度的赞同。这就是中国首次完整提出的"和平共处五项原则"。中印两国1954年4月29日达成《关于中国西藏地方和印度之间的通商和交通协定》的序言中就载入这一原则。这是首次在国际条约中以五项原则作为指导国家间关系的准则。1954年6月下旬，周恩来总理先后访问印度和缅甸，分别同两国总理发表联合声明，并在声明中共同向全世界倡导和平共处五项原则，指出，

---

① 　1954年10月周恩来总理访印与尼赫鲁总理会谈，同月与日本访华团谈话以及中苏《联合宣言》中把"互相尊重领土主权"改为"互相尊重主权和领土完整"，把"平等互惠"改为"平等互利"，从而将和平共处五项原则的表述正规化。

"如果这些原则为一切国家所遵守，则社会制度不同的国家的和平共处就有了保证，而侵略和干涉内政的威胁和对于侵略和干涉内政的恐惧就将为安全感和互信所代替。"中国坚持通过和平方式解决国家间的分歧和争端，与14个邻国中的12个彻底解决了陆地边界问题。中国主张，东海、南海有关争议应由当事国在尊重历史事实和国际法的基础上通过友好协商和谈判解决。

半个多世纪以来，中国与发展中国家在建交公报和签署的条约、协议中，一向主张以和平共处五项原则作为处理国与国关系的准则。和平共处五项原则一旦为发展中国家所理解和接受，就会产生很好的效应。对此，我本人有过亲身的体会。1997年4月，我作为中国政府代表，主持同库克群岛建交谈判。在第一轮谈判时，我着重向对方阐述和平共处五项原则，并指出这是两国谈判的政治基础，然后才提出我谈判的具体原则。库方谈判代表雅维塔·肖特是个法律、英语专家，熟悉《联合国宪章》和《维也纳外交关系公约》。他饶有兴趣地听我介绍五项原则并耐心地记下。他思考一番后说："和平共处五项原则是《联合国宪章》宗旨和原则的继承和发展。"他当场表示完全接受并允报其政府。这些原则后来写入两国建交公报。在6月27日举行的第三轮谈判遇到棘手的涉台问题时，我即指出，在公报中明确就"台湾问题"表态，是"相互尊重主权和领土完整"的具体化，也是库方对中方的政治承诺。在之后的两轮谈判中，经过有针对性的工作，双方通过友好会谈达成协议。库方"承认中国政府关于世界上只有一个中国、台湾是中华人民共和国领土不可分割的一部分的立场，承认中华人民共和国是中国唯一合法政府并重申不与台湾发生任何形式的官方关系的一贯政策"。

中国在与西方发达国家处理相互关系时也采纳和平共处五项原则。早在20世纪60、70年代，中国与法国、加拿大、意大利和日本等西方国家签署建交公报时，双方一致确认要在和平共处五项原则的基础上发展相互关系。1972年2月在美国总统尼克松访华期间发表的《中美上海公报》，明确提出应根据尊重各国主权平等、和平共处的原则来处理国与国之间的关系。1978年12月，中美两国政府发表建交联合公报，重申双方一致同意和平共处五项原则。

中国一向认为，不仅不同社会制度国家应严格遵循和平共处五项原则，社会制度相同的国家更应该遵循这些原则，妥善处理相互关系。早在1950年初，毛泽东、周恩来率领我代表团去莫斯科同斯大林会谈，后签订了《中苏友好同盟互助条约》。条约规定："双方保证以友好合作的精神，遵照平等、互利、互相尊重国家主权与领土完整及不干涉对方内政的原则"，发展和巩固两国之间的联系。条约进一步确立了"和平共处五项原则"为新中国处理国家关系的准则，表明即使对于同是社会主义国家的苏联也不例外，还明确地突出了"不干涉对方内政"的原则。1954年10月苏联领导人访华时，中苏两国发表的联合宣言就采纳了五项原则的内容。1956年发生波兰和匈牙利事件后，中国政府于11月1日发表声明，第一次提出了社会主义国家应当以和平共处五项原则作为发展相互关系的基础。直到1989年5月中苏两国领导人会晤后重申，要在和平共处五项原则基础上建立睦邻友好关系。

1945年签订的《联合国宪章》确定的国际关系的基本准则是：会员国主权平等，和平解决国际争端，不以武力相威胁和使用武力，不得干涉本质上属于会员国内部管辖的事务等。时隔9年，由中国首倡的和平共处五项原则，是完全符合联合国宗旨和宪章的，而五项原则作为一个有机的整体，就其表述的方式和内涵而言都比联合国原则更全面、更完备、更科学，因而更具有强大的生命力。1957年，第12届联大通过了写有五项原则内容的决议《各国和平和睦邻关系》，第一次以联大决议的形式在全球范围内确认了五项原则。1961年第一次不结盟会议宣言提出，和平共处五项原则是代替冷战和避免发生全面核战争的唯一途径。

诚然，至今没有一部像《联合国宪章》那样有权威性和普遍约束力的国际文献明确规定和平共处五项原则是世界各国都必须遵守的国际行为准则，但是，在现今世界上存在的200个左右的国家（其中联合国成员国192个）中，同中国已正式建交的169个国家和摩纳哥公国在与中方签订的各种双边条约性文件包括建交联合公报中，都接受了和平共处五项原则。因此可以说，和平共处五项原则已越来越成为世界公认的指导国与国关系的行为准则。

二、和平共处五项原则在国际舞台展现出东方人的聪明才智

　　1955年4月，周恩来总理传承中国亲仁善邻的和平思想并发扬光大。在亚非国家第一次召开的没有西方殖民国家参加、自主讨论切身利益问题的万隆会议上，周恩来总理既坚持原则立场，又采用"求同存异"方针化解与会者的疑虑和误解，三次力挽狂澜，促使万隆会议顺利举办。这次会议在五项原则基础上确认了指导亚非国家关系的十项原则，意义非凡。参会各国达成了"求同存异，团结合作，反帝反殖，维护独立"的共识。万隆会议后，亚非民族独立解放运动出现了新高潮。

　　20世纪90年代初，我出使菲律宾，时任菲律宾副外长的苏亚雷斯同我忆起万隆会议。他说，1955年，参加会议的菲律宾代表团团长卡洛斯·罗慕洛（1899—1985，先任外长，时任驻美大使）是众所周知的反共亲美的资深外交官，在万隆会议初期曾与少数人一起在会上攻击共产主义，声称面临中国"颠覆"威胁。黎巴嫩代表还节外生枝，提出"和平共处"是共产党语言，不同意中国的主张。① 周恩来总理见与会代表普遍赞同五项原则的内容，当即采取灵活态度，同意将"和平共处"改为"和平相处"，将五项原则扩增为十项原则。与会代表为周恩来总理富有哲理、打动人心的发言和真诚的人格魅力所感动。周恩来总理表示："中国代表团是来求团结而不是来吵架的。……是来求同而不是来立异的。……从解除殖民主义痛苦和灾难中找共同基础，我们就很容易互相了解和尊重、互相同情和支持，而不是互相疑虑和恐惧，互相排斥和对立。我们与会者应当求同而存异，将共同的愿望和要求肯定下来。"罗慕洛认为，周恩来不顾发生"克什米尔公主号事件"仍毅然率中国代表团与会，表明中国的一片诚意。他的诚挚表态合情合理，打动人心，因而，罗慕洛转变态度，同周恩来进行友好接触，出席他的宴请，并赞成中国的和平共处原则。与会者一致赞同周恩来总理的意见和建议，十项原则从而载入会议通过的《最

_____

　　① 尹承德：《历史的丰碑——纪念周恩来总理首倡和平共处五项原则60周年》。

后公报》中。万隆会议"各国和平相处和友好合作十项原则"成为和平共处五项原则的扩充和延伸。

苏亚雷斯称赞说:"为确保万隆会议的顺利召开,东方人的智慧甚至让对手转变立场在周恩来身上淋漓尽致展现出来,令人佩服!他以高超的外交智慧和技巧推动了会议进程,并使亚非会议获得成功!"

和平共处五项原则,打破了几百年来西方在国际法治上制定游戏规则而造成的"霸道"局面,并让美国独霸世界的全球战略暴露无遗。1961年,肯尼迪就任美国总统后提出"一手抓橄榄枝、一手抓箭"的所谓"和平战略"。60年后,美国为维持在世界的"领导作用"战略重心东移,自2008年起高调"重返亚太",实施"再平衡"战略,妄图主导亚太地区的安全形势,遏制中国的和平发展,也有继续管控盟国的意图。美国在中国周边纵容少数国家对华挑衅、发难,挑起东海、南海争端。但是,中国坚持走和平发展道路,将一如既往地成为地区和平最坚定的捍卫者和地区发展最有力的促进者。

三、中国积极倡导在和平共处五项原则基础上建立国际新秩序

冷战结束以来,发展中国家面临外来干涉的风险要比冷战期间大,和平共处五项原则特别是维护主权独立和不干涉他国内政这两项关键的原则面临严峻的考验。早在恐怖分子袭击美国的"9·11"事件之前,西方国家就侈言世界动乱的根源在发展中国家,特别是在那些动乱不定、贫困的发展中国家。他们提出"人权高于主权",声称要对别国实施"人道主义干预",甚至力主发动"先发制人"的战争。这些都是公然违背《联合国宪章》的"新帝国主义论",也是践踏1965年第20届联大通过的《关于各国内政不容干涉及其独立与主权之保护宣言》的行径。

世界人民在20世纪经历了两次世界大战和一次全球性的冷战后日益认识到,维护世界和平,促进共同发展,需要各国共商大计,建立新的国际政治、经济秩序。阿尔及利亚总统布特弗利卡代表非洲国家在联合国大会上抨击以"维护人权"的名义干涉他国内部冲突的倾向。他强调,非洲

国家"对自己的主权遭到任何损害仍然很敏感"，主权是非洲国家"防止出现不平等世界秩序的最后防线"。他的讲话充分显示了发展中国家珍视自己的主权、反对外来干涉的决心。

邓小平1974年在联大特别会议上提出，国家之间的政治和经济关系都应当建立在和平共处的基础上。20世纪80年代，邓小平指出，世界总的局势在变，各国都在考虑相应的新政策，建立新的国际秩序。"我们应当用和平共处五项原则作为指导国家关系的准则"，"其它方式，如大家庭方式，'集团政治'方式"，'势力范围'方式，都会带来矛盾，激化国际局势。"

近年来，冷战虽已结束，但以大欺小、以强凌弱、干涉内政、侵犯主权、武装侵略和占领他国领土等霸权主义和强权政治依然存在，严重地阻碍着世界和平、稳定与发展。世界各国人民渴望改变现状，建立更加公正、合理的国际政治、经济新秩序。中国一再主张在和平共处五项原则的基础上建立国际新秩序。

进入新世纪，国际形势发生着深刻复杂的变化。人类面临着难得的发展机遇，也面临着严峻的挑战。世界多极化、经济全球化、文化多样化和社会信息化的趋势在曲折中加速推进。同时，世界仍然很不安宁，不确定、不稳定的因素有所增加，但是，和平、发展、合作、共赢的时代潮流更加强劲。中国同印度、缅甸共同倡导的和平共处五项原则，历经半个多世纪，它的精神仍然光芒四射，在实践中内涵也在不断充实、发展。江泽民主席2002年11月指出："维护世界和平、促进共同发展的正确途径是，顺应时代潮流和各国人民的意愿，因势利导，积极推动建立公正合理的国际政治经济新秩序。"胡锦涛主席2004年在博鳌亚洲论坛年会开幕式上的主旨演讲中，向世界郑重表示，中国将在联合国宪章、和平共处五项原则的基础上，同亚洲各国发展全面、紧密的合作伙伴关系。2014年11月，习近平主席出席"金砖国家"领导人非正式会晤时强调，"金砖国家"合作要做到政治和经济"双轮"驱动，既做世界经济动力引擎，又做国际和平之盾，深化在国际政治和安全领域协调和合作，捍卫国际公平正义。"金砖国家"要积极参与国际多边合作，提高在全球经济治理中的话语权。

历史和现实的经验证明，以和平共处五项原则为基础建立国际新秩序，符合《联合国宪章》的宗旨和原则，反映了新型的国际关系的本质特征，符合各国人民的根本利益，有利于世界和平与发展。建立国际政治、经济新秩序将是我们长期努力争取的目标。

四、新时期谱写五项原则新篇章

和平共处五项原则是中国独立自主的和平外交政策和走和平发展道路的理论基石。60年来，中国始终坚持五项原则并身体力行，历届领导集体制定、实施国家对外政策都把五项原则作为基本原则和宝贵传统。和平共处五项原则符合全世界人民渴望和平、促进发展、加强合作的根本愿望。伴随着半个多世纪的风风雨雨、顺应历史潮流的这五项原则，在维护世界和平，促进共同发展，反对霸权主义和强权政治，在维护广大发展中国家的主权、独立、领土完整以及生存权和自由选择发展道路等方面，发挥了重大的、积极的作用。

进入新世纪新时代，国际形势正在发生深刻、复杂的变化，国际社会面临着一系列新问题、新挑战，和平共处五项原则在推进世界多极化、倡导国际关系民主化和发展模式多样化、促进经济全球化朝着有利于各国共同繁荣的方向发展等方面都将继续发挥巨大的作用。这是因为，要真正实现和平与发展这一广大国际社会成员的强烈愿望与共同利益任重道远，主权国家互相尊重主权和领土完整、互不侵犯、互不干涉内政、平等互利、和平共处、相互信任与安全，仍然是国与国关系中最具有重要意义的原则。在新世纪新形势下，我们坚持和平共处五项原则，并与时俱进，进一步弘扬其精神，应对新挑战，解决新问题，以逐步实现人类社会和平、发展与进步的崇高目标。

站在新的历史起点上，中国中央领导集体在传承五项原则基础上，坚持走中国特色社会主义和平发展道路，进一步在国际关系理论和实践上开拓创新，提出了一系列重大新理念和新倡议，在国际和地区合作中发挥引领作用。比如，胡锦涛主席2003年5月28日在莫斯科国际关系学院演讲时就提出"五应该"的外交思想，即："应该促进国际关系民主化，应该维护和尊重世界的多样性，应该树立互信、互利、平等和协作的新安全观，应该促进全球经济均衡发展，应该尊重和发挥联合国及其安理会的重要作用。"这些新主张对当今世界普遍存在的问题很有针对性，内容与提法也有很多创新，其中令世人耳目一新的"促进国际关系民主化"、"维护和尊重世界的多样性"和"新安全观"等，是对和平共处五项原则内涵的进一步充实。①

中国推动构建新型大国关系，旨在打破大国必霸、新老大国必有对抗的历史宿命，走出一条惠及各方的当代新路。中国高度重视与俄罗斯的战略协作。2014年以来，通过习近平主席和普京总统互访，中俄关系提升到全面战略协作伙伴关系新阶段。习近平主席和奥巴马总统就构建不冲突不对抗、相互尊重、合作共赢的中美新型大国关系达成重要共识。共识如转化为相互合作的动力，不但有利于双方，而且有利于世界和平与发展。

60年来，不管国际风云复杂多变和国内情势的发展，中国都恪守和平共处五项原则处理周边和国际关系。周边外交一直是中国整体外交的亮点，坚持奉行与邻为善、以邻为伴的周边外交方针和睦邻、富邻、安邻的周边外交政策。2013年秋天，习近平主席又提出了树立正确义利观、贯彻"亲、诚、惠、容"的周边外交理念以及打造命运共同体、建设丝绸之路经济带和21世纪海上丝绸之路等新倡议。2014年中国外交一大特点就是主场外交：上半年上海亚信峰会，下半年北京亚太经合组织（APEC）系列峰会，分别聚焦安全和经济两大重大问题。我们汇聚亚太智慧，响亮提出会议议题，表达新主张，进一步从"与国际接轨"转变为"国际规则的制定"，也为这两大机制的发展、共同应对全球性挑战注入动力。APEC会议成为提升中国软实力和中国引导国际舆论能力的重要契机。②11月8日，习近平主席在北京举行加强互联互通伙伴关系对话会上宣布，亚洲基础设施投资银行的筹建工作为"一带一路"沿线国的基础设施建设、资源开发已经迈出实质性一步，中国将出资400亿美元的丝路基金，提供投融资支持。习近平主席还在APEC工商领导人峰会作了题为《谋求持久发展

---

① 齐亚荣：《明辨笃行，继承创新——纪念和平共处五项原则发表60周年》，《外交季刊》2014年第112期。

② 陈文玲：《启动"亚太自贸区"的条件分析与可能性》，《中国经济时报》2014年11月7日。

共筑亚太梦想》的主旨演讲。11月11日，习近平主席在亚太经合组织第二十二次领导人非正式会议上宣布，中方将捐款1000万美元，用于支持亚太经合组织机制和能力建设，开展各领域务实合作。习近平主席强调："面对新形势，我们应该深入推进区域经济一体化，打造有利于长远发展的开放格局……大力推进亚太自由贸易区进程。"中国这些新主张和新举措，有助于推动中国和亚太国家经济一体化、创新发展、互联互通，把区域的经贸合作和各经济体共同繁荣提升到新水平。也向世界展示，中国的发展不仅不会损害别国利益，而且将惠及邻国、亚太以及世界。习近平主席在APEC工商领导人峰会上提出："我们应该通过坦诚深入沟通，增信释疑；应该秉持和而不同理念，尊重彼此对发展道路的选择；应该坚持互利合作，充分发挥各自优势，促进共同发展；应该变赢者通吃为各方共赢，共同做大亚太发展的蛋糕，共同促进亚太大繁荣。"

历史表明，中国是和平共处五项原则的积极倡导者，也是坚定实践者。中国是当代国际体系的参与者、建设者和贡献者。今天，我们纪念和平共处五项原则发表60周年，应当传承和发展五项原则，弘扬其主权观、平等观、和平观、义利观等，促进和平、发展，共建面向未来的互信、包容、合作、共赢的亚太伙伴关系，推动世界持久和平与共同繁荣！

"一带一路"顶层设计若干问题之我见

陈德照[①]

内容提要：中国国家主席习近平于2013年9月、10月提出的"一带一路"重要倡议适应了世界发展潮流和有关地区与国家的发展需求，主要是在参与国之间实现互联互通，平等互利，合作共赢，共建发展和命运共同体。丝路经济带具有很大的包容性质。对"一带一路"建设要站得高些，看得远些，用世界眼光破解资金难题。既要充分利用合作机遇，又要认真应对面临的严峻挑战。

关键词：和平与发展　互联互通　合作共赢　内外统筹　共建丝路

中国国家主席习近平于2013年9月、10月访问哈萨克斯坦和印度尼西亚时，分别提出了共建"丝绸之路经济带"和"21世纪海上丝绸之路"（下称"一带一路"）重要倡议。这一倡议的基本要义是借用千古传颂的古代丝绸之路的历史符号，突出和平发展、合作共赢的时代主题，积极主动地发展同沿线国家的经济合作，共同打造政治互信、经济融合、文化包容的利益共同体和命运共同体。[②]目前，这一倡议已经写入中国共产党十八届三中全会、周边外交工作座谈会和中央经济工作会议文件，在国内外受到广泛关注和热议。

这里，我对有关"一带一路"顶层设计的几个问题，提出一些个人的看法。

---

① 作者系中国国际问题研究基金会世界经济研究中心执行主任、研究员。

② 刘古昌：《在丝绸之路经济带建设与连云港的独特地位研讨会上的致辞》，2014年6月20日。

一

　　"一带一路"构想的提出和实施既符合中国改革开放新形势的发展需要，又和当前以及今后相当长时期中世界及世界经济发展趋势相适应。"一带一路"建设无疑将有力地推动我国中西部地区的开发，但我们不能过多地从开发中国中西部地区的有限角度来理解和看待"一带一路"建设。"一带一路"建设具有重要的世界意义。它对我国未来的发展环境将有重要影响。其涉及的地域之广、国家之多、内容之丰富多样，在我国对外经济合作历史上是前所未有的。在沿线国家中，既有中亚、西亚、南亚、东北亚等亚洲众多国家，也有欧洲、非洲、大洋洲和拉丁美洲等区域的国家；既有众多发展中国家，又有不少发达国家。在发展中国家中，既有发展中的中小国家，包括发展中的岛屿国家，也有发展中大国。这些国家在发展水平、社会制度、文化习俗等方面都存在许多差异。但不管对什么国家，我们都坚持平等和互利的原则，高举和平、发展、合作、共赢的旗帜，推动建立以合作共赢为核心的新型国际关系，坚持互利共赢的开放战略，把合作共赢理念体现到政治、经济、安全、文化等对外合作的方方面面。对沿线任何国家，我们都强调正确义利观，做到义利兼顾，讲信义、重情义、扬正义、树道义；坚持不干涉别国内政原则，坚持尊重各国人民自主选择的发展道路和社会制度；坚持通过对话协商以和平方式解决国家间的分歧争端，反对动辄诉诸武力或以武力相威胁。这样，就和超级大国霸权主义的外交行径和作风形成明显对比。这样的对比和变化显然有利于国际格局的变革和多极化趋势的进一步发展，促进国际秩序和国际体系的发展和变化。它们也充分说明了，我们应以世界眼光来看待和筹划"一带一路"建设。对于"一带一路"建设，我们要站得高一些，看得远一些。

　　当然，"一带一路"建设无疑将进一步拓展我国的发展空间，也为我国中西部地区发展提供重要机遇。但在世界经济的技术基础和产业结构在向更高层次发展、新科技革命和产业革命正在来临的大趋势下建设"一带一路"，不能把主要着眼点放在提升我中西部地区经济增长上，过度宣传我中西部地区增长速度如何"超过全国平均增长速度"。我们的主要着力点要放在提升我国和"一带一路"沿线国家产业结构和内生性发展动力上，在促进经济增长的同时，更着力于提高经济发展的质量和内涵。

二

一个时期以来，国际经济关系架构的发展呈现出一些明显特点。

一是双边关系、多边关系同时发展，国际经济关系的构成元素明显地多元化了。现在，我们不但有双边的经贸关系及架构，还有次区域的经贸关系及架构、区域性的经贸关系及架构、跨区域的经贸关系及架构以及全球性的经贸关系及架构。这五个架构元素基本上涵盖了当代国际经济关系的发展。

二是各个架构元素之间的发展是不平衡的。过去很长一个时期，双边经贸关系及架构占有主要地位。20世纪下半期，随着"关税及贸易总协定"（GATT）和随后"世界贸易组织"（WTO）的成立和发展，全球化一度占据主导地位。后来，亚洲许多国家又关注次区域经济组织的发展，一度出现了纷纷组织和参与次区域经济组织的热潮。20世纪90年代以来，经济全球化进入低潮，出现了"全球化倒退"的意见。人们的关注点更多地转向发展区域经贸关系及组织。与此同时，出现了像APEC那样的跨区域的合作机制。

三是国际经济关系各种架构元素之间的关系具有双重的性质：既有互相排斥甚至相互封锁的一面，又有相互促进的另一面。比如，区域经济组织的发展既有不利于经济全球化发展的一面，也有间接或直接促进全球化发展的另一面。因此，WTO的章程并不禁止成员方参加区域经济组织。目前，"一带一路"沿线国家绝大多数都是WTO成员方，很多同时又参加了一个或数个区域或跨区域经济合作组织。但"一带一路"建设具有很大的包容性。上述情况并不妨碍它们参加"一带一路"建设。

四是目前经济全球化发展势头明显受阻，这是大家都看到并有共识的。分歧主要在三个地方。第一，发展势头明显受阻是否意味着全球化倒退了? 实际情况是: 经济全球化发展势头虽然明显受阻, 但并没有倒退。正像习近平主席说的那样, 我们 "要充分估计世界经济调整的曲折性, 更要看到经济全球化进程不会改变。要充分估计国际矛盾和斗争的尖锐性, 更要看到和平与发展的时代主题不会改变"。[①] 第二, 经济全球化发展势头受阻是否等于它根本不发展了? 经济全球化发展势头虽然明显受阻, 但还在发展。WTO 多哈回合谈判历经 12 年僵局后, 终于在 2013 年底获得突破。2013 年 12 月 7 日发表了《巴厘部长宣言》, 达成 "巴厘一揽子协定", 很好地说明了这一点。第三, 美国积极推动 "跨太平洋战略经济伙伴协定"（TPP）和 "跨大西洋贸易与投资伙伴协定"（TTIP）谈判是否意味着已经放弃多边谈判的努力? 实际情况是, 美国并没有放弃多边谈判, 但把重点放到推动 TPP 和 TTIP 谈判去了。

　　五是出现了一些覆盖面很大的跨区域经济合作, 其中影响最大的是 APEC, 现在美国又在力推 TTIP 和 TPP 谈判。丝绸之路经济带的提出和逐步形成说明, 在 21 世纪的世界经济地图上, 可能出现 APEC、TTIP、TPP、丝绸之路经济带并立, 相互又竞争、又合作的局面。

　　对于中国来说, 今后很长一个时期都将面临经济全球化和区域一体化同时发展带来的机遇和挑战。"一带一路" 在中国对外关系布局中占有重要的地位, 它是亚洲腾飞的两只翅膀。与其他经济合作组织不同, "一带一路" 是中国发起和大力推动的。它源于亚洲、依托亚洲、造福亚洲。另一方面, 除了 "一带一路", 我们也是其他许多国际和区域经济组织的重要成员。它们对于我们实现中国梦都是重要的。这就需要我们在 "一带一路" 建设与上述各种组织之间统筹运作, 使它们在我国未来发展中能够发挥最佳的整体效应。这需要我们认真研究。

---

① 习近平总书记在中央外事工作会议上的讲话,《文汇报》2014 年 11 月 30 日。

三

在"一带一路"倡议下我们主要要做五件事：一是实现"政策沟通"。二是实现"道路联通"。三是实现"贸易畅通"。四是实现"货币流通"。五是实现"民心相通"。这就是大家常常说的"五通"。它是基础设施、制度规章、人员交流三位一体的整体，是全方位、立体化、网络状的大联通，是生机勃勃、群策群力的开放系统。五大领域既应齐头并进，不同时期又应有不同的侧重点。当前则宜把着重点放在"政策沟通""道路联通"和"贸易畅通"上，使沿线国家和人民能得到实实在在的好处。

首先是政策沟通。政策沟通在"一带一路"建设全过程中都十分重要。"政策沟通"当然要沟通双方的发展战略和有关政策，但它首先是我们尊重"一带一路"建设参与国主权领土的表现。目前的沟通重点首先在争取沿线国家政治上支持"一带一路"建设。现在，"一带一路"沿线多数国家或公开或内部均表示支持"一带一路"倡议，但这不等于这些国家今后"在政策和法律上"均会为"一带一路"建设"开绿灯"。从长远看，沿线国家今后在多大范围和多大程度上支持"一带一路"建设，归根结底取决于双方在多大程度上能够实现利益"对接"。鉴于目前沿线许多国家已制订中长期战略发展规划，我们宜在"经济社会发展战略有机对接"上把功课做深做实做透，以此为契机，实现两国共同利益最大化。与此同时，也同对方国家在解决社会、民生等问题上多加沟通，不能把"政策沟通"只限于经济领域。

其次是道路联通。既然是"丝绸之路"经济带，当然要先修路。"先修路，后致富"是中国改革开放的一条重要经验。经过几十年的发展，我们在这方面已经积累起相当雄厚的技术力量、管理经验和设备制造能力。在这个领域的许多方面，我们在世界上占有领先地位。而基础设施落后，管理不良，道路和运输不通或不畅通恰恰是沿线许多国家经济发展的"瓶颈"。从多数国家的情况看，目前解决道路联通的重点似宜放在三个方面。一是利用我技术设备和人才优势，通过建设高铁和高速公路等途径，帮助沿线国家改造现有的交通运输体系。二是消除阻碍道路联通的各种制度性障碍。三是通过筑建新的铁路、公路和航空线路，在"一带一路"区域内形成一个能把沿线国家联结在一起的交通运输网络，促进亚欧大陆经济一体化进一步发展。在所有这些方面，我们都宜把力量集中用于对"一带一路"道路联通有重大意义的项目。陆上丝路从中国经中亚到波斯湾是一个重要方向，海上丝路从中国经东南亚到印度洋也是重要方向，二者可以在西亚形成新的交汇点。鉴于这种情况，中国企业参建的从土耳其首都安卡拉至伊斯坦布尔的高速铁路于 2014 年 7 月 25 日全线通车，具有重要意义。土耳其交通部长埃尔凡说：这样的项目不仅促进了土耳其经济的发展，也将"造福古丝绸之路沿线所有国家"。[①] 像这样的项目具有示范作用，值得重点支持。

至于贸易畅通，由于它具有广泛的内容，需要多领域的合作。为了贸易畅通，我们首先要消除保护主义影响，这无疑是正确的，但保护主义并不是问题的全部。贸易不畅通的原因，各国非常不同。有的是因为没有出海口。有的是因为没有公路和铁路把它生产的商品从产地运出来，把它需要的商品运进去。有的是商品到了边境，由于过关手续烦琐，或者由于官僚主义盛行，商品长期滞留在海关仓库中。有的则是由于整个国民经济开放程度低，双方经济结构互补性差，对进出口贸易和外资的依存度低，不但流通环节的机制和设施落后，整个经济体系（其中包括交通运输）处于封闭状态。在很多地方，地方主义和地方利益起着非常重要的作用。这些问题只能逐步地解决。从这一个侧面也可以看到，"一带一路"建设是一个长期的过程，不可能一蹴而成。

贸易畅通应是双向的。进口要通，出口也要通，进出口要基本保持平衡。目前，我们通向欧洲的货物列车常常"满车去、空车回"。这种状况不但提高了贸易成本，也容易在两国间派生出债务问题，给双边关系带来负面影响。

和上述三通相比，货币流通是更加长期的目标。近一个时期以来，我

---

①　欧洲铁路工业联盟总干事菲利普·雪铁龙说，中国高铁的成功发展，使丝绸之路沿线国家表达出重振丝绸之路的"强烈的政治意愿"。

国在人民币国际化方面取得了可喜的进展，它在促进贸易便利化、方便居民往来等方面已经起了重要作用。但另一方面，我们也要看到，目前我国公民和企业在"一带一路"沿线国家遇到的主要问题往往还不是能否用"本币结算"以及人民币能否在当地流通。我们常常遇到的一个问题是换汇难、汇钱难、融资难、担保难。货币流通要从解决这些具体问题入手，把它们列入"一带一路"、"早期收获"名单，成熟一个解决一个。

我们常常说，国之交在于民相亲。"五通"中，从根本上讲，最重要的是民相亲、心相通，但也最难做到。目前在一些官方关系友好的国家，有时民间对我国却有诸多疑虑。在有的地方，官方关系和"民间关系"脱节现象比较严重。哈萨克斯坦民间有一种说法：哈萨克斯坦上层精英和普通民众对俄罗斯可以说"了如指掌"；美国虽远在天边，却相当熟悉；中国近在咫尺，却感到陌生。这种现象的存在，对于推进"一带一路"建设相当不利。

另外，我们说"五通"是一个整体，也就是说，其各个部分是互为支撑的，不能把它们分割开来理解。拿修路等基础设施建设来说，虽然它们非常重要，但也不能孤军突出，必须和"贸易通"、"政策通"等联系起来，统筹考虑。

还要强调的是，"五通"既是对外开放、对外合作的问题，也是国内实行改革的问题。有时铁路和公路已经建成了，由于海关等制度没有进行必要的改革，道路和贸易仍然不通，或不够畅通。沿线其他国家有这个问题，我国也有类似问题。据有关报道，中国长江经济带涉及9个省2个市，其间设有12个直属海关，区域内进出口货值占全国总量的41%，报关单量占全国的47%。这样的设置无疑阻碍了经济带内货物和商品的流通。从2014年12月1日起，长江经济带海关区域通关一体化改革实现流域全覆盖。改革后，"12关如1关"，全国近一半的进出口业务都能享受"可预见、低成本、高效便利"的通关环境。① 因此，"五通"既有广度的问题，也有深度的问题；既有"面"上的问题，也有道路建成后能否有效运营和真正发挥作用的问题。也就是说，既有硬件建设的问题，也有软件建设的问

---

① 《文汇报》2014年12月1日。

题。不能重前者轻后者。

总之，通过"五通"的实现，通过一个一个项目的实施，通过"一带一路"建设，在丝绸之路经济带内构筑成一个相互交织的经济密网。我们每向这个方向跨出一步，也便在丝绸之路经济带的建设方面前进了一步。这就是说，丝绸之路经济带建设是一个长期的、动态的过程，一个由点到线、由线到面，逐步推进和发展的过程，它没有时间表。我们不会也不能设定要多少年把"丝绸之路经济带"建设成功。我们的最终目的是在欧亚大陆打造合作共赢的"利益共同体"和"命运共同体"。在"一带一路"沿线国家间，营造一种"利益交融、兴衰相伴、安危与共，你中有我、我中有你"的局面。[①]"五通"体现的"一带一路"的主线是经济合作和人文交流，目前要优先去做的是互联互通和贸易投资便利化，方式是平等协商、循序渐进。

四

由于"一带一路"沿线大多是发展中国家，许多国家存在财政赤字，也是国际上的债务国。它们在投资建设"一带一路"方面存在一定困难。另一方面，经过30多年的快速发展，我国储存了较大数额的外汇储备。在这种情况下，学界有一种意见，认为"现在是中国搞马歇尔计划的时候"了。

由于以下两个原因，上述意见值得商榷。

第一，我们现在同美国当年搞"马歇尔计划"时的条件不同。二次大战后美国之所以能在欧洲实施由它主导的"马歇尔计划"，是因为具备了三个基本条件。一是受援国和授援国都是资本主义工业国家，具有同质化的社会政治和经济制度。二是战争把欧洲变成一片废墟，"共产主义的阴影在欧洲上空游荡"。"拯救欧洲资本主义"既是欧洲也是美国的重要利益。

---

① 《习近平在纪念中国人民对外友好协会成立60周年纪念活动上的讲话》，《文汇报》2014年5月16日。

三是二战结束后，美国手中积累了大批战争剩余物资需要处理。这三个条件我们一个都不具备。

第二，"大而不强"是我国今后相当长一个时期的基本状态，我们没有足够的经济实力和人才资源去实施"亚洲版的马歇尔计划"。丝绸之路经济带不是"中国主导"、"中国独大"的专享经济带，而是充分发挥地区各经济体比较优势、合作共赢的普惠经济带。

当然，这样说并不是否认我们应当对与我友好的国家，通过国家间贷款等方式，在资金和技术方面提供力所能及的帮助。我们也应当在力所能及的范围内为"一带一路"建设做出其他重要贡献。比如前不久，中国领导人宣布，中国出资400亿美元设丝路基金。

目前，中国虽不乏可调动的资金，但与"一带一路"建设需求相比，仍有较大缺口。[①]

为了解决"一带一路"建设资金问题，我们至少有以下可供选择的途径：

第一，坚持共建原则。中央关于"共建丝绸之路"的提法非常重要。所谓"共建"，关键是有关项目必须是我国同沿线国家利益契合、双方都想做的项目。俄罗斯远东发展部部长2014年4月10日在博鳌亚洲论坛上说：加强各国货物贸易，推动交通基础设施建设，实行互联互通，把亚太和欧亚运输体系联系到一起，是现代丝绸之路"最吸引人的地方"。俄罗斯愿意为此"贡献自己的力量"。在"一带一路"建设中，除少数标志性工程，我们宜多争取与当地政府或企业、乃至外国跨国企业共同承建的项目。

第二，用活世界银行等国际机构的资金。中国同世界银行有着良好的合作关系。我们要争取世界银行多向"一带一路"沿线国家基础建设等项目提供资金和技术援助，即使这些项目与我们目前进行的"一带一路"建设没有直接关系。

第三，资金向重点项目倾斜。"一带一路"沿线国家地理范围宽广，基本上是五大区块。第一区块是俄罗斯和中亚等国家。第二区块是东亚和

---

① 亚洲开发银行测算，2010年至2020年，亚洲各国需要基础设施投资8.22万亿美元，用于区域性基础设施建设资金3000亿美元。

东北亚、东南亚国家。第三区块是南亚国家。第四区块是中东、西亚国家。第五区块是欧洲国家。每一区块都有一个或几个国家在推进区域一体化方面已经做了许多有益的工作。比如，在沙特阿拉伯的推动下，海合会的一体化电网已经建成，海湾一体化铁路网即将动工，并计划将海湾基础设施体系延伸至北非。我们宜加强同这些国家的资金合作，使它们在为"一带一路"建设筹募资金方面发挥更大作用。

第四，加强同海湾国家主权财富基金和"伊斯兰金融"合作。"一带一路"沿线有许多伊斯兰国家和石油生产国。我们要加强同这些机构的合作，吸引它们参与亚洲基础设施银行和"一带一路"有关金融机构的业务活动。目前，海湾国家主权财富基金拥有 1.8 万亿美元资金。到 2017 年，"伊斯兰金融"的资金规模估计将达 2.7 万亿美元。它们是中国建设"一带一路"重要融资对象。

总之，在"一带一路"建设资金问题上我们的眼光要宽广一些。"政府推动、企业主导"的多国公私合作伙伴关系（PPP）模式或有助于中国破解资金难题。

五

目前，国际形势正在经历深刻而复杂的变化，但和平、发展、合作、共赢已经成为时代潮流。我们要充分估计国际矛盾和斗争的尖锐性，更要看到和平与发展的时代主题不会改变。这为我们建设"一带一路"提供了重要的外部条件。

另一方面，我们也要充分估计"一带一路"建设面临的挑战和问题。"一带一路"所经地区多是热点频发、民族宗教矛盾复杂、社会仍处于转型期的国家，存在不少政治和安全风险。

第一，地区内的宗教极端主义和恐怖主义势力呈扩张之势。近年来，"伊斯兰运动"、"伊斯兰解放党"等恐怖主义组织一直在加强活动，此外，又出现了诸如"哈里发战士"等新的极端主义组织，对中国新疆等地区均构成威胁。网络等新兴媒体的广泛应用，使境外宗教极端主义的渗透越来越容易。美国和北约的10多万军队将在2014年底前从阿富汗撤出。阿富汗局势会如何变化存在很大不确定性。世界恐怖组织"伊拉克和黎凡特伊斯兰国"于2014年6月底宣布成立伊斯兰"哈里发"，即建立"伊斯兰国"，给世界带来了新的威胁。

第二，美国亚洲"再平衡"战略对"一带一路"建设形成干扰。中国同日本、菲律宾、越南在南海的领海争端的背后是美国对这些国家的支持。

第三，日本在东南亚和南亚根基深厚，对中国"一带一路"建设有一定影响。它主要表现在两个方面。一是干扰中国通道走向。日本主要想打通从中亚经阿富汗出海的"南方运输通道"，支持塔吉克斯坦修建"库尔干—印别—达斯蒂"公路，计划在东盟优先发展十大港口，与中国计划的通道走向不一致。二是影响中国企业"走出去"，与中国争夺所在国市场。据有关部门反映，印度正准备把某些重要的边境合作项目交给日本，而不交给中国。

第四，参与"一带一路"建设国家之间存在领土争端等矛盾，影响区域内经济合作发展。中国是提出共建"一带一路"倡议的主要国家，但目前和日本、菲律宾以及越南都存在短期内难以解决的海上领土争端。俄日之间、印巴之间、韩日和巴以之间也存在类似问题。

第五，新丝绸之路将跨越多国边界，跨境物流需要充分考虑体制、官僚与腐败等因素的消极影响。目前，丝绸之路沿线国家对跨境贸易征收的高额关税，各国边界管理机关低效率、不作为甚至是贪污腐败的行为，都严重威胁着丝绸之路的复兴。据亚洲发展银行的调查，往来于阿富汗的卡车司机中，90%的人认为官僚是开展跨境贸易的最主要障碍。

丝绸之路经济带、欧亚经济联盟
与中俄合作

李建民①

内容提要：中国提出丝绸之路经济带倡议是国家深化全方位对外开放格局的战略举措。丝绸之路经济带提倡不同发展水平、不同文化传统、不同资源禀赋、不同社会制度的国家间开展平等合作，共享发展成果，关键是要创新合作模式，通过合作与交流，把地缘优势转化为务实合作的成果。欧亚经济联盟的成立是普京主政俄罗斯后在后苏联空间推进一体化的主要成果，是俄罗斯希望通过发展区域合作，发掘前苏联共和国共同经济基础的潜能，提升相互间的贸易和投资水平，并努力实现经济多样化发展长期目标的一项战略安排。在推进丝绸之路经济带建设中，中国要处理好与俄罗斯主导的欧亚经济联盟的关系，共同推进区域合作。从现有基础看，丝绸之路经济带与欧亚经济联盟可将互联互通、电力、农业、金融等领域的合作作为重点方向。

关键词：中国　丝绸之路经济带　俄罗斯　欧亚经济联盟　区域合作

2013 年 9 月，中国国家主席习近平在纳扎尔巴耶夫大学发表了题为《弘扬人民友谊共创美好未来》的重要演讲，首次提出共同建设丝绸之路经济带的战略倡议。10 月，习近平主席在印度尼西亚国会发表演讲，提出

---

①　作者系中国社会科学院俄罗斯东欧中亚研究所研究员，中国国际问题研究基金会能源外交研究中心执行主任。

中国愿同东盟国家共建"21世纪海上丝绸之路"。中国提出"一带一路"倡议后，俄罗斯至少有三次正式表态，愿与中国在丝绸之路经济带建设中开展合作，"愿将俄方跨欧亚铁路与丝绸之路经济带对接，创造出更大效益"。[①] 中俄双方"将寻找丝绸之路经济带项目和将建立的欧亚经济联盟之间可行的契合点"。[②] 借丝绸之路经济带提供的新的重要机遇，中俄蒙三方要把各自发展计划结合起来，在能矿、交通基础设施建设等领域建立长期稳定合作关系。[③]

面向未来，丝绸之路经济带是一个需要通过沿线各国、各地区人民经过长期共同努力才能够逐步加以实施的构想，而不是一个短期内就能够轻易获得成功的选项。对中俄两国而言，需要审时度势，通过这样一个广大空间的共同建设和默契合作，来深化两国人民之间的相互认知，提升和巩固两国合作的水平。同时，中俄两国也非常有可能通过在这样一个广大地区的开发和建设，来提升自己在全球事务中的地位。

一、"一带一路"初衷、范围及合作支柱

"一带一路"构想提出一年多来，"丝绸之路"这一原本保留在历史书中的老概念和象征中国古代与外部世界商贸交流的旧符号获得了新的历史坐标系，成为媒体中出现频次颇高的关键词。"一带一路"也从理念设计、总体框架到完成战略规划，进入务实合作阶段。国内从中央到地方，从学者到媒体，对推进"一带一路"战略形成了高度的共识，"一带一路"已写入中央一系列重要文件，至少19个省份制定了自己在"一带一路"的区域段规划。目前，在"一带一路"规划尚未正式公布前，中国政府已率先发起建立亚洲基础设施投资银行和设立400亿美元的丝路基金，"一带一路"正在从概念向实实在在的项目转移。

---

① 《习近平会见俄罗斯总统普京》，新华网，2014年2月7日。
② 《中华人民共和国与俄罗斯联邦关于全面战略协作伙伴关系新阶段的联合声明》，新华网，2014年5月21日。
③ 《习近平出席中俄蒙三国元首会晤》，新华网，2014年9月11日。

一年来，国际上对"一带一路"态度和认识也在发生变化。据统计，位于"一带一路"沿线的大多是新兴经济体和发展中国家，总人口约44亿，经济总量约21万亿美元，分别约占全球的63%和29%。在国际形势复杂多变的背景下，通过不同层级和多个场合富有成效的沟通协调，俄罗斯、蒙古以及中亚、南亚、西亚等地数十个国家领导人明确表示支持这一倡议，"共同研究"、"合作建设"、"寻求对接"等内容写入了中国与有关方面的外交文件。欧盟、东盟、阿盟、联合国机构、国际金融机构和跨国公司也表现出浓厚兴趣。古丝绸之路特有的价值和理念正在被不断挖掘，并被注入新的时代内涵。从地缘政治关系的视角观察，"一带一路"倡议的提出具有深刻的内外背景和战略考量，充分反映了中国对周边外交战略布局的新思路。丝绸之路经济带的灵魂是整合欧亚大陆经济，该构想的深入推进将会极大地拓展中国的战略发展空间，调整中国在过去30多年形成的东快西慢、海强陆弱的对外开放格局，为中国经济的持续稳定发展提供战略支持，并带来巨大的地缘政治利益。

根据奥尔森《集体行动的逻辑》中的理论，在国际合作中，大国往往成为集体行动的倡导者。顶着世界第二经济大国、第一大外汇储备国、第一大外贸出口国、第一制造业大国的多重光环，中国在国际上正在逐步适应和扮演经济、安全、社会、文化诸方面合作更积极的倡导者角色。如何为国际社会提供更多的公共产品和合作平台，率先做出更多的投入，既是利益所在，也是责任使然。中国能否担当起大国责任，首先取决于自身的硬实力，但仅靠硬实力是不够的。未来在推进"一带一路"建设中，只从经济层面着手显然是不够的，中国与周边和沿线国家的合作应在平等的文化认同框架下进行，要与周边国家形成"利益共同体"和"命运共同体"，需要通过加强政治互信及文化交流，并通过灵活的对外宣传，改善和提升中国的形象。

对"一带一路"认识要避免单一化和简单化。作为由高层发动的跨区域发展倡议，"一带一路"是按照以外促内的倒逼思路对原有战略的深化与拓展，适应了经济全球化和我国国内经济发展与"走出去"的现实需求，标志着我国对与周边国家关系认识上的战略性转变，同时也承载着艰巨的政治使命，其核心是统筹中国现阶段向东向西开放、深化与沿线各个国家的经贸、人文、生态、科技、教育等各领域合作，启动沿海与内陆的开放双引擎，从而构筑一个全方位开放开发格局的国家战略。"一带一路"建设不仅仅是简单的通道、经济区，而是涉及各个方面，是一项综合设计，包括经济、政治、文化、安全、宗教等多重内涵和多个层面综合性、系统性战略框架的构建。

"一带一路"沿线各国政治制度不同，发展水平差距很大，开展合作顾虑很多，落实多边项目受到资金的制约，需要探索一条各方都能受益的合作方式，因此推进"一带一路"建设应更注重依靠区域主体自身的文明特点、发展特征、资源与制度禀赋的优势来形成发展的合力。不同发展水平、不同文化传统、不同资源禀赋、不同社会制度国家间开展平等合作，共享发展成果，关键是要创新合作模式，通过合作与交流，把地缘优势转化为务实合作的成果。中国已明确表示不谋求大国地位，而是提倡新的义利观，多予少取，中国要像中心城市发挥溢出效应一样，让周边地区得益，使各国实现互利共赢。作为负责任大国，中国应当为区域经济一体化做出更多的贡献，成为区域经济一体化的"领头羊"，在扩大本国经济发展空间的同时，实现与地区国家经济发展的战略协调，进而打造一个幅员辽阔的亚欧经济合作带。

"一带一路"与传统的区域合作模式的区别在于，传统的区域合作是通过建立互惠的贸易和投资安排，确立统一的关税政策，然后建立超国家的机构来实现深入的合作。而"一带一路"不是紧密型一体化合作组织，不会打破现有的区域制度安排。其实现途径是以战略协调、政策沟通为主的高度灵活、富有弹性的方式，所依靠的是政策沟通、道路联通、贸易畅通、货币流通、民心相通五大支柱。

政策沟通指的是无论是国内西部地区各省之间，还是丝路沿线国家和地区之间，都需要重视和加强政策协调，就经济发展战略和对策进行充分交流，协商制定推进区域合作的规划和措施，形成合力。道路联通意味着需要更加注重丝绸之路经济带沿线各国与国家之间基础设施的建设，以互联互通为先导，逐步形成连接东亚、西亚、南亚的交通运输网络。这是促进和帮助区域内国家实现经济快速发展的有效途径，也是未来实现大区域合作的前提和基础。贸易畅通是国家之间深化经济联系的重要方式，中国需要增进与"一带一路"沿线各国的贸易往来，各国就贸易和投资便利化问题进行探讨并做出适当安排，在互通有无、取长补短中不断扩大贸易规模和优化贸易结构，在减少贸易摩擦和降低贸易壁垒中实现互利双赢。货币流通是对外贸易以外经济联系深化的又一具体表现。建设"一带一路"将为中国与沿线各国的投资往来提供广阔空间。各国要加强金融领域的合作，促进各国在经常项目下和资本项目下实现本币兑换和结算，降低流通成本，增强抵御金融风险能力。民心相通是开展区域合作的民意基础和社会基础。与相关国家共建"一带一路"更需要从软环境入手增进交流互信，重要的是人员的交流、文化的交融、价值观的理解和渗透，推动丝绸之路经济带沿线不同地区、不同民族在对话沟通中加强对政治制度、宗教信仰、风俗习惯等方面的广泛认同与包容。丝绸之路经济带建设必须贯彻务实灵活的合作方针，多种合作形式并举，"以点带面、从线到片"，积极稳妥、循序渐进。不能急于求成，合作深入是水到渠成的过程。在"一带一路"建设中还要处理好政府和市场的关系。在顶层设计、战略动员推动阶段，政府应发挥重要作用，但在资源配置中市场应起决定性作用。

从丝绸之路经济带建设看，中国要处理好与已有的一体化组织和域内大国的关系。目前，丝路经济带沿线已有欧亚经济共同体、上海合作组织、俄白哈关税同盟和统一经济空间（即将升级为欧亚经济联盟）、南亚地区合作协会、海湾合作委员会、阿拉伯国家联盟、黑海经济合作组织等多个区域性合作组织，存在多种区域经济合作方案。这些地区性组织的一体化机制功能相近，但不能互相代替。丝绸之路经济带不是上述地区组织的竞争者和替代者，应与这些已有机制共同发挥作用。俄罗斯是本地区具有影响力的大国，没有它的参与和共同推动，丝路经济带的建设将十分困难。中国要找好自己的角色定位，最现实的问题是，如何处理好与俄罗斯主导的欧亚经济联盟的关系，共同推进地区合作。

二、欧亚经济联盟：制度安排及影响

2015 年 1 月 1 日，欧亚经济联盟即将正式运行。欧亚经济联盟的成立是普京主政俄罗斯后在后苏联空间推进一体化的主要成果，是俄罗斯希望通过发展区域合作，发掘前苏联共和国共同经济基础的潜能，提升相互间的贸易和投资水平，并努力实现经济多样化发展长期目标的一项战略安排。从2010年俄白哈关税同盟正式运行到2014年5月签署《欧亚经济联盟条约》，欧亚经济一体化在短短四年半时间内完成了从关税同盟、统一经济空间、欧亚经济联盟、欧亚联盟四步走战略的前三步。欧亚经济联盟是紧密的制度性一体化，其内容是成员国之间通过签订条约或协议，逐步统一经济政策和措施，甚至建立超国家的统一组织机构，并由该机构制定和实施统一的经济政策和措施。从世界区域一体化的实践来看，制度性一体化具有更重要的现实意义。通过制度安排，区域一体化过程应产生贸易创造与转移效应、投资效应、经济增长效应、产业聚集效应等。其中贸易创造是指关税同盟成员国之间相互取消关税和非关税壁垒所带来的贸易规模的扩大；贸易转移是指结盟后的成员国之间的相互贸易代替了成员国与非成员国之间的贸易，从而造成贸易方向的转移。

纵观关税同盟运行四年来的情况，并没有产生明显的贸易创造和转移效应。2011年7月1日启动关税同盟后，当年成员国内部贸易同比快速增长37%，但这一态势未能保持下去。2012年至2014年上半年，关税同盟成员国内部贸易额呈现下降趋势。从更长阶段的贸易紧密度指数和贸易互补性指数衡量，1998—2012年，尽管俄白哈贸易紧密度指数较高，也呈迅速下降趋势。2012年，俄白贸易紧密度指数从1998—2003年的40左右下降至16.25，俄哈贸易紧密度指数从1998年的35.57降至11.8。同期，白俄贸易紧密度指数从57.58降至19.36，白哈贸易紧密度指数从8.88降至7.26；哈俄贸易紧密度指数从26.79降至4.04，哈白贸易紧密度指数从2.75降至0.39。在商品贸易互补性方面，1998—2012年，俄白哈的贸易互补性指数均小于1。贸易紧密度指数的下降说明，成员国间贸易互补性较小、贸易发展潜力有限。与此同时，俄白哈外部贸易的扩张速度远高于内部贸易，域外国家特别是欧盟成员国和中国是关税同盟成员国的主要贸易伙伴。长期以来，俄罗斯与欧盟的贸易额一直占其外贸总额的50%，从2010年起，中国成为俄罗斯的第一大贸易伙伴，中俄贸易额占俄罗斯外贸总额的12%。2012年统一经济空间运行后，中国取代俄罗斯成为哈萨克斯坦第一大贸易伙伴。这些数据表明，关税同盟和统一经济空间内部的贸易互补性和经济联系并未随着欧亚经济一体化紧密的制度安排而提高。

表一　俄白哈三国贸易紧密度指数

年份	俄罗斯		白俄罗斯		哈萨克斯坦	
	白俄罗斯	哈萨克斯坦	俄罗斯	哈萨克斯坦	俄罗斯	白俄罗斯
1998	41.18	35.57	57.58	8.88	26.79	2.75
1999	45.38	26.96	73.47	7.69	26.31	1.78
2000	41.61	28.79	68.37	3.53	26.66	1.44
2001	40.68	27.67	63.43	3.81	24.36	0.47
2002	40.68	22.79	54.19	4.94	16.98	0.90
2003	38.29	22.71	50.18	6.33	15.58	0.66
2004	35.51	19.05	45.74	6.54	13.75	0.52
2005	27.03	16.81	30.73	7.13	9.03	0.61
2006	23.99	15.55	26.10	6.90	7.34	1.03
2007	24.20	14.24	23.29	6.47	6.21	1.34
2008	21.17	12.35	18.28	4.87	4.94	1.00
2009	24.60	13.54	20.86	6.57	5.43	0.56
2010	20.12	13.34	24.41	9.11	3.26	0.32
2011	19.40	13.62	19.77	8.02	4.85	0.47
2012	16.25	11.80	19.36	7.26	4.04	0.39

资料来源：联合国贸易和发展会议数据库（UNCTAD Database）。

表二　俄白哈三国商品贸易互补性指数

进口国 出口国	俄罗斯		白俄罗斯		哈萨克斯坦	
	白俄罗斯	哈萨克斯坦	哈萨克斯坦	俄罗斯	白俄罗斯	俄罗斯
1998	0.51	0.13	0.26	0.45	0.46	0.33
1999	0.46	0.14	0.27	0.45	0.41	0.26
2000	0.46	0.15	0.35	0.54	0.47	0.29
2001	0.45	0.13	0.31	0.52	0.47	0.31
2002	0.45	0.11	0.31	0.52	0.43	0.30
2003	0.45	0.10	0.32	0.51	0.45	0.27
2004	0.41	0.10	0.35	0.52	0.44	0.27

进口国	俄罗斯		白俄罗斯		哈萨克斯坦	
出口国	白俄罗斯	哈萨克斯坦	哈萨克斯坦	俄罗斯	白俄罗斯	俄罗斯
2005	0.37	0.09	0.38	0.56	0.42	0.24
2006	0.36	0.09	0.38	0.54	0.41	0.25
2007	0.37	0.09	0.38	0.55	0.42	0.24
2008	0.36	0.09	0.38	0.53	0.39	0.26
2009	0.35	0.08	0.38	0.57	0.37	0.23
2010	0.38	0.07	0.31	0.52	0.36	0.25
2011	0.35	0.09	0.34	0.58	0.39	0.24
2012	0.35	0.08	0.32	0.55	0.39	0.20

资料来源：联合国贸易和发展会议数据库（UNCTAD Database）。

关税同盟统一经济空间内部联系松散化由多种因素造成：(1)欧亚国家间的异质性是一体化的主要障碍。欧亚经济联盟成员国均为转型国家，各国在经济规模、政治体制等方面存在较大差异。如从经济规模看，按照国际货币基金组织的数据，2012年，俄罗斯GDP是白俄罗斯的30倍，是哈萨克斯坦的10倍，这样的状况难免发展不平衡。(2)成员国产业结构同质化严重，俄罗斯和哈萨克斯坦的出口结构中，资源和能源类产品一直为大项，进口结构中多以机电产品为主，这表明，在关税同盟内部成员国之间实际相互无法提供所需要的产品和市场。(3)俄罗斯在推进一体化时操之过急，欧亚经济联盟从2010年的关税同盟起步到2015年1月正式运行，总共5年时间走完了欧盟用36年形成统一市场的历程，其中难免形式与内容不符。(4)作为主导国，俄罗斯经济能力不足，能够提供的经济投入有限。由于市场化改革滞后，俄罗斯经济缺乏更多具有吸引力的特质。欧亚经济联盟沿用的法律、规章、制度均以俄罗斯为蓝本。俄罗斯虽然转型，但在多个领域市场规范并未真正确立起来。(5)虽然欧亚委员会是超国家实体，但其制定的关于某些行业的条文并没有得到实施，比较明显的是在能源领域。跟欧盟委员会一样，它缺少实质性的跨国政治权力。欧亚一体化进程本身面临着诸多的竞争和挑战，内部经济联系的松散化将会成为未来欧亚经济联盟面临发展的一大障碍。在西方因乌克兰危机加大对俄罗斯制裁力度的背景下，欧亚经济联盟经济潜力的发挥也将受到影响。

三、丝绸之路经济带建设中的中俄合作

实现俄方提出的丝绸之路经济带项目与欧亚经济联盟的对接需要借助已有的机制和合作平台，上合组织应是理想的选择。目前，中俄之间已有多个对话机制和合作平台，定位于区域合作的只有上合组织一个。上合组织和欧亚经济联盟之间存在着成员国大部分重叠、所处地域大面积交叉以及经济功能重合三大特点。上合组织成立十多年来，完成了区域经济合作的法制化和机制化建设，形成了比较完善的组织架构，签署了海关、交通运输、金融合作、电子商务、农业等领域多项合作协议，在成员国能够共同受益的网络型建设项目，如能源网、交通运输网、通信网络建设等，以及成员国具有投资优势的合作领域，如能源资源开发，包括石油天然气开采与运输，农业合作、金融合作等方面取得了较大进展，积累了区域合作的经验。普京在定位上合组织和欧亚经济联盟两大区域性组织关系时曾明确表示，"建立上合组织与欧亚经济共同体以及未来与欧亚经济联盟的合作，是一个全新的且非常具有发展前景的工作方向。我相信，这些组织的活动能够相互补充，相得益彰。"① 上合组织的特殊地位使其有可能成为对接丝绸之路经济带和欧亚经济联盟的重要平台。

从现有的基础看，丝绸之路经济带与欧亚经济联盟可将以下领域作为重点方向，开展项目优先合作。

互联互通领域。2010—2011年，在欧亚开发银行支持下，欧亚经济共同体制订了公路、铁路基础设施发展综合计划，计划到2020年前实施142个项目，其中51个为完善公路、42个为发展铁路、45个为建设物流中心（包括10个跨国物流中心）。在互联互通领域，无论是国内项目和运输发展战略，还是国际项目和规划，都面临内部融资不足的问题，仅23个特大项目总价就达680亿美元，单靠欧亚经济联盟自身尚不能完成，需要吸

---

① ［俄罗斯］普京：《俄罗斯与中国：合作新天地》，《人民日报》2012年6月5日。

引国际金融机构和开发机构参加。

在更大范围内，由铁路运输组织1996年提出的亚欧铁路通道规划也在按计划推进。该规划包括13条亚欧铁路通道，主要有中国—哈萨克斯坦—俄罗斯—欧洲、中国—蒙古国—俄罗斯—欧洲、俄罗斯远东—欧洲、欧洲—俄罗斯—高加索地区等方向。这些通道都需利用既有基础设施，通过统一技术标准，实现基础设施的一体化。在亚欧铁路通道上，近年来欧洲和独联体国家多条铁路正在改造。2014年7月8日，俄罗斯西伯利亚铁路贝加尔—阿穆尔（贝阿铁路）支线的现代化改造工程已经启动。未来以亚洲铁路网、独联体铁路网和欧洲铁路网为主体结构，通过西伯利亚大铁路、新亚欧大陆桥等亚欧铁路通道连接，亚欧大陆一体化铁路网有望形成，这与丝绸之路经济带建设中的道路联通思想是不谋而合的。近年来，中国铁路在快速发展过程中，大力推进原始创新、集成创新和引进消化吸收再创新，相关企业在设计、施工、装备制造、运营管理等方面已经形成强大的能力，积累了丰富的经验。再加上中国在资金方面的优势，在铁路建设开发领域，中俄双方在互联互通领域可以开展双边和多边多个层面的合作。

电力合作领域。欧亚经济联盟决定将于2019年建立欧亚经济联盟统一电力市场。2015年7月1日前制定建立欧亚经济联盟统一电力市场构想，并提交三国元首审议，2016年1月1日前将按照该构想形成建立统一电力市场的纲要，2019年三国统一电力市场将正式建立。目前，各国和各大区间电网的互联是全球电力系统的总趋势。互联同步电网的发展带来巨大效益：一是保障大容量机组、大水电、核电、可再生能源开发和利用，提高能效，降低运行成本；二是减少系统备用容量，推动多种电源互补调剂，节省发电装机；三是实现能源资源的大范围优化配置，有利于竞争性能源电力市场拓展；四是提高电网整体效率和安全可靠性。目前，中国国家电网在总体规模、电压等级、特高压技术、大范围资源配置能力、智能电网建设等方面处于世界领先地位。2014年5月20日，中国国家电网公司与俄罗斯电网公司签署了战略合作协议，双方计划在特高压交直流、智能电网的技术研究和应用、输配电建设和改造以及建设欧亚电力桥的可行性等方面开展长期技术交流与互利合作。未来中国如能参与欧亚经济联盟统一电力市场建设，通过跨国联网，既可以向中国送电，也可以向丝绸之路经济带邻近的缺电国家（如阿富汗、伊朗）送电，有利于推进区域经济协调发展，合作前景可观。

农业领域合作。根据《欧亚经济联盟条约》规定，联盟成立后，将推行共同农业政策，保障农产品和粮食生产与市场平衡发展，在共同农业市场准入等方面提供公平竞争条件，统一农产品与粮食流通条件，保护成员国生产者在国内外市场的利益。此外，欧亚经济联盟还将制定共同粮食政策，对农作物产品种植、粮食市场干预、粮食储备库、价格制定、国家对农业扶持、出口支持等政策进行协调。俄白哈三国国内农业发展条件优越，最近 10 年来农业实现跨越式发展，2007—2011 年，统一经济空间俄白哈三国加乌克兰在全球粮食市场上的占比为：大麦 36.3%、小麦 21.5%、玉米 7.7%。目前，俄罗斯是世界第三大小麦出口国，哈萨克斯坦是世界面粉主要出口国，白俄罗斯农业生产率较高，三国都将农业作为新的经济增长点。中国是世界粮食生产和消费大国，正处在加速推进工业化、城镇化过程中，耕地、水等农业生产基本资源短缺矛盾突出，农业环境污染问题加重。中国农业"走出去"，积极参与国际分工与合作，不断拓展自身的生存与发展空间，是顺应当今世界经济发展趋势的战略选择。农业将是中国推进丝绸之路经济带建设中与欧亚经济联盟对接的重要领域。中国与欧亚经济联盟除在农产品贸易领域扩大合作外，在共同进行农业产业化开发、发展有机农业、农业机械贸易、粮食运输等领域具有广阔空间和潜力。当前，西方和俄罗斯因乌克兰危机展开制裁反制裁，为中国果蔬产品和猪肉扩大对俄出口提供了契机，相比短期的机会，更重要的是要为长期合作创造条件奠定基础。

金融领域合作。中国与欧亚经济联盟成员国的金融合作已经具有良好的基础，2009 年、2011 年、2014 年，中国分别与白俄罗斯、哈萨克斯坦和俄罗斯签署了货币互换协议。货币互换并非严格意义上的货币国际化步骤，却是推进人民币国际化的突破口。货币互换必将大幅降低签约国货币的融资和兑换成本，为其贸易企业带来实实在在的便利。之前，中俄已在贸易本币结算、通过中国银联卡系统支付结算等方面取得重要进展。由于俄美已因乌克兰事态而陷入准冷战状态，俄罗斯退出美元机制的决心极为坚定。中俄在2014年5月20日的联合声明中已明确表示将推进财金领域紧密协作，包括在中俄贸易、投资和借贷中扩大中俄本币直接结算规模，以保护两国免受世界主要货币汇率波动的影响。俄罗斯外贸银行与中国银行签署协议，计划在多个领域发展伙伴关系，包括在卢布和人民币清算、投资银行、银行间贷款、贸易融资和资本市场交易方面展开合作。未来在丝绸之路经济带与欧亚经济联盟对接中，金融领域将发挥助推器作用，可在以下方面进一步深化合作：一是积极推动双边本币结算，条件具备时推动建立中国与欧亚经济联盟的多边结算体系；二是逐步扩大与欧亚经济联盟成员国货币互换规模；三是积极探索共同出资、共同受益的资本运作新模式；四是促进金融市场稳步开放，搭建跨境金融服务网络；务实加强国际金融治理及金融监管合作，增进金融政策协调。

丝绸之路经济带建设是谋求沿线各国共同发展、互利共赢的大战略、大布局和大手笔，要真正建成，时间周期不是五年、十年，可能是未来三十年乃至更长。中国与欧亚经济联盟的合作非常重要，对地区合作将起到基础性示范效应，不能仅停留在务虚阶段，更需要脚踏实地的落实。

中国—东盟携手打造海上"新丝路"

刘新生[①]

内容提要： 习近平主席有关共同建设21世纪"海上丝绸之路"的设想，不仅为中国—东盟未来的合作和共同发展描绘了一个伟大的蓝图，而且具有深刻的历史内涵和丰富的现实意义。尽管打造新时代的"海上丝绸之路"会面临一些挑战，但只要中国和东盟牢牢把握战略合作的大方向，新"海上丝绸之路"必将有更加美好的未来。

关键词： "新丝路"的意义　影响　前景

2013年10月3日，中国国家主席习近平在印度尼西亚国会的演讲中提出：东南亚地区自古以来就是"海上丝绸之路"的重要枢纽，中国愿同东盟国家加强海上合作，使用好中国政府设立的中国—东盟海上合作基金，发展好海洋合作伙伴关系，共同建设21世纪"海上丝绸之路"。习近平主席有关共同建设21世纪"海上丝绸之路"的设想不仅为中国—东盟未来的合作和共同发展描绘了一个伟大的蓝图，而且具有深刻的历史内涵和丰富的现实意义。

深厚的历史渊源

"海上丝绸之路"是中国历史上以丝绸贸易为象征、连接中外海上贸

---

①　作者系中国国际问题研究基金会研究员，中国前驻文莱大使。

易的交通线，以及由此建立起来的源远流长的中外经济贸易和人文交流关系。在古代，由中国出发的"海上丝绸之路"主要有三条：一是自成都出发，从云南腾冲出境，经缅甸至印度洋沿岸的海上贸易路线，这段丝路大部分是从陆路推进，因此也被称为南方"丝绸之路"，以区别于传统上由西安出发的西北"丝绸之路"；二是从中国东南沿海出发的海上丝绸之路，以东南亚地区为中枢，连接马六甲海峡以外印度洋沿岸各国，直抵阿拉伯及东非沿岸；三是由中国东部沿海出发，面向东北亚的东海航线以及16世纪后兴起的横跨太平洋航线，经大洋洲，到达墨西哥，以此连接中国到拉美的海上丝绸之路。中华文明经由似乎是横无际涯的洋洋大海，走向世界。本文主要论述以东南亚为枢纽的"海上丝绸之路"。

"海上丝绸之路"形成于秦汉时期，发展于三国隋朝时期，繁荣于唐宋时期，转变于明清时期，是已知的最为古老的海上航线。"海上丝绸之路"开辟后，在隋唐以前，它只是"陆上丝绸之路"的一种补充形式。但到隋唐时期，由于西域战火不断，"陆上丝绸之路"被战争所阻断，代之而兴的便是"海上丝绸之路"。到唐宋时代，伴随着中国造船、航海技术的发展，中国通往东南亚、马六甲海峡、印度洋、红海及至非洲大陆航路的纷纷开通与延伸，"海上丝绸之路"替代了"陆上丝绸之路"，成为我国对外交往的主要通道。明初郑和下西洋时，"海上丝绸之路"发展到巅峰。郑和之后的明清两代，由于实施海禁政策，我国的航海业开始衰败，这条曾为东西方交往做出巨大贡献的"海上丝绸之路"也随之逐渐消亡。

郑和七下西洋，其率众之多、历时之长、规模之大、航迹之远，成为中国和世界航海史上的空前壮举。郑和下西洋的航海壮举有两个突出特点：首先，郑和下西洋代表了一种和平交往的航海模式。中国在三国和唐宋时代，通过南海已经开始发展与东南亚、南亚和西亚的海上贸易网。至明初之际，南海一带海盗猖獗，严重威胁明朝的外部安全和贸易往来。郑和下西洋的主要任务是剿灭海匪，调节和缓和与各国之间的矛盾，平息冲突，维护东南亚和南亚地区的稳定和海上安全。在郑和船队历时28年的航海活动中，只出现过自卫性质的3次短暂战事，没有占据海外国家的一寸土地，体现了中华民族"协和万邦"的人文传统。郑和下西洋的另一重要内容是官方贸易，贸易采取议价成交方式，体现了平等、自愿、公平的贸易原则和精神，同时也是中国与有关各国的文化交流和文明对话。按照英国著名历史学家李约瑟的论证，郑和船队是当时世界上最强大的海军船队，但郑和留下的是和平、友谊、互利贸易和相互尊重；而西方航海模式留下的是血与火的征服与摧毁。郑和下西洋是一种象征，它代表了中华民族敢于探险、不畏艰险、开放包容的人文精神，也代表了中国历史上与邻为善、世界大同、共享太平的社会意识。

由此可见，重提"海上丝绸之路"，其政治意义就是历史上中国作为亚洲强国，对邻国不是征服占领，不是执行殖民政策甚至发动战争占领、侵略弱小国家，而是通过友好通商、彼此互惠、共同繁荣。现今形势下，随着中国经济的发展和影响力的提升，中国将继承历史传统，与周边邻国做生意，团结友好国家，形成区域共同市场，实现共同发展、共同繁荣的宏伟目标。因此，中国提出建设21世纪"海上丝绸之路"，不但是继承古代中国与东南亚各国友好往来的传统，而且在格局与规模方面又将开辟一个崭新的里程碑。

坚实的现实基础

中国与东盟山水相连、毗邻而居，相互合作有着极为便利的地缘条件。文化相近、民心相亲，友好交往源远流长，有助于拉近彼此距离。中国倡议共建"海上丝绸之路"，契合了中国和平发展的战略定位、周边外交基本方针和建设海洋强国的内在精神。该倡议的直接目的主要是：（1）营造中国今后数十年甚至"两个一百年"和平发展的良好周边环境；（2）使南海从一个周边各国烦扰纷争和区外大国纵横捭阖的角力场、甚至可能引发军事冲突的火药桶，逐步演变成和平之海、合作之海，维护南海的和平和稳定；（3）某些海上邻国近年来不断在南海问题上骚扰甚至挑衅中国，而中国则以"柔软丝绸"以和为贵，维系和发展中国—东盟平等互利的战略伙伴关系。中国提出这个主张绝不是空喊口号，而是有着一系列的前提和基础。

一是政治互信不断加深。2013年是中国与东盟建立战略伙伴关系10

周年。在双方领导人的悉心培育下，中国与东盟携手走过了不平凡的历程，开创了双方合作的"黄金十年"。可以说，中国与东盟的联系从未像今天这样紧密。十多年来，双方保持了频繁的双边和多边高层交往，建立了一整套完善的对话合作体制，包括领导人、部长、高官等各个层级。在部长层级，双方已建立了包括外交、经济、交通、海关署长、总检察长、青年事务、卫生、电信、新闻、质检和打击跨国犯罪等12个部长级会议机制，并在20多个领域开展互利合作。各层级密切交往极大地增进了相互了解和信任，为双方关系的发展奠定了良好的政治基础。

二是双边贸易大幅提高。2010年，双方如期建成了发展中国家之间最大的自由贸易区。2002年，中国与东盟贸易总额为547.67亿美元。2012年，双边贸易额超过4000亿美元。2013年，双边贸易额超过4436亿美元。2014年1—9月达3462.5亿美元，同比增长7.41%。目前，中国是东盟第一大贸易伙伴和第二大出口目的地，东盟则是中国第三大贸易伙伴和第四大出口目的地。目前，双方正在为2020年贸易额达到1万亿美元而努力，并就打造中国—东盟自贸区"升级版"积极沟通。不仅如此，中国香港与东盟自贸协定谈判2014年7月已正式启动。中国还在与东盟国家共同推动"区域全面经济伙伴关系协定"（RCEP）谈判，以进一步深化本地区的经济融合。

三是双向投资快速增长。2002年年底，中国与东盟双向投资额累计为301亿美元。截至2013年6月底，中国与东盟双向投资额累计超过1100亿美元。其中，中国对东盟国家直接投资额累计近300亿美元，约占中国对外直接投资的5.1%，东盟已成为中国对外直接投资的第四大经济体。同期，东盟对华投资额累计超过800亿美元，占中国吸引外资总额的6.6%，是中国第三大外资来源地。今后8年，双方计划实现新增投资1500亿美元的目标。

四是劳务承包成果显著。长期以来，东盟国家一直是中国重要的海外工程承包市场。承包工程涉及电站、桥梁、公路、机场、码头、工厂、办公楼、住宅楼等。近年来，中国在东盟国家承包工程的技术含量不断提高，工程质量和效益普遍受到当地好评。因此，中国与东盟各国在工程承包领域的合作快速发展，业务规模逐年扩大。截至2014年6月，中国企业累计在东盟国家签订承包工程合同超过1800亿美元，完成营业额超过1250亿美元。无论是修电站、铺公路还是架设通信设施，中国都有竞争优势。

五是人文交流空前密切。随着合作的不断深入，双方人员往来迅速扩大，过去10年间从387万人次增加到1800万人次，增长4倍多。2012年中国赴东盟国家游客高达969万人次，东盟来华游客达589万人次，中国成为东盟第二大游客来源地。双方互派留学生人数超过18万人。中国在东盟国家已设立40多家孔子学院，并在泰国建立了中国文化中心，更多的文化中心正在筹建中。中国与东盟国家人员往来为双方旅游业带来了大量商机，也进一步夯实了双方合作的民意基础。2014年是中国—东盟文化交流年，双方以"同享文化、共创未来"为主题，共列入100多项活动，包括会议、演出、展览、人员培训与交流、新闻、影视、出版、体育、旅游、宗教、青年交流等各种形式。这一系列精彩纷呈的庆祝活动，必将有助于深化中国与东盟国家人民之间的相互了解和友谊。

六是其他领域合作不断拓展。中国领导人提议进一步完善中国—东盟防长会议机制，深化防灾救灾、网络安全、打击跨国犯罪、联合执法等非传统安全领域的交流与合作，就地区安全问题定期举行对话，制定"中国—东盟救灾合作行动计划"，建立中国与东盟国家海上执法机构间的对话交流机制等。这些倡议体现了中国秉持与东盟守望相助的理念，反映了综合安全、共同安全、合作安全的新安全观，拓展了中国—东盟合作的领域。此外，双方还加强地区及国际事务合作，包括在联合国、二十国集团、亚太经合组织、东盟与中日韩（10+3）、东亚峰会、东盟地区论坛等框架内的沟通与合作。

事实证明，建立战略伙伴关系十多年间，中国—东盟关系实现跨越式发展。历经"黄金十年"之后，中国与东盟正努力创造"钻石十年"，打造中国—东盟自由贸易区"升级版"，双方关系正处于承前启后、继往开来的重要时刻。由此可见，提出建设中国—东盟命运共同体、打造新"海上丝绸之路"正当其时、顺应时势。

共创美好的未来

中国与东盟是天然的合作伙伴。当前双方同处于工业化、城镇化快速推进阶段，在自然资源、产业结构和资金技术等方面各有所长，具有很强的互补性，发展友好合作关系具备天然优势。

未来十年，中国—东盟关系如何再建构、再开拓、再升华是一个迫切需要解答的方向性问题。中国新一届政府高度重视与东盟的关系，坚持把东盟作为中国周边外交的优先方向，坚持巩固和深化与东盟的战略伙伴关系，并通过积极主动的外交充分展现出推动双方关系全面深入发展的信心、决心、诚心。继2013年10月习近平主席在印度尼西亚国会提出携手建设中国—东盟命运共同体，共同建设21世纪"海上丝绸之路"的战略构想后，李克强总理紧接着在中国—东盟（10+1）领导人会议上就加强中国—东盟"7个领域的合作"又提出了相关建议，其中包括积极探讨签署中国—东盟国家睦邻友好合作条约、启动中国—东盟自由贸易区"升级版"进程、加快互联互通基础设施建设、加强本地区金融合作与风险防范、稳步推进海上合作、加强安全领域交流与合作以及密切人文科技交流等合作。目前，中国为自由贸易区"升级版"勾画了一幅蓝图：力争2020年双边贸易额达到1万亿美元，今后8年中方从东盟累计进口3万亿美元，对东盟投资达到至少1000亿美元以上。这必将让东盟国家更多地从区域一体化和中国经济增长中受益。此后，习近平主席又在"周边外交工作座谈会"上指出，做好周边外交工作，是实现"两个一百年"奋斗目标、实现中华民族伟大复兴的中国梦的需要。他强调，"我国周边外交的基本方针，就是坚持与邻为善、以邻为伴，坚持睦邻、安邻、富邻，突出体现亲、诚、惠、容的理念。""海上丝绸之路"将成为中国周边外交的动脉与桥梁。

另一方面，当前东盟也正在着力建设东盟共同体。2010年，在越南河内举行的第十七届东盟首脑会议通过了《东盟互联互通总体规划》，该规划被认为是迈向东盟共同体的实质性步伐，它囊括了700多项工程，通过多元投资积极参与规划。近年来，不仅东南亚各国借财政状况好转的机会大力发展本国基础设施建设和重点产业建设，同时在加强合作、按期实现2015年建成东盟共同体目标的道路上突出区域性的基础设施建设。例如，按照印度尼西亚的国民经济中期发展规划，2011—2014年的建设总投资将达到4000万亿印尼盾（约合4700亿美元），各项工程投资为3348万亿印尼盾（约合3679亿美元），其中基建工程投资就达1551万亿印尼盾（约合1704亿美元）；泰国政府计划以港口、轨道系统和公路网络三大主要基础设施建设来改变物流基础设施的"短板"现象；长期对外封闭的缅甸将允许外国投资进入缅甸农业；东盟国家一致同意投入600亿美元的巨资用于兴建以交通、科技资讯和人力资源等为主的基础设施，加速打造"东盟连接"。此外，还有东盟能源合作项目、东盟旅游合作项目等都需要大量的建设资金。可以预料，东南亚地区大规模的基础设施建设和产业投资这个亮点将在未来3—5年中继续发光。这些优势将促使越来越多的中国企业看好东盟商机，积极"走出去"到东盟国家投资。

习近平主席在提出共建"丝绸之路经济带"设想时就已提出"以点带面，从线到片，逐步形成区域大合作"的循序渐进的建设思路，并为此提出加强政策沟通（通过领导人、部门、地方等各层次进行政策对话）、道路联通（既有传统的公路、铁路、航空、航运、管道等的联通，也有电力、电信、邮政、边防、海关和质检、规划等新领域的联通）、贸易畅通（重点促进贸易和投资便利化）、货币流通（包括推广本币结算和货币互换）、民心相通（促进不同文明和宗教之间的交流对话，推进教育、文化交流，发展旅游）的"五通"举措。可以看出，这些举措不仅致力于经济发展，也重视政治关系的稳定。同样，这"五通"举措无疑也适用于打造"海上丝绸之路"。

共建"海上丝绸之路"的核心是加强海上合作，发展好海洋合作伙伴关系。对中国和南海邻国涉及岛礁归属和海域划界的争端，始终坚持以和平方式，通过平等协商达成协议妥善解决；在争端解决之前，优先推进低敏感领域的海上合作机制作为承载"海上丝绸之路"核心价值的主要载体。海上合作机制包括南海安全、科研、环保、油气资源开发、渔业、搜救等方面。如，安全合作可先建立情报交流机制，继而建立联合巡航机制，以应对海上犯罪；海洋科研可先建立服务于气象、减灾防灾方面的合作机制，进而建立南海资源调研合作机制；海洋环保可先建立环境监测和信息交流合作机制，进而规制非开发性的海洋污染，再推进到开发活动的环保合作；资源开发合作可先推进渔业合作，递进为油气资源开发合作。

值得指出的是，中国—东盟共建海上丝路，也包括中国有理有据有节地在管辖海域自主发展海洋经济，才能具有较强的海洋经济实力、丰硕的海洋经济发展经验、领先的海洋经济发展技术，从而有力推动中国—东盟共建"海上丝绸之路"。然而，"海上丝绸之路"建设作为国家和平发展战略的载体之一，并不仅限于中国—东盟之间。中国也尝试与更多国家共建"海上丝绸之路"，如中国向斯里兰卡和印度提出了该建议。

党的十八届三中全会审议通过的《中共中央关于全面深化改革若干重大问题的决定》提出，加快沿边开放步伐，允许沿边重点口岸、边境城市、经济合作区在人员往来、加工物流、旅游等方面实行特殊方式和政策，建立开发性金融机构，加快同周边国家和区域基础设施互联互通建设，推进"丝绸之路经济带"、"海上丝绸之路"建设，形成全方位开放新格局。这更为中国—东盟携手共建"海上丝绸之路"注入了新的动力。

结束语

综上所述，"海上丝绸之路"的战略构想，将进一步促进中国与周边国家合作，激发各国发展活力，促进双方的文化交流，这不仅会带来经济利益，而且还将构建更广阔领域的共赢关系，有利于打造稳定的合作环境，为地区的长久稳定与繁荣发展创造新的机遇。

当然，打造新时代的"海上丝绸之路"还面临着一些风险和挑战：个别相关国家政治局面不稳、基础设施落后、经贸法规薄弱；中国与一些国家之间存在的一些矛盾和历史遗留问题对双边关系造成一定的干扰。但是，"海上丝绸之路"沿线国家加强与中国合作是大势所趋，而合作确实能给双方带来实惠，双方关系本质上是互利共赢的。中国始终坚持在这些地区不谋求势力范围，不搞排他性合作，不追求利益最大化的原则，与东盟不断巩固政治和战略互信，与其各成员国继续真诚相待，携手共进，以相互尊重、互不干涉内政的原则来处理同有关国家的关系。我们有理由相信，只要中国和东盟双方都牢牢把握战略合作的大方向，"21世纪海上丝绸之路"必将有着更加美好的未来，并将为中国与相关国家形成良性互动、合作共赢的局面奠定扎实的基础。

中国—东盟（10+1）机制
是南海稳定之锚

尹承德[①]

内容提要： 为适应国际潮流与自身根本利益需要，中国—东盟合作机制应运而生。它问世17年来，政治安全和经济发展两个轮子同时运转，成就斐然，成为双方睦邻友好关系发展与地区和平稳定的基石，也是未来中国—东盟命运共同体的主要载体。

关键词： 中国　东盟　区域合作　和平发展

中国—东盟（10+1）机制是中国与东南亚10个国家即印度尼西亚、马来西亚、新加坡、菲律宾、文莱、泰国、越南、老挝、柬埔寨、缅甸组成的东南亚国家联盟（东盟）于1997年建立的合作机制。17年来，双方合作不断扩大与深化，现已发展成一个密切的政治、经济合作组织和东亚区域合作的主干之一。由于双方都是东南亚的主要力量中心，同处南海，战略位置重要，中国—东盟合机制即成为南海地区稳定的基石。

一

中国和东盟基于自身和地区和平与发展的共同利益需要而走到一起。

[①]　作者系中国国际问题研究基金会研究员。

东盟是亚洲最主要的一体化组织，也是世界上仅次于欧盟的一体化程度最高的区域合作组织。它包括了东南亚地区全部国家，拥有6亿多人口，440万平方公里土地面积，现在GDP达2万亿美元，外贸总额达2.5万亿美元，外汇储备约1万亿美元，地处太平洋与印度洋之间，扼守两洋咽喉之马六甲海峡，地理位置极其重要。东盟地域辽阔，人口众多，实力很强，是亚洲一体化程度最高的区域合作组织，在大东亚地区合作中起着核心作用，在国际事务中也有不可忽视的影响。中国是世界上人口最多与经济和综合实力增长最快的大国，在亚洲幅员与经济总量最大，也是亚洲唯一的联合国安理会常任理事国和核大国，在地区和全球都有着举足轻重的作用与影响。中国和东盟又是山水相连的近邻，都把发展与对方的关系置于各自外交政策的优先位置。双方建立和发展密切的全方位合作机制的主旨是联合自强，合作共赢，促进共同繁荣发展，维护地区的和平稳定。"一加一大于二。"中国—东盟合作机制的建立是强强联合，反映了各自地缘政治与地缘经济发展的客观要求，也是双方根本利益之所在。

中国—东盟合作机制有个逐步加强与深化的过程。1991年，双方开启对话进程，中国成为东盟的对话伙伴国。1997年，双方举行第一次"10+1"领导人会议，宣布建立中国—东盟睦邻互信伙伴关系，并决定每年举行一次领导人会议，中国—东盟合作机制正式成立，双方友好合作关系进入制度化的新阶段。在双方合作关系不断密切与深化的基础上，2001年11月6日举行的第五次领导人会议根据与会的中国总理朱镕基的提议，决定在十年内成立中国—东盟自贸区。在2002年11月4日举行的第六次领导人会议上，双方签署了《中国与东盟全面经济合作框架协议》和《南海各方行为宣言》，在2003年10月8日举行的第七次领导人会议上，双方签署了《中国与东盟面向和平与繁荣的战略伙伴关系联合宣言》，将彼此关系提升为战略伙伴关系。同时，中国宣布加入《东南亚友好合作条约》，成为首个加入该条约的非东盟成员国。2004年11月举行的第八次领导人会议上，双方签署了《货物贸易协议》和《中国—东盟争端解决机制协议》，将双方的政治与经贸合作向前推进了一大步。在2007年和2009年举行的第十次和第十二次领导人会议上，双方分别签署了《服务贸易协议》和《投资协议》，从而全部完成了建立自贸区的先期工作。双方于2010年1月宣布正式建成了中国—东盟自贸区。这是双方关系史上具有里程碑意义的重大事件，开启了中国与东盟实现经济一体化的历史进程。中国是第一个加入《东南亚友好合作条约》和第一个同东盟建立战略伙伴关系的域外大国，也是第一个同东盟建成自贸区的大国。这些标志着中国与东盟及其成员国的关系走在东盟与其他国家关系的前头，彼此建立了极其密切的睦邻友好与合作伙伴关系。

为保障双方合作的顺利与成效，中国与东盟已建立一套完整的对话与合作机制与框架，主要有政府首脑会议、部长级会议和工作层三个层次。政府首脑会议（即领导人会议）是中国—东盟合作框架下最高层级的机制，每年举行一次，职责是对双方合作及其长远发展作出战略性规划和指导，推动和引领双方合作机制向深度和广度拓展。部长级会议负责政策规划与协调，在大多数情况下每年召开一次。迄今已建立外长、经济、交通、总检察长、青年事务、新闻、打击跨国犯罪等11个部长级会议机制。工作层机制有5个，分别是外交官磋商、联合合作委员会及工作组会议、经委联委会、科技联委会和商务理事会。2010年10月还建立了中国—东盟联合银行体。2011年11月成立的中国—东盟中心是推进双方合作的重要常设性机制。中国任命了驻东盟大使，在东盟总部所在地印度尼西亚首都雅加达设立了东盟事务办公室。东盟十国驻华大使则组成东盟北京委员会。所有这些机制保证了中国—东盟合作正常运行和职能的不断提升。

中国—东盟机制的合作领域不断拓宽，呈现全方位扩展态势。现双方已确立了农业、信息通信技术、人力资源开发、湄公河流域开发、交通、能源、文化、旅游、公共卫生、环境等11个重点合作领域，签署了农业、信息、通信、非传统安全、教育、新闻等十多项合作谅解备忘录，在20多个重要领域展开合作。中国还同文莱、印度尼西亚、马来西亚、菲律宾四国签署《经济合作框架》，以加强中国同东盟东部增长区在经济领域的合作。

二

2014年是中国—东盟建立合作机制第17周年。17年来，在双方的不懈努力下，这一机制合作关系得到蓬勃发展，在各个领域都取得丰硕成果。主要体现在如下三个方面。

其一，在政治领域。双方高层接触制度化、常态化、长期化，每年不但都要举行领导人会议和多个部门的部长级会议，还要进行频繁的高层互访和会晤。这极大地加强了双方的政策沟通，政治互信，战略合作和友好情谊。正是通过双方顶层设计和规划，相互关系不断取得新的突破和提升。从建立对话伙伴关系到建立睦邻互信伙伴关系，再到建立战略伙伴关系，直到就构建中国—东盟命运共同体达成共识，中国—东盟的合作关系层层推进，现已成为大东亚地区整合最密切的区域合作组织。

其二，在战略安全领域。双方一致同意本着互信、互利、平等、协商精神，加强沟通、协调与合作，谋求集体安全和共同安全。维护南海地区的和平与稳定是双方安全领域合作的首要目标。双方签订了《南海各方行为宣言》和《中国—东盟争端解决机制协议》，并一致同意在全面落实《南海各方行为宣言》的基础上，根据协商一致、循序渐进原则，积极稳妥地推进"南海各方行为准则"的磋商。双方致力于维护和加强睦邻互信伙伴关系及战略伙伴关系，共同维护和促进南海地区的和平、稳定与航行自由。中国还同有的东盟国家达成了搁置争议、共同开发的协议，如中国同文莱签署了《关于海上合作谅解备忘录》和《中国海油和文莱国关于成立油田服务领域合作公司的协议》。南海问题是地区一大热点，如处理不当将损害地区和平与安全。因此，双方强调应通过友好协商与谈判，以和平方式解决争端。尽管东盟个别成员国为了一己之私在南海问题上搅局，一再向中国发难，要求东盟为其"站台"，并企图使南海问题国际化，但东盟不为所动，坚持公正客观立场，与中国达成南海争端应由直接当事方以和平谈判的外交手段解决的重要共识，从而有利于避免南海问题国际化或将第三方引入争端的复杂难解局面。双方还签署了有关在非传统安全领域合作的谅解备忘录，在反恐、打击贩毒及跨国犯罪等方面进行了卓有成效的合作。中国与东盟协同一致的努力与有效合作是维护东南亚地区和平、稳定与安全的关键因素和可靠保证。

其三，经贸关系是中国—东盟合作机制的重心和最大亮点，也是中国与东盟及其成员国关系稳定发展的压仓石。其最主要成果是双方建成了自由贸易区，推动双方经济关系实现了跨越式发展。

双方从2001年11月6日提出建立中国—东盟自贸区到2010年1月1日全面建成，用了整整9年时间。中间采取了一系列前期措施，包括签署并实施中国与东盟《全面经济合作框架协议》、《全面经济合作框架协议货物贸易协议》、《中国与东盟自由贸易区服务协议》、《中国与东盟投资协议》。在实施这些重要协议过程中，双方对从对方进口的货物逐步采取降低关税措施。从2010年1月1日即建成和启动自贸区进程之日起，中国与东盟开始步入零关税时代。此后，中国与东盟6个老成员国（即文莱、菲律宾、印度尼西亚、马来西亚、泰国、新加坡）之间93%以上的产品即超过7000种产品实行零关税，中国对东盟产品的平均关税从9.8%降至0.1%，东盟6个老成员国对中国产品的平均关税则从12.8%降至0.6%。到2015年，中国与东盟4个新成员国（即越南、老挝、柬埔寨、缅甸）之间的贸易自由化即关税减免程度达到中国与东盟6个老成员国同等水平。到2018年，中国与东盟10国之间的关税全部归零。同时，中国—东盟自贸区还设立了中国—东盟博览会、中国—东盟商务与投资高层会议机制等平台，还采取了简化人员往来和贸易相关手续等相关配套措施，建设跨境铁路、公路网络和区域内海上运输所需的港埠设施也正在着手进行之中。中国—东盟自贸区现在拥有19亿人口、1400多万平方公里面积、超过11万亿美元GDP、6万亿美元外贸总额和4万多亿美元的外汇储备，是发展中国家最大的自贸区，在世界经济版图中占有重要地位。

随着中国—东盟自贸区建设的酝酿、启动和最终建成，双方采取提升贸易自由化和投资便利化水平的政策措施，相互的经贸关系产生了"腾飞效应"。1991年，中国与东盟双向贸易额只有79.6亿美元，到2003年达782亿美元，12年增长了近10倍。从双方建立战略伙伴关系的开局之年2004年起，至2013年，是双方经贸关系发展的"黄金十年"，双向贸易额从1059亿美元增至4436.1亿美元，[①] 翻了两番多。现在，中国是东盟最大的贸易伙伴，东盟是中国第三大贸易伙伴。中国与东盟双向投资增长更加迅猛，截至2013年底，双向累计投资达1100亿美元，是1991年的200多

---

① 中商情报网，2014年7月29日。

倍。① 中国和东盟经贸关系如此持续高速增长，在国际经济关系史上是罕有的。此外，中国和东盟人文交流和人员往来愈益密切和频繁。仅 2013年，双方人员往来即达 1800 万人次，是 10 年前的 10 倍多。现在，往来双方之间的航班每周达 1000 多架次，犹如铺设了源源不断输送双方过往人员的"空中高铁"。2014 年是双方打造自贸区"升级版"和共建相互关系"钻石十年"的开端之年，在全球经济增长乏力的背景下，双方经贸关系保持了高速增长的势头，前三季度，双向贸易额即达 3466 亿美元，同比增长 7.5%，② 为同期中国外贸增速的两倍多；前两季度，双向投资累计达1200 亿美元，③ 同比增长近 10%。

与此同时，中国和东盟大多数成员国的睦邻友好合作关系也得到长足发展。双边高层互动频繁，像走亲戚一样往来，政治关系密切，战略互信频增，普遍建立了全面战略伙伴关系。在经济上，中国是大多数东盟国家最大的贸易伙伴和最大的出口对象及主要的投资场所，它们也是中国重要的经贸伙伴。双方在经济上相互密切依存，谁也离不开谁。中国同东盟大多数成员国的关系普遍进入新的发展阶段和历史最好时期。

中国—东盟合作机制建设不断提升和中国与东盟主体国家关系日益深化，不但保障了彼此之间睦邻友好关系的稳步上升，还从总体上确保了南海局势的基本稳定和南海国际航道的安全通行。那种认为中国在东南亚没有朋友、处境被动孤立、声称南海局势已到不可收拾地步的论调，是毫无事实根据的。

三

中国与东盟"10+1"合作机制的成立顺应了时代潮流，体现了双方的最大利益。从国际背景看，经济全球化和区域一体化是历史大趋势。世界各大洲地区经济统合组织蓬勃发展，有力地促进了有关国家和地区经济

---

① 中国广播网，2014 年 7 月 22 日。

② 中新社北京 10 月 23 日电。

③ 《经济参考报》2014 年 7 月 23 日。

增长。中国与东盟为适应这一潮流，提升自身国际竞争力，逐步走上经济一体化道路。从各自利益需求看，在地缘政治上，双方山水相接，唇齿相依，建立密切的合作机制是实现睦邻友好的基石和确保发展所必需的长期和平稳定周边环境的关键因素。在地缘经济上，双方建成自贸区，消除了贸易和投资壁垒，双方经贸关系无疑能快速成长。在双方决定成立自贸区时经济学家就估计，到2010年双方建成自贸区后，中国对东盟出口每年将增加106亿美元，东盟对华出口每年将增加130亿美元。[1] 实际情况远远超出了经济学家的估计。2010年，中国对东盟的出口和东盟对中国的出口分别是1382.2亿美元和1547.6亿美元，三年后的2013年分别是2440.7亿美元和1995.4亿美元，[2] 每年分别增加352亿美元和149亿美元。巨大的利好愿景是推动双方走向一体化的主要动因。

中国—东盟合作机制在各个领域都取得重大成效，尤其能朝着实现经济一体化迈出实质性步子，既是出于双方发展全局利益所需，也同各自实行积极务实政策密不可分。

东盟高度重视发展对华关系。它及其大多数成员国把发展对华关系视作确保其国家安全和促进其发展全局利益的基石，致力于维护对华关系大局。它们普遍抵制一些外部势力的挑拨离间及其散布的所谓"中国威胁论"，而把中国视为可以信赖的邻居、可以深交的朋友、可以依靠的伙伴，对华推行全方位睦邻友好合作政策。这是双方合作机制和友好关系不断提升和深化的一个关键因素。

中国作为这一机制中的最大国家，对推进双方合作负有并承担了更大责任。为此，中国大力推行十分有利于促进中国—东盟（10+1）合作机制发展的政策，实行"与邻为善、以邻为伴"和"睦邻、友邻、富邻"的方针，以及习近平主席提出的对邻国政策要体现"亲、诚、惠、容"的新理念。这在对东盟关系上集中体现为四个"有利于"。

一是有利于确保双方永久睦邻友好。中国将与东盟及其成员国的关系完全建立在和平共处五项原则等国际关系基本准则的基础上。中国绝不搞

---

① 《环球时报》2003年12月8日。

② 新浪博客2009年财经频道，2014年5月13日。

以大欺小，恃强凌弱、仗势压人的强权政治，而与它们建立了真正平等的合作伙伴关系，充分尊重它们的独立、主权、民族尊严。现在，双方将相互关系的根本指导原则——尊重各国的主权与独立，互不干涉内政，和平解决争端——以宣言和条约的形式固定下来，从而使双方业已存在的睦邻友好关系法制、永久化。中国躬行和平发展战略，不谋求霸权和对地区及国际事务的主导权。这些在很大程度上打消了它们对中国的疑虑，赢得了它们的支持与信任。

二是有利于确保双方的安全。中国与东盟是山水相连的近邻，地缘战略利益息息相关，可以说是"同呼吸，共命运"，都主张并致力于谋求建立在互信、互利、平等、协作基础上的集体安全，共同安全。因此，双方除利用东盟地区论坛，"10+1"、"10+3"等机制有效地进行安全协调与合作外，还签署了《非传统安全领域合作联合宣言》，加强了在反恐、反毒和防止跨国犯罪等领域的合作。特别是双方签订了《南海各方行为宣言》，并就缔结《睦邻友好合作条约》达成了共识，各自承诺用和平手段解决争端，在任何情况下不诉诸武力或武力威胁，永不为敌，永做好邻居、好伙伴、好朋友。这从根本上有利于保障双方的安全和地区的长治久安。

三是有利于双方的繁荣与发展。中国是全球第二大经济体和亚洲第一大经济体，东盟则是经济起飞最早的新兴经济体之大本营。双方经济实力和市场容量都较大，且经济互补性较强，又都是近邻，因而成为互利共赢的天然合作伙伴。东盟是中国仅次于欧盟与美国的第三大贸易伙伴和第三大出口对象，如2012年和2013年，中国对东盟出口分别达2048亿美元[①]和2440.7亿美元，都占当年中国总出口的11%强。东盟还是中国主要外资来源之地和主要劳务出口市场。同东盟建立密切的政经关系攸关中国发展全局。同样，东盟的繁荣发展也离不开与中国的合作。中国已取代美国、日本成为东盟的第一大贸易伙伴和第一大出口对象，也是它的主要投资场所及外资来源地之一。可以说，中国是促进东盟发展的主要外部因素。同时，中国还采取了支持东盟发展的诸多实际行动。2009年，中国宣布今后3—5年向东盟国家提供150亿美元信贷，包括67亿美元优惠贷款，还宣布

---

① 中国经济网，2013年2月3日。

设立规模达100亿美元的中国—东盟投资合作基金。2011年，中方决定向东盟国家追加100亿美元信贷，包括40亿美元优惠贷款，还为东盟设立了中国—东盟合作基金和中国—东盟公共卫生合作基金。2012年，中国设立了30亿元人民币的中国—东盟海上合作基金。2014年10月24日，21个亚洲国家在北京正式签约，决定成立中国倡议并承担最多股份的亚洲基础设施投资银行，印度尼西亚随后加入，成为第22个创始成员国。该行覆盖10个东盟国家，这是中国和东盟进一步加强与密切经济关系，实现全面互联互通的重大战略举措，将对推进双方地缘经济的深入融合和双方的繁荣发展发挥持久的关键作用。

四是有利于维护东盟在地区合作中的主导地位。自中国—东盟合作机制成立之日起，中国就极其重视和尊重东盟在国际和地区事务中的重要地位和影响，特别支持其在东亚区域合作组织中起中心与纽带作用。中国是地区大国中第一个和唯一提出并坚持由东盟在包括"10+1"、"10+3"和东亚峰会等所有地区合作组织中起核心与主导作用的国家。这不但可以避免大国竞争，有利于地区合作与地区整体形势的健康稳定发展，还充分展示了中国平等待人、绝不谋求地区主导地位的诚意与胸襟，有利于促进中国与东盟关系的健康深入发展。

中国不仅奉行符合时代潮流和双方根本利益的政策，还为提升双方关系提出高瞻远瞩而又积极务实的重要倡议。双方构建面向和平与繁荣的战略伙伴关系和建立自贸区等倡议就是中国领导人提出来，而后成为现实的。特别重要的是，2013年10月，习近平主席访问东南亚期间提出了构建《中国—东盟命运共同体》和共建21世纪海上丝绸之路的战略构想，并倡议双方商谈缔结睦邻友好合作条约，旨在全面推进双方合作机制，坚持讲信修睦、互尊互利、合作共赢，永做守望相助，安危与共，同舟共济的好邻居、好朋友、好伙伴。李克强总理在第十六次中国—东盟国领导人会上提出发展中国—东盟关系的"2+7"合作框架，即凝聚两点政治共识，推进七个领域合作，使今后十年合作朝着宽领域、深层次、高水平方向发展，即由过去的"黄金十年"升级为"钻石十年"。两点共识是：（1）推进合作的根本在于深化战略互信，拓展睦邻友好；（2）深化合作的关键在于聚焦经济发展，扩大互利共赢。七个领域合作是：（1）积极探讨签署睦邻友好合作条约。（2）启动自贸区"升级版"谈判，其目标是到2020年，双方贸易达到1万亿美元，中国从东盟累计进口3万亿美元，[①] 双向投资增加1500亿美元。[②]（3）加快互联互通基础设施建设，包括共同推进泛亚铁路这个"旗舰项目"建设，为此，中方倡议成立"亚洲基础设施投资银行"。（4）加强本地区金融合作和风险防范。（5）推进海上合作，发展好"海上合作伙伴关系"，共建21世纪海上丝绸之路。（6）加强安全领域交流与合作。（7）密切人文、科技、环保等领域的交流合作。李克强总理阐述的"2+7"框架同习近平主席倡导的"中国—东盟命运共同体"理念是一脉相承的，两者为双方未来关系的发展指明了方向，绘制了蓝图，受到东盟领导人的赞赏和欢迎，并被东盟及其成员国采纳，行将付诸实施，从而引领双方机制合作关系进入全新的历史发展阶段。2014 年11月，李克强总理在第十七次中国—东盟（10+1）领导人会议上，又提出协力规划中国—东盟关系发展大战略，积极商签"中国—东盟国家睦邻友好合作条约"；加快打造中国—东盟自贸区"升级版"，力争2015年底前完成自贸区"升级版"谈判；加快建设互联互通基础网；精心营造海上合作新亮点，成立海洋合作中心和努力保障传统领域和非传统领域"双安全"等重要建议，并提出把握好政治安全和经济发展"两个轮子一起转"和处理南海问题应由直接当事国通过谈判协商解决，南海和平稳定由中国和东盟国家共同维护的"双轨思路"，受到东盟的积极响应。这必将把双方的合作提到新的高度。

　　毋庸讳言，中国—东盟机制也存在一些障碍与挑战因素，主要是菲律宾等极少数国家坚持侵占我国南海岛屿，不断向我国发难，一再要求东盟干预，难免会给东盟对华关系投下一些阴影；美日为遏制中国，在南海争端中"拉偏架"，支持极少数国家的非法主权要求，无端攻击中国在南海"改变现状"，妨碍南海"航行自由"，并一再散布"中国威胁论"，在中国与东盟之间拨弄是非，制造麻烦，可能使有些东盟国家对华产生一定的疑虑。但总体看，不断加强机制建设，扩大与深化全面合作，是中国与

---

① 中国新闻网，2013年10月10日。

② 中研网，2014年9月17日。

东盟根本和最大利益所在，也是彼此主流外交价值的必然体现。双方加强整合，相互关系向前向上发展的良好势头不会逆转，而只会愈益强劲。美国、日本等国破坏中国与东盟关系的企图是不会得逞的。

中德政治关系和经贸合作
相互促进的启示

梅兆荣[①]

内容提要：近年来，中德关系发展顺利，走在中欧关系前列，起着某种引领和标杆作用。主要表现是：关系定位稳步升级，高层互访频繁，经贸合作突出，人文交流方兴未艾。中德关系发展的一条富有启示的经验，是政治关系和经贸合作相互促进、相互影响、相互关联。文章为说明这一点，列举了不同时期八个正反两方面的例证，并指出中德关系的发展有四个方面的积极因素，也有四个方面需要注意的问题。

关键词：中德关系　政经关联　积极因素　面临问题

近年来，中德关系发展顺利，硕果累累，走在中欧关系的前列，起着某种引领和标杆作用，令人瞩目。

一、两国关系的定位稳步升级

2004年，双方宣布要在中欧全面战略伙伴关系的框架内建立"具有全球责任的伙伴关系"，并启动了两国总理年度会晤机制。2010年，双方决定全面推进面向未来的战略伙伴关系，并商定建立政府磋商机制，迄今已

---

① 作者系中国国际问题研究基金会高级研究员，中国前驻德国大使。

成功举行了两轮。2014年国家主席习近平访德期间，双方宣布将两国关系升格为"全方位的战略伙伴关系"，并把两国间原有的战略对话扩展为"外交与安全战略对话"，进一步充实了中德关系的战略内涵，并为今后若干年的双边合作确定了方向、绘制了蓝图。

二、高层互访频繁

最突出的是，默克尔总理已访华七次，中国前总理温家宝亦曾六次访德，李克强总理2013年首访欧洲即去了德国，而2014年习近平主席首访欧洲时德国也是重要一站。两国领导人互访频率之高，在中欧之间是独一无二的。特别需要指出的是，这种高层领导的互访对推动两国的合作与交流，增进相互了解和政治互信，起了不可替代的重要作用。

三、经贸合作是中德关系的突出特点和亮点

多年来，中德互为各自地区的最重要贸易伙伴，2013年两国贸易额达1615.6亿美元，约占中欧贸易额的近1/3，超过英、法、意三国同中国贸易额的总和。德国也是欧洲对华技术转让和直接投资最多的国家。截至2014年3月底，中国从德国引进的技术累计19989项，合同金额644.8亿美元。截至2014年5月底，中国累计批准德国企业在华投资项目8346个，实际投入226.5亿美元；与此同时，经商务部批准的中国对德非金融类投资发展迅速，截至2014年5月底总金额达41.9亿美元。此外，德国也是对华提供发展援助最多的国家之一，包括财政合作和技术合作两种形式。

四、在人文、科技和教育等领域的交流与合作方兴未艾

截至2013年底，中国在德留学生近30000人，德国在华留学生7000

多人；两国在德国合作建立并运营的孔子学院14所、孔子课堂3个；中国300多所高校与德国近100所高校建立了校际交流关系；继前几年两国互办文化年之后，2013年和2014年又分别在对方国家举办了语言年；德国是中国最重要的科技合作伙伴之一，2009—2010年两国同时举办了中德科教年，科技合作成果丰硕。

中德关系给双方都带来了实实在在的好处，是互利双赢的关系。

回顾中德关系自1972年建交以来走过的历程，人们得出这样的结论：中德关系的发展虽曾有过曲折，多次出现过短时间的低潮，但总体上是不断向前发展的，合作是主流。其中一条富有启示的经验就是，两国政治关系和经贸合作始终是相互促进、相得益彰，同时也是相互影响、相互关联的。政治关系发展得顺利，必然会带动经贸合作取得进展；反过来，如果一方损害了另一方的核心利益或重大关切，政治关系出了问题，必然会影响经济合作；而经贸合作进展顺利，反过来也会推动政治关系更加密切与和谐。

笔者在两国建交前后一直伴随或跟踪两国关系的发展进程，这里不妨列举一些不同时期正反两方面的典型事例。

例证之一，建交前两国之间没有官方往来，1972年民间贸易额仅为2.7亿美元，经济技术合作更是谈不上。其主要原因是当时的联邦德国政府追随美国的对华政策，不敢承认新中国。1955年联邦德国与苏联建交后，中国政府曾发出希望与联邦德国建立正常关系的信号，但联邦德国方面未予回应。60年代初，联邦德国方面视苏联为主要安全威胁和实现德国统一的主要障碍，开始考虑利用中苏矛盾，出现了主张发展对华关系乃至联华制苏的声音；同时，实现了"经济奇迹"的联邦德国迫切需要拓展国外市场并改善其国际地位，这些因素促成了1964年5月25日双方在瑞士的首次官方接触。是年6月13日，艾哈德总理访美时受美国压力后在记者招待会上声称，联邦德国不打算同中国建立外交关系和签订贸易协定，也无意给予中国商业贷款或采取其他主动行动。之后，双方虽又进行了三次接触，均因德方缺乏诚意而无果。1968年12月，时任联邦德国外长的社民党主席勃兰特发表谈话称，"联邦德国与中国的贸易关系不应始终处于'非正规化'状态"；1969年12月，勃兰特还通过德新社驻京记者向中方转达口信称，如中方愿意，联邦德国愿意在任何时间任何地点谈任何问题，艾哈德1964年听了美国的话而把谈判中断，如中国愿意谈判，他不会屈服于美国的恐吓。但勃兰特当上联邦总理以后，又确定了先苏后华的顺序，即先同苏联、东欧实现关系正常化，同中国建交则要放到《东方条约》完成以后。可见，当年艾哈德中断同中国的第一次官方接触是屈服于美国的压力，而后来勃兰特在对华关系上又受制于当时的苏联。

例证之二，双方在民族问题上相互理解和支持是中德关系的一个突出亮点，也是两国关系顺利发展的重要政治基础。新中国和德意志联邦共和国分别成立于1949年10月和5月，基于当时的国际大环境，两国分属东西方两个不同的阵营，但联邦德国政府自首任联邦总理阿登纳起，一直没有与台湾建立"官方"关系。特别值得赞赏的是，当1992年底至1993年初台湾当局为落实其更新海军装备的"十年规划"向德国有关造船厂询购10艘209型潜艇和16艘MEKO-100型轻型护卫舰，并以大量民品交易为军品买卖进行引诱时，德国联邦政府考虑到中方的强烈反对和严正交涉，最终作出了不批准售台武器的原则性决策。1995年7月江泽民主席访德时，科尔总理重申，联邦政府将继续奉行阿登纳制定的"一个中国"政策，尽管企业界有人认为同台湾地区发展关系有利可图，但德国政府不能为了金钱而出卖原则。1998年施罗德接任联邦总理后，承诺德国绝不参与加强台湾反对中国大陆的军事力量。另一方面，新中国成立后在德国问题上始终采取了同情、理解和支持德意志人民谋求统一的立场，这在大国中是独一无二的。

例证之三，建交后相当长一个时期内，驱动中国和联邦德国关系的主要因素是两个：一是战略上反对苏联扩张威胁的共同利益；二是经济上互通有无、取长补短的相互需求。当时，中国与联邦德国在意识形态和社会政治制度方面的差异比今天要大得多，但双方都践行了求同存异的政策原则。1975年10月施密特总理第一次访华时也明确表示，他是"以重大的世界政治性问题为背景"来看待联邦德国与中国的关系的。基于这样的认识，他在第一次访华期间就提出希望发展两国文化交流，扩大联邦德国对华出口，给中国商品进入联邦德国市场增加配额，并愿意进口中国原料。两国签署了海运和民航两个协定并就成立经贸混委会进行了换文。嗣后，两国通过一系列高级别互访就重大国际问题和双边关系取得了许多重要共识，并先后签署了科技、经济、文化合作协定。两国贸易额迅速、稳定增长，1979年达21.9亿美元，相当于建交时的8倍多。

例证之四，1982年10月科尔政府上台后，认为中国支持德国民族统一，在反对苏联霸权主义方面与联邦德国有共同利益，主张同中国在政治上寻求共同点，经济上努力扩大和加强合作，在科技合作和人员培训方面愿适应中方要求。科尔总理执政时间长达16年之久，其中头7年中德关系发展顺利、迅速、全面，同中国领导人建立了信任关系，为两国长期、稳定的合作关系打下了坚实基础。1984年10月，科尔作为联邦总理首次访华，他再次表示，双方对重大国际问题看法一致，在反霸问题上有共同利益，联邦德国愿同中国走共同发展的道路，不仅可以向中国提供设备和技术，而且愿意增加学生和青年交流。两国应从长计议，面向21世纪。邓小平赞成科尔关于两国要长期合作、面向21世纪的想法，欢迎联邦德国经济界向日本挑战，并指出科尔此访也将带动欧共体同中国的合作。1985年6月中国总理回访联邦德国时，科尔重申，他的目标是要使两国紧密地联在一起，两国社会制度虽然不同，但完全有条件使相互关系走上稳定发展的轨道，他愿意在其任期内同中国一道尽一切力量为两国关系的列车构筑长期稳定的轨道。

整个80年代，随着两国政治关系从一个高潮走向另一个高潮，经贸关系、科技合作和文化交流也取得了突破性进展。主要表现在：（1）贸易额从1979年的21.9亿美元猛增至1989年的近50亿美元；（2）联邦德国厂商在华投资企业增多，且多系生产性企业，技术含量较高；（3）一些大项目合作达成协议，如上海大众汽车合营项目、宝钢热轧机和连铸机进口技术合作、中国购买空客飞机等；（4）联邦德国政府自1985年起向中国提供发展援助性质的财政合作，至1988年增至2亿马克，无偿援助性质的技术合作金额达6500万马克；（5）科技合作迅速发展。继1979年签订包括能源、冶金、石油、地质等10个专业技术合作项目协议之后，1984年又签署了《航天科技合作议定书》及《和平利用核能合作协议》，1985年商定在蛋白质制取、生物工程、海洋研究和技术、环境研究和技术以及电子信息等领域的合作，1986年签订了《海洋科技合作协议》，1988年合作领域扩大到核能、航天等24个领域。合作形式亦从单一的交换资料和互访考察逐步发展到以共同研究、合作试验、联合勘察、联合调研、联合设计、技术咨询、联合举办学术研讨会以及双方科研机构之间对口合作研究；（6）文化交流相当活跃。从1982年起，双方每两年制订一项包括教育、艺术、文化、体育等领域的交流计划。从1978年到1988年，双方艺术演出团体和展览互访频繁。在联邦德国的中国留学进修人员猛增至3000多，以促进德语教学为宗旨的歌德学院北京分院亦于1988年正式开始工作。

例证之五，从1989年初夏开始，在东欧剧变、两德酝酿统一、苏联面临解体的国际大背景下，以美国为首的西方国家对中国实行所谓的"全面制裁"，妄图以压促变，一鼓作气以西方资本主义制度一统天下。当时，联邦德国也存在着两股力量：一股力量打着维护人权、人权高于主权、人权不属于内政的旗号，借口北京政治风波和"西藏问题"一次又一次掀起反华浪潮，德国联邦议会还通过了对华制裁决议，使两国关系急转直下跌入低谷，经贸合作当然首当其冲。另一股力量则竭力保护既有的合作成果，减少损失，伺机转圜。面对西方的强大压力，中国坚持以经济建设为中心，坚持改革开放政策，经济保持了较快增长，社会稳定，民族团结，国际地位逐步上升。在此情况下，德国舆论中出现了一种清醒的声音，认为中国不同于东欧，社会主义制度和中国共产党的领导在中国是压不垮的，西方明智的做法是改变"制裁政策"，通过合作对中国施加影响。1992年，中国副总理兼外长钱其琛应邀访德，冲破了德国原先把同中国的政治交往限于部长一级的禁令，访问期间虽然围绕人权问题不乏唇枪舌剑，但对推动德国政府进一步调整对华政策起了重要作用。1993年，科尔政府出台了以中国为中心的新亚洲政策，提出要在政治上同中国对话，经济上同中国合作。1993年11月，科尔总理第三次访问中国，认为鉴于亚太地区在世界上的地位日益提高，而中国在德国的亚洲政策中起中心作用，因此，加强同中国在政治、经济、文化三个领域的合作是德国外交政策的一个重要目标。1994年7月，李鹏总理应邀访德，虽然访问过程充满了同一些反华势力的尖锐斗争，但成果丰硕。科尔称此访是两国关系继续发展的"里程碑"，表示他坚决反对某些势力利用人权问题对中国进行攻击，强调他很早就主张把双边关系与人权问题脱钩。1995年7月江泽民主席访德时，科尔在会谈中进一步表示，21世纪，中国将在世界上发挥巨大作用，德国也将对欧洲一体化进程产生重要影响。德、中虽有不同的历史和文化传统，但两国可以为世界和平与人类发展共同做许多事情。德、中两国没有理由不发展最好的合作关系。赫尔佐格总统也表示，不能把人权问题置于中德关系的中心位置，不能用欧洲的尺度来衡量中国，更不能强加于人。1996年2月，朱镕基副总理访德也取得圆满成功，科尔在会见时强调，德、中不仅应着眼于经济合作，也应考虑文化交流，要在各个领域深化合作。但不久之后，德国连续发生了三起反华事件：一是4月瑙曼基金会在波恩组织所谓支援达赖集团的国际会议；二是6月联邦议会通过了干涉中国内政的所谓"西藏问题决议"；三是德方组织者在筹备慕尼黑中德文化节中违背协议，在正式日程中塞进反华论坛，遭中方抵制。经过将近四个月的冷却和僵持，金克尔外长不得不在联大会议期间向钱其琛副总理兼外长发表四点声明，才使两国关系得以转圜。金克尔确认："德国政府奉行一个中国的政策；西藏是中国领土的一部分，西藏事务是中国的内政；两国关系应建立在相互尊重、求同存异、互不干涉内政、平等互利的原则基础上；解决人权问题分歧的途径应是在平等和相互尊重的基础上开展对话，而不是进行对抗。"在此前提下，中方欢迎金克尔外长10月访问中国，为联邦总统访华做准备。是年11月，赫尔佐格总统按计划访华并取得成功，中德关系从此"雨后天晴"。

例证之六，1998年德国社民党总理施罗德接任联邦总理后，在其持续七年的任期内继承并延续了科尔的对华政策，中德关系发展顺利。概括施罗德总理在对华关系上的突出亮点，一是他1999年首次访华把第一要务定义为对美国轰炸中国驻贝尔格莱德大使馆向中国道歉，这一行动受到中方赞赏；二是他在七年的任期内访华六次，每次都为促进两国合作提供了正能量；三是他曾公开主张解除对华军售禁令，虽因联合执政小伙伴绿党外长以及一些欧盟成员国反对而未能实现，但他的勇气和立场值得称赞；四是他在任期内同中方一起把德中关系提升为"在中欧全面战略伙伴关系框架内具有全球责任的伙伴关系"，并开创了两国总理年度会晤机制，增进了政治互信。

例证之七，2005年秋德国大选后联盟党总理默克尔主政初期，对华态度与其前任相比有明显变化，导致两国关系一度发生困难。表现之一是意识形态色彩浓厚，强调所谓"价值观导向"的外交，对中国的人权状况说三道四，基民盟议会党团甚至出台了新的亚洲政策文件，主张在价值观基础上在亚洲寻求新的合作伙伴，改变迄今的以中国为中心的德国亚洲政策。表现之二是支持欧盟委员会2006年出台的第六个对华政策文件，强调中国已成为欧盟的强劲竞争者，主张在一系列问题上对华实行强硬政策。表现之三是德国媒体和舆论于2007—2008年围绕北京奥运和西藏"3·14"事件掀起了一股反华浪潮，默克尔总理2007年9月不顾中方强烈反对在总理府示威性地会见西藏分裂主义头目达赖，这一切使两国关系再度跌入低谷。2008年初，中德双方外长通过内部换文，德方订正了其对西藏的立场并承诺不支持任何谋求西藏"独立"的努力，才使两国关系转圜。2008年国际金融危机爆发，欧洲深受其害，接着2009年又爆发了欧洲主权债务危机，对华经济合作需求上升，而中国从战略高度出发，坚持支持欧洲一体化，鼓励欧盟克服债务危机，并在力所能及的范围内给予支持和帮助。这一切使德国领导层逐步改变了对中国的认识，对西藏问题上的"红线"所在、中国这个市场和合作伙伴对德国的重要性以及中国国际地位和影响力的认知明显进步。2010年，默克尔总理访华，双方决定全面推进展望未来的战略伙伴关系，并确立了政府磋商机制。中德关系重新理顺了，回到了长期稳定、互利共赢合作的轨道。

例证之八，德国以较开放的态度向中国转让技术并提供发展援助，这对打开中国市场、促成一些大项目合作起了不容忽视的作用，被称为是中德经济合作的"助推器"和"润滑剂"。1982年德国总统卡斯滕斯访华时，邓小平就向他指出，中国历来希望同联邦德国加强科技合作和经济关系，但要真正得到大的发展，还希望德方在技术转让方面帮忙。如果技术转让做得好，不仅设备可以买得多，而且可以加强相互信任，希望德国的政治家充分注意和考虑这个问题。卡斯滕斯总统允诺将为此做出贡献。一系列后续行动证明这次谈话起了重要作用。德国从1985年起向中国提供发展援助，促成大项目合作也不乏例子，其中最有代表性的，一是上海地铁一期工程，德国政府以4.6亿马克的软贷款击败了英、法两个竞争对手；二是德国政府为中国购买船舶提供了约3亿马克的专项低息贷款，不仅帮助中国建立了远洋船队，而且促进了中德之间的港口合作。技术转让和提供发展援助被一些人看作德方给中方的"恩赐"，其实是德国拓展市场的一种手段，是为同中国建立长期、稳定的友好合作所作的投资，是一种互利共赢的政策措施。

以史为鉴，展望未来，中德全方位战略伙伴关系有着光明而广阔的发展前景。当然，正如任何事物都有其两面一样，中德关系在今后的发展进程中也难免会遇到这样那样的问题和障碍，需要双方妥善处置和管控。

最重要的是，双方都要努力遵循相互尊重、平等互利、不干涉内政、求同存异、合作共赢的国际关系原则，不断地增进政治互信以促进互利合作，并在互利合作中增进友谊和互信，造福于中德两国人民，促进中欧关系顺利发展，为建立一个持久和平、共同繁荣的和谐世界做出贡献。

中国在中东热点问题上的新外交

姚匡乙[①]

内容提要：近年来，中国积极参与中东热点问题调解，发挥日益重要的建设性作用。中国应对中东热点问题的思路由总体超脱、有所作为逐步向积极进取、加强谋划、参与治理、拓展影响转变，并确立了应对中东热点问题的目标、方针和机制，初步形成了具有自己特点的中东热点外交。中国积极推动热点问题解决，基于对当前国内国际两个大局和自身角色的正确定位，基于中东形势的重大演变和中东国家的普遍诉求，是维护自身在中东日益增长利益的必然要求。但中国在中东发挥大国作用是一个渐进过程。中国要增加在中东热点问题上的话语权，必须加强自身软硬实力建设。

关键词：中国外交　中东　热点问题

当前中东热点问题此起彼伏、相互交织，民族、宗教、教派矛盾不断激化，对地区和世界和平构成严重威胁。作为崛起中的发展中大国，中国积极进取、劝和促谈，发挥越来越重要的建设性作用，具有自己特点的中国热点问题外交正在形成。

一、外交新举措

近年来，中国积极参与中东热点问题的调解，发挥日益重要的建设性

---

① 作者系中国国际问题研究基金会高级研究员，中国前驻土耳其大使。

作用。具体表现为：

对巴以争端，利用各种机会做各方工作，积极"劝和促谈"。中国坚定支持巴勒斯坦人民恢复合法权利的正义事业，同时主张包括以色列在内的中东各国人民都应当享有平等的生存和发展权利，通过政治途径化解争端是符合各方根本利益的战略选择。2013年5月，中国国家主席习近平在与来访的巴勒斯坦总统阿巴斯会谈时提出中方解决巴勒斯坦问题的"四点主张"，包括支持建立以1967年边界为基础、以东耶路撒冷为首都、拥有完全主权的独立巴勒斯坦国；当务之急是在停建定居点、解除对加沙封锁、妥善解决在押巴勒斯坦人问题等方面采取切实措施，为重启和谈创造必要条件；应该坚持"土地换和平"等原则不动摇；国际社会应该为推进和平进程提供保障。① 几乎在同时，以色列总理内塔尼亚胡应邀访华，中方强调以方应在停建定居点、改善加沙人道主义问题上释放善意。巴、以双方领导人同时访华，是中方的有意安排，目的是传达中国新一届政府十分重视巴以争端，希望加强同巴以双方的沟通，努力推动争端和平解决的明确信号。随即，中国中东问题特使再次赴该地区访问。同年7月，在包括中国在内的国际社会推动下，中断三年的巴以和谈再次启动。中方随即表示欢迎，表示支持巴以双方努力克服障碍，相向而行，持续推进和谈并早日取得实质性进展。

2014年7月，以色列以三名犹太青年遇害为由，对加沙地区开展名为"护刃行动"的大规模军事行动，引起国际社会极大关注。此轮巴以冲突爆发以来，中国通过多渠道、多方式开展劝和促谈。中国中东问题特使多次赴该地区斡旋，外交部长王毅赴埃及和阿盟总部访问，提出立即实现全面停火、寻找实现共同安全方案、尽快恢复和谈、联合国安理会发挥应有作用、缓解巴勒斯坦特别是加沙地区的人道主义局势等五点倡议，强调中国是巴以和平的坚定支持者和真心斡旋方，将与国际社会一道为结束巴以冲突做出自己的贡献。② 中国积极的斡旋调解，展现了大国担当，受到国

---

① 《习近平提出中方关于解决巴勒斯坦问题的四点主张》，http://news.xinhuanet.com/2013-05/06/c_115653791.htm，2013年5月6日，2014年9月26日浏览。

② 《中方提出解决以巴冲突五点和平倡议》，http://news.xinhuanet.com/2014-08/04/c_1111914678.htm，2014年8月3日，2014年9月26日浏览。

际社会的高度赞赏。

对叙利亚问题，以政治解决为依归，反对武力干预或"政权更迭"。从叙利亚危机爆发开始，中国就不赞成对叙利亚实施武力干预或强行推动所谓"政权更迭"，先后在安理会和联合国大会两次否决了西方企图强行更迭叙利亚现政权的决议案。为支持联合国叙利亚问题特使的调解努力，使叙利亚问题回到联合国框架下，中国提出了叙利亚有关各方立即全面无条件停止一切暴力行为，立即开启不附带先决条件、不预设结果的包容性政治对话，支持联合国发挥主导作用，协调人道主义援助努力等六点建议，[①] 目的是使叙利亚局势尽快稳定，使人民免受战乱甚至内战的威胁。在包括中国在内的国际社会共同努力下，叙利亚问题国际会议于2012年6月在日内瓦召开。为推动会议取得成果，妥善解决叙利亚问题，时任外交部长杨洁篪在会上提出"四点主张"。[②] 与会各方就设立叙利亚"过渡管理机构"，政治过渡由叙利亚人主导达成一致意见。日内瓦会议的成功召开标志着政治解决叙利亚问题已成为国际社会的共识。

2013年8月，叙利亚发生"化武风波"，美国借此大做文章，甚至扬言将对叙利亚实施军事打击，战争乌云一时笼罩中东上空。中国与俄罗斯等国坚决反对动武。习近平在出席二十国集团峰会期间会见美国总统奥巴马时，强调政治解决是唯一正确道路，动武无法从根本上解决问题，希望美国三思而后行。[③] 王毅外长亦同有关国家外长会见和通话，敦促政治解决危机。此后，美国抓住俄罗斯销毁叙利亚化学武器的倡议搁置了军事打击计划，使旨在销毁叙利亚化学武器的2118号决议在安理会获得通过。中国派出"盐城舰"与俄罗斯、挪威、丹麦等国密切配合，执行叙利亚化武海运护航任务。这是中国首次派军舰执行此类任务，是响应联合国和禁

---

① 《中国外交部阐述中方对叙利亚问题的六项主张》，http://news.cntv.cn/china/20120304/104979.shtml，2012年3月4日，2014年9月26日浏览。

② "四点主张"即"始终坚持政治解决的正确方向；坚定支持安南特使的斡旋努力；切实尊重叙利亚人民的自主选择；对政治解决叙利亚问题既要有紧迫感，同时也要保持耐心"。《杨洁篪出席叙利亚问题"行动小组"外长会议》，http://news.xinhuanet.com/world/2012-06-30/c_112326763.htm，2012年6月30日，2014年9月26日浏览。

③ 《习近平谈叙利亚问题：政治解决是唯一正确出路》，http://news.xinhuanet.com/world/2013-09-06/c_117266477.htm，2013年9月6日，2014年9月26日浏览。

止化学武器组织呼吁，为顺利销毁叙利亚化学武器、推动政治解决叙利亚问题采取的重要举措。

进入 2014 年，叙利亚政府军在战场上占据一定优势，叙利亚问题出现缓和迹象，为有关各方弥合分歧创造契机。在此背景下，叙利亚问题第二次日内瓦会议于 2014 年 1 月 22 日在瑞士蒙特勒召开。为使会议取得成果，王毅外长在会前提出政治解决叙利亚问题、履行"五个坚持"的中国倡议，① 在会中分别与叙利亚政府和反对派代表进行了接触和沟通。尽管此次会议由于双方在巴沙尔去留问题上的巨大分歧而未能取得成果，但中国积极真诚的态度和务实、不谋私利的立场受到国际社会的肯定和赞赏。中国高度重视叙利亚危机所引发的人道主义危机，通过多、双边渠道向约旦、黎巴嫩、土耳其等叙利亚邻国提供多批次人道主义援助，并积极参与叙利亚人道主义国际捐助大会和人道主义高级别小组活动。2014 年 2 月，在中国与安理会其他成员国的共同努力下，安理会通过了旨在切实改善叙利亚人道局势的 2139 号决议。此外，中国还主动邀请叙利亚"全国对话联盟"等境内外反对派团体访华，表明中方在叙利亚问题上不存在袒护谁、反对谁的问题，一直积极、平衡地做叙利亚有关各方工作，为推动叙利亚问题政治解决不懈努力。

在伊拉克问题上，坚定支持伊拉克主权独立和领土完整，反对一切恐怖主义。 面对各派冲突不断，伊拉克统一面临危险的状况，中国坚定支持伊拉克主权独立和领土完整，主张通过政治进程，以和平、民主的方式解决各派分歧，实现伊拉克安全与稳定。美军撤离伊拉克后，伊拉克百废待兴。为帮助伊拉克早日医治战争的创伤，王毅外长于 2014 年 2 月访伊，这是中国外长时隔 23 年的首次访问。在这次被称为"支持与合作之旅"的访问中，王毅表示，中国坚定支持伊拉克维护国家主权独立和领土完整，坚定支持伊拉克加快政治重建和民族和解进程，坚定支持伊拉克政府反对一切形式的恐怖主义，并表示中国将在能源、基础设施和民生三大领域向伊

---

① "五个坚持"即"坚持通过政治手段解决，坚持由叙利亚人民自主决定国家的未来，坚持推进包容性政治过渡进程，坚持实现全国和解和团结，坚持开展人道救援"。《外交部长王毅出席叙利亚问题第二次日内瓦会议》，http://www.gov.cn/gzdt/2014-01-22/content_2573346.htm，2014 年 1 月 22 日，2014 年 9 月 26 日浏览。

拉克提供更多帮助。①

　　2014年6月，"伊斯兰国"极端主义势力迅速崛起，对本地区安全构成严重威胁。同年8月，美国开始对该组织发动空袭。9月10日，奥巴马宣布打击"伊斯兰国"四项战略，开启美国在中东的新一轮反恐战争。中国在各种场合表明反对一切恐怖主义的坚定立场，提出打击恐怖主义需要标本兼治、多措并举、协调一致；充分发挥联合国及安理会的作用；有关行动必须尊重当事国主权独立和领土完整，符合国际法。针对恐怖主义的新动向和新变化，中国提出加大信息收集与分享、加强网络反恐、切断流动和融资渠道、推进去极端化等四项主张。中国还在加强反恐能力建设、情报交流、人员培训等方面加强与有关各方合作，并向伊拉克包括库尔德地区提供6000万人民币的紧急人道主义援助。② 中国还与安理会其他成员国共同努力，于2014年8月16日和9月25日在安理会通过严厉打击"伊拉克和黎凡特伊斯兰国"的第2170号和第2178号决议。中方呼吁国际社会认真执行上述决议。

　　在伊朗核问题上，坚持维护国际核不扩散体系，反对伊朗拥有核武器，承认伊朗拥有和平利用核能权利。中国主张通过政治谈判解决争端，反对美国单边制裁，维护中伊关系正常发展。伊朗总统鲁哈尼上台以来，政治解决伊核问题的势头明显发展。2013年10月15日，伊朗与六国启动了全面协议的谈判。自谈判开启以来，中国一直发挥着积极作用。在谈判启动之初，中国就提出全面解决伊核问题的五点主张：坚持走六国与伊朗对话道路；寻求全面、公平、合理的长期解决方案；秉持分步、对等原则；营造有利的对话谈判气氛；寻求标本兼治、综合治理。③ 这些主张旨在弥合各方分歧，推动各方在规定时间内达成全面协议。这是中国首次就伊核问题全面提出自己的主张。中国领导人还亲自做有关方面工作：在伊核问

---

　　① 《王毅与伊拉克外长兹巴里举行会谈》，http://gb.cri.cn/42071/2014/02/24/6351s4434612. htm，2014年2月24日，2014年9月26日浏览。

　　② 《中国外交部长王毅在联合国安理会反恐峰会上的发言》，http://news.xinhuanet. com/2014-09/25/c_1112625335.htm，2014年9月25日，2014年9月26日浏览。

　　③ 《外交部副部长李保东提出中国关于全面解决伊核问题五点主张》，http://world.people. com.cn/n/2014/0219/c1002-24407910.html，2014年2月19日，2014年9月26日。

题日内瓦第三轮谈判前夕，习近平主席同伊朗总统鲁哈尼通电话，强调中方主张各方本着对等的原则，通过对话谈判和平解决伊朗核问题，希望伊方把握机遇，保持对话势头，同各方寻求最大公约数，争取最好结果。[①]在会议期间，王毅外长与美国、俄罗斯、伊朗等国外长广泛接触，努力缩小分歧，推动谈判取得实质性进展。经过艰苦谈判，会议最终达成第一阶段的"共同行动计划"，标志着通过外交手段解决伊核问题迈出重要第一步。根据"共同行动计划"，伊朗与六国就全面解决伊核问题的谈判于2014年7月在维也纳进行。由于分歧过大，各方最终同意将谈判延至11月举行。推迟谈判，留出更多时间供各方进一步磋商，有利于坚持通过谈判政治解决伊核问题的大方向，有利于尽早就伊核问题达成全面协议。中国还就美国对伊朗实施制裁损害中国利益进行了必要斗争，迫使美国两次延长对中国石油贸易豁免。

在南、北苏丹问题上，秉持公正、平衡、务实立场，为妥善解决两国未决问题积极斡旋。2011年7月9日南苏丹脱离苏丹宣布独立以来，双方就边界划分和石油资源分配等问题一直争吵不休。由于中国在两国有重大的石油利益，出于维护自身利益和地区安全考虑，中国从一开始就采取积极主动的外交行动。当年8月，时任外长杨洁篪即访问南、北苏丹，强调苏丹与南苏丹互为邻国，两国的和平与发展息息相关，和则两利，斗则俱伤；中国将在双边和多边场合积极斡旋，为妥善解决两国悬而未决的问题做出贡献。2012年4月，南、北苏丹为争夺哈季利季油田爆发大规模武装冲突。中国利用与两国都有着十分友好关系的优势，开展新一轮的外交斡旋，派出非洲事务特使在两国频繁穿梭，劝和促谈。中国全力支持非洲联盟提出平息冲突的"路线图"，还同美国展开协调，最终在非洲联盟和中国等国的积极斡旋下，两国于当年9月在埃塞俄比亚首都亚的斯亚贝巴达成和解协议，战争乌云暂时散去。中国在这次调解活动中无疑发挥了关键作用。

---

① 《习近平主席同伊朗总统鲁哈尼通电话》，http://news.xinhuanet.com/politics/2013-11/19/c_125729081.htm，2013年11月19日，2014年9月26日浏览。

二、政策调整的基本考量

中国在上述中东热点问题中的新举措表明，近年来随着中国综合国力和国际影响力不断提高以及海外利益大幅度延伸和扩展，中国正逐步改变在中东热点问题上被动应付、反应式外交的局面，朝着积极进取、加强谋划、参与治理、拓展影响的方向转变。中国积极进取，推动热点问题的解决。

一是基于对当前国内国际两个大局的科学把握和中国自身角色的正确定位。党的十八大明确提出"两个一百年"的奋斗目标，习近平主席还提出实现中华民族伟大复兴的"中国梦"，和平的国际环境是实现上述奋斗目标的必要条件。习近平指出，我们要树立世界眼光，更好地把国内发展与对外开放统一起来，把中国的发展与世界的发展联系起来，把中国人民利益同各国人民共同利益结合起来，不断扩大同各国的互利合作，以更加积极的姿态参与国际事务，共同应对全球性挑战，努力为全球发展做出贡献。[①] 这些重要论断揭示了中国与世界的关系，为中国参与国际事务和处理热点问题指明了方向。作为正在崛起的发展中大国，中国时刻意识到自己肩负的国际义务和责任，愿意在力所能及的范围内，为解决世界上的各种问题和挑战提供更多的公共产品，发挥中国独特的积极作用。

二是基于中东形势的重大演变和中东国家的普遍诉求。中东是当前国际局势演变的关键地区，中东巨变引发的政治、经济、社会震荡迄今仍在持续。错综复杂的民族宗教矛盾，加之大国推行霸权主义和强权政治，使该地区热点跌宕起伏，原有的热点没有缓解，新的热点不断涌现。传统安全与非传统安全问题相互交织，不仅使该地区长期动荡不安，也严重影响全球的和平稳定和发展。经过三年的动荡，广大中东国家和人民比任何时候都渴望早日结束动乱，过上安宁的生活。中国是安理会常任理事国，也

---

① 《习近平：更好统筹国内国际两个大局夯实走和平发展道路的基础》，http://news.xinhuanet.com/politics/2013-01/29/c_114538253.htm，2013 年 1 月 29 日，2014 年 9 月 26 日浏览。

是大国中唯一同所有地区国家保持良好关系的国家，在推动热点问题解决上发挥更大的建设性平衡作用，既是地区国家普遍而又强烈的诉求，也是中国必须承担的国际义务。

三是基于维护自身在中东日益增长利益的必然要求。中国在中东有重大的政治、经济和安全利益。中东是中国"大周边"的重要组成部分，是中国的重要战略依托；伊斯兰世界是国际政治格局中重要而又特殊的板块，中国在国际事务中离不开这些国家的支持和配合；中东是中国最大的海外能源供应地、重要商品和劳务出口地与工程承包市场；中东是打击"三股势力"，维护中国西部边陲稳定的前沿阵地。习近平主席提出"一带一路"构想，是中国在新形势下推行全面深化改革、扩大向西开放的重大战略举措，而中东正位于"一带一路"的交汇处。习近平在中阿合作论坛第六届部长级会议开幕式讲话中提出共建"一带一路"，打造中阿利益共同体和命运共同体，再一次深刻揭示了中国与地区国家休戚与共、守望相助的紧密关系。因此，积极参与中东热点问题的解决，促进中东的持久和平与稳定，将是促进中国与地区国家双边关系可持续发展与合作共赢的重要途径。

三、目标、策略与机制

从近年来中国应对中东热点问题的外交实践看，中国已初步形成具有自己特点的中东热点外交政策。一项重大外交政策一般应由以下要素构成：战略目标、实现战略目标的具体政策、思路(或方针策略)和机制。

在目标上，中国主张通过对话政治解决争端，实现中东的和平与稳定。为争取实现这一目标，中国在处理中东热点问题上确定了以下基本原则：(1)"劝和促谈"。这是中国处理中东热点问题的核心理念。中国主张坚持对话和谈判，和平解决争端，通过耐心谈判，缩小分歧，找到各方关切的最大公约数，实现争端的和平解决。这种方式花费时间可能长些，但付出代价最小，后遗症最小，最能从根本上解决问题，也最符合争端双方广大人民的长远利益。(2)坚持不干涉内政原则。这是中国外交的最重要原则，也是当代国际关系中的基本准则。在半个多世纪中，中国恪守这一原则，妥善处理中东热点问题，发展与中东地区国家关系，赢得该地区国家和人民的尊敬和赞扬。当前地区形势正经历大变动、大调整，中国更应坚持这一原则，旗帜鲜明地反对外来干涉，尊重各国的独立、主权和领土完整，尊重各国人民的自主选择，这样才能保持主动，创造和扩大做好各派力量工作的空间，进一步发展与各国的务实合作。（3）旗帜鲜明地反对西方以人道主义干预为借口，推行新干涉主义。这是防止地区热点问题恶化和外溢的重要防波堤。地区国家民众要求变革和维护自身利益的诉求应当得到尊重，但中国反对以暴力相威胁，甚至引进外部军事力量，强行改变国家政权。（4）坚持正确的义利观。这是中国应对中东热点问题独有的道德力量和软实力。"国不以利为利，以义为利也。"中国从传统文化中吸取精华，倡导在国际关系中践行正确义利观，在国际合作中不但注重利，更注重义。只有义利兼顾，才能义利兼得，只有义利平衡，才能义利共赢。①习近平主席于2014年8月访问蒙古国时，进一步阐述了正确义利观，针对亚洲特殊的洲情，倡导相互尊重、协商一致、照顾各方舒适度的亚洲方式，秉持联合自强、守望相助的亚洲意识，更多用以和为贵、与人为善的东方智慧来解决问题、化解矛盾、促进和谐。②中国在中东不仅努力践行正确的义利观，普遍发展与各国的友好合作关系，同时主张中东有关国家也能用和为贵的东方智慧，化解彼此分歧，构建中东和平与稳定。

在工作思路上，中国实现了由总体超脱、有所作为到积极进取、加强谋划、参与治理、拓展影响的转变。所谓积极进取，即仍然要贯彻既积极又稳妥的方针，既不妄自菲薄也不妄自尊大，既要积极参与热点问题的治理，扩大和提升中国的影响和形象，又要看到中东热点问题矛盾极为复杂，不少问题十分敏感，要力避成为各方矛盾的焦点，防止陷入冲突对抗的漩涡。所谓加强谋划，就是要讲究顶层设计和全局谋划。中国在加强顶层设计上，积极倡导综合治理的理念。鉴于中东热点问题联动性加强，中

---

① 《习近平主席在韩国首尔大学的演讲》，http://news.xinhuanet.com/world/2014-07-04/c_1111468087.htm，2014年7月4日，2014年9月26日浏览。

② 《习近平在蒙古国国家大呼拉尔的演讲》，http://news.xinhuanet.com/politics/2014-08-22/c_1112195359.htm，2014年8月22日，2014年9月26日浏览。

国主张，既要重视伊拉克、叙利亚等新热点问题，又不能忽视巴以争端等原有的地区热点；当前尤其要关注伊拉克问题和叙利亚危机的联动效应，实施综合治理；在坚持通过对话和谈判和平解决争端中，在分清事情是非曲直的基础上，既要尊重历史的经纬又要兼顾对方现实的合理关切，寻求最大公约数，使争端得到公平合理解决；在倡导多边主义方面，既要重视联合国安理会在维护世界和平中的作用，又要尊重阿拉伯联盟和非洲联盟等地区性组织的意见，以期最大限度充分发挥它们各自的作用；在处理美国与西方关系中，既要坚决反对霸权主义和强权政治，又要注意同它们的沟通和协调，凝集共识，为和平解决争端营造良好的外部环境；在推动经济援助方面，既要着眼当前，增加人道主义援助，缓解当地民众的生活困境，又要立足长远，开展经济合作，切实改善民生，增强广大民众对和谈的信心，同时更要支持地区国家有序转型，探索符合自身特点的发展道路，为从根本上实现长治久安创造条件。所谓参与治理，就是要为热点问题的解决提供更多公共产品。中国已不再满足于一般原则性表态，正努力把提出自己的解决方案作为积极参与中东热点问题的重要途径，更加注重抓住时机、主动发声、扩大影响。中国通过国家主席、外交部长先后就巴以争端、伊朗核问题、伊拉克和叙利亚问题提出了自己的方案，这些方案反映了中国在当前复杂多变的地区和国际大背景下解决中东热点问题的新思考，具有很强的适应性、针对性和可操作性，受到国际社会的欢迎。

中国为积极参与中东热点问题，建立了一系列必要的工作机制。这些机制包括中东问题特使工作、与中东各国的双边磋商、中阿合作论坛框架下的高官会议磋商、与美国等大国定期与不定期的磋商等，其中特使外交已成为热点外交不可或缺的重要组成部分。中国中东问题特使的工作不再局限于巴以争端，已扩大到叙利亚、伊拉克、伊朗核问题等。中国中东问题特使反应迅速，出访频繁，接触广泛，收效明显，已初步形成具有自己特点的特使工作机制。

此外，中国积极参与联合国维和行动，把派出维和人员作为缓解热点地区紧张局势的重要手段。中国已成为联合国安理会常任理事国中派出维和人员最多的国家，贡献了联合国维和总费用的3%。目前，中国在黎巴嫩和苏丹分别有335名和435名工兵和运输、医务人员辛勤工作。2014年9

月，中国首次向联合国南苏丹维和部队派出700名战斗人员。

四、结语

中国在中东热点问题上发挥大国作用是一个渐进的过程，加强参与中东事务能力建设是一项长期任务。要增加在中东热点问题上的话语权，中国必须加强自身硬、软实力的建设。在硬实力方面，中国应采取切实措施加强与中东各国务实合作。中东国家经过三年动荡，渴望稳定、发展与变革，"东向"势头发展迅速。中国要利用这个有利时机，落实习近平主席提出的中阿共建"一带一路"倡议，用经济手段推动中国与中东国家关系向高水平发展，增强中国在中东的影响力。在软实力方面，中国要强化公共外交能力，增强对中东社会的塑造能力，加强外交斡旋能力，提升智库和二轨外交在解决热点问题中的作用。要进一步完善中东问题特使工作机制，加强特使与有关国家领导人的接触，以及和美国等西方大国及俄罗斯中东特使的横向联系。

中非共同打造"合作升级版"

刘贵今①

内容提要：习近平主席和李克强总理2013年和2014年相继访非，提出新时期加强中非关系和"打造中非合作升级版"的一系列战略举措。但西方媒体并未停止抹黑中非合作，国内民众也存在一些模糊认识。中非关系多年来已成中国外交的一大亮点，经受住了时间和国际风云变幻的考验。新时期中非合作转型升级，面临重大机遇和诸多挑战。中国正努力创新合作形式，谋求包容发展，以经贸和人文双轮驱动，使中非关系进入快车道和持续健康发展。

关键词：中非合作 机遇挑战 转型升级

继2013年3月习近平主席首次国事访问涵盖三个非洲国家后，2014年5月，李克强总理的年内首访又是非洲四国。中国主要领导人接连访非，充分展示了非洲在中国外交上的重要地位，给中非合作注入新活力，谱写了中非关系的新篇章，受到国内外舆论的高度关注。

但由于各种原因，国内民众对于非洲的认识总体上仍是肤浅和不足的，社会上对非洲和中非关系还存在一些误解，应该进一步普及非洲知识和提高对非认知，以适应中非关系快速发展的大好形势。

---

①　作者系浙江师范大学中非国际商学院院长，中国亚非学会会长，首任中国政府非洲事务特别代表，中国前驻南非、津巴布韦大使。

一、中国和非洲从来都是互有需要

国内有的网民认为中国自己还有1亿多人口没有脱贫，不理解为什么我们还要援助非洲，抱怨这样做是"吃了亏"。

其实，中非由于相似的历史遭遇，共同的现实使命，一致或接近的国际问题立场，相互之间的关系不是简单的援助和被援助关系，也不是短期的同路人或"利益共同体"，而是如习近平主席2013年在坦桑尼亚演讲时所说，"中非从来都是命运共同体"，是休戚与共、志同道合的长期战略伙伴。这种关系，不能用世俗中的"吃亏"或"沾光"去衡量，而是互有需要、谁也离不开谁的关系，是平等互利、义利统一、合作共赢的关系。

中国在20世纪六七十年代自己还十分贫穷的时候就勒紧裤腰带，支持非洲的民族独立和解放运动，花大钱修建坦赞铁道，并没图非洲的一滴石油或一块矿石。而非洲兄弟1971年把中国"抬进联合国"，则顶住了来自美国的强大压力。

中国改革开放后，调整了对非政策，在继续提供力所能及的传统援助的同时，重点转向互利合作，中非经贸合作规模持续扩大，中国已连续五年成为非洲的第一大贸易伙伴，非洲也早已是中国的第二大劳务承包市场和第四大投资目的地。中国同非洲的经贸合作，至少拉动了非洲20%的GDP增长，中国的产品、服务、技术和工程遍布非洲，中非双方无疑都从合作中受益。非洲国家感受更为深切。他们针对一些挑拨中非关系的论调回应说，非洲人已足够成熟，不需要别人告诉他们应当同谁交朋友。他们比谁都明白，是中国在真心实意地帮助非洲发展。

西方有些人长期以来把非洲视作他们的"世袭领地"，对今天中非扩大合作横竖看不顺眼，攻击中国在非洲搞"新殖民主义"和"掠夺资源"。事实上，仅美、英、澳、加等西方五国企业对非洲采矿业的投资，在非洲矿业部门吸引外国直接投资中占比就高达70%以上。2011年，美国对非矿业直接投资存量达333亿美元，占其对非直接投资存量的59%，而当年底，中国对非矿业直接投资仅相当于美国的15%，占对非直接投资存量的

25%。如果按照他们的逻辑，这顶"新殖民主义"和"掠夺资源"的帽子究竟应当戴在谁头上，不是一清二楚了吗？无怪乎有的非洲领导人说，谁在搞"新殖民主义"，非洲人最有发言权。

二、中非携手天地宽

日前在中国举办"南非年"活动的启动仪式上，南非政府特别代表、对外关系部文官长马特吉拉大使致辞时说，非洲有句谚语："若要走快，一人独行；若要走远，结伴同行。"非洲愿与中国结伴而行，定将走得既快又远。这其实是中非合作的现实写照和双方正在实现的共同愿望。中非紧密携手，天地无限宽广。

有人一提到非洲，首先想到的是贫穷落后、战乱饥荒。其实，非洲是块古老而年轻、广袤而富饶的大陆，人口众多，资源丰富，虽然某些方面还比较落后，但充满生机，发展潜力巨大。进入新世纪以来，非洲经济年均增长超过5%，是仅次于亚洲的全球增长最快地区之一，经济总量已达2万亿美元，政治影响力日益增强，在国际事务中发挥着越来越重要的作用。

中非经济具有极强的互补性，在政治上也是天然的朋友和伙伴。李克强总理在亚的斯亚贝巴的演讲中，阐述了新时期打造"中非合作升级版"的"四六一框架"，特别强调实施产业合作、金融合作、减贫合作、生态环保合作、人文交流合作及和平安全合作等六大工程，以及帮助非洲实施跨国高铁、高速公路和区域航空"三大网络"。中国乐于同非洲共享发展经验，希望非洲分享中国的发展机遇和技术，通过中非产业战略对接，增强非洲自身发展能力，促进双方合作提质增量，达到新的高度。中国的全面深化改革战略部署，和非洲一系列发展宏观计划的呼应衔接，必将产生一加一远大于二的积极效应，为双方的共同发展插上翅膀。

李克强总理访问埃塞俄比亚时参观过的东方工业园区，就是合适的中国劳动密集型产业向非洲转移的成功范例。我最近几年有机会三次参访该园区，每次都惊喜地看到它的新变化。2010年第一次去时，那儿只有一家水泥厂在生产，园区门口一大群牛在吃草。2011年第二次去时，华坚制鞋厂的生产线已经开工，这家民企从谈判到设厂只用了短短四个月，埃塞俄比亚前总理梅莱斯感慨地说，他早就知道中国人办事效率高，但没有想到会是这么高。又是一年后，已有汽车装配、建材等十几家中资企业在园区落户投产，厂房连成一片，生产场面热火朝天。埃塞俄比亚有9000万人口，失业率高达40%，当地劳动力成本仅约为中国国内的1/5—1/4。园区每逢招工时，十里八村的青年头一天就排起长龙。中方企业仅派遣管理人员，对新工人传授技术，把骨干送回国内培训，深受埃方欢迎。连美国研究中非关系的专家、《龙的礼物》作者布罗蒂加姆，也称赞中国在非洲开办的工业园区是非洲工业化的"孵化器"和"催化剂"。

三、谁说中国对非外交缺"公共产品"

随着中非经贸关系的强劲扩展和中国自身力量的增长，指责中国在非洲"重商主义"、在和平与安全问题上"搭便车"的声音鹊起，国内也有人因此认为中国对非外交未能贡献更多"公共产品"。

我认为，这些论调和看法是缺少根据和不符合实际的。中国的对非政策，既有连续性又与时俱进，既坚持原则又灵活务实，受到非洲国家的广泛欢迎，被实践证明是富有远见和深得人心的。

周恩来总理50年前访非时提出的中国同非洲和阿拉伯国家关系的五项原则及中国对外援助八项原则，至今还有强大的生命力。中国倡导并身体力行的平等互利、合作共赢、尊重非洲国家自主选择发展道路、支持非洲国家以非洲方式解决非洲问题、反对动辄制裁、反对施压和干涉内政、向非洲提供援助不附加政治条件等原则，立场鲜明、独具特色、实事求是、自成体系，完全不同于西方话语，谁能说这不是中国对现代国际关系理论和实践的贡献？不是对非外交提供的"公共产品"呢？近年来，出现一个很有趣的现象，那就是西方一些国家在其对非外交叙事中也开始使用"尊重非洲"、"互利共赢"等中国式语汇。连2014年即将在美国召开的美非峰会，也被有的西方学者认为是奥巴马在"步中非合作论坛北京峰会的后尘"。

　　至于广受诟病的和平安全问题，已不是中国对非外交的"短板"。近年来，中国以更加积极主动的姿态，参与非洲热点问题解决及和平安全事务。我本人在2007年即成为首任中国政府非洲事务特别代表，重点参与解决达尔富尔问题和其他非洲热点问题。2008年，中国首次派军舰参与商船护航和打击索马里海盗。2012年中非合作论坛第五届部长级会议上，中国发起"中非和平与安全合作伙伴关系倡议"，得到非洲国家的积极响应。中国多年来大力参与联合国、非盟在非洲的维和行动，是安理会五常中派出部队最多的国家。但是，过去一直主要是工兵、医疗分队和警察，从2013年起中国首次向马里派遣武装安全部队，2014年还将向南苏丹维和行动派出同样性质的军事力量。中国还加紧探讨向非洲常备军和快速反应部队建设提供帮助，支持非洲集体安全机制建设。中国参与上述活动时，坚持尊重当事国主权，不干涉内政，不寻求扩大势力范围，不为地缘政治利益谋划"政权更迭"，而是致力于劝和促谈，促进国际合作，维护地区安全与稳定，为非洲的和平安全事业做出实实在在的贡献。中国还对在战乱中保护本国公民安全和利益进行了有益探索和安排。

　　但当今的现实是，在国际关系话语权方面，西方仍占明显优势，他们推销的"公共产品"从根本上是为其全球战略利益服务的。中国在非洲倡导和实践的理念和政策对西方"公共产品"形成挑战，因而被抹黑或歪曲，是再也正常不过的。

四、世界应对非洲刮目相看

　　2013年习近平主席在尼雷尔国际会议中心演讲时，把非洲称为"希望的大陆""发展的热土"和正在"加速奔跑"的"雄狮"。2014年，李克强总理在亚的斯亚贝巴非盟会议中心的演讲中，用堪称世界"三个一极"定位非洲，即"世界政治舞台上的重要一极""全球经济增长新的一极"和"人类文明的多彩一极"。两场面向非洲和世界的重要演讲，集中反映了中国政府和人民对非洲地位、作用、现状和前景的深刻认识、中肯评价和美好期待，构成了独具中国视角和情怀的"非洲观"。

中国没有殖民非洲的原罪，中非关系是一部平等相待、相互支持、互利共赢的友好交往史。中华文化中"己所不欲，勿施于人"及"和为贵"的理念，深刻影响了新中国对非政策和实践。我们从未对非洲盛气凌人，从未将非洲视为"黑暗"和"失败"的大陆，从未把非洲当作累赘和包袱，总是用历史的、发展的和辩证唯物的眼光看待非洲，从非洲看到机会和希望，看到前途和未来，对非洲一往情深、不舍不弃、不骄不傲，这在世界所有大国中堪称独一无二。非洲国家对此心知肚明，赞许有加。这也构成了中国在非洲"软实力"的重要基础。

不错，由于复杂的历史和现实原因，非洲至今仍是世界上最贫穷和落后的大陆，面临着从边界纠纷到贫富悬殊等诸多固有和新生的问题与挑战。但进入新世纪和新千年以来，非洲的发展开始提速，前景令人鼓舞。世界上连续两年增长最快的10个国家中，分别有6个和7个在非洲。非洲作为世界"聚宝盆"的自然禀赋正转化为生产能力，市场热潮涌动，外国直接投资稳步上升。根据麦卡锡国际研究所的一份报告，到2020年，非洲面向消费者的行业、农业、资源和基础设施将创造2.6万亿美元收入；2030年，非洲超过一半的人口将生活在城市。2040年，非洲劳动力将达到11亿。根据另一项预测，2050年，非洲人口将增加到20亿，届时全世界每4人中就有1人生活在非洲。这么巨大的新兴市场，将发挥出无穷的潜力。非洲国家2013年利用庆祝非统（非盟）成立50周年之际，相继推出联通全大陆的基础设施建设长远规划、未来50年发展远景蓝图等宏观计划和设想，对加强团结统一、掌握自身命运、实现非洲复兴信心满满。

人们对非洲的积极变化有目共睹。《经济学人》杂志十几年前还把"失去希望的非洲"作为其封面文章。现在则把"上升的明星"桂冠送给了这个大陆。西方国家和新兴经济体也对非洲更加重视，对其前景总体看好。美国国会还就"是谁丢掉了非洲"进行辩论，有的议员甚至无端指责中国"抢走"了非洲。也许正是在此背景下，奥巴马邀请47个非洲国家的元首于2014年8月赴美出席美非峰会。不管其动机如何，但现在是时候了，全世界都应该对非洲刮目相看！

中国巴西建交40年回顾和展望

朱祥忠[①]

内容提要：2014 年是中国与巴西建交 40 周年。两国关系经历了从民间到官方，从建交到"大象走路"，直到建立全面战略伙伴关系的曲折过程。巴西已成为中国在拉美的最大贸易伙伴国，中国成为巴西最大的贸易伙伴国。两国在金融、科技、文化、教育等各方面的友好合作关系都有了很大发展。在重大国际问题上也有着良好的合作。双方各有优势，互补性很强，都有发展关系的强烈愿望。中巴关系有着十分美好的前景和重要的战略意义。

关键词：中巴关系　战略意义　发展曲折　前景美好

2014 年 8 月 15 日，是分别为东、西半球最大发展中国家——中国和巴西建交 40 周年。两国关系经历了从民间到官方，从建交到"大象走路"，直到建立全面战略伙伴关系的曲折过程。目前，中巴关系已成为中国同拉丁美洲乃至全世界最重要的双边关系之一，对双方都有着重要的战略意义。

一、从民间到官方

新中国成立初期，巴西仍同台湾当局保持"外交关系"。中国对巴西实行"细水长流，以民促官"的方针，民间往来逐渐增加。

---

① 作者系中国国际问题研究基金会研究员，中国前驻秘鲁、智利大使。

20世纪50和60年代，为数众多的巴西文化、新闻、贸易等各界友好人士应邀访华，其中不少人受到毛泽东、周恩来、刘少奇等中国领导人的接见，成了长期对华友好的朋友。在他们的推动下，在里约热内卢和圣保罗市分别于1953年9月和1954年3月成立了"巴西—中国文化协会"。

中国也多次派出文化、艺术、新闻和贸易代表团访问巴西。例如：

1956年9月，以楚图南为团长的中国艺术团一行85人访问巴西，库比契特总统出席观看演出。1959年10月，周而复率领的中国杂技团到巴西访问演出，受到巴西各界热烈欢迎。

1960年巴西大选中获胜的夸德罗斯就任总统后，奉行较独立的外交政策。1961年4月，由巴西贸易促进会主席席尔瓦率领的巴西代表团访华，向中国领导人转达了夸德罗斯同中国发展关系的愿望。

同年8月，应董必武副主席的邀请，巴西副总统古拉特一行34人访问中国。这是巴西国家领导人首次访华，也是新中国成立后第一位来访的拉美国家领导人。当时中巴虽未建交，但中国仍本着热情友好、积极争取、多做工作的方针，给古拉特以建交国副元首的高规格礼遇。副主席董必武、副总理陈毅和李先念及有关方面领导50余人以及群众200余人到机场欢迎。中共中央主席毛泽东、国家主席刘少奇、副主席宋庆龄和董必武、全国人大常委会委员长朱德、国务院总理周恩来等中国主要领导人，分别予以会见或会谈。双方就中巴关系、拉美和国际形势真诚坦率地交换了意见，达成广泛的共识。北京市、中拉友协还联合举行有10000人参加的群众欢迎大会。

除北京外，古拉特还访问了杭州、上海和广州等地。双方签署了《中国人民银行和巴西银行支付与贸易协定》。访问取得了圆满成功。

但夸德罗斯总统在国内外右翼势力的反对下，于1961年8月25日被迫辞职。按《宪法》规定，古拉特继任总统，继续推动巴中关系的发展。新华社派出常驻记者王唯真和记者鞠庆东在里约热内卢建立了分社。这是中国在巴西建立的第一个常设机构。1963年6月，中国国际贸易促进会（简称"贸促会"）派出了中国纺织品进出口公司副总经理王耀庭担任贸促会驻巴西代表处副代表，同时被派去的还有工作人员马耀增、宋宝贵，以及为举办中国经济贸易展览会做筹备工作的侯法曾、王治、苏子平、张宝生四人小组。此时共有九名中国人在巴西工作。

二、两国关系遭受严重挫折

在中巴关系逐步发展之时，巴西风云突变。1964年3月31日深夜，巴西右翼军人在美国策动下，以古拉特企图在巴西"推行共产主义革命"为借口，发动了军事政变，古拉特政府被推翻，以总参谋长布兰科为首的"猩猩派"军人集团上台执政。军政府大肆逮捕进步人士，巴西处于白色恐怖之中。中国合法居留巴西从事新闻和贸易工作的九位同志也被无理逮捕入狱。这一消息传到北京后，中国领导人大为震惊和愤怒，毛泽东主席当即表示："岂有此理，要跟他们针锋相对地斗！"决定由周恩来总理挂帅、陈毅外长和廖承志外办主任直接指挥，外交部牵头，协同新华社和外贸部等有关单位马上展开营救工作。

4月4日，在两国没有外交关系的情况下，中国外交部有关领导约见巴基斯坦和印度尼西亚驻华大使，请向其国内转达中国政府的请求：请他们驻巴西使馆代向巴西当局查询中国在巴西人员情况。通过上述渠道向巴西当局进行交涉，表明我九同志都是得到巴西政府同意、按规定办理有关法律手续进入巴西居留的。他们所进行的新闻报道、筹备展览和促进贸易等业务，都是正当和合法的；要求巴方对他们的人身安全和合法权益予以保护，以便他们能够恢复自己的业务。

巴西政变当局不顾中国政府的严正交涉，对九名中国人员进行残酷的迫害、逼供、威胁和利诱，均无济于事。我九位同志坚决不承认犯有任何罪行，怒斥巴西政变当局的无理行为。台湾方面还派特务到监狱进行策反活动，企图诓骗或绑架他们去台湾，被我同志严词拒绝，并发表抗议声明，宣布展开绝食斗争。消息传开，舆论哗然，对巴西政变当局形成强大的政治压力。中国政府就此提出严重抗议，指出巴西当局在美国的策划下，同台湾当局勾结，企图将九名被捕中方人员送往台湾的阴谋。要求巴西立即释放中方人员，切实保障他们的人身安全和合法权益。巴西当局面对国内外舆论的谴责和国际社会的压力，不得不表示保证不将我九位同志送往台湾。

巴西当局还拟用中国人员交换在华被关押的美国犯人，这无疑暴露了巴、美勾结玩弄的政治阴谋。中国政府断然表示拒绝，指出，巴西当局屈从美帝国主义的意志，长期非法扣留无辜的中国人员，已经在国际关系中犯下了史无前例的过错；希望巴方不要再上美国的当，以中巴友谊为重，立即无条件释放无辜被捕的中国人员，以免产生更严重的后果。

1964年10月12日，不顾中方的严正忠告，巴西军事法庭以九名中国人在巴西进行所谓"间谍和颠覆"活动为由，开庭审理。在前后七次庭审中，检察官拿不出任何站得住脚的证据，仍以"颠覆罪"判我九同志10年徒刑。自愿为我同志辩护的巴西著名大律师平托表示："我要向全世界宣告，九名中国人是清白无辜的，他们是政治偏见的受害者。"我九同志和中国政府对此判决表示强烈抗议。

"九人事件"是新中国成立后在拉美发生的最重要的涉外事件之一，在国际上产生巨大影响。这一事件涉及当时对美和对台斗争问题，十分复杂。在周恩来总理的领导下，多方组织营救工作。为此，先后召开了各种会议400多次，发表各种声明和文章数百篇，还请国际红十字会出面干预，以九人家属名义邀请日本、英国、法国、阿根廷、印度尼西亚、巴基斯坦和比利时等七国著名律师，组成律师团，敦促巴西当局释放九名中国无辜公民。在一年时间内，有87个国家的1000多个立法机构、政党、团体、工商等各界人士，通过多种方式对九名中国人表示声援。在强大的国际压力下，巴西当局于1965年4月17日以"不受欢迎的人""驱逐"我九同志出境。

同年4月20日，我九位同志在发表声明无罪、不承认任何判决的情况下，终于回到祖国首都北京。李先念副总理和首都各界代表以及九人亲属到机场欢迎。他们在巴西监狱里经过一年又两个星期的坚贞不屈的顽强斗争后，终于回到日夜思念的祖国怀抱，与久别的亲人紧紧拥抱在一起，悲喜交加，难以言表。他们在敌人的酷刑拷打下，表现得那样英勇无畏、铁骨铮铮，而此时此刻，却忍不住流下了滚滚热泪。

随后，刘少奇主席和周恩来总理分别接见了他们，对他们表示亲切的问候，高度赞扬他们在巴西监狱和法庭上所表现的坚贞不屈的大无畏精神，是中华民族的好儿女。中国报刊则称他们为"九颗红心"。这是忠于党、忠于祖国的九颗红心。他们成为全国人民特别是外交战线同志们学习的榜样。

"九人事件"对中巴关系造成了严重影响，两国间原已建立的联系全部中断。此后很长一段时期，两国关系处于十分冷淡的状态。20世纪60年代后期，两国仅有一点微不足道的贸易交流，人员往来也很少。

三、从建交到"大象走路"

20世纪70年代初，毛泽东主席和周恩来总理利用"乒乓外交"以"小球"推动"大球"，中美关系"解冻"，中国在联合国的合法席位得到恢复，国际地位空前提高。世界上许多国家先后同中国建交。到1974年，已有10个拉美国家同中国建交。在这种情况下，作为拉美第一大国的巴西，再也不能忽视中国的巨大市场和在国际上的影响力，按兵不动了。

新上台的总统盖泽尔虽然也是位军人，但属三军中温和派，思想比较开明，奉行实用主义的外交政策。1974年春，巴西驻苏联大使马里尼奥主动同中国驻苏联大使刘新权接触，表达了巴西政府想和中国发展关系的愿望。同年4月3日，刘新权大使受命对马里尼奥大使表示，中方对发展两国关系同样持积极态度。

同年4月9日，巴西出口商协会主席科蒂尼奥率代表团访华，巴西外交部亚大处布尔诺参赞随行，同中国外交部美大司林平司长进行了会谈。巴方提出要同中国政府对话，并邀请中国政府尽快派遣有外交部官员参加的代表团访巴，以便进一步就发展双边关系进行对话。在会谈中，巴方明确表示，巴西政府考虑同中国发展关系，就要承认中华人民共和国，当然就意味着和台湾当局"断交"。李先念副总理接见了代表团全体成员，在谈话中提出："过去中巴两国间发生过一点不愉快的事，在两国建交前，应该采取措施，消除这一问题。"

8月7日，中国对外贸易部副部长陈洁率领贸易代表团抵达巴西开始为期10天的访问。这是"九人事件"后，第一个访问巴西的中国代表团，巴方对此次访问十分重视，给予破格礼遇。

中国代表团抵达巴西利亚当天，巴西外长西尔维拉就会见了代表团全体成员，提出要立即进行建交谈判，实现两国关系正常化。中国代表团在出访前即已做好了与巴方进行谈判的准备，并随身带来几套方案，但没有预计到进展会这么快。于是，代表团通过中国驻阿根廷使馆请示了国内。

根据国内指示，代表团成员陈德和同巴西外交部长办公室副主任瓦尔坎蒂开始了两国建交问题的具体谈判。一开始，巴方提出在建交公报中不提及台湾问题，陈德和强调台湾问题必须写入建交公报。陈洁副部长同西尔维拉外长又经过几次会谈达成协议。中方进而提出台湾"使馆"馆舍属中国国家财产应归还中方的要求。巴方保证将此房产归还中方。对"九人事件"问题巴方承认，1964年对九名中国公民一案"政治上是错误的"，关于这一事件中的司法诉讼未了问题，巴西政府保证将采取措施予以解决。

至此，中巴建交谈判的一切问题都得到了圆满解决。8月15日，陈洁副部长代表中国政府同巴西政府代表西尔维拉外长正式签署了两国建交公报。巴西政府承认中华人民共和国政府是中国的唯一合法政府。中国政府重申，台湾是中华人民共和国领土不可分割的一部分。巴方表示注意到中国政府的这一立场。两国政府同意在互相尊重主权和领土完整、互不侵犯、互不干涉内政、平等互利、和平共处原则基础上发展两国之间的友好关系。

中巴建交时，双方还就台湾问题达成如下口头协议和谅解：自中华人民共和国和巴西联邦共和国建交之日起，巴西联邦共和国即同台湾地区终止关系，并采取有效措施使台"使馆"人员及其他官方、半官方人员在一个月内撤离巴西。今后巴方不得同台湾发生任何官方和半官方的往来。不言而喻，巴西政府也不得同台湾地区搞任何变相的官方或半官方的机构。

中国驻巴西首任大使张德群于1975年5月2日抵达巴西，16日向西尔维拉外长递交了国书副本，双方进行了友好谈话。西尔维拉对张大使说了一句意味深长的话："我们两个大国建交很重要，但两国关系的发展得慢慢来，像大象走路，稳步前进，有时可能坐下来，但倒退是不可能的。"这就是巴方对发展双边关系的底牌，成为比喻两国关系状况的一句名言。

19 日，张大使向盖泽尔总统递交了国书正本，双方进行了友好的交谈。盖泽尔表示："我对两国建交很高兴。我们不能忽视八亿人民的中国。欢迎中国首任大使，在发展两国关系中，有什么问题可随时找我，希望你在这里工作愉快。"

建交初期，巴西政府由于对中国缺乏了解，对"共产党国家"抱有偏见，政治上存有疑虑，担心中国"支持革命"会影响其政权的稳定，加上受其内外反华势力的牵制，在处理两国关系问题上态度谨慎，特别是对两国政府间文化交流和人员往来采取严格控制的政策，在经贸方面也未取得实质性进展。这种情况一直持续到 1977 年才有转机。

四、大辩论推动了两国关系的发展

中国实行改革开放政策以来，外交工作打开了新的局面。中国对拉美工作也更加重视，特别是发展同巴西的关系。同时，巴西国内形势也发生了积极变化，开始重视同中国发展关系。

1977 年 10 月，一直坚持反对同中国建交和发展关系的巴西陆军部长弗罗塔被解除职务，他发表了措辞强硬的声明，指责政府"与中华人民共和国接近，是向共产党势力妥协，构成了对巴西的威胁"。此事立即在巴西新闻界引发了一场"如何评估巴中关系"的大辩论。绝大多数人认为，同中国发展友好合作关系有利于发展巴西的经济和提高自己的国际地位。大辩论推动了中巴关系的发展。双方往来逐渐增多，水平也日益提高。

1978 年 1 月，由中国外贸部部长李强和巴西驻华大使纳波莱昂代表各自政府签署了《中巴政府贸易协定》。这是两国建交后签订的第一个政府间协定，为两国间贸易的开展提供了切实保证。

1979 年 5 月，中国副总理康世恩对巴西进行正式友好访问，同巴西外长格雷罗签署了两国《海运协定》。这是中国政府高级官员首次访问巴西。

进入 80 年代，中巴关系得到了进一步发展。1984 年 5 月，巴西总统菲格雷多对中国进行国事访问。这是两国建交后第一位巴西总统访华。他同中方领导人进行了坦诚友好的会谈，增进了相互了解和友谊，推动了双边关系的发展。

1988年7月，巴西总统萨尔内对中国进行国事访问。双方签署了《核准研制地球资源卫星的议定书》、《在交通领域进行科学研究和技术开发合作补充协定》等八项文件。

90年代初，国际形势发生了巨大变化。苏联解体，东欧剧变，二战后形成的两极格局崩溃，世界进入美国独霸的新时期，中国同西方国家关系恶化。但巴西政府采取了友好的立场，表示希望中国政府能迅速克服面临的困难，北京发生的事件丝毫不影响巴中关系的发展，巴西将继续发展两国间业已建立起来的友好合作关系。

1990年5月，中国国家主席杨尚昆冲破西方国家的制裁封锁，对巴西、墨西哥、阿根廷、智利和乌拉圭五国进行了国事访问。这是有史以来中国国家元首第一次出访拉美国家。访问巴西期间，杨尚昆主席同巴西总统科洛尔进行了坦诚友好的交谈，达成广泛共识，签署了一系列合作协议。

1993年11月，中国国家主席江泽民访问巴西。他同佛朗哥总统会谈时表示，双方应当着眼未来，从战略高度来对待两国的友好合作，建立跨世纪的长期、稳定的互利关系。佛朗哥表示完全同意江泽民主席的意见，认为巴中关系越来越成熟，相互之间也越来越信任。此访的重要成果之一是，双方同意建立战略伙伴关系。巴西从而成为世界上最早同中国建立战略伙伴关系的发展中国家。

1995年12月，巴西总统卡多佐对中国进行国事访问，同江泽民主席进行了会谈。江泽民表示，中国十分重视发展同巴西的关系，双方应加强合作，谋求共同发展。卡多佐表示，巴中两国关系是一种战略合作伙伴关系，这种关系不仅体现在经贸、科技、文化合作方面，也反映在政治合作方面。

1996年11月，国务院总理李鹏访问巴西，双方签署了《巴西在中国香港特别行政区保留总领事馆的协定》、《可持续发展共同议程的联合声明》、《和平利用外层空间科学和技术的联合声明》。

全面快速发展新时期

进入21世纪，经济全球化进一步发展，中国和巴西综合国力继续增强，为中巴关系的发展提供了良好的机遇和条件。两国关系进入了全面快速发展新时期。

高层互访频繁。2004年5月，巴西总统卢拉对中国进行国事访问，同国家主席胡锦涛就双边关系和地区国际问题进行坦诚友好的会谈，双方签署了《关于建立中巴高层协调与合作委员会的谅解备忘录》、《中巴刑事司法协助条约》、《关于互免持外交、公务（官员）护照人员签证的协定》等文件。

同年11月，国家主席胡锦涛对巴西进行国事访问，同卢拉总统进行了深入坦诚的会谈。双方表示，要进一步加强两国战略伙伴关系，签署了《中巴引渡条约》、《关于共同打击有组织犯罪合作协议》、《中巴贸易投资合作谅解备忘录》等文件。

2009年2月，时任国家副主席习近平访问巴西，会见了卢拉总统。习近平表示："中巴作为两个重要的新兴大国，进一步加强合作，其意义超越双边范畴，越来越具有全球性、战略性影响。"卢拉表示完全同意习近平副主席的看法，巴方愿同中方一道致力于深化战略伙伴关系。

2010年4月，时任国家主席胡锦涛第二次访问巴西，同卢拉总统进行了深入和富有成果的会谈。双方签署了《两国政府2010至2014年共同行动计划》、《中巴高层协调与合作委员会关于建立知识产权工作组的谅解备忘录》，以及两国有关资源卫星、石油化工、钢铁、空间技术、农业科学、金融等领域的15项合作协议。

2011年4月，巴西总统罗塞夫对中国进行了首次访问，双方签署了八项合作文件，涉及国防、能源、通信、航空、农业、环保、文化、教育、体育等多个领域。

2012年6月，时任中国国务院总理温家宝对巴西进行正式访问。访问取得的重要成果之一是，双方宣布将中巴关系提升为全面战略伙伴关系，标志着两国全球性和战略性关系的日益提升，两国合作领域将更加广泛。双方还决定建立外长级全面战略对话机制。还签署了《中巴十年合作规划》，该规划将同《两国政府2010至2014年共同行动计划》一道，推动双边务实合作取得实质性进展。

2014年7月，习近平主席对巴西进行了国事访问。他同罗塞夫总统在会谈中，对双边关系的顺利发展和取得的丰硕成果表示满意和高兴，并发表了《关于进一步深化中巴全面战略伙伴关系的联合声明》，把两国友好合作关系推向新的、更高的发展阶段。双方同意把《两国政府2010至2014年共同行动计划》延期至2021年，签署了56项合作文件，中方承诺投资350亿美元，涉及油气、电力、矿业、铁路、港口、农牧业、工业等各个方面。中方将采购巴西60架E-190型飞机。中方还同巴西和秘鲁一致同意，合作修建一条连接太平洋和大西洋的5700公里长的两洋铁路。

上述高层互访有力推动了中巴经济贸易关系的发展。据统计，1974年两国贸易额仅为1742万美元，2013年即达到900多亿美元。巴西是中国在拉美地区最大贸易伙伴，中国是巴西最大贸易伙伴。中国向巴西出口主要为机械、通信设备、仪器仪表、纺织品等，主要从巴西进口铁矿砂及其精矿、大豆、原油、皮革、纸浆等。

截至2013年底，中国对巴西累计投资总额为176亿美元，主要涉及能源、采矿、基础设施、农业、制造业等。同期，巴西在华投资5.12亿美元，主要涉及支线飞机制造、压缩机生产、煤炭、房地产、汽车零部件生产、水力发电、纺织服装等项目。2013年3月，中巴两国央行签署1900亿元人民币和600亿巴西雷亚尔双边本币互换协议。中国在巴西还承包火电厂、天然气管道、港口疏浚等工程。

在科技、文化交流与合作方面中国和巴西有了突破性进展。中巴联合研制地球资源卫星项目被誉为南南合作的典范，已发射三颗卫星，并免费向非洲国家分发了图像。两国科技部签有《科技与创新合作工作计划》，将农业科学、农业能源、可再生能源、生物技术和纳米技术确定为优先合作领域。两国文化交流内容丰富。双方举行过各种文化和艺术展览，在巴西建有5所孔子学院和1所孔子课堂。

巴西拥有851万多平方公里领土面积，只有1.9亿人口，自然条件十分优越，资源极其丰富，经济和科技发展已达相当水平，成为世界第七大经济体。中国作为世界最大的发展中国家和世界第二大经济体，市场巨大，资金雄厚。两国各有优势，互补性很强，发展潜力巨大。同时，两国都实行积极的对外开放政策，有着发展关系的强烈愿望。两国在许多重大国际问题上有着共同利益和立场，在联合国和其他国际组织中互相密切配合和支持，合作得很好。罗塞夫总统在 2014 年 10 月大选中获胜。她在新的任期内，将根据双方已达成的协议和规划继续推进两国关系的发展。

展望未来，中巴全面战略伙伴关系具有十分美好的发展前景。

新时期的中墨关系及双边务实合作

曾　钢①

内容提要：随着中国和墨西哥新一届政府先后执政，中墨双边关系进入崭新的历史时期。培尼亚政府将亚太地区特别是中国作为对外关系优先的拓展方向，中国则将强化对墨西哥等拉美地区大国关系作为对拉美战略布局的重要目标。目前，中墨关系正处于历史上最好时期之一。政治上，两国元首高度重视并亲自推动双边关系；经济上，两国务实合作取得积极进展；在一系列重大国际和地区问题上，两国积极协调合作。务实合作是两国关系的基础，能源、矿业、基础设施建设、制造业和金融等是双方重点合作的领域。两国经贸关系中存在的主要问题是长期巨额贸易失衡。导致中国对墨西哥投资偏少的主要原因包括投资结构、投资模式、法律、安全及签证等因素。双方应抓住机遇，克服挑战，不断推进各领域互利合作，使中墨关系成为中拉乃至南南合作的新楷模。

关键词：墨西哥　中墨关系特点　重点合作领域

2012年12月和2013年3月，墨西哥政府和中国政府先后更迭，中墨关系以此为契机进入新的发展时期。

一、当前中墨关系的主要特点

新时期中墨政治关系的最大特点是，两国元首均对双边关系高度重视并亲自予以推动。培尼亚总统上台后，顺应国际形势的发展变化，对墨西

---

① 作者系中国前驻厄瓜多尔、阿根廷、墨西哥大使。

哥对外关系布局进行重要战略调整，将亚太地区作为其政府外交的优先方向，并宣布"重启对华关系"。习近平主席就职伊始即邀请培尼亚总统访华并出席博鳌亚洲论坛年会，并在短短两个月内对墨西哥进行了回访。仅时隔三个月，习近平主席和培尼亚总统在出席二十国集团圣彼得堡峰会期间再次会晤。两国元首执政第一年内就实现互访并三次会晤，创下中墨关系史的多项纪录。不久前，培尼亚总统借出席在北京举行的亚太经合组织领导人非正式会议之机，应习近平主席邀请再次来华进行国事访问，打破了以往历届墨西哥总统在其任期内只正式访华一次的先例。两国领导人的频繁接触和互访，为推动双边关系迅速升温和深入发展注入了强劲的动力。经两国元首共同决定，中墨关系提升为全面战略伙伴关系。这意味着两国关系的战略性更加突出，相互间的协调与配合更为紧密，互利合作水平将得到全面提升。

新时期中墨经贸关系的主要特点是强调务实和突出重点。培尼亚总统第一次访华并出席博鳌论坛年会期间，墨西哥国家石油公司同中国的石油企业签订了墨方扩大向中方出口原油的协议，使墨对华原油出口由原先每月5万桶猛增到每天3万桶，也就是说，墨西哥对华原油出口量将超过年均1000万桶，实现跨越式增长。习近平主席访墨期间，双方签署了关于能源、矿业、新兴产业、通信交通、基础设施、贸易和金融等领域的一系列协议，并就加强双方部级官员互访达成共识。此后，双方部长率团频频互访，推动落实相关领域的合作。双方还成立了中墨企业家高级别工作组和两国政府间高级投资工作组并分别举行了首次会议，就两国开展重大经济合作和投资项目进行具体研究和推进。

培尼亚总统最近一次访华期间，两国领导人就加强两国经贸务实合作深入交换了意见并达成重要共识。习近平主席提出，打造以金融合作为引擎，以贸易和投资合作为主线，以基础设施、能源、高技术合作为重点的中墨"一二三合作"新格局。培尼亚总统表示，墨方希望扩大双边贸易投资合作，推动互联互通，欢迎中国企业积极参与墨西哥基础设施建设。双方还签署了金融、能源、质检、投资、科技等领域的合作文件。

加强在重大国际和地区事务中的协调与合作是中墨全面战略伙伴关系的重要领域和新时期中墨关系的一大特色。两国领导人多次会晤期间，均就联合国改革、全球治理、亚太经济合作和中拉整体合作等重大问题深入交换了意见并达成广泛共识。在墨西哥等国的大力支持下，2013年中国被接纳为拉美"太平洋联盟"的观察员。特别需要指出的是，中方倡导建立中拉论坛和开展整体合作，始终得到墨方的积极响应和大力支持。在拉美各国的共同参与下，2014年7月习近平主席第二次访问拉美期间，中拉合作论坛终于宣布正式成立，其中作为拉美地区大国墨西哥的积极态度功不可没。

不久前，中墨政府间常设委员会第六次会议成功召开。双方一致同意，两国要进一步增进政治互信，深化务实合作，加强国际协调，使其成为中墨关系的三大支柱，为夯实战略合作打牢基础。

总之，2013年以来，在两国领导人的亲自关注和推动下，中墨关系焕发出新的活力，面临重要的历史性发展机遇。

二、新时期中墨务实合作的重点领域

务实合作是新时期中墨关系的重要基础，双方可在以下领域重点开展合作。

（一）能源领域。

培尼亚政府大力推进的能源改革，为中墨能源合作提供了重要机遇。中墨两国的能源多元化战略为双方能源合作提供了现实需求和可能。目前，墨西哥生产原油的90%以上均出口到美国。近年来，美国在页岩气的勘探和开发方面取得重大进展，实现了所谓"能源革命"。美国宣称，未来十年美国可能由能源进口国变为输出国。因此，墨西哥必须为其能源出口寻找新的市场。而中国在今后相当长的时间内对原油进口有很强的刚性需求，完全可以取代美国市场容纳墨西哥生产和出口的石油。正因如此，墨西哥驻华大使曾明确表示："墨西哥希望成为中国油气资源的主要供应国之一。"此外，墨西哥《能源法》改革需要庞大的资金支持。而中国不但有能源进口的长期和巨大需求，同时也有对外投资的强大实力和意愿。

中墨在能源领域结为战略盟友和合作伙伴完全具备条件。同时，中墨今后的能源合作将绝不仅仅局限于原油贸易，还应拓展到勘探、开采、基础设施建设、技术合作、新能源开发及融资等领域。

（二）矿业领域。

矿业是墨西哥的第三大产业。墨西哥处于环太平洋成矿带上，矿产资源丰富。主要能源矿产资源有石油、天然气、铀和煤等；金属矿产有金、银、铜、铁、铅、锌、钼、锰、锑、钨、铋、镉、钒、汞等；非金属矿产有煤、硫黄、石墨、萤石、重晶石、碘、硅、盐、天然碱等。墨西哥是拉美第一、世界第四矿业投资目的地国。墨西哥矿产开采量居拉美首位，占拉美矿产开采总量的25%。矿业是墨西哥第四大吸引外资产业和第五大外汇来源。矿产潜力排名全球第五。由于种种原因，目前，中国企业在墨西哥矿业方面的投资不多，大型合作项目更是屈指可数。2013年培尼亚总统访华时，已向习近平主席表示墨方欢迎中方扩大包括矿业在内的在墨投资合作。中墨两国在矿业领域合作的潜力巨大。

（三）基础设施建设领域。

交通、通讯等基础设施建设是中墨新时期经贸合作的另一重要领域。培尼亚政府已经制定了《2013—2018年交通和通信领域基础设施建设投资计划》，宣布将在本届政府任期8年当中投入1.3万亿比索（约合1026亿美元），修建高速铁路、公路、港口、机场和电信等基础设施。而中国在基础设施的设计、工程技术、施工、融资及海外合作经验等方面均具有较强的优势。双方在该领域加强合作，定能达到优势互补、互利共赢的效果。尽管最近发生了墨西哥政府刚宣布由中铁建牵头的国际联合体中标墨西哥高速铁路项目，随即又宣布撤销和重新招标的事件，但这只是墨西哥国内政治斗争所致，并非是针对中国企业。加强对华友好和双边合作特别是在投资和基础设施等领域的合作，是墨西哥国内各党派和社会各界的共识，不会因个别偶发事件而改变。

（四）制造业领域。

制造业是墨西哥各工业部门中最重要的产业，80%左右的出口和25%左右的GDP总量源于制造业。墨西哥现已成为拉美工业制成品最大出口国，其汽车、机电、电器、纺织等产业在国际市场上的竞争力不断提升，但和中国相比，墨西哥的制造业无论是规模、产品质量档次还是价格竞争力均存在一定的差距。墨西哥及其他主要拉美国家均高度重视发展制造业，都希望中国不仅投资其石油和矿产等能源、资源领域，进口其原材料和初级产品，而且更多地投资其制造业和进口其工业制成品，以帮助其实现产业结构调整升级和扩大高附加值产品出口。中国除有自身制造业产业产品升级换代、产能转移和拓展美洲市场的需求外，也有责任和义务帮助墨西哥等拉美国家振兴制造业，改善中墨及中拉经贸合作的结构，以实现互利共赢、共同发展的目标。

（五）金融领域。

培尼亚政府制订的雄心勃勃的《能源法》改革和基础设施建设等规划，离不开庞大资金的支撑，而墨西哥政府的资金有限。墨西哥要与中国开展大规模经济合作，就必须以金融合作为引擎。两国金融合作可采取以下两个重要方式：一是建立专项合作基金。目前，两国政府已决定建立中墨投资基金，用于积极推动在基础设施、工业、旅游和能源等领域的投资合作。第一阶段的金额为12亿美元，双方已表示将继续共同努力，使该基金规模达到24亿美元目标。二是两国金融机构在对方国家开设分支机构。目前，墨西哥在中国尚未建立任何金融机构，中方只有国家开发银行在墨方设立了一个工作组。培尼亚总统第二次访华期间宣布，墨西哥国家银行和证券委员会批准中国工商银行在墨西哥开设分行。这是中墨金融领域合作迈出的重要一步。中国工商行希望在墨西哥开设分行，尚需墨方消除相关法律障碍。

此外，中墨在农业、科技、文化、教育、学术、新闻、旅游等领域的合作也可以大有所为。2013年，中国在拉美乃至整个美洲的第一个中国文化中心在墨西哥城成立，这对东西两半球最大的两个古代文明发祥地的文化交流提供了新的重要平台。

2013年10月，中国社会科学院拉美研究所成立了墨西哥中心。它顺应了中墨和中拉关系大发展的新形势，将对进一步推动中国对墨西哥的国别研究和合作交流发挥积极作用。

三、问题和挑战

中墨关系中存在的主要问题和挑战是长期和巨额贸易失衡。尽管双方在贸易统计方法和数字上存在较大差异，但毋庸置疑的是，中国多年来已成为墨西哥对外贸易逆差的最大来源国。从贸易结构上看，中国对墨西哥出口的85%以上都是中间产品，墨方经过加工和组装再向北美等地区出口，获取更高的附加值。这对中墨双方是互利共赢的。中方向墨方出口的生活消费品仅占对墨出口总额的百分之十几，但中国的纺织、制鞋、玩具、陶瓷等轻工业产品对墨西哥同类行业造成较大冲击，导致许多工厂倒闭和工人失业，成为墨西哥对中国搞贸易摩擦的主要原因。随着人民币对美元的不断升值、劳动力成本的不断增加以及产业和产品的不断升级换代，双方的贸易摩擦将有望逐步减少。可以期待，随着中国经济特别是城镇化的持续发展，中产阶级队伍迅速扩大，进口需求不断扩张，更多的墨西哥产品特别是制成品能进入中国市场，使两国的贸易平衡进一步得到改善。这是需要中墨双方的企业界共同做出努力的。

中墨经贸关系中存在的另一个问题是贸易和投资规模不成比例。近十多年来，中国一直是墨西哥第二大进口来源国，但在墨西哥投资来源国中仅排第32位。据中国商务部统计，截至2012年底，中国对墨西哥直接投资存量为3.68亿美元，仅占同期中国对拉美累计直接投资额的0.5%左右。据墨西哥经济部公布的数字，2013年墨西哥吸引外国直接投资351.88亿美元，其中中国（大陆地区）对墨西哥投资仅为1730万美元，不到墨西哥同期吸引外资总额的0.05%。就中方而言，目前，对墨投资之所以明显少于对其他南美洲国家的主要原因包括：

（一）投资结构因素。

中国在拉美的投资以油气和矿产资源为主，而墨西哥的油气领域在《能源法》改革前不对外开放，大型矿山的经营权均在私人手中，且大都为美国、加拿大等国公司捷足先登。

（二）投资模式因素。

墨西哥政府招标的公共工程项目大多数采取BOT模式，即工程承包企业不仅负责投资和施工，而且在项目建成后还要负责经营管理，通过特许经营管理若干年后收回投资，并将项目转交给墨西哥政府。而中国企业习惯于在资金回收有政府担保的情况下进行项目投资和融资，项目建成后一手收钱一手交项目。中国企业在海外施工建设的经验十分丰富，但经营管理的经验目前则严重不足。因此，错失了不少良机。

（三）法律因素。

除《能源法》外，墨西哥的有关法律规定在政府大型项目招标当中优先考虑同墨西哥签有自贸协定国家的企业，中墨之间迄今未签有自贸协定，这就使得中国企业在竞标时处于不利地位。墨西哥相关法律还规定，由政府控股或参股的外国银行不得在墨西哥设立分行，而中国的大银行均是国家控股或参股的银行，因此，无法在墨西哥设立分行，虽然像中国工商银行这样的世界第一大银行在美国、加拿大和其他一些拉美国家都设立了分行。

（四）签证因素。

由于墨西哥国内相关规定，中国企业人员赴墨西哥工作甚至是进行商务考察的签证很难拿到。要么需要等待很长时间，错过了很多商机，要么干脆被拒签。有时即便拿到墨西哥驻华使领馆颁发的签证，在墨西哥国际机场也会受到移民局人员的阻挠，无法入境。

（五）安全因素。

近年来，由于墨西哥公共治安方面的原因，一些在墨西哥投资的中国企业产品遭到多次抢劫，财产受到损失，影响到一些曾有意来墨投资建工业园区的企业犹豫不决，畏葸不前。

在两国政府的高度重视和大力推动下，随着墨西哥能源、电信等领域改革的实施、国内治安形势的逐步好转、中国国内经济转型的不断深入和劳动力成本的不断提高，中国企业对墨西哥投资的积极性和热情将会不断增强，力度将会明显加大。

四、结论

随着中墨新一届政府的先后执政和两国关系提升为全面战略伙伴关系，中墨双边关系进入了一个崭新的历史时期。培尼亚政府将亚太地区特别是中国作为对外关系优先的拓展方向，中方则将强化对墨西哥等拉美地区大国和重点国家关系和推动中拉整体合作作为本届政府对拉美乃至整体对外战略布局的重要目标之一。双方对深化两国关系既有迫切需求，又有强烈愿望，并采取了一系列具体行动。目前，中墨关系正处于历史上最好时期。双方应抓住机遇，克服挑战，不断推进各个领域的互利合作。当务之急是要努力促成若干具有战略和全局意义的重大经济合作项目，为两国人民带来实实在在的利益，并将中墨关系打造成为中拉关系新的楷模。

国际形势

山雨欲来风满楼

——国际秩序孕育重大变化

丁原洪[①]

内容提要：国际形势持续动荡，二战后逐步形成的国际秩序正孕育重大变化。从长远看，影响世界和平、稳定、发展大局的主要因素有：西方发达国家经济面临增长极限；美国坚持称霸全球战略；欧洲政治经济形势出现大变动；中东乱局愈演愈烈；中国积极维护世界和平。

关键词：国际秩序大变化

当前国际关系十分错综复杂。各种突发事件层出不穷。政治、经济、社会等多种尖锐矛盾交织作用，使整个国际形势持续动荡不安。"和平与发展两大根本性问题一个也没有解决"的总趋势越来越明显。二战后逐步形成的国际经济秩序正孕育着重大变化。

从长远看，影响世界和平、稳定、发展大局的主要因素有以下几点。

一、西方发达国家经济面临增长极限，出路堪忧

从2008年华尔街金融危机引发的全球经济危机迄今已近七年之久，仍未实现复苏。长期主导国际政治经济秩序的西方发达国家，在金融危机

---

① 作者系中国国际问题研究基金会高级研究员。

的影响下，财政经济状况都严重恶化。经济增长预期一再下调，而且长期预期更是不断走低；与此同时，预算赤字和债务负担不断攀升。美国财政部长雅各布·卢2014年6月下旬在纽约经济俱乐部发言时指出，未来10年美国经济平均年增长率预计为2.1%，大大低于1948年至2007年3.4%的历史平均水平。美国国会预算局2014年早些时候也判断，到2017年底，失业率都不会低于6%，并且预计增长减缓将导致2014年至2023年联邦预算赤字达到7.3万亿美元。另据统计，美国国债在奥巴马任总统期间，已从2008年的10万亿美元蹿升至如今的17万亿美元，相当于美国财政收入的7倍。据美国国会预算局2014年8月27日公布的最新预测，2014年美国经济将仅增长1.5%；今后10年，政府将新增7.2万亿美元债务，到2024年，债务总额将达到26.6万亿美元。据评估，由于生产率下降、就业人口减少、供需水平降低，美国的潜在增长率已从20年前"新经济时期"的3.5%下降到如今的2%（据国际货币基金组织的评估，只有1.75%）。在这种形势下，美国一些知名经济学家开始谈论美国"长期性经济停滞""面临增长极限"不是偶然的。

西方另一大发达经济体欧盟，深陷主权债务危机四年多，至今找不到根本出路，而且内部争吵不休，分裂态势明显。2013年，欧盟经济零增长，欧元区经济负增长，为-0.4%；失业率达到历史最高位；债务占国内生产总值的比重提升到96%。世界银行当今公布的《全球经济展望》报告认为，欧洲经济的衰退超过预期，"成为拖累全球经济的主要原因"。2014年初，欧盟经济形势刚刚有所好转，但第二季度又跌回零增长，甚至被视为欧洲经济最为强劲的德国竟也出现负增长。欧盟目前的经济总体形势是，既存在需求不足的问题，又面临通缩威慑。欧盟内部正围绕着振兴经济和财政纪律两者之间的轻重缓急争论不休。不少人担心，欧盟有陷入日本式长期经济停滞的风险。

日本是美欧之外另一大发达经济体。它于20世纪80—90年代经历了近20年的经济停滞。近些年，得益于中国经济蓬勃发展等因素，日本经济开始稍有起色，但后劲不足这一根本问题并未得到解决。安倍首相上台后实施所谓"安倍经济学"，起始阶段由于实行"扩张性财政政策"（类同于美国的"量化宽松"政策），经济增长有所提升；但从2014年第二季度进入"结构性改革"阶段，刚刚提高全国消费税仅三个月，日本国内生产总值年化季率平均下降7.1%。与此同时，日本公共债务占国内生产总值的比重已高达240%，远远超出其他发达国家，对日本经济增长形成威胁。这一情况反映出日本经济的脆弱性。

西方发达国家为缓解自身的困难，纷纷采取所谓"量化宽松"的货币政策和各种贸易保护主义措施，向发展中国家转嫁危机。这种损人利己的做法，虽造成众多发展中国家（包括新兴市场经济体）经济增速普遍放缓，但是并未能改变发展中国家经济总量于2012年首次赶上发达国家经济总量之后继续赶超后者的势头。据国际货币基金组织发布的评估报告，发展中国家（包括新兴市场经济体）2014年经济增速是4.9%，而发达国家是2.2%，也就是说，前者是后者的两倍多。

二战后少数西方发达国家主导国际政治经济秩序的基础，就是其经济实力在世界上占有绝对优势。当它们自身经济面临"增长极限"，而发展中国家经济不断发展、赶超它们的势头不可逆转，它们就逐渐丧失了在世界经济中的优势地位。要想继续主导国际秩序，维系既得利益，他们会怎么办？会不会像不少历史事件表明的那样，制造战乱来为解决自身的经济危机找出路？面对当前主要由于美欧日等西方发达国家肆意干涉其他国家和地区内政而酿成的各种危机动乱，爱好和平的人们不能不深思，提高警惕，未雨绸缪，有所准备。

二、美国坚持称霸全球战略，危及和平

从20世纪90年代赢得对苏联的冷战后，美国作为世界上唯一超级大国，确定推行"阻止再出现苏联那样能对美国领导地位形成挑战或威胁的国家或国家集团"的战略，也就是以"世界领导者"的名义在世界上称王称霸。从那以后，历届美国总统无论是民主党人还是共和党人，一直都奉行这一战略，没有改变。

小布什任总统期间，对内奉行新自由主义，对外崇尚新保守主义，前者酿成全球金融危机，至今未能复苏，后者导致阿富汗和伊拉克两场旷日

持久的战争，至今未能完全脱身。这两者大大消耗、损伤了美国的综合国力，使美国霸权开始从顶峰下滑。奥巴马打着"变革"的旗号上台，试图改变的只是具体的内外政策，而不是称霸全球的战略。他于2014年5月28日在西点军校发表演讲，放言美国继续当世界领导一百年，说什么"如果我们不领导，没有别人会来领导"，就是明证。

从大国兴衰史的变迁规律看，一个国家不可能在世界上雄踞霸主地位而永远不衰落，而且导致兴衰的主因在于国内而非来自外部。奥巴马2014年8月初同《纽约时报》专栏作家托马斯·弗里德曼谈世界局势时也说："美国最终面对的最大威胁，也是唯一真正能削弱我们的力量，就是我们自己。"他还不无感慨地说："我们的政治运转失常"，"政界中不受控制的金钱运作——这是当今我国政治体制的本质，正在削弱我们共同面对巨大挑战的能力，而这种影响远甚于任何外敌"。

在推进霸权主义越来越力不从心的大背景下，奥巴马在西点军校的讲话表明，他将坚持美国称霸的全球战略，但做法上做些调整。关键的一点是在海外慎用军力，尤其力避派出地面部队直接卷入地区冲突，而是更多地让其他国家"冲锋陷阵"，付出代价，为美国"火中取栗"。换句话说，就是着力实行"巧实力"外交。譬如：

在欧洲，利用乌克兰危机，挑唆乌俄对抗，并拉欧下水，激化欧俄矛盾，以期"一箭三雕"；削弱俄罗斯，阻遏俄罗斯国家复兴；牵制欧盟，迟滞欧洲一体化进程；维系并强化美国将战略重点从欧洲移往亚太后在欧洲事务中的主导权。

在亚洲，利用日本作为推行亚太"再平衡"战略的马前卒，支持并纵容日本重走军国主义道路；利用领土主权争议为由头，挑拨中国同日本、菲律宾、越南等国的关系，蓄意搅混东海、南海局势，借以牵制中国，分化东盟，加紧对亚太地区的渗透和控制，最终达到掌控亚太这一至关重要地区的目的，以利于继续称霸全球。

即使对于极端组织"伊斯兰国"的兴起，美国自己本负有不可推卸的责任，但它对恐怖主义势力同样持"双重标准"，即只要对美国自己没有多大危害，则无须过分发力反对。现在，奥巴马政府虽然叫得很凶，但"表面文章"居多。它主要想利用库尔德人、伊拉克什叶派政府等各种力量来对付，尽量防止这股恐怖势力"外溢"到美国本土。

美国奉行这种损人利己的政策，是其"巧实力"外交的核心。它没有也不会改变美国霸权主义是对世界和平与发展的最大威胁这一本质。

三、欧洲政治经济形势大变动，影响广泛

在欧洲主权债务危机持续、经济出现停滞的背景下，又爆发了乌克兰危机，使长期保持相对稳定的欧洲形势出现罕见的重大变动。主要表现在：

（一）经济有陷入日本式长期停滞的危险。

一场已持续4—5年之久的主权债务危机，由于形成这一危机的结构性矛盾未获解决，欧盟经济形势始终低迷。南部欧洲西班牙、葡萄牙、意大利、希腊等主要负债国在欧盟援救下，经济稍有起色；欧洲西部的法国和北部的芬兰等债权国，经济又陷疲软，甚至一向被视为经济最为强劲的德国2014年第二季度经济竟也出现负增长。

欧俄因乌克兰危机而展开的"制裁大战"，对欧洲经济来说不啻是"雪上加霜"。据欧盟观察网站信息，仅截至8月所采取的制裁措施，2014年欧盟经损失400亿欧元，相当于欧盟国内生产总值的0.3%，2015年还会损失500亿欧元。德意志银行估计，对俄罗斯制裁可能导致德国2014年国内生产总值增幅减少0.5个百分点。由于乌克兰危机迄未舒缓，美欧与俄罗斯之间"制裁与反制裁"的斗争还在升级。一旦涉及能源供应，则重演欧俄"天然气"大战的可能性依然存在。尤其是美国极力挑唆这个问题，鼓励欧盟减少从俄罗斯输入天然气。近日，基辅当局又宣布禁止俄罗斯通过乌克兰向欧洲输送天然气，以示制裁俄罗斯。果真走到禁止进口俄罗斯能源，其对欧洲经济的后果将会是灾难性的。甚至可以说，这将会葬送多年来欧洲一体化进程给欧洲带来的和平稳定和经济繁荣。任何稍有政治头脑的欧洲领导人对此不能不有所顾忌。

（二）欧盟内部分裂迹象愈益明显。

欧盟随着成员国的扩大，本来利益诉求不同的问题已渐突出。先是金融危机的冲击，后又有乌克兰危机的影响。欧盟各国之间的利益纷争和矛盾愈来愈尖锐。越来越多的国家把本国利益置于欧盟集团利益之上。谋求将更多主权从联盟机构收回到本国手中的趋势越来越明显。在对外政策上犹甚。例如，由法国和英国挑头、美国支持、以北约名义发动的利比亚战争，欧盟成员国参加者寥寥。美国、英国、法国为颠覆巴沙尔政权而挑起的叙利亚内战，欧洲除英国、法国、德国几个大国不同程度地介入外，欧盟中小国过问者不多。这次，因乌克兰问题欧盟内部在制裁俄罗斯方面的分裂更为明显：波兰、瑞典、英国、波罗的海三国是主张强硬的"鹰派"，法国、德国、西班牙、希腊、意大利等国则是主张不能把俄罗斯"逼入墙脚"的"鸽派"。在欧盟"一致通过"制裁俄罗斯的措施后，芬兰、匈牙利、奥地利等公开表示反对；芬兰总统迅速去俄罗斯会晤普京，谋求芬俄关系不要因欧盟制裁而受连累。至于英国和法国因制裁俄罗斯而公开争吵、相互指责，则更是已非一次。德国从维系其在欧盟的"盟主"地位出发，更多地照顾了波兰的诉求。

经济困境、乌克兰危机、英国威胁退出欧盟这三大难题，正在撕裂着欧盟。

（三）欧盟正逐渐失去其"独立一极"地位。

争取在国际事务中成为"独立一极"的地位，一直是欧盟孜孜以求的战略目标。然而，主权债务危机削弱了它的财经实力；乌克兰危机削弱了它的政治影响力。为了实现"独立一极"目标，过去，它对内增进内部团结，对外一方面尽力维持与俄罗斯的良好合作关系，另一方面力图与美国"平起平坐"，改变"美主欧从"的模式。可是，半年多的乌克兰危机使得欧盟多年构建的这一有利的地缘政治经济格局大大恶化。欧俄关系陷入不断紧张恶化的境地；欧美关系也出现"美主欧从"局面不仅未能改变、反而有固化的迹象。

导致这一形势的主要根源在于欧盟在乌克兰问题上"犯了历史性错

误"（德国前总理施罗德语）。具体地说，就是乌克兰的历史和现状决定了它只能成为东西方（或者说俄欧之间）的沟通桥梁，而不能迫其"选边站"。否则，只会导致乌克兰分裂或内战。现实已经证实了这一观点。从推翻亚努科维奇政权起，其实欧盟在一定程度上就"受制"于乌克兰问题。内有波兰、波罗的海三国等对俄罗斯有宿怨和恐惧的国家的牵制，外有美国实施削弱俄罗斯战略的压力，欧盟实际上是被"牵着鼻子走"。为了乌克兰问题，欧盟付出了最大的代价，成了这场乌克兰博弈的最大"输家"。这对欧洲乃至全球形势都会有不可小觑的"负能量"。

四、中东乱局愈演愈烈，难以收拾

中东地区一直是二战后形势持续动荡最厉害的地区，战乱始终未断，人道主义灾难严重。然而，事态发展到如今这样的乱局，多少有些出乎世人预期。

巴以矛盾和什叶派与逊尼派之间宗教派别之争纠结在一起，本已使该地区形势相当棘手。"阿拉伯之春"更激化了阿拉伯民族中宗教与世俗两股力量的争斗。西方等外部势力的介入，更使乱局进一步加剧。类似"伊斯兰国"这样的极端组织趁机发展壮大，使得整个中东地区呈现犹如一团乱麻纠缠在一起，无法收拾、解脱的混乱局面。各种力量不断分化、组合，形势紧张动荡。

形成这种局面既有内因，也有外因。其中一个重要原因就是美国的霸权主义和它奉行的利己的错误中东政策。二战后，美国从英国、法国手中攫取了中东地区事务的主导权。美国为了长期控制这一能源资源极其丰富又具有重要战略意义的地区，一方面，极力排挤其他大国插手，另一方面，力图控制本地区不同国情的国家。美国的主要手段就是：大力扶植以色列，利用巴以、阿以矛盾，打压、分化阿拉伯国家。经过几场阿以中东战争，在阿拉伯国家出现分化后，转而采取拉拢埃及、约旦、沙特等对以"温和派"，削弱伊拉克、叙利亚、利比亚等对以"强硬派"；同时利用什叶派和逊尼派之间的宿怨，牵制两派力量的发展。正是在这一思想指导下，先是挑起长达八年之久的伊拉克—伊朗战争，接着又在因伊拉克入侵科威特而引起的第一次"海湾战争"之后，在"反恐"名义下入侵伊拉克、推翻萨达姆政权。趁着"阿拉伯之春"的势头，由英国和法国挑头、美国背后支持，以北约的名义，凭借军力推翻卡扎菲政权。紧接着，又在叙利亚企图"如法炮制"，推翻巴沙尔政权，为此不惜支持恐怖主义势力，使"伊斯兰国"趁机"坐大"。最终结果是形成美国自己也无法收拾的乱局。

对于当前世人忧虑的中东乱局，其实美国这一始作俑者既无力也无意去刻意解决。奥巴马吸取了小布什政府不顾后果地发动阿富汗、伊拉克两场战争，造成美国软硬实力遭受重大损失的教训，决意除了事关美国国家安全的核心利益外，尽量避免出兵卷入地区冲突。即使对于震惊全球的极端组织"伊斯兰国"的壮大，奥巴马不顾国内外的批评，依然强调美国绝不派出地面部队清剿，只限于空袭"伊斯兰国"力量，而且空袭也是有限度的。美国何以空袭、何地空袭、以什么形式突袭都由美国自行决定，申明美国空军不是伊拉克政府或是库尔德力量的"空军"，解决"伊斯兰国"问题要靠伊拉克各派力量以及其他阿拉伯国家自己。正如他强调美国军事力量不会介入解决乌克兰危机一样，这个问题要由乌克兰以及其他欧洲国家自己解决。

美国当前在中东地区的如意算盘是：即使再乱，任何一方为了牵制对立面都会依然有求于美国，不敢同其闹翻；再者，无论从能源供应还是国家安全角度看，乱局对其他大国的威胁更现实、更直接。也就是说，美国抱着乱局首先乱了别人、而不是自己的险恶心理。美国采取这种利己主义的短视政策，不仅使中东地区的民众反美情绪日益高涨，而且使美国在这一地区的铁杆盟友（包括以色列）也同它"离心离德"。这使美国在中东地区的影响日益下降，最终它会尝到它自己种下的苦果。

五、中国积极维护世界和平，声誉日升

中共十八大后，中国新一届领导集体承前启后，继往开来，对内全面深化改革，坚决反腐倡廉；对外坚持奉行独立自主的和平外交政策，积极

维护世界和平。这些重大举措使整个国家的精神面貌为之一新，而且在国际上打开了外交工作新局面。中国作为一个社会主义发展中大国的国际声誉大大提高。

新一届领导集体在贯彻执行独立自主和平外交政策时，既有继承又有创新。新时期中国外交呈现出以下几个特点：

（一）把维护世界和平作为中国政府对外工作的中心任务。

坚决主张以和平方式处理一切国际纷争，坚决反对动用武力或威胁。坚持主张世界各国相互间建立并发展以和平共处五项原则为基础的正常国家关系。坚决反对一切形式的霸权主义和强权政治。即使对于坚持霸权主义的美国也力争与之建立"不冲突、不对抗，相互尊重，互利共赢"的新型大国关系。以实际行动证明，中国不论发达与否，始终是一支积极的和平力量，切实履行"中国永远不称霸"的诺言。

（二）全面、平衡地奉行全方位外交。

既重视同大国的关系，也同样重视同中、小国家的关系。用实践体现中国身体力行大小国家一律平等的原则。坚决摒弃西方大国以大欺小、以强凌弱、以富压贫的恶习。绝不以势压人，而是力求用正义和真情赢得人心。

（三）旗帜鲜明地坚持"不干涉内政"这一重要原则。

绝不允许任何人、以任何方式、任何借口干涉中国内部事务，中国自己也绝不干涉其他国家内政。这是新中国成立以来在外交上一贯遵循的一项不可动摇的原则，也是社会主义中国外交根本有别于西方列强外交的核心所在。近些年，随着中国综合实力的发展，国际上有些人别有用心地鼓吹中国为了担当起"大国责任"应该放弃"不干涉内政"原则，国内一些学者也错误地予以呼应。新一届中央领导集体顶住了压力，在处理叙利亚、乌克兰危机等问题上排除了干扰、坚持了"不干涉别国内政"的原则、保持了主动，而且由于坚持这一公正立场在国际赢得了声誉和尊重。

（四）辩证地处理维权与维稳、维护国家领土主权与促进国内经济建设这两者的关系。

两者并非相互矛盾，而是相辅相成，更无先后轻重之分。一段时间以来，一些学者认为，为了集中精力搞建设有关领土主权问题可以放一放。事实表明，这种观点是主观片面的，行不通的，也是不妥当的。邓小平既提出以经济建设为中心不动摇，也多次指出维护国家独立、主权、领土完整始终是外交工作的首要任务。不能把外交工作的首要任务简单地归结为"为国内经济建设创造良好的国际环境"。新一届中央领导集体辩证地看待上述两者之间的关系，在捍卫钓鱼岛和南海的领土主权和各种权力方面，进行了成功的实践，博得了中国人民的全力支持和各国朋友们的充分肯定。

在错综复杂、不断变化的国际形势下，社会主义中国以更加自信的姿态，推进独立自主的和平外交政策，为维护世界和平与共同繁荣做出了更大贡献。中国以自己的实践向世界表明，不管形势如何变幻，中国始终是一支不可或缺的积极维护和平的强大力量。

多事之秋折射过渡期
国际关系"新常态"

陈向阳①

内容提要： 2014年国际形势危机不断，新热点明显增多，乌克兰危机催生大国关系新分化，"伊斯兰国"异军突起搅动全球地缘政治版图，埃博拉严峻疫情冲击西非多国，亚太地区暗流涌动、中美竞争加剧。乱象纷呈的背后是国际与地区秩序新陈代谢、艰难过渡、复杂重组，多方围绕新秩序激烈博弈，大国关系与地缘政治深受影响，中国维护并延长"战略机遇期"面临新的契机。中国应辩证审视国际秩序过渡期，适应不稳定、不确定的国际关系"新常态"，趋利避害，均衡发展大国关系，重点经营周边，加紧预防海外利益安全风险，增强国际战略主动权与国际秩序话语权。

关键词： 国际秩序　过渡期　国际关系"新常态"

2014年，正值第一次世界大战爆发100周年的敏感时节，也是冷战结束25周年，世界多个热点同时升温且相互联动，国际形势格外纷乱多变，堪称"多事之秋"，金融危机后国际、地区及有关国家内部秩序"新陈代谢"的过渡期特征由此凸显，战乱动荡风险显著上升，中国和平发展的外部环境更趋复杂、危中有机。

---

① 作者系中国现代国际关系研究院世界政治所副所长、研究员。

一、敏感年份重大国际危机频发高发，形势动荡颇为罕见

其一，马航MH17航班遭击落坠毁事件成为乌克兰危机加剧的转折点，俄罗斯力求化被动为主动。2014年7月17日马航客机坠毁导致298名无辜生命死于非命，"肇事责任"的矛头所指多为乌克兰东部亲俄武装及其俄罗斯后台，俄罗斯因此成为众矢之的，西方舆论高压与制裁升级导致普京"压力山大"。此后，乌克兰危机持续升温，波折不断。西方于2014年年初策划乌克兰"颜色革命"成功，结果招致俄罗斯强力反击，俄罗斯现已管理克里米亚，同时继续染指乌克兰顿涅茨克与卢甘斯克等地。乌克兰波罗申科政府与东部分裂势力、西方与俄罗斯之间的对抗冲突趋于长期化，并且不时激化，乌克兰"内战"短期难解，在第一次世界大战爆发100周年之际更是再度引发世人对"新欧战"阴云的担忧。俄罗斯前外长伊万诺夫与英国前外交国防大臣里夫金德在《纽约时报》联合撰文，警告"世界面临新冷战威胁"，认为乌克兰东部局势可能出现意外的升级，甚至演变为北约和俄罗斯之间的直接军事对抗。

其二，美、欧、俄三方围绕乌克兰危机激烈博弈，俄罗斯与西方的矛盾上升为现阶段大国关系中的主要矛盾。其中：美欧因为"俄敌当前"而"同仇敌忾"，双方联手抗俄，因"监听门"与"间谍门"而暴露的美德矛盾暂时趋缓；美俄针锋相对，双方地缘战略角力与意识形态争斗同步加剧。总统奥巴马一再警告俄罗斯不要再干预乌克兰问题，试图阻止俄罗斯以人道主义救援为借口派遣军队支持分裂分子，并对俄罗斯实施多轮经济与金融制裁；欧俄关系进一步趋冷，欧洲的"仇俄"与"反普京"民意上涨。尽管受各方现实利益需要及各自实力局限，俄罗斯与西方的关系尚不至于崩盘，所谓的"新冷战"尚难全面开打，但金融危机之后国际合作与大国协调的"主旋律"已被干扰，大国关系中的对抗性明显增大，在冷战结束25周年之际国际关系的"战略氛围"已然转趋紧张险恶。

其三，加沙战火重燃，中东大变局"异化"为大乱局。以色列利用美欧俄聚焦乌克兰危机的"机会"，借口报复犹太青年被害，大举出兵巴勒

斯坦加沙地带，对哈马斯及巴勒斯坦平民开火。总理内塔利亚胡罔顾国际舆论谴责与安理会停火呼吁，一再逞强斗狠，导致巴勒斯坦平民尤其是儿童大量伤亡、家园被毁，制造了严重的人道主义危机；与此同时，"后卡扎菲时代"的利比亚陷入民兵混战与军阀割据；叙利亚的"内战"继续僵持，巴沙尔政权迄今屹立不倒，多方三年混战造成无辜平民重大伤亡与严重难民危机，生灵涂炭、民不聊生，西方扶持反政府武装颠覆主权国家的恶果日渐显现。

其四，极端组织"伊拉克与黎凡特伊斯兰国"在伊拉克与叙利亚蔓延猖獗，导致伊拉克政治与安全局势再度恶化。该极端组织利用美国撤军后留下的"权力真空"，趁着叙利亚内战与伊拉克教派冲突，乘虚而入、浑水摸鱼、甚嚣尘上，犹如病毒一般在伊拉克、叙利亚两国迅速蔓延，并且接连制造骇人听闻的种族清洗与屠杀战俘惨案，接连斩首美国、英国人质，一度严重威胁伊拉克首都巴格达和北部库尔德人首府的安全及美国利益，最后迫使美国总统奥巴马在2011年完成撤军之后首次重新军事介入伊拉克，纠集起新的"反恐联盟"，对其在伊拉克与叙利亚的目标展开"定点空袭"，进而增派美军。与此同时，伊拉克政权危机发作，不愿下台的"老总理"马利基被美国"抛弃"，并与"新总统"马苏姆闹矛盾，马苏姆任命阿巴迪为新总理，伊拉克新政府"难产"的背后是伊斯兰教派矛盾与部族冲突难止，伊拉克国家统一仍面临挑战。

其五，埃博拉病毒肆虐西非多国，严峻疫情成为全球重大公共卫生事件。迄今已造成近5000人死亡，疫情还在蔓延，该非传统安全威胁不仅危及了利比里亚、塞拉利昂等有关国家的安全，而且开始影响到国际航空与经贸往来，乃至对欧美多国构成现实威胁，而中国义无反顾、雪中送炭、一再追加的医疗物资与专家援助彰显了言行一致、临危不惧、敢于担当的"负责任大国"风范。与此同时，包括台风、地震等在内的各类重大天灾频繁发作，生命与财产损失严重。

其六，亚太安全环境变数增加，暗流涌动。阿富汗总统选举经历两轮，好容易才"搞定"，卡尔扎伊被加尼取代，美国与阿富汗签署"驻军协定"，美国在2014年底撤走作战人员后仍将驻留上万人的"支援部队"，直到2016年底。"塔利班"蠢蠢欲动，企图乘虚而入、卷土重来，阿富汗政局难安；日本首相安倍罔顾国内外质疑与反对，顽固走否定二战侵略历史并争当军事政治大国的"右倾化"邪路，推进解禁"集体自卫权"立法，对外高调窜访，到处拉帮结派，对中国口是心非、负隅顽抗；南海很不消停。美国极力插手，在东盟地区论坛外长会上忽悠什么"冻结提案"。菲律宾狐假虎威，推销所谓"三步走"方案，同时将菲中南海争端提交联合国海洋法法庭仲裁，企图陷中国于不义。日本恶意搅局，援助菲律宾、越南海警船。澳大利亚总理发表媚日言论，强化澳美军事安全合作，美日澳三角浮出水面。

二、根源在于国际秩序过渡期的失序无序，其战略影响深刻复杂

"把脉" 2014 年"多事之秋"，其根本症结在于世界、地区、有关国家三个层面的秩序转换，属于秩序"新陈代谢"过渡期的失序、无序和"阵痛"。"后金融危机时代"地区危机、国际安全危机不断，不稳定与不确定俨然成了过渡期国际关系的"新常态"。

其一，多个层面的秩序经历重塑，重塑本身充满矛盾、博弈与角力，过程复杂而艰难。

在全球层面，国际力量对比新变化呼唤新的权力分配与国际秩序，西方发达国家难再主宰与主导国际组织、国际机制、国际规则等国际秩序，被迫与群体性崛起的新兴大国分享权力、分担责任。

在地区及国家层面，世界三大地区秩序深刻重组，博弈格外复杂激烈：中东在 2011 年"大变局"之后，地区秩序及"变天国家"内部秩序重建艰难，世俗力量与宗教力量、逊尼派与什叶派、君主国与共和国、温和派与激进派、以色列与阿拉伯国家、美欧与俄罗斯等多种矛盾复杂交织，共同作用，致使"大变局"异化为"大乱局"，乱局看不到尽头；东欧重新"洗牌"，大国地缘战略争夺加剧，俄罗斯不满"冷战后秩序"，对美国及北约的一再挤压奋起反击，加大拓展"前苏联空间"，力图"收复失地"；亚太秩序"新陈代谢"，美国凭借其同盟体系尤其是美日同盟企图继续把持"亚太主导权"，中国、东盟、印度等新兴力量崛起呼唤亚太新

秩序，习近平主席2014年11月9日在亚太经合组织（APEC）工商领导人峰会发表《谋求持久发展 共筑亚太梦想》的重要演讲，实为亚太新秩序的雏形。

在重点领域层面，一是围绕海洋、太空、网络、极地等"全球公地"，多方博弈新规则新秩序，美国的"主导权"难以为继；二是围绕经济、金融、能源资源、气候变化、公共卫生等，发达国家与发展中国家继续博弈全球治理话语权和规制权。

其二，2014年国际形势中的动荡显著上升，其深层次背景还在于，国际金融危机与"两场战争"导致美国的国力及"控局能力"下降，其战略重心"内倾"、"东移"，对外战略"总体收缩"并且不负责任，致使此前美国对外扩张干涉乃至侵略颠覆造成的"后遗症"集中爆发，"群龙无首"以致"地区大乱"，多国多地区各类反政府武装组织浑水摸鱼、趁机坐大，严重威胁所在国与地区的和平安全。美国对当今不少乱局都负有不可推卸的责任，但奥巴马明显是在推卸责任，甚至还妄言中国在"搭便车"。例如，对于伊拉克今天的乱局，美国难辞其咎。美国先是在2003年以"莫须有"罪名推翻萨达姆政权，打破伊拉克政治平衡与既有秩序，及至2011年底完成撤军，伊拉克稳定的新秩序至今也没能建立起来，以致战乱不已、恐怖袭击不断，伊拉克民众至今还深受美国当年侵略战争之害。

其三，"转型"或"变天"国家"复制"西方民主结果"水土不服"，权力斗争的"民主乱象"不已。前者如乌克兰、伊拉克等，后者如利比亚、埃及等，其内部秩序处于"新陈代谢"的过渡期与"重建期"，加之外部势力干涉，因而动荡不定。

其四，2014年国际新乱局深度影响大国关系与地缘战略态势。在大国关系上，俄罗斯成为西方现实而紧迫的威胁，被西方视为"真实的挑战者"，在某种程度上成了国际危机的风暴中心和矛盾焦点。俄罗斯不会放弃对乌克兰东部分裂势力的支持，俄西双方围绕北约东扩等的地缘矛盾及意识形态敌意根深蒂固。随着普京在诸多问题上强势挑战西方霸权，俄美、俄欧角力不断加剧，美国将被迫用更大的精力来对付俄罗斯，这在客观上使得美国难以始终"聚焦"中国，中国面临的战略压力相对有所减轻。

在地缘战略上，随着东欧与中东北非冲突不断、持续"高烧"，美国

"重返亚太"备受"干扰",国务卿克里等四处穿梭、疲于奔命,总统奥巴马一度连休假都不得安生,美国甚至在某种程度上被迫"重返欧洲"、"重返中东",被迫将战略重点从"应对新兴大国"重新转向"反恐",这也将有利于中国经略周边。《纽约时报》对此载文感叹美国"重返伊拉克战争",指奥巴马宣布"定点空袭"伊极端组织后,连执政的民主党都担心"伊拉克的吸引力将会太大",因为"毕竟该国是一个似乎对美国领导人有特别强磁性的国家"。此外,民主党在2014年11月的美国中期选举中惨败,使得奥巴马在一定程度上成了"跛脚鸭",其未来两年将面临共和党主导的国会及内政党争更大的掣肘,对外战略难有大作为。

三、中国应辩证研判新机遇与新挑战,趋利避害、增强主动

其一,一分为二,辩证看待中国外部环境出现的阶段性重要新变化。一方面,应看到中国的"战略机遇期"进入新阶段、获得新发展,应善于捕获新出现的对维护并延长"战略机遇期"有利的因素,包括俄罗斯与西方的矛盾上升、中国不处于大国关系的矛盾焦点,而美国的亚太"再平衡"又面临中东、东欧、西非等多个地缘热点的掣肘,也使得中国经营周边面临难得的战略新契机。另一方面,需要高度警惕国际体系转型期和国际秩序过渡期的高风险,强化国际危机管理,同时,自主与适度承担"大国责任"。而对于当今国际形势的复杂性、无序性与危险性上升,美国和俄罗斯的智库均有同感:俄罗斯智库认为,"当今世界充满不确定性和不可预测性,世界局势全面动荡";美国智库亦强调,"美国正处在一个极其复杂的时代,今天的安全环境史无前例,非国家行为体和跨国威胁破坏全球稳定。"

其二,纵横捭阖,妥善周旋大国关系。"微调"大国外交,平衡兼顾中俄与中欧、中美关系,利用大国关系新的矛盾以确保并延长"机遇期",稳步扩大战略回旋空间。

其三,突出重点,趁势有效经略周边。利用乌克兰危机与中东乱局的全球地缘战略影响,对周边工作抓紧加强。同时,针对国际形势相对而言

的"东边日出西边雨"和"东线无战事",敦促有关国家共同珍惜、维护亚太和平发展与安全。

其四,未雨绸缪,大力预防趋于升高的海外利益风险,重点强化对陆、海"一带一路"建设的安全保障,主动适应动荡不定的国际关系"新常态"。

世界经济新特点　有力应对"新常态"

李长久 [①]

内容提要：世界经济继续缓慢增长。但是，诸多不稳定和不确定因素仍在影响世界经济走势，国际货币基金组织（IMF）在10个月内相继三次将2014年世界经济增长率从3.7%调至3.3%。主要经济指标显示，世界经济仍面临下行压力并呈现五大新特点。多数国家都在调结构、转方式，核心是实施创新驱动发展战略，世界经济处在深度调整期。各国要加强合作，协力解决全球面对的五大问题和矛盾，有力应对世界经济增速放缓的"新常态"，实现世界经济较快发展，符合各国的根本利益。

关键词：世界经济形势　新特点　调整期　"新常态"

一、2014 年世界经济形势与新特点

世界经济虽然逐步走出谷底，但增长缓慢且面临下行风险。以下五大新特点显示，世界经济航船仍行驶在颠簸的汪洋大海。

（一）大国经济普遍复苏乏力或增速放缓。

世界经济发展史表明，通常情况下，大国和地区经济发展是不平衡的，即"西方不亮东方亮"。近两年来，所有大国和地区经济复苏乏力或增速放缓。

---

① 作者系中国国际问题研究基金会研究员。

美国仍是世界最大经济体，1950—1979年年均增长率为4%，1980—2010年年均增长率为2.7%，2010—2013年年均增长率为2.1%。IMF预测，2014年美国经济增长率为1.7%。[①] 美国官方和研究机构预测为2.2%。

欧盟统计局数据显示，2014年第二季度欧元区经济增长率为零，一些经济学家怀疑全年增长0.8%的目标能否实现。2014年第二、第三季度按年率计算修正后的日本国内生产总值（GDP）分别萎缩7.3%和1.9%，日本经济陷入"技术性衰退"。[②]

近两年来，新兴经济体增速普遍放慢。1978年中国实行改革开放政策后连续33年经济年均增长率高达9.8%,2012年为7.8%,2013年为7.7%，预计2014年为7.5%左右。从2003年到2007年，印度经济年均增长率近9%，到2014年初，印度经济已连续8个季度增长率低于5%。2014年拉美经济增长率将是十年来最低水平，其中，巴西经济增长率为0.2%。摩根士丹利公司预测，2014年俄罗斯经济增长率将从0.8%降至0.6%。IMF指出，一些中东和北非国家经济实力因战争和动乱而倒退，埃博拉疫情重创西非经济。

2014年10月初，IMF总裁拉加德在美国乔治敦大学发表演讲时警告说，世界经济面临长期维持低增长"新平庸时代"的威胁。

（二）世界贸易增长率低于世界经济增长速度。

长期以来，世界贸易增长率高于世界经济增长速度。但是，近两年来，世界贸易增速低于世界经济增速。

世界贸易组织（WTO）等国际机构2014年8月18日联合公布的监督报告介绍，在2008年全球金融危机前20年世界贸易额年均增长6%。2014年世界贸易增长率为3.1%。IMF和世界银行认为，全球贸易已经达到"巅峰"。有鉴于此，世界贸易不太可能为整体经济增长做出贡献。[③]

中美是世界最大贸易伙伴，美国凯托学会贸易政策研究中心分析家比

---

① 本文中的数据除注明外均源自IMF。

② ［日］泽田千秋：《"安倍经济学"是一场骗局》，《东京新闻》2014年11月19日。

③ ［英］《IMF和世界银行警告："全球贸易已经达到'巅峰'"》，《金融时报》网站，2014年11月18日。

尔·沃森认为，美国的贸易保护主义威胁美中贸易。[①]

2014年11月27日，WTO通过了《贸易便利化协议》。国际商会预计，这份全球贸易协议将促进1万亿美元的投资和创造2100万个新工作岗位。这是世界贸易领域的亮点之一。

（三）世界应警惕高债务与低经济增长的"有害结合"。

美国《华盛顿邮报》网站2014年10月16日发表专栏作家罗伯特·塞缪尔森题为《股市混乱和全球债务陷阱》的文章援引四位经济学家提供的数据显示，自2008年全球金融危机以来，世界公私债务占世界GDP的比重已达264%，欧元区为257%，日本为411%。东亚地区（不包括日本）在6年内债务占GDP之比从147%升至207%。塞缪尔森认为，各国应警惕高债务与低经济增长的"有害结合"。[②]

（四）全球失业队伍继续扩大。

在物质生产和服务业领域，从操作到经营，智能化、自动化程度不断提高，特别是繁重和危险作业越来越利用机器人来做，所需体力劳动者相对减少，出现所谓"无就业经济增长"。因此，虽然世界经济持续缓慢增长，但全球失业队伍继续扩大。

经济合作与发展组织（OECD）2014年9月3日公布的《2014年就业形势展望报告》指出，全球范围的失业人数估计达2.02亿人。国际劳工组织2014年5月27日发表报告指出，眼下发达国家的平均失业率仍保持在8.5%左右，高于2008年全球金融危机前的5.4%，全球失业率6%左右的水平将持续到2017年。

据OECD统计，该组织34个成员国自2009年以来实际工资水平几乎停滞，其中：希腊、葡萄牙、爱尔兰和西班牙等国家的实际工资甚至以年均22%—55%的速度下滑。OECE认为，收入差距扩大的一个主要原因在于，自由贸易和全球金融市场的发展"导致劳动力需求朝着有利于高技能

---

① 日本外交学者网站，2014年10月28日。

② [英]安布罗斯·埃文斯—普里查德：《东亚蔓延的通缩可能引发新债务危机》，《每日电讯报》2014年11月13日。

劳动力方向相应倾斜"。①

　　消费开支对经济增长的贡献率，在发展中国家为40%—50%以上，在发达国家为60%—70%以上。全球2亿多劳动者失业和广大体力劳动者实际收入增加缓慢甚至减少，都直接影响消费开支，这是世界经济增速放缓的重要原因之一。

（五）跨国公司全球利润持续增加。

　　跨国公司在全球投资利润继续增加，主要发达国家仍是经济全球化的最大受益者。

　　据统计，美国跨国公司海外利润占全部美国公司利润比例从1950年的5%上升至2008年的40%，同期内，海外保留利润占全部美国公司保留利润比例从不到2%上升至惊人的99%。2007年，美国企业海外赢利8840亿美元，超过国内企业利润（7140亿美元）。从1999年到2008年，美国企业海外利润年均增长率达18%，2008年美国企业海外利润9563亿美元，是国内企业利润5320亿美元的1.8倍，相比1999年的利润1819亿美元增加了5倍多。

　　2008年全球金融危机和2009年世界经济衰退以来，主要发达国家跨国公司海外利润继续大幅度增加。2008年至2013年，美国跨国公司海外利润增长了93%，达到创纪录的2.1万亿美元。② 截至2014年3月的2013财年，日本上市企业在亚洲获得的营业利润同比增长22%，时隔三年再创新高，且连续两年实现利润增加。

二、世界经济处在深度调整期

　　大危机往往又是大转机，各国都在调整经济结构、转变经济发展方式，核心是实施创新驱动发展战略，新的一轮科技革命如旭日东升，已经

---

① [美]《华尔街日报》2011年5月4日。
② [法]《苹果押宝　中国收获巨大》，《费加罗报》2014年10月22日。

初露端倪，世界经济正处在深度调整期。日本《读卖新闻》2012 年 8 月 26 日刊登日本理化研究所理事长野依良治题为《全球科技革新"大会战"》的文章指出："在世界经济低迷情况下，世界各国不约而同地把科技革命作为一项国家成长战略加速推进。"

2011 年美国公布《创新战略——确保经济增长与繁荣》文件，提出加大对人才、基础研究、信息技术等创新要素的投资，确保美国经济高速、持续增长和繁荣。日本早在 2007 年就提出《创新 2025》战略。2012 年 7 月 30 日，日本政府举行国家战略会议，确定了日本经济增长战略即"日本再生战略"的最终方案，提出 11 个具体战略和 38 条施政对策，明确节能环保、健康医疗和农林渔业三大领域以及加大对中小企业的政策支持力度等四个"日本再生工程"。欧盟 2010 年公布的《欧洲 2020 战略》要求把创新作为首要支撑，在 10 年内把欧盟建设成"创新型欧盟"，旨在实现以创新、扩大就业为基础的"智能增长"、"可持续增长"和"包容性增长"，全面提升欧盟竞争力。

2012 年 7 月，中共中央、国务院召开的全国科技大会提出实施创新驱动发展战略。国家主席习近平 2014 年 5 月 24 日在上海考察时指出："当今世界，科技创新已成为提高综合国力的关键支撑，成为社会生产方式和生活方式变革进步的强大引领，谁牵住了科技创新这个牛鼻子，谁走好了创新这部先手棋，谁就能占领先机，赢得优势。"俄罗斯 2011 年公布了战略性文件《创新俄罗斯 2020》，提出到 2020 年使创新产业产值占 GDP 的比重超过油气业产值，经济规模进入世界五强之内。韩国科技部公布了韩国长期科技发展规划《2025 年构想》。

新的一轮科技革命将对传统制造业进行改造转型升级。美国政府 2009 年公布了《重振美国制造框架》，提出以"先进制造"重振美国制造业。"先进制造"是以新技术和新工艺改造现有制造业，研发新产品，提升制造业的全球竞争力。截至 2012 年，制造业销售额仍占日本各产业销售总额的 25.7%，制造业创造的附加值占 23.14%，就业人数占日本就业总人数的 16.6%。日本政府和企业界正在采取各种措施，旨在维护和扩大日本制造业的相对优势地位。瑞典创新局提出瑞典实现再工业化的愿景："2030 年，瑞典有望成为研发与制造高级产品与服务的少数国家之一。"

（一）信息技术与相关产业发展潜力巨大，前景广泛。

当今世界正迎来信息化和工业化深度融合，即以信息技术与制造技术深入融合为主要特征的新一轮工业革命，核心技术是制造业的数字化、网络化和智能化。信息技术步入新一波创新浪潮，云计算、物联网、互联网、大数据、3D或4D打印技术等新一代信息技术不断涌现。新一代信息技术与机器人技术相互融合的步伐正在加快。国际机器人联合会预测，"机器人革命"将开启数万亿美元的市场。

芯片是信息产业的"核心"，是所有整机设备的"心脏"，被称为"工业粮食"。目前，全球关键的芯片几乎都为美国企业所垄断。麻省理工学院《技术评论》预测，到2020年全球智能设备数量将达到280亿部。这充分说明，信息技术和相关产业发展潜力巨大和前景广阔。中国等新兴经济国家必须在这个领域加强自主创新，才能提升核心竞争力和维护国家安全。

（二）大力发展生物技术和现代农业。

随着全球耕地减少、人口不断增加，如何保障粮食供应是人类面临的最大挑战之一。英国利兹大学教授埃文·弗雷泽等2010年出版的《食品帝国——盛宴、饥饿和文明的沉浮》一书预测，到2050年，世界谷物消费将增加56%，家禽消费将增加90%。为满足食品需要，世界70%的森林将遭到破坏，生态环境失调，温度升高，气候更加糟糕，土壤超负荷开发，水土以惊人速度流失。因此，粮食供不应求，米价将比现在上涨80%，将有30亿人朝不保夕。

为保障粮食供应，一是保护耕地，二是实现农业现代化，三是培育新品种，提高单位面积产量。"杂交水稻之父"袁隆平率领团队开发超级水稻，从2000年到2014年，亩产从500公斤、700公斤、800公斤、900公斤增加到1026.7公斤。美国哈佛大学国际开发专家凯乐斯多斯·祖马认为，农业生物技术创新是满足全球越来越多人口粮食需求的唯一途径。到2012年，全球已有28个国家的转基因作物耕种面积达1.7亿公顷（25.5亿亩），约占全球耕地面积230亿亩的11%，其中，美国转基因农作物耕地面积达

8000万公顷。美国90%以上的大豆、玉米和棉花都是转基因产品。2014年中国"两会"期间，中央农村工作领导小组办公室主任陈锡文3月5日在回答记者有关转基因食品安全问题时表示："转基因育种是全球生命科学的前沿阵地，中国作为一个农业大国在这个领域不能落后。"中国对转基因育种的政策是：在研究上要积极，坚持自主创新；在推广上要慎重，做到确保安全。种业是现代农业发展的"生命线"，我们要牢牢抓住种业安全的"咽喉"，从种业大国迈向种业强国，确保中国人的饭碗装中国的粮食。

（三）积极和有效开发与利用新能源。

有效开发、利用新能源是新一轮科技革命的突破口和主要领域，特别是大力开发、利用清洁和可再生能源，将为世界经济持续发展与改善和保护生态环境做出巨大贡献。

积极和有效开发、利用新能源包括：有效开发和清洁利用化石能源；积极和安全开发、利用页岩气和可燃冰等非常规油气资源；积极安全开发和有效利用核能。美国麦肯锡全球研究所2013年5月发布的"2025年前可能改变生活、企业与世界经济的12项颠覆性技术"之一是可再生能源。所有大国都在大力开发清洁和可再生能源。2009年2月17日美国总统奥巴马签署的《2009年美国复兴与再投资法案》被认为是奥巴马政府的"能源新政"。到2050年，可再生能源发电将占美国所需电力的80%。2011年底，欧盟委员会公布的《欧盟2050能源路线图》确定三大目标：能源供应的可靠性、技术竞争力的优越性和行业去碳化。该路线图提出，到2020年欧盟新增发电装机容量中可再生能源将占64%。中国非常规油气资源、清洁和可再生能源资源丰富，到2050年，非化石能源将满足中国能源需求的62%。

专家们预计，到21世纪中叶，非常规油气资源、核能、清洁和可再生能源基本上能够满足人类需求，从而实现人与资源以及环境和谐、经济社会可持续发展。

（四）新材料科技正在给物质生产带来革命性变革。

高科技材料是高新技术和新兴产业发展的物质基础。随着高新技术发展，新型材料日新月异。氧化石墨烯或许能被用来制造性能更优异、更坚固耐用的太阳能电池。加拿大萨省大学的安德瑞·赫特说："石墨烯很薄，因此透明度很高；其导电能力很强；质地也非常坚硬；在空气中不会被腐蚀，也不会降解，性能超级稳定。"美国已经开发的新型太阳能电池可以把利用太阳能获取清洁能源的成本降低25%。[1] 太阳光线一个小时照射所产生的能量足以支撑全球经济运行一年。直到2007年底，太阳能虽然仅占人类能源消费的不足0.1%，但科学家们认为，一个太阳能时代可能正曙光初现。美国物理学家米尔斯预计，新材料与三维打印技术相结合"将对经济发展产生爆炸性的影响"。

（五）国家竞争从陆地向海洋和太空延伸。

地球表面面积5.11亿平方公里，其中海洋面积约占71%，约3.6281亿平方公里，其中公海面积约占70%。海洋领域生活和生长着众多和丰富的动植物资源，海底蕴藏着大量矿物资源。海洋又是世界贸易的主要通道，全球石油贸易2/3是通过海洋运输的。国家间竞争正从陆地向海洋延伸。

海底蕴藏着种类繁多、储量巨大的稀有金属资源和能源资源。稀土被称为"工业维生素"，在太平洋部分海域海底蕴藏稀土资源约880亿吨，相当于陆地稀土资源储量的800多倍。[2] 海洋区域探明石油储量占全球探明石油储量的50%—70%。[3] 随着勘探和开采技术水平不断提高，全球资源开发重点正从陆地转向海洋。美国国防部宣称，控制海洋能力是21世纪决定战略霸权地位的主要因素。

人类的活动范围经历了从陆地到海洋、从海洋到大气层、再从大气层到外层空间的逐步扩展过程。迄今为止，几个大国主要了解如何开发月球

---

① 美国趣味科学网站，2014年10月17日。

② ［日］《产经新闻》2011年7月4日。

③ ［美］杰里来·里夫金：《第三次工业革命——新经济模式如何改变世界》，中信出版社，2011年。

和火星等星球的资源。月球拥有丰富资源并可能成为人类开发太空的中转站。受控核聚变所需原料之一是氦-3。专家们估计，地球上氦-3储量为0.5吨，最多不过15吨，而月球上氦-3储量至少有100万吨，可以满足人类数千年的需求。开发太空还有重要军事目的，海空一体化是大国保持军事优势的重要战略目标。俄罗斯负责国防工业的副总理罗戈津2013年6月28日在出席名为《成为强国：俄罗斯国家安全的保障》会议上指出："华盛顿苦心研究全球闪电战构想已逾十年，其核心是使用非核武器在一小时内对地球上任何地点实施打击。"

三、有力应对"新常态"

美国太平洋投资公司首席执行官埃尔·埃里安等投资家首先使用"新常态"这一经济词汇，其内涵是发达国家经济将步入低增长与高赤字、高债务与高失业并存的较长时期。中国经济增速也在放慢。中国经济"新常态"与发达国家不同，其主要特点：一是从高速增长转向中高速增长，未来几年年均经济增长率保持在7%左右，仍高于所有经济大国；二是从数量扩展转向经济结构优化升级；三是从要素、投资驱动转化为创新驱动。中国着眼于两个百年目标，实现中华民族伟大复兴的中国梦。尽管各国情况不同，但是，从多数国家经济到世界经济都将处于较长低速增长期的"新常态"。

随着经济全球化向纵深发展，各国经济越来越相互依存和相互影响，任何国家都难以独善其身。各国调结构、转方式和实施创新驱动发展战略，既需要国内相应政策支持，又需要和平与稳定的国际环境。因此，各国必须加强合作，有力应对和解决以下五大问题和矛盾。

（一）协力解决地缘政治危机。

美英入侵伊拉克、美欧发动对利比亚战争和支持叙利亚反对派引发内战，破坏了中东地区政局和社会稳定。石油价格下跌对已经很不景气的中东经济无异雪上加霜。近两年内世界经济形势变化不大，但2014年6—10

月原油的国际性指标布伦特原油价格从每桶115美元降至每桶82美元，在4个月内跌幅达29%。油价下跌原因：一是供求关系；二是投机炒作；三是政治因素。俄罗斯总统普京认为，油价下跌对产油国是场灾难。普京觉得"这是西方旨在将俄罗斯逼入困境的阴谋"。

乌克兰危机将导致2014年和2015年乌克兰经济出现7.25%的负增长。俄罗斯和欧盟各有得失，但总体上是两败俱伤。只有美国从中渔利，将其势力扩大到俄罗斯门口。德国历史学家安德里伊·波尔特诺夫认为，乌克兰应将国家的多样性视为其最大的财富，而不是忙着研究不现实的和无法避免暴力行为的"分裂"情景。这会是其维持多元化和模棱两可这两个自由和民主前提的一条道路。①

亚洲正在成为世界最大投资和贸易市场，也成为大国博弈的主战场。大国能够管控分歧、维护亚太地区稳定，将为实现世界经济较快发展做出重大贡献。

（二）虚拟经济与实体经济要相辅相成。

从20世纪90年代初日本泡沫经济破灭到2007年美国次贷危机引发全球金融危机和经济衰退，都是虚拟经济恶性膨胀造成的。世界经济发展史表明，虚拟经济要在支持实体经济基础上得以发展，两者要相辅相成。

日本的主权债务已接近本国GDP的250%。美国的印中美研究所国际商务研究主管丹·施泰因博克指出，在经历了两个"失去的十年"之后，重获权力的安倍和自民党领导日本又开始一场冒险的货币赌博。日本银行承诺在2年内注入1.4万亿美元，同时将货币基数扩大一倍，增至270万亿日元。日本各家机构也在加入这场赌博。在新回合借债的几个月前，日本债务已占亚洲债务总额的70%。随着日本财政进一步恶化，其所带来的影响最终很可能波及亚洲乃至全世界。②各国要协力应对，防止发生新的全球性金融危机。

---

① [德]波尔特诺夫：《苏联解体后乌克兰的杂交状态和"欧洲革命"》，《政治与现代史》周刊2014年11月17日。

② [美]施泰因博克：《日本进入第三个"失去的十年"》，[香港]《南华早报》网站，2014年11月21日。

（三）妥善处理财富增加与公正分配的关系。

英国人道主义组织乐施会 2014 年 1 月 20 日发布一份报告指出，全球最富有的 85 人目前的资产相当于全球 35 亿人即全球近半数人口的财富总和。世界经济论坛 2014 年 1 月 16 日发表《2014 年全球风险》报告认为，长期的贫富差距是未来十年全球最大风险。

全球多数国家贫富差距都在拉大。自 2009 年年中美国经济复苏以来，全国收入增加的 95% 进入了占全国人口 1% 的富豪腰包。德国贝塔斯曼基金会 2014 年 9 月 15 日发表题为《欧洲社会公正指数》的调查报告显示，欧盟 28 个成员国的社会不公正情况正在加剧。北欧一些国家提供的主要经验是，通过税收政策和福利措施控制收入和贫富差距过大，这有利于社会稳定和经济持续发展。

（四）政府和企业都依法运行。

现代市场经济是法制经济，政府、企业和市场运行都要以法律为准绳。

很多国家的经验教训是，企业必须遵守《企业法》、《投资法》、《贸易法》、《税收法》和《工资法》等，依法生产和经营；政府依据土地管理法、资源开发与环境保护法、教育法、科技法和经济安全法等加强宏观协调和监管，政府、企业和市场既各尽其责又相互协调，从而减轻周期波动和国际环境变化的冲击，实现微观和宏观经济的健康发展。

（五）深化全球治理改革和加强国际合作。

2008 年全球金融危机以来，二十国集团（G20）在采取措施缓解金融危机和推动世界经济复苏的同时，新兴经济国家提出和推动联合国机构特别是 IMF、世界银行和 WTO 进行改革。主要内容是：这些机构的主要领导人应在所有成员国中择优选用；反映发展中国家呼声和要求；提高发展中国家相应权益。

几年来，二十国集团在反恐、应对气候变化和防控传染性疾病等领域都在加强合作。2014 年 11 月中旬在澳大利亚布里斯班举行的二十国集团领导人第九次峰会，确立了未来 5 年在现有政策水平上二十国集团 GDP 额外增长2%的目标。二十国集团人口占全球人口的2/3，GDP占全球GDP的85%，贸易占世界贸易的80%以上。二十国集团作为国际经济合作主要论坛，必须建立更加紧密的伙伴关系，加强宏观经济政策协调，共同促进世界经济强劲、可持续、平衡增长。

新常态下中国经济发展新特点
与新趋势

陈凤英[①]

内容提要："新常态"已经成为当前中国学术界提及最多的词语，被写入最近召开的中央经济工作会议文件。如何正确认识经济发展"新常态"下的新特征与新趋势以及在"新常态"下如何推动经济发展，是一个很难把握的新课题。"三期叠加"是中国经济"新常态"面临的最大挑战。"新常态"下，中国经济增速将"下台阶"，发展质量需要"上台阶"；不均衡、不协调、不可持续的"旧常态"将被以人为本、均衡协调、绿色发展的"新常态"取代；发展方式将从粗放到集约、低端到高端；宏观政策立足于"稳增长、促改革、调结构、惠民生、防风险"。保持定力，主动作为，微刺激、强改革，发展依然是硬道理，适度稳定增长很关键。

关键词：中国经济　"新常态"　新特征　新趋势

2014年5月，习近平主席在河南考察时指出："我国发展仍处于重要战略机遇期，我们要增强信心，从当前我国经济发展的阶段性特征出发，适应新常态，保持战略上的平常心态。"在由"旧常态"向"新常态"转换过程中，中国经济面临严峻的"三期叠加"现实，即经济增长换挡期、结构调整阵痛期、刺激政策消化期，内外环境相当复杂，增速放缓成长期趋势。面对新挑战，需要新思维，认清新特征，掌握新规律，抓住新机遇，

---

①　作者系中国现代国际关系研究院研究员，博士生导师。

采取新措施，定力创新改革，坚持"稳增长、促改革、调结构、惠民生、控风险"宏观政策基调，保持经济均衡、协调、可持续发展势头。

一、 增速由高向中高速换挡

自2012年以来，中国经济告别过去30余年的两位数高增长，增速开始放缓，但波幅收窄。这固然受到西方金融危机和世界经济衰退的影响，但主要原因在于中国经济发展方式之转变，也是规模效应与发展规模使然。

改革开放的35年（1978—2012年）中，中国经济年均增长9.8%，是中国经济的高速增长期。IMF最新数据显示，中国名义GDP规模由1980年的3090亿美元增加到2014年的103553亿美元，占世界比重由1980年的1.9%升至2014年的13.3%，人均GDP由313美元增至7572美元，分别增长32.5倍和23倍。中国经济规模已由世界第10位上升到第2位，商品贸易和制造业超过美国，居世界第一。按世界银行标准计算，中国人均GDP已从低收入经济体迈入中高收入经济体，综合国力和国际影响力明显增强，取得的成果举世瞩目。

（一）从国际经验看。

一国或地区经济在经历持续高速发展的"黄金期"后，通常都会进入由高向中低增长的艰难"换挡期"。如：20世纪50—60年代，日本经济年均增长9%，70—80年代放缓到4%，80年代末因房地产泡沫破灭至今20多年中，增速跌落至不足1%；自20世纪60年代至90年代末亚洲金融危机爆发，韩国经济年均增长8%，尔后增速放缓到4%。

应该指出的是，一个不可忽视的共同特点是，日本、韩国以及中国的台湾和香港地区在人均GDP均超过1万美元（即基本跨越"中等收入陷阱"）、成为发达经济体之后经济增速才开始放缓。另外，在经济结束高增长之前，上述经济体一般都经历过不同程度的金融危机，致使经济增速滑落，尔后都难回复到危机前的发展水平。如：20世纪70年代爆发的第一场石油危机，致使日本经济陷入二战后第一次衰退，尔后经济活力一直难以回复，增速开始长期放缓；受亚洲金融危机打击后，韩国、新加坡以及中国的台湾和香港地区的经济奇迹由此结束，增速明显滑落；最近，欧洲的爱尔兰和西班牙受主权债务危机打击，经济增长进程被打断，至今依然一蹶不振。鉴于此，李克强总理一再警告，在全面深化改革同时，中国必须避免爆发系统性和区域性风险。在"新常态"下，如何使中国经济由高向中高增长平稳"换挡"，避免出现大起大落的波动，管控系统性风险至关重要。

（二）从发展规律看。

我们必须承认，中国经济发展到今天已经到了由高向中高增长换挡的关键点，是发展规律的必然结果。据统计，20世纪80年代中国经济年均增长9.7%，90年代年均增长10%，21世纪危机前的8年（2000—2007年）增速提高到10.5%，危机后的2008—2011年增长9.6%，近两年放缓至7.7%，2014年上半年则降至7.4%。这一发展轨迹表明，中国经济在高位运行已经持续30余年，华尔街金融风暴前已出现过热迹象，增速回落只是时间问题。假如没有危机中的"强刺激"政策，增长下降或许更早发生。问题是，本次增速放缓与20世纪80年代末和90年代末的降速有所不同，当时多为周期性下行，当前则是发展方式转变，具有结构性下行特征，并呈现趋势性放缓。

（三）从经济规模看。

当前中国经济总量已非昔日可比，由于GDP规模持续扩张，已成为名副其实的经济大国，规模效应开始显现。结果，即使经济增速放缓，但每个百分点创造的经济增量不可小视。如，金融危机前的2007年，中国经济增速高达14.2%，当年GDP的增量为43886亿元。2013年，经济增速放缓至7.7%，但GDP的增量高达57273亿元。据此计算，2007年中国经济每一个百分点的GDP增量合3090亿元，而2013年每个百分点的GDP增量高达7438亿元。也就是说，2013年每个百分点的GDP增量是2007年的2.4倍。由此可见，虽然中国经济增速下降了，但增量不减反增，其原因在于庞大的经济总量。从规模看，2013年的GDP增量已经超过1994年全年总量，即使一个百分点的增量亦超过1983年全年总量。如此庞大的经济规模，怎能继续维持往日的高速增长？即使勉强能在高位运行，资源、环境以及国际市场又如何承受？故此，从规模效应分析，中国经济也不能再维持过去的高速增长，何况是以高能耗、高污染、高投入为代价的粗放发展。未来，中国经济保持中高增长应是理性选择，更是一种可持续发展趋势。

（四）从全球经济看。

中国经济增速虽然放缓，但与全球经济增长乏力比较仍遥遥领先，美欧日等发达国家更是望尘莫及。众所周知，金融危机后，世界经济同样面临"三期叠加"的艰难转型：潜在增长普遍放缓，全球经济处于向中低增速"换挡"；所有经济体都不能回到危机前的发展模式，均面临增长方式转型；刺激政策后劲不足且效应削弱，退出量宽时机难抉择。事实上，中国经济增长即使放缓，对世界经济增长的贡献率依然巨大，甚至不降反增。据IMF统计，危机爆发以来，中国经济对世界经济增长的贡献一直稳居第一，GDP增量规模巨大。如，据IMF最新统计，按美元汇率计算，2013年中国的GDP增量达到10824亿美元，超过居世界第16位的印度尼西亚GDP总量，对世界经济增长的贡献率超过50%（因当年人民币对美元大幅升值）。即使按购买力平价计算，中国的贡献率也达到29.8%。中国经济占世界经济的比重由危机前2007年的6.2%增到2013年的12.7%，商品出口占世界的比重由7%增到12.1%。凡此表明，世界经济的"三期叠加"正给中国经济发展提供新的机遇。这正如习近平主席一再强调的，"我国发展仍处于重要战略机遇期，我们要增强信心。"这也是全球羡慕不已的中国经济"新常态"的原因，是中国对发展道路充满自信的依据。

二、 发展由量增向质升转型

新常态下，中国经济增长速度"下台阶"，但发展质量"上台阶"，不均衡、不协调、不可持续的"旧常态"将被以人为本、均衡协调、绿色发展的"新常态"所取代；经济增长以实现充分就业和收入增加为主要目标，发展方式将从粗放到集约，低端到高端；宏观政策立足于"稳增长、促改革、调结构、惠民生、防风险"，保持定力，主动作为，以微刺激、强改革，保障经济适度稳定发展。在2014年夏季达沃斯论坛上，李克强总理指出："我们所说的发展，是就业和收入增加的发展，是质量效益提高和节能环保的发展，也就是符合经济规律、社会规律和自然规律的科学发展。"这就是"新常态"下中国经济发展的新态势与新目标。

（一）发展立足长期趋势。

过去支撑中国经济高增长的诸多优势今天不仅消耗殆尽，而且已成制约瓶颈，如人口红利、土地红利、环境红利等，以透支生态、破坏环境为代价的粗放发展已到尽头，未来支撑持续发展的因素将是人才红利、新型城镇化建设、改革红利、创新红利、法治红利等。2014年前三季度，中国经济增长7.4%，居民消费价格上涨2.1%。在增速放缓情况下，新增就业达1000万，基本完成全年目标。李克强总理表示："我们坚持区间调控的基本思路，只要经济增速保持在7.5%左右，高一点，低一点都属于合理区间。"的确，当前看中国经济，不能只看眼前、看局部、看"单科"，更要看趋势、看全局、看"总分"。IMF副总裁朱民认为，考虑到就业和财政收入需要，未来中国经济保持7%—7.5%的增长应该都是可以接受的。IMF报告则强调，中国经济正从粗放型的高增长模式向能创造更多就业机会的以服务业为主导的模式转型。整体看，一定程度的减速有利经济社会可持续发展，中国经济发展前景在掌控之中，符合中国政府制定的目标，未来应保持温和速度运行。新加坡《联合早报》撰文认为，中国在未来10年潜在增长率或许比1988—2013年低得多，但相对于全球标准来说这已经足够了。如果这就是中国的"新常态"，那么，依然会是个令全世界羡慕不已的状况。

（二）产业结构开始优化。

产业发展失衡和部分行业产能过剩严重，已经成为中国产业结构调整的难点，引起各界高度关注。近年，中国政府明显加大简政放权，实施"定向减税"、"定向降准"等财税金融措施，大力支持服务业、"三农"、小微企业、民营企业和新兴产业的发展。据统计，2013年第三产业即服务业的增加值占GDP比重达到46.1%，首次超过以制造业为主的第二产业，服务业主导雏形初露。2014年前三季度，第三产业占GDP比重升到46.7%，高于第二产业2.5个百分点。电商、快递等新产业、新商业模式迅速成长。新登记注册服务性企业猛增70%。民间投资占固定资产投资比重同比提高1.4个百分点。尤其是高技术产业和装备制造业增长快于整体工业增长，产业优化趋势明显加快。

（三）就业形势明显改善。

"新常态"下，中国经济下行压力上升，就业人数不降反增，这主要得益于结构调整和改革深化发力。近年，服务业加速发展，吸纳了更多就业，因为服务业是劳动密集型产业，拉动就业增长的能力大于制造业。据IMF统计，10年前中国创造100万个就业岗位GDP需增长1.4个百分点，近10年需增长1个百分点，现在只需增长0.8个百分点。原因是服务业在经济中的比重加大，这对中国经济确实是好消息。过去一年中，国务院大力推进行政审批制度改革，取消和下放600多项行政审批事项，企业准入门槛低，极大调动了全社会创业兴业热情，新登记注册企业出现"井喷式"增长，带动数以千万人就业。政府不仅推进商事制度改革，而且推进投融资、税收、流通等体制改革，大大打开服务业等新兴产业发展的闸门，对扩大就业起到重要的"推进器"和"容纳器"作用。

（四）消费作用日益凸显。

随着居民收入不断增加，尤其是中高收入人群增多，家庭消费需求以井喷式增长，渐渐成为拉动内需增长的主体。据统计，2012年消费对经济增长贡献率自2006年以来首次超过投资。2014年前三季度，最终消费支出对GDP增长的贡献率达48.5%，比上年同期增2.7个百分点。它主要得益于政府出台的一系列惠民政策。一方面，就业充分，物价稳定，收入增加，使老百姓有钱用于消费。尤其是过去一年政府明显加大收入分配改革力度，居民收入占GDP比重上升，以更多分享改革发展成果。关键是惠民政策明显向弱势群体倾斜，如增加退休者和低收入群体收入，使收入分配渐趋合理。另一方面，中央政府动用大量财政资金，下大力气建立覆盖城乡、惠及千家万户的社会保障网，以此消除消费者的后顾之忧，使居民有钱敢用于消费。

三、"新常态"经济面临新难题

从外部看，世界经济复苏依然面临不确定性；从内部看，中国经济转型依然面临诸多障碍，创新能力依然不足。

（一）从外部看，世界经济复苏艰难。

华尔街金融风暴过去已六年，全球经济依然在危机阴霾徘徊，复苏路径步履维艰，增长动力不足，失业率居高，债务高筑，消费低迷，社会两极分化，政府责任淡化，保护主义盛行。世界进入前所未有的"新常态"，且同样面临"三期叠加"：潜在增长普遍放缓，各国经济均处于向中低增速"换挡"；所有经济体都不可能回到危机前的发展模式，都需要改变增长方式；刺激政策后劲不足且效应削弱，退出时机又难抉择。

一是潜在增长率普遍下降。危机以来，无论是发达国家还是新兴市场经济体的潜在经济增速普遍下降。这是近几年世界经济蹒跚复苏的原因之一。为此，国际机构和经济学家对世界经济前景依然不乐观，普遍认为全球经济将继续在充满风险的复苏之路上缓慢前行。据IMF统计，2003—2008年全球平均潜在增长率接近4.5%，2010—2013年为3%—3.5%，而2014—2018年可能会更低。导致全球经济潜在增长率放缓的主要原因：（1）危机后遗症尚难根除，如高负债、高失业、高赤字等危机后续影响依然存在，尤其是发达国家经济复苏异常困难；（2）人口老龄化已经成为发达国家和新兴经济体面临的共同问题，养老负担与适龄劳动力减少使潜在增长率持续放缓；（3）中短期内难有重大的技术突破，使提升生产率后继乏力。凡此种种，严重拖累世界经济的潜在增长，各国经济增长轨道普遍下移，中短期难恢复到危机前水平，潜在缺口或长期化。鉴于此，

IMF不得不三次调低2014年世界经济增长率至3.3%，国际贸易增长率降低到3.8%。

二是金融市场风险上升。金融危机后，各国似乎并未吸取教训，依然一意孤行地致力于虚拟经济，致使经济与金融背离持续扩大，市场冒险意愿更强，这导致资产价格上升，金融市场泡沫再次膨胀，实体经济发展则明显滞后。然而，政府对虚拟银行监管依然宽松，经济风险愈发从银行系统转向虚拟银行，由于其不透明性和期限、结构错配问题凸显，金融系统风险加剧。结果，全球金融市场出现异常现象：一方面，全球流动性因美欧日过度量宽而泛滥，致使虚拟经济持续膨胀；另一方面，实体经济融资困难，面临严重的投资不足。加之，未来一年内美联储量宽退出后将着手提高利率，全球融资成本将上升，新兴市场面临资本加速外逃风险，金融市场振荡与经济增速下降或不可避免。凡此都加剧了中国外部发展环境的复杂性。

（二）从内部看，中国经济面临诸多发展瓶颈。

首先，产能过剩问题。"新常态"下，中国经济增速肯定要"下台阶"，但发展质量必须"上台阶"。这一降一升之间牵涉到经济增长方式转变。这期间，需要稳妥解决产能过剩问题，如钢铁、水泥、平板玻璃、造船等产能过剩的传统产业，多晶硅、风电设备、新材料等新兴产业"一哄而上"，也出现产能过剩、重复建设倾向。去产能化过程势必影响相关产业和部分地区出现严重的结构性失业，失业后的社会问题需要高度关注。

其次，杠杆率过高问题。当前，中国经济中突出的问题是，虚拟经济与实体经济发展失衡。如，房地产泡沫膨胀、影子银行盛行、地方政府债高筑、企业债过多等。随着金融改革开放的深化，一些"旧常态"下隐性型风险开始显性化，外部金融风险将随美联储量宽退出和利率提升可能内部化，系统性风险随之上升。"新常态"下，防范系统性风险成为需要高度关注的大问题。

第三，不均衡、不协调、不可持续。"旧常态"发展模式必须让位于以人为本、均衡协调、绿色发展的"新常态"方式，以量为主的经济增长模式，将由以实现充分就业和收入增加为主要目标，发展方式需从粗放到集约、低端到高端。然而，这一切新常态下的结构调整与发展方式转变结果自然将压低经济增长，是不可避免的转型代价。

四、创新成为经济新引擎

新常态下，创新成为保障经济持续发展的新动力，不仅仅是技术创新，更包括体制机制创新、管理创新和模式创新。尤其在"三期叠加"的转型期，创新需要将改革力度、发展速度和社会承受程度有机结合，它要求政府既敢于出招又善于应招，做到"蹄疾而步稳"。

（一）调控政策创新。

近年来，面对经济下行压力，党中央和国务院保持定力，主动作为，创新宏观调控思路和方式，敢闯敢试，稳扎稳打，不搞强刺激，实施区间调控，但调控定力更强；不搞"大水漫灌"，而是坚持定向调控，抓住经济结构中的关键领域和薄弱环节进行微调、定调，调控发力更准；不搞头痛医头、脚痛医脚，而是坚持"统筹调控"，统筹稳增长、促改革、调结构、惠民生，通盘考虑应对经济下行压力与促进经济提质增效，调控效力更久。迄今，所采取的措施既利当前、更惠长远，以防经济发展出现大的起伏。毫无疑问，宏观调控创新正成为"新常态"下中国经济持续发展的新引力。

（二）改革思路创新。

党中央和国务院抱定壮士断腕、背水一战的决心，推动牵一发而动全身的重点改革，着眼解决长远问题。

首先，加大简政放权力度，深化财政税收改革，推进预算管理制度改革，实现公共资金公平有效使用；深化金融改革，推进民营银行试点，规范金融准入限制，推进多层次资本市场发展；深化国企改革，推进价格改革，完善要素市场价格形成机制；深化投资体制改革，实施"负面清单"。

其次，增加公共产品有效供给，以此带动有效需求，弥补投资短板，扩大居民消费，拓展新的增长领域。

第三，用好和盘活财政、金融增量与存量资金，进一步加大对实体经济和新兴产业、新兴业态的支持，更多惠及"三农"、小微企业和服务业等。通过改革创新，把改革红利转化为发展新动能、民生新福祉。

（三）科学技术创新。

中国经济虽已居世界前列，但许多产业仍处在世界的中低端，传统粗放式增长路径已经行不通，必须更多地依靠科技进步调整结构。这是"新常态"下的一种战略性、结构性、创新性调整。政策上，将坚持有扶有控、有保有压，培育壮大新产品，促进高技术产业，加快发展新兴产业；加快传统产业改造步伐，淘汰落后产能，以此化解产能过剩矛盾，提升产品和服务业在全球价值链中的地位，通过创新真正创造出更高的价值；加强人力资本投入，提高劳动者素质，提升产业技术、质量和品牌水平。特别是通过加快改革解除对个体和企业创新的种种束缚，真正形成"万众创新"、"人人创新"的新态势，体力加脑力，制造加创造，开发出先进技术乃至颠覆性技术，中国经济发展就能够创造出更多价值。

（四）体制机制创新。

打破体制机制束缚，解放和发展社会创造力，激发市场活力，鼓励企业创新，破除一切束缚发展的体制机制障碍，让每个有创业意愿的人拥有自主创业的活动空间，使创新成为全社会自我行动，让自我发展精神蔚然成风，由此掀起"大众创业"、"草根创业"的新浪潮，使全民创新成为经济持续发展的发动机。尤其是"四中全会"决定全面推进依法治国，将为法治经济释放无限创新生机。

（五）对外开放创新。

面对新常态，中国需要全面提升开放型经济水平，创建新的竞争优势。始终保持战略自信和战略耐心，积极参与全球经济治理，创新合作方式，推进区域经济合作，加强与各国的合作，加快转变对外发展方式，优化开放格局，拓展合作领域，提高国际收益，以内外平衡、互利共赢、多元发展、安全高效的全面开放战略，力争在激烈的国际经贸格局变化中取得主动权。

　　事实上，中国和世界经济均进入一种前所未有的"新常态"，这将是一个动态而曲折且长期的结构调整与发展方式转型过程。未雨绸缪，抓住机遇，应对挑战，中国经济将顺利跨越"中等收入陷阱"，最终实现"两个百年"的伟大复兴目标。

乌克兰危机：原因·影响·前景

俞　邃①

内容提要：乌克兰危机发生，实质是苏联解体的余震，是乌克兰2004年"橙色革命"的变相升级再版。根子是苏联时期民族政策的后遗症。克里米亚归属存在一定特殊性。俄罗斯的底线，一是要乌克兰搞好联邦制，二是乌克兰不能加入北约。西方制裁给俄罗斯造成一定困难。对乌克兰危机的国际影响不宜过度渲染。地缘因素和历史因素决定了乌克兰不可能完全倒向欧盟或俄罗斯任何一方。乌克兰东部地区能否保持稳定，取决于新当选总统波罗申科的内外政策；乌克兰能否结束动荡局面，取决于俄罗斯与美国、欧盟关系的调整状况。

关键词：乌克兰危机　欧盟与北约　经济制裁　俄美关系

乌克兰危机于2014年2月18日大爆发，随后发生克里米亚公投回归俄罗斯，乌克兰东部武装冲突不止。4月17日在日内瓦举行的四方会谈和5月14日在基辅召开的"全国团结"圆桌会议，由于各方利益没有摆平，都未能解决问题。俄罗斯总统普京5月19日下令从俄乌边境撤军，接着5月23日讲话表示承认乌克兰总统大选并与大选后的领导人合作，带来松动气氛。5月25日总统大选结果，波罗申科第一轮即以超半数胜出。9月3日普京访问蒙古国期间，提出了解决乌克兰危机的七点建议。第二天，乌克兰民间武装领导人表示，如果乌克兰当局签署政治解决冲突的计划，他们准备下令停火。在此基础上，乌克兰、"顿涅茨克人民共和国"和"卢

---

① 作者系中国国际问题研究基金会高级研究员，国际自然和社会科学院院士。

甘斯克人民共和国"代表于9月5日商定开始在顿巴斯停火的协议,包括监督停火的各个环节、交换战俘等14点内容。9月16日乌克兰议会通过法案,该法案亮点之一被认为是可以通过支持卢甘斯克和顿涅茨克区的临时自治巩固双方近期达成的停战协议。此后,乌克兰局势一度缓解,却依然十分纠结。

本文围绕乌克兰危机的进程,就其原因、影响和前景谈谈自己的看法。

第一个问题:乌克兰危机的原因与性质

第一,乌克兰危机的发生,是该国在艰难转型过程中,在经济发展与人民生活深陷窘境、寄厚望于加入欧盟却又受阻的背景下,美欧鼎力策动反对派采取暴力政变所造成的恶果。在这次动乱中,民族因素、宗教因素、历史因素、地缘因素的负面影响迸发,外部作用尤其凸显。其实质是苏联解体的延续,是乌克兰2004年"橙色革命"的变相升级再版。

这次危机的后果显示了美国和欧盟一些大国及其所支持的乌克兰反对派急于求成,弄巧成拙。如果遵照2月21日亚努科维奇与三位反对派领导人达成的和解协议,反对派本来有较大把握在12月25日的总统大选中顺理成章地获胜,尽管它们之间也矛盾重重。可是,他们却利令智昏,误判形势,不懂得"螳螂捕蝉,黄雀在后"的道理,恰恰给多年来渴求克里米亚"回归"的俄罗斯提供了千载难逢的良机。

第二,克里米亚的归属问题存在一定特殊性。人所共知,1954年2月19日,当政的赫鲁晓夫以纪念乌克兰和俄罗斯合并300年为由,将克里米亚由俄罗斯划归乌克兰。苏联解体后,俄罗斯议会曾于1992年5月21日单方面通过了关于废除1954年将克里米亚由俄罗斯划归乌克兰的决议,1993年7月9日又通过关于收回克里米亚重要海军基地城市塞瓦斯托波尔市的法令,1994年克里米亚领导人还曾宣布脱离乌克兰独立,但都没有成功。因为当时的俄罗斯衰颓羸弱,自顾不暇,况且刚分家的俄乌关系尚属平和。而当今,如果乌克兰完全倒向西方,那就意味着1954年苏联议会的决定无异于将克里米亚奉送给西方了,俄罗斯黑海舰队也就成了"死海"舰队，俄罗斯岂能容忍！普京激发俄罗斯民族精神，引起举国响应，连得宠于西方的戈尔巴乔夫也站出来为"收复"克里米亚帮腔。

此外，科索沃公投也为克里米亚公投敷以合法性。克里米亚归属俄罗斯之后美欧与俄罗斯关系的态势，与科索沃独立之后美欧与俄罗斯关系的态势颇有相似之处。

西方国家对于克里米亚公投之无可奈何，犹如普京对于乌克兰反对派推翻民选总统夺权之后之无可奈何。既然暴力政变公然被称作符合国际法，那么，在原属俄罗斯的克里米亚举行公投就很难说不符合国际法了。普京瞄准时机，后发制人，运用"你打你的、我打我的"办法，在以假相迷惑对手的同时，从神速地获得议会授权动武以备不测到紧锣密鼓地实行军事部署，步步进逼，井然有序，始终处于积极主动的强势地位。这一切表明，以强硬著称的普京，较之乌克兰反对派的头头们乃至美欧一些大国的领导者们，其谋略和魄力要远高出一头。

第三，乌克兰危机的根子在于苏联时期的民族政策。所谓苏联民族问题"完全地一劳永逸地解决了"，所谓"形成了人们新的历史性共同体——苏联人民"（亦即苏联民族），这些论断脱离实际、后患无穷。苏联时期15个加盟共和国按行政规划行事，多达近3000万俄罗斯族人分布在俄罗斯联邦以外的其他加盟共和国。苏联解体后，这些俄罗斯族人从当初的主导地位降为从属地位，俄语不再是其国语，这一切都蕴含着不安定因素。普京作为强势人物，对于俄罗斯族人在其他国家的利益当然不能视而不见、听之任之。

基于上述民族融合理论，苏联时期的版图划分也不合理。例如，同一民族体，将南奥塞梯划给格鲁吉亚，北奥塞梯留在俄罗斯联邦。再如，将阿塞拜疆族人居住的一块飞地纳戈尔诺—卡拉巴赫划归亚美尼亚，为此，苏联时期阿塞拜疆与亚美尼亚就吵得不可开交。所以，今天不仅在乌克兰和格鲁吉亚，还有摩尔多瓦、阿塞拜疆与亚美尼亚，都还可能发生余震。

第四，乌克兰危机愈演愈烈之际，俄罗斯来自包括执政党、共产党在内的多个党派议员正式要求检方调查苏联时期领导人戈尔巴乔夫，认为他在苏联解体事件中负有叛国罪。戈尔巴乔夫只能回应称，这些议员的要求"从历史学角度看毫无根据"。还要追究俄罗斯的叶利钦、乌克兰的克拉夫丘克和白俄罗斯的舒斯克维奇制造苏联解体违宪行为的刑事责任。这是插曲，但耐人寻味。

克里米亚回归俄罗斯，在很大程度上反映了人们对苏联时期国际声望的眷念。乌克兰政变当局及其西方支持者搞双重标准理亏失分，俄罗斯已达到收回克里米亚的目的，也为乌克兰今后的走向打了预防针。因此，俄罗斯没有必要、也没有可能阻挠乌克兰大选，而只能承认大选结果。

第二个问题：乌克兰危机的症结与痛点

第一，围绕乌克兰危机两次会谈均未取得实质性结果，但彼此的底牌业已亮明。大凡矛盾激化一阵之后，彼此都需要举起谈判的旗帜，这是国际关系中的惯例。4 月 17 日俄罗斯、乌克兰、美国和欧盟外长级四方会谈，属摸底性质。会谈经过争吵，达成一项意向性协议，即"同意立即采取初步措施"，使高度紧张的乌克兰局势"不再升级"。会谈却未能解决实质性问题。

俄罗斯早有开价，对乌克兰内外政策的要求基于两点：一是要乌克兰搞联邦制，二是乌克兰不能加入北约。代表性言论是俄罗斯外交部 4 月 7 日声明："俄方不止一次地指出，不在乌克兰进行切实的宪法改革，在宪法改革框架内通过联邦化保证乌克兰所有地区的利益、保持其不结盟地位和巩固俄语的特殊作用，就很难指望乌克兰实现长期稳定。"

俄罗斯要求的联邦化，就是要使乌克兰东部地区获得更大的自主权，包括独立预算、自主选举地方领导人。如实行联邦制，议会中就应设立由各个地区议会议员组成的地区院，东部地区的议员代表就会对乌克兰与欧盟签署联系国协议和加入北约等问题上持异议。乌克兰当局反对联邦制，主要是唯恐失去领土控制，担心西倾方针难以落实。同意改革，扩大地方权限，增加地方收入来源，前提是地方政府必须服从中央政府，接受中央监督。

与此同时，俄乌双方不断为实现自己的主张造势。俄罗斯指责乌克兰政府动用军队在东部动武是搞"双重标准"，是"严重犯罪"。乌方则指责俄方派遣间谍煽动骚乱，试图在"吞并"克里米亚之后再划走乌克兰一块领土。

迫于东部的压力，担心乌克兰分裂，西方支撑的乌克兰当局不得不做出某些让步。以5月14日又在基辅召开的"全国团结"圆桌会议。乌克兰政府和议会领导人、议会各党派代表、两位前总统、地方代表、欧盟代表和包括美国大使在内的外国使节出席了会议。会上，乌克兰当局首次就修改宪法、实现地方分权、加强地方自治、与东部民众进行对话等议题做出正式表态。代行总统职务的议长图尔奇诺夫称，乌克兰当局愿意对话并倾听所有人的声音，准备对国家管理体制进行系统的改造，准备讨论切合实际的具体建议。当然，也说了些狠话，如，称不会容忍非法行为，对于那些企图对本国开战和把外国的意志强加于人的武装分子，将根据宪法和有关法律采取措施。临时政府总理亚采纽克在发言中也确认，乌克兰当局并不排斥就实现地方分权进行修宪，说"修改宪法最终的成果是实现向地方分权，赋予各地更多的权力，使权力得到平衡"。

有的媒体认为，尽管首轮乌克兰民族团结圆桌会议暂未就解决当前危机做出实质性决定，但是开启了乌克兰国内全民对话进程的第一步。问题是，能在多大程度上修改宪法、实现地方分权和加强地方自治。这项使命已落到了新任总统肩上。今后，各方仍将不断进行反复较量。

第二，乌克兰东部两州公投结果已是既成事实，但不会马上被俄罗斯接纳。乌克兰东部地区几个州地位重要。顿涅茨克州是乌克兰最大的产煤区，其钢铁和冶金制造产量在全国也居首位。人口近500万，乌克兰人占半数以上，俄罗斯人占大约40%。卢甘斯克州是乌克兰最大的内燃机车制造中心，俄罗斯人占大约39%。哈尔科夫州首府哈尔科夫市是乌克兰第二大城市，既是重要的工业城市，也是该国文化、教育中心。人口约280万，超过半数住在哈尔科夫市，俄罗斯人约占25%。

在乌克兰当局得到西方支持大力"反恐"的背景下，顿涅茨克州和卢甘斯克州于5月11日举行了关于独立问题的公投，投票率分别为74.87%和75%，赞成票分别为89.07%和96%，宣告成立"顿涅茨克人民共和国"和"卢甘斯克人民共和国"。双方还就合并开始举行谈判。

这期间，俄罗斯"大兵压境"，目的是警告西方和乌克兰当局要照顾乌克兰东部俄罗斯族人的利益，不能完全倒向西方怀抱。乌东部小乱对俄有利，大乱则使俄罗斯两难，普京心知肚明，不受西方诱惑与逼迫而犯错出兵乌克兰。普京深谙"有理有利有节"，在乌克兰总统大选前夕命令从俄乌边境撤军，为乌克兰大选"创造良好氛围"，是又一高招。

俄罗斯表示尊重乌克兰东部两州公投结果，多层含义，既显示尊重本国人民意愿、维护国际法的高姿态，又为日后情况突变时不排除将其吸纳埋下伏笔。俄罗斯对格鲁吉亚的阿布哈兹与南奥塞梯独立，对摩尔多瓦德涅斯特河东岸独立，都表示过"尊重"，但并没有纳入。

国际某些舆论大谈俄罗斯要分裂乌克兰，复制"克里米亚模式"，要把乌克兰东部几个州拿走，是没有根据的。

第三，克里米亚"回归"已成定局，但在独联体内引起的副作用不可小视。俄罗斯是这次乌克兰危机的最大受益者，实现了克里米亚"回归"的"俄国梦"。4月17日四方会谈实际上就默认了克里米亚归俄罗斯。波罗申科想要普京退还克里米亚，看来枉然。

俄罗斯也为收回克里米亚付出了代价。姑不论增加沉重的经济负担，如每年至少向克里米亚提供50亿美元补助，基建需500亿美元。还在考虑建跨海大桥将克里米亚与俄罗斯本土连接起来，需要至少30亿—50亿美元的投入，并非短时间内所能做到。克里米亚回收的副作用在独联体内表现尤其明显。

在联大就乌克兰问题投票时，哈萨克斯坦和土库曼斯坦投弃权票，塔吉克斯坦、吉尔吉斯斯坦和乌兹别克斯坦未参加投票。

哈萨克斯坦与俄罗斯最为亲近，总统纳扎尔巴耶夫4月18日发表谈话称，要从乌克兰事件中吸取教训。哈萨克斯坦不能不从中产生联想，因其北部和东部各州也是以俄罗斯居民为主。哈萨克斯坦与乌克兰、白俄罗斯是1994年布达佩斯备忘录对象国，以放弃核武器换得核大国对其国家主权和领土完整的保证。

吉尔吉斯斯坦承认克里米亚3月16日公投结果的合法性，却避谈并入俄罗斯的合法性。塔吉克斯坦未回应俄方表示的两国"对乌克兰事态立场一致"，没有公开支持俄罗斯"收回"克里米亚。乌兹别克斯坦更是强调"不要以武力或使用武力威胁任何国家的领土完整和政治独立"，呼吁莫斯科和基辅通过直接双边谈判求得妥协。

独联体成员国的离心离德倾向，使普京构建欧亚联盟变得更加艰难。

第四，俄罗斯对西方制裁"嗤之以鼻"，但也不能低估受害程度。面对美国和欧盟的制裁，诸如冻结存款、控制签证之类的举措，俄罗斯采取不屑一顾的态度，甚至认为制裁可能更有利于本国国民团结和经济发展。还有人认为，制裁效果可能更多体现在心理层面。

制裁是一把"双刃剑"。普京4月17日在电视答问时举例说，若美国与沙特阿拉伯以联手压低油价的手段惩罚俄罗斯，不仅不会给俄罗斯经济带来严重影响，反而将损害其自身利益。还说，美国正大力开发页岩气，这一项目十分昂贵，如果国际能源价格大幅下跌，那么，这些项目将失去利润，页岩气行业发展也将夭折。此外，国际原油贸易市场以美元结算，油价下跌将导致美元需求减少，从而削弱美元全球货币的地位。

欧盟与俄罗斯的经济联系相当紧密，欧盟进口的天然气中有35%来自俄罗斯。近年来，主要西方能源企业都在俄罗斯有投资，西方公司更是在俄罗斯基础建设项目中扮演重要角色。欧盟一些成员国并不愿意采取与美国同样严厉的对俄罗斯制裁措施，以免过分伤及自身。不过，此后反反复复，欧盟各国仍尝试达成对俄罗斯实施经济制裁的共同立场，讨论的最严厉级别制裁是对俄罗斯实施天然气和石油禁运以及资金流动禁令。

不能漠视制裁给俄罗斯造成的损伤。俄罗斯官方承认，制裁若升级，将摧毁1/3的卢布价值，财政与货币政策十年的进展将毁于一旦。据普京11月15日在二十国集团峰会上说，2014年俄罗斯GDP只能增长0.5%—0.6%。通货膨胀率将达到8%，卢布汇率从年初的1美元兑换31卢布到12月初1美元兑50卢布以上。资金外流约为900亿—1200亿美元（比2013年几乎增加一倍）。梅德韦杰夫总理说，俄罗斯"因制裁受到的损失可能占GDP的5%"。另据美国《彭博商业周刊》报道，为了应对西方制裁，俄罗斯政府计划购买更多国货，加速实施基础设施项目，促进国有企业增加投资。但是，由于与世界经济一体化渐行渐远，俄罗斯将失去进入金融市场和参与制定竞争规则的机会，无法利用西方技术使市场多样化，并更加依赖政府垄断和能源出口。俄罗斯学者卡拉加诺夫认为，"俄罗斯可能要10—15年才能恢复到制裁之前与世界的一体化水平"。

第三个问题：乌克兰危机的影响与前景

第一，乌克兰危机的国际影响深远，但也不宜渲染过分。如果说苏联解体是大地震，那么，乌克兰危机则是一次余震。这种余震从未间断。可以说，这次乌克兰危机之影响，暂时大于长远，政治大于经济，地区大于全球。

美国外交学会网站3月21日有篇文章说，俄罗斯与西方面临的不是冷战局面。乌克兰问题并非全球范围内的大国间地缘政治竞争，只是地区性问题。我赞成这一评估。该文又说，普京采取的领土收复主义会在俄罗斯族人不占多数的俄罗斯联邦地区点燃分裂主义火焰，则言之过分。

概言之，乌克兰危机产生的影响是：其一，如前所说，独联体内部疑虑增多，普京构建欧亚联盟会遇到新难题。其二，俄美关系紧张，但迟早还得逐步有所缓解。骤然变暖的权宜性、不时降温的必然性和冷暖之间的相对性，乃是俄美关系的发展轨迹。其三，俄罗斯与欧盟关系更会在不同层面上逐步调整。其中与东欧更多是安全因素引起的政治关系，与西欧主要是发展因素引起的经济关系。东欧一些国家如立陶宛、爱沙尼亚、波兰、罗马尼亚提出要北约在东欧永远驻军，属于新动向。其四，中俄关系将更加紧密。这已被中俄两国领导人多次互访取得的巨大成果所证实。

鉴于克里米亚归俄罗斯是苏联解体的延续，可以将其称作原苏联版图地缘政治的变动，最多说欧洲地缘政治的变动，谈不上冷战结束后世界地缘政治的大变动或者说正在打乱国际秩序。

第二，对乌克兰危机的后果与影响可以各抒己见，但要符合实际。有人说，俄罗斯同意克里米亚并入将引发与欧美间在政治、经济、军事上的全面"冷战"。甚至认为国际舞台上的新对抗时代已经来临，俄罗斯与西方关系恢复正常的基础不复存在。这些话也有点绝对化了。类似言论在科索沃战争、伊拉克战争、美国在原苏联版图推行"颜色革命"、俄罗斯与格鲁吉亚武装冲突、美国在东欧部署反导系统、叙利亚事件等情况发生时也曾广为传播，人们耳熟能详。诚然，今后一场有限的"新冷战"也许难免，但不会回到两大军事集团对峙、以意识形态分歧为主要特征的漫长冷战时期。况且，经济全球化之"热"与冷战之"冷"难以兼容。

还有人（包括一些俄罗斯人）说，乌克兰危机令俄罗斯今后"彻底向东"。认为面对西方的经济制裁，俄罗斯应该彻底放弃对西方国家残存的幻想，下定决心战略东移，完全把目光投向东方，与亚洲的中国、日本、韩国、印度、印度尼西亚等国家建立更加紧密的经济联系，尤其是中国。这些话有一定道理。俄罗斯的确会强化与东方的关系，但是不能把俄罗斯与西方经济关系恶化的程度说绝了。作为一个欧亚大国，俄罗斯不会放弃全方位外交。

第三，乌克兰总统大选结果较符合多方意愿，但当选总统波罗申科亦将面临诸多难题。对于乌克兰5月25日总统大选，俄罗斯的态度是变化的。普京总统与拉夫罗夫外长都曾表示乌克兰总统选举不合法。后来审时度势，又表示尊重乌克兰人民的选择，将与乌克兰新领导层合作，希望乌克兰恢复和平与有序的局面。这时俄方预测到较为温和的中间派总统候选人波罗申科胜算较大。

这次总统选举共有21名候选人。暴力政变头目如现任议长代理总统的"打砸抢"形象难以在选民中抹掉，未列入候选人名单。同民意调查相似，"巧克力大王"（《福布斯》杂志估计其身家为13亿美元）、曾任外交部长和经济部长、现年48岁的彼得罗·波罗申科，以53.86%（初步统计）的支持率当选为新一任总统。稍有竞争力但情绪偏激的祖国党候选人、前总理季莫申科排列第二，只获得13.1%的微弱选票。地区党推举的候选人原哈尔科夫州长多布金以及其他候选人，支持率更低。打击党领导人、前拳王维塔利·克利奇科早在4月29日便宣布，为避免分散"民主力量"选票，不参加总统选举，转而支持波罗申科，他将竞选基辅市长（已于5月25日当选）。

总统大选中出现的问题将会对今后局势产生影响。一是东部顿涅茨克州和卢甘斯克州的选举委员会中，有一半以上选民未履行投票，且武装冲突不断，这依然是很大的不安定因素。二是当选总统波罗申科是这次危机开始时最早支持反政府示威的寡头。他既表示就任总统后首要任务是前往东部地区结束当前战斗和混乱局势、恢复国家和平，又声言要用武力"打击分离主义者"。他既承诺日后会继续推动乌克兰融入欧洲，又表示要处理好与俄罗斯的关系。究竟如何作为，尚需观察。

新总统面临的又一大难题是如何收拾经济。西方一手造成了乌克兰今天的动荡局面，虽竭力支撑乌克兰当局欲将其彻底拉进西方，但又无意也无力长期包养。美国对乌克兰援助就很不给力。美国众议院3月6日通过的一项法案只答应给10亿美元主权债务担保，可谓杯水车薪。国际货币基金组织董事会曾和乌克兰正式签订了170亿美元的资金援助项目，但又警告乌克兰当局，若不能及时恢复对东部地区局势的控制，承诺的资金援助项目能否及时到位就会打上问号。

第四，地缘因素和历史因素决定了乌克兰不可能完全倒向欧盟或俄罗斯任何一方，独立自主、"骑墙"中立才是最佳选择。美国前国务卿基辛格的见解颇有过人之处，他在《华盛顿邮报》上提出："如果乌克兰要继续存在并蓬勃发展，就绝对不能成为一方与另一方对抗的前哨。它应该充当双方之间的桥梁。"美国芝加哥大学政治学教授米尔斯海默题为《美国搞错了乌克兰问题》的文章也值得称道，他说："奥巴马决定硬抗俄罗斯、发动制裁、进一步支持乌克兰新政府，是一个严重错误，这不仅无助于解决分歧，还将制造更多的麻烦。而终结本次危机，并维持乌克兰充当俄罗斯与北约之间的缓冲器角色，这才符合华府的根本利益。"

乌克兰西倾趋势难以遏制，西方今后还会竭力推动新任总统强化与欧盟的关系，波罗申科也已表示认同。不过，与欧盟建立联系国的经济关系与加入北约的军事关系毕竟不同。对于前者，俄罗斯设法抵制，尽量干扰；对于后者，俄罗斯坚决反对，绝不容忍。

乌克兰于1994年成为独联体中首个北约和平伙伴关系国，1997年提升为特别伙伴关系。2014年4月1日乌克兰议会批准乌克兰军方与北约国家2014年在乌克兰举行多场演习。4月3日乌克兰代行总统权力的议长图尔奇诺夫在国家第一电视台扬言称，越来越多的乌克兰居民支持加入北约，甚至说"乌克兰将不得不加快加入北约的进程"。这番话无非是充当西方的喉舌要挟俄罗斯，而不是从乌克兰人民和国家的根本利益出发。波罗申科对加入北约态度由模糊转向明朗，他在11月24日表示，将通过全民公决来决定乌克兰是否加入北约。美国政府大谋士布热津斯基曾提出乌克兰"芬兰化"主张，含义之一就是不加入北约。这种看法在国际上具有代表性。可以断言，乌克兰一旦加入北约，将会给国家带来更大灾难，届时国家分裂恐就难免了。

总之，作为乌克兰的最大变数，今后能否保持政局稳定和经济发展，取决于新当选总统的内外政策，也取决于俄罗斯与美国、欧盟关系的调整状况。

乌克兰危机及其对国际关系的影响

王海运[①]

内容提要： 乌克兰危机的发生"偶然中有必然"，是内外多种因素共同作用的结果。这场危机是冷战后大国间性质最严重的一场地缘战略对抗，不仅将除中国以外的世界大国悉数卷入，而且触及国际关系的一系列重大原则性问题，一定意义上是美苏冷战的继续。乌克兰危机成因的复杂性、性质的严重性，决定了其对国际关系影响的深刻性。

关键词： 乌克兰危机   成因   性质   影响

俄罗斯与西方大国围绕乌克兰危机所进行的战略对抗愈演愈烈，导致国际关系出现多年未见的紧张。危机发生在世界主要大国的核心利益区或者重大利益区，涉及国际关系的一系列原则性问题，因而对国际格局和国际秩序的影响重大而深远。深入研究这场危机的成因、性质及其对国际关系的影响，对于制定适应新形势、新要求的国际战略，维护世界的和平稳定、营造中国和平崛起所必需的国际环境，具有重要意义。

一、乌克兰危机的成因

乌克兰危机的发生"偶然中有必然"。亚努科维奇政府暂缓签订与欧盟联系国协议仅仅是个导火索，更深层次、更具关键性的影响因素是乌克

---

① 作者系国际问题研究基金会高级研究员。

兰自身矛盾长期积聚、精英集团治国失败，俄罗斯与西方大国结构性矛盾激化、对乌克兰进行野蛮撕扯。

（一）乌克兰的地缘政治基因十分特殊。

乌克兰处在东西方地缘政治断层上，是俄罗斯与西方大国势力范围的结合部、双方攻防的战略缓冲带。乌克兰独立建国之前，这一矛盾被掩盖。冷战后，乌克兰成为欧盟和北约东扩必取之地、俄罗斯恢复大国地位必保之地，双方争斗持续不断，终于酿成了今天这场地缘政治大博弈。

在特殊地缘政治基因作用下，乌克兰自独立之初即陷入"四大分裂"。

一是文化认同分裂。东部地区居民主要信仰东正教，西部地区居民主要信仰天主教。东部地区居民主要讲俄语，西部地区居民主要讲乌克兰语。两地区文化习俗及其对俄、对欧的亲近感也大相径庭。德国前总理施罗德曾指出，从文化意义上讲乌克兰是个分裂国家。

二是历史认同分裂。东部地区自17世纪至20世纪在将近300年的时间里一直属于俄罗斯，居民大多认同乌克兰是"大俄罗斯"的组成部分，部分居民甚至有着强烈的苏联情结。西部地区相当大一部分原属波兰，1939年苏德秘密瓜分波兰时划归苏联，居民大多认同乌克兰是欧洲的组成部分。第二次世界大战中，乌克兰西部为德国法西斯占领，与东部地区分属相互敌对的营垒，遗留下难以化解的历史仇恨。

三是发展道路认同分裂。西部地区政治势力大多认同欧洲发展模式，主张加入欧盟和北约、完全融入欧洲。东部地区主要政治势力则比较认同俄式"主权民主"，主张实现与俄罗斯的全面一体化。

四是经济形态分裂。东部地区是工业区，国防工业和重工业比较发达，主要市场面向俄罗斯，特别是国防工业几乎是俄罗斯武器装备的生产车间。西部地区以农牧业、轻工业为主，对外经济联系较少。2012年东西部地区的GDP对比大约为3∶1。两地区的就业率、工资水平也有不小差距。

乌克兰事实上的分裂状态，在独立建国后的20多年里不仅未能被弥合，反而不断拉大，成为此次危机发生的重要社会基础。

（二）乌克兰政治精英国家治理严重失败。

乌克兰缺少成熟的政治领袖和政治力量，历届当权集团对国家的特殊地缘政治现实均缺少清醒的认识。

政治上，精英集团不顾国家缺少民主传统的现实，照搬西式民主模式，实行激进的西式民主改革；不顾国家利益、只知争权夺利，相互倾轧、恶斗不已，国家政权为利益集团所绑架。加之亚努科维奇政权腐败无能，缺少稳定局势的能力与意志，并且背负了沉重的人权包袱，先后犯下了机会主义和投降主义的错误，未能将"颜色革命"制止于始发阶段，未能唤起希望国家稳定的"沉默大多数"，在亲西方势力的进逼下节节败退，最后众叛亲离、一逃了之。

经济上，精英集团照搬西方自由市场经济模式，实行激进转轨改革，长时间未能制定出适合本国国情的发展战略，导致寡头经济泛滥、支柱产业为外资所控制，资本权力与政治权力相互勾结、社会严重两极分化，国库空虚、债台高筑，国民经济陷入崩溃边缘。苏联解体前乌克兰是前苏联经济比较发达的地区，而独立建国20多年后的2013年，按不变价格计算的GDP仅仅相当于1990年的70%，人均实际收入仅为1990年的80%。[①]居民生活艰难、民众强烈不满，为政局动荡提供了社会土壤。

外交上，乌克兰本来"非东非西"，却硬要东奔西突。对于乌克兰这样一个地缘条件十分特殊的中小国家来说，最为明智的外交战略选择本应是"大国平衡、多方获益"；或者用美国前国务卿基辛格的话来说，"绝对不能成为一方对抗另一方的前哨，只能充当东西方之间的桥梁"。[②]而乌克兰历届当权集团和政治精英均缺少这种政治智慧，不仅在"向东走"与"向西奔"问题上长期对立，而且都在借助外部势力谋取私利，给大国野蛮撕扯以可乘之机。此次危机中，亲西方反对派利令智昏，不仅暴力夺取，而且采取了毫不遮掩的反俄政策和民族歧视政策，终于引发了克里米亚公投入俄、东部地区揭竿造反，将国家推进了灾难的深渊。

---

① 乌克兰国家统计署2014年2月4日发布的统计数据。
② ［美］《华盛顿邮报》网站，2014年3月6日。

（三）美欧挤压俄罗斯战略空间不留余地。

乌克兰危机"事出有因"。美欧视俄罗斯为冷战失败者，为防范俄罗斯东山再起，一定要剥夺其传统势力范围。美欧不讲诚信，把德国统一时对苏联所作"北约不向东欧扩大"的承诺完全抛到脑后，从北约东扩到欧盟东扩、从中东欧到独联体步步进逼。尤其是美国，霸权心态膨胀，"遏俄弱俄"不择手段，不仅视俄罗斯恢复独联体统一空间为大逆不道、强力予以阻遏，而且将反导系统、军事力量部署到了俄罗斯的家门口，直接威胁到俄罗斯的国家安全。

此次危机中，美欧直接策动、操纵乌克兰反对派政变，急不可耐地承认亲西方临时政府的合法性，将俄罗斯逼到了墙脚，致使俄罗斯忍无可忍、强烈反弹，使出了"兼并"克里米亚的"撒手锏"。正如普京所言："俄罗斯现在已经退到了无路可退的边缘，就像一根弹簧被压到了底，它是会猛烈弹起来的。"[1] 公正地讲，正是美欧及乌克兰反对派的肆意妄为，将发生在小国的政治危机推向了大国的战略对抗。

（四）俄罗斯绝地反弹、反制。

俄罗斯视乌克兰为"大俄罗斯"的发祥地、俄罗斯东正教文化的摇篮，同时又是打造欧亚联盟、强化大国地位不可或缺的重要依托，难以容忍其全面倒向西方。俄罗斯急欲恢复传统势力范围，乌克兰首当其冲。

俄罗斯先是诱压结合、"胡萝卜"与"大棒"并用，阻止乌克兰与欧盟签署联系国协议；后又在乌克兰政局骤变、一头扎进西方的情况下背水一战，策动了克里米亚公投，并在公投后短短几天里以法律形式将克里米亚纳入了俄罗斯联邦。

克里米亚事件有着特殊的"历史经纬"。俄罗斯为争夺克里米亚打了九次克里米亚战争，克里米亚早已成为"俄罗斯军队荣耀与勇气的象征"。[2] 塞瓦斯托波尔更是俄罗斯的"英雄城"、黑海舰队的生存之地，

---

[1]　总统普京2014年3月18日在俄罗斯议会的演讲。

[2]　同上。

俄罗斯早已寻机收复。

俄罗斯对美欧挤压的反弹、反制，既有怨气、怒气，也有人气、底气。怨气主要因为俄罗斯"走向西方"不被接收，反遭美欧持续挤压、威胁；怒气主要因为俄罗斯人十分看重的大国尊严不断遭到美欧藐视、贬损；人气主要来自普京的超高民意支持率及不断高涨的民族爱国主义；底气主要来自21世纪以来经济实力和军事实力的不断增强。有"四气"支撑，加之民族特性敢作敢为、易走极端，因而反弹、反制夹风带雨、出手特狠。

可以说，对美欧无休无止战略挤压的愤怒、乌克兰全面倒向西方的现实危险、克里米亚的特殊战略地位、俄罗斯的大国实力与民心民意、对美欧不可能为乌克兰与俄罗斯大打一仗的战略判断，是俄罗斯痛下决心策动克里米亚公投入俄和东部地区分裂的主要背景。

说到底，乌克兰危机的发生与发展，是内外多种因素共同作用的结果。

二、乌克兰危机的性质

苏联解体后俄罗斯与西方大国曾经度过短暂的"蜜月期"，后来虽然磕磕碰碰，但是完全撕破脸皮的情况未曾发生。而此次危机中，双方唇枪舌剑、剑拔弩张，从相互谴责到制裁与反制裁，并且引发了乌克兰内战，对抗烈度前所未有。可以说，此次危机是冷战后大国间性质最严重的一场地缘战略对抗。

（一）危机将除中国以外的世界大国悉数卷入。

制造这场危机的主角是美国及欧洲大国，并且将几乎所有发达国家、所有欧盟成员国都拉进了对俄罗斯的打压、制裁。俄罗斯虽然是被动接招，但是毫不示弱。对抗双方都调动了大量外交资源、政治资源、经济资源、甚至部分军事资源。原定在索契召开的八国集团峰会在西方大国的抵制下停办，俄罗斯事实上被西方大国开除出了八国集团。当事各方对事态发展的公开表态、对对方的批评谴责几乎每日可见，媒体报道更是铺天盖地。美俄、欧俄元首虽然难得见面，但是热线通话多达数十次，危机更成为欧盟、北约峰会的中心议题，足见当事大国对这场危机的高度重视。

危机性质的严重性、事态发展的危险性，促使其他大国也不得不以不同方式表明立场。

中国虽然不是当事国，但是中国政府关于"偶然中有必然"、"事出有因"、"历史经纬"的外交表态，关于"政治解决"、"反对制裁"、"兼顾历史与现实，兼顾乌克兰国内各地区、各民族的正当权益与诉求，兼顾有关各方的合理关切，实现各方的利益平衡"的主张，充分体现了中国在重大国际问题上客观公正的原则立场和战略清醒，反映出中国对这场危机的高度关注。

（二）危机发生在对于当事大国最为敏感的地区。

危机发生在欧洲的中东部，那里是美欧的重大利益区、俄罗斯的核心利益区。

对于美国来说，激化这场危机，既是为了削弱俄罗斯的大国地位、剥夺俄罗斯的独联体势力范围、遏制俄罗斯的重新崛起，同时也是为了离间俄欧关系、抑制欧洲大国对美国的离心倾向，从而重新拉紧大西洋两岸关系，重新构建新的欧洲"华盛顿体系"，加固其维护"全球百年领导地位"的战略依托。

欧洲大国虽然不愿看到家门口生乱，但是视该地区为欧盟东扩必取之地。加之迫于主要战略盟友美国的压力，不得不参与对俄罗斯的谴责和制裁。但是，欧洲大国在此次博弈中可能占不到便宜，不仅要为对俄罗斯制裁付出沉重代价，而且要背上拯救乌克兰濒临崩溃的经济、弥合乌克兰严重分裂的社会、稳定乌克兰动荡不已的局势的沉重包袱。

危机发生在俄罗斯身边，多个大国对俄罗斯群攻、群殴。面对乌克兰加入欧盟继而加入北约、克里米亚成为北约军事基地的现实危险，俄罗斯必然产生前所未有的危机感和压迫感，必然产生强烈的对抗冲动。

概言之，危机发生在对于当事大国最为敏感的地区，影响到当事各方的重大利益、核心利益，其性质的严重性显而易见。

（三）危机涉及国际关系一系列重大原则性问题。

危机首先涉及"不干涉主权国家内政"、"尊重主权国家领土完整"的国际法基本准则：西方大国策动乌克兰政变，是支持"民主选择"还是制造"民主动乱"、颠覆主权国家政权？俄罗斯"兼并"克里米亚，是"收复历史领土"还是"效仿科索沃模式"、"破坏主权国家领土完整"？俄罗斯对乌克兰东部地区的"干预"是"制止人道主义灾难"还是"赤裸裸的侵略"？

危机还涉及 21 世纪国际秩序的构建方向：是任由美国继续称王称霸、西方大国说了算，还是实现国际关系民主化、多边共治、利益平衡？是维持美国一超独大的单极世界格局，还是构建相互制衡的多极世界格局？普京对其意图讲得很明白，他在克里米亚的行动是针对为所欲为的单极霸权的，目的就是要改变美国强加于世界的游戏规则，打破西方的强权政治和新干涉主义，在国际秩序中注入"俄罗斯强国元素"。①

另外，危机还涉及战争与和平问题。尽管当事各方都不想兵戎相见，但是都在加紧进行军事斗争准备。"代理人战争"色彩浓厚的乌克兰内战已经发生，并且造成了严重的人道主义灾难，而西方大国坚持认定这是一场"反恐行动"，足见其双重标准盛行。

（四）一定意义上讲危机是美苏冷战的继续。

"冷战"相对于"热战"，系指大国间动用除战争之外的各种手段所进行的全面战略博弈。此次危机正是大国间的一场"冷战式"战略博弈。

美苏冷战形式上虽然已经结束 1/4 世纪，但是双方的结构性矛盾并未化解。没有召开和会，没有签订和约，没有对世界格局和世界秩序做出新的安排，而是美国自定游戏规则、世界秩序。美国坚持冷战思维，自诩"世界领导者"，大搞单边主义、双重标准，事实上仍在利用搞垮苏联的冷战手法遏制俄罗斯的重新崛起。美欧对俄罗斯实行"弱化、分化、西化"战略，不仅坚持推动欧盟与北约东扩，而且不择手段地搞乱俄罗斯内部。

---

① 总统普京 2014 年 3 月 18 日在俄罗斯议会的演讲。

而俄罗斯坚持认为冷战是苏联自行结束的，俄罗斯不是冷战的失败者，强烈要求西方平等相待，强烈抵制美欧的战略挤压，实力稍有恢复即着手收复传统势力范围，企图重新打造有重大影响力的世界强国。乌克兰危机正是俄罗斯与西方大国结构性矛盾的集中爆发、西方消化冷战成果与俄罗斯维护传统势力范围的激烈较量。

此次危机中，美欧先是策动了乌克兰"颜色革命"及推翻亚努科维奇政权的政变，后又与乌克兰临时政府密商北约舰队进驻克里米亚。俄罗斯则趁乌克兰内部混乱"收复"了克里米亚，进而"策动"了乌克兰东部地区的武装割据。马航客机事件突发后，美欧借机发起了对俄罗斯的孤立战、抹黑战，经济制裁一波比一波加重。海牙仲裁法庭也不失时机地判罚俄罗斯政府赔偿尤科斯公司股东500亿美元补偿款。俄西关系被推到了剑拔弩张的危险境地，并且牵动了世界多国。

尽管这场对抗尚不具备美苏冷战所特有的集团对抗、全面对抗、意识形态对抗等典型特征，很难称其为新的冷战；但是冷战色彩相当浓厚，对抗双方都在坚持冷战思维、零和思维。美国作为主要"冷战胜利者"，其冷战表现更为突出。因此，从一定意义上讲，这场危机可视为东西方冷战的继续。

三、乌克兰危机对国际关系的影响

乌克兰危机仍在继续，发展前景难以逆料。乌克兰危机成因的复杂性、性质的严重性，决定了其对国际关系影响的深刻性。不仅影响到国际秩序的构建，而且影响到国际格局的变动。不仅影响到危机发生地欧洲地区的稳定，而且影响到整个世界的安宁。因此，必然引起相关大国外交战略的重大调整。

（一）危机导致俄罗斯与西方大国彻底"翻脸"，成为冷战后俄西关系的分水岭。

美俄关系降低到冰点，伙伴关系短时间内不存在修复的可能。俄欧关系也陷入了多年未见的紧张之中。俄美营造伙伴关系的希望彻底破灭、俄欧建立"欧洲大家庭"的进程戛然而止。美国将不得不面对敢于挑战其全球霸权的强硬对手，欧洲大国将不得不面对怒气冲冲、十分"难缠"的大邻国。

对抗关系到俄罗斯与美国的根本利益，两国关系受到的伤害很深，加之美国认为俄罗斯的块头太大、企图太大、难以驯服，意识形态上又格格不入，因而不可能轻易放过俄罗斯。俄罗斯对美国的恶感溢于言表，主流民意越来越将美国视为头号安全威胁。俄美互为战略对手的局面进一步固化，战略僵持局面很可能长时间延续，即使局部转暖起码也要等到奥巴马之后。

俄罗斯对欧洲大国不再抱有不切实际的幻想，"融入欧洲"的热情不再。欧洲摆脱对俄罗斯能源依赖的努力将会进一步加大，双方金融、贸易、技术合作必然受到严重影响。俄欧虽然存在达成某些战术性妥协的可能性，但是正在由"合作＋争斗"转向"对抗＋合作"，磕磕碰碰可能成为常态。

俄罗斯与西方大国间的制裁与反制裁，对美国的伤害尚难估算，但是很可能导致俄罗斯与欧洲两败俱伤。俄罗斯艰难维持的经济增长可能逆行向下，欧洲不景气的经济可能更加难以复苏，双方国际经济合作的方向都面临重大调整。

（二）中东欧地区重新成为大国对峙的前沿，美国亚太"再平衡"战略可能受到牵制。

俄西对抗不仅围绕乌克兰，而且波及整个中东欧。中东欧国家"恐俄"情绪不断加剧，纷纷呼吁美国、北约提供军事保护。为了捆住俄罗斯双头鹰的"鹰爪"，美国将不得不加强其在欧洲地区特别是中东欧的军事政治存在，不得不加大对北约的经营投入。北约野心勃勃的全球干预战略也不得不向欧洲收缩，其介入东亚、中亚事务的能力和意愿都会有所下降。

美国的两场战争都打成了烂摊子，伊朗、朝鲜、叙利亚等问题一个都没有摆平，伊斯兰极端主义势力借机坐大，这些对美国全球领导能力构成严峻挑战。加之受到发端于自身的世界金融危机的冲击、制度性弊端日益显现，美国全球霸权加速从巅峰向下滑落。美国要同时应对新兴大国群体式崛起和伊斯兰反美，同时遏制中、俄两个大国的崛起，显然力不从心。

尽管美国政要信誓旦旦地向其东亚小兄弟保证，其亚太"再平衡"战略不会改变，加强亚太军事部署的决心不会动摇，但是将不得不减少"重返亚太"、构筑对华围堵带的直接投入。美国对中国的遏制可能更多地运用"巧实力"搞"狼群战术"、拉帮结伙、搬弄是非，抹黑中国、孤立中国，制造可控危机、捆住中国手脚。乌克兰危机发生后美国在东海、南海的一系列对华挑衅性举动很能说明问题。

（三）俄罗斯"安全防范面向西方、经济合作面向东方"的态势加速形成。

面对西方不断加重的制裁、空前严峻的国际安全环境，俄罗斯必将通过强化爱国主义、"主权民主"增强内部凝聚力，同时对外交战略进行重大调整。俄罗斯外交战略调整的方向可能是，"安全防范面向西方、经济合作面向东方"。俄罗斯双头鹰向着东方的一只头将进一步昂起，一双利爪将更多地指向西方。具体可以概括为：联东、依新、制美、稳欧。

联东：全面深化与东方国家的多领域合作。俄罗斯将更加看重其文明的部分"东方属性"，努力扩大与"东方国家"的合作，以"欧亚大国"、"亚太大国"的姿态积极介入亚洲事务，以缓解西方制裁造成的压力、充分利用亚太经济快速发展的机遇，其东部开发战略、亚洲战略的实施可能进一步提速。在对"东方国家"的合作中，战略利益和战略理念广泛相近、大国地位快速上升而又友好待俄、此次危机中秉持客观公正立场的大邻国中国，势必成为其首要联手选择。预计俄罗斯将陆续推出一系列对华合作的大动作，特别是在相互维护核心利益问题上，在重大国际和地区安全问题上，在能源、金融、高科技、互联互通、军事技术合作问题上，其姿态将会明显趋于主动。从普京总统2014年5月访华两国元首签署的联合声明及俄罗斯近来采取的一系列加强对华合作的举措中，从俄罗斯精英层近期的大量言论中，完全可以体会到俄罗斯深化对华关系的急迫心情。

依新：将新兴国家首先是"金砖国家"作为国际战略运筹的基本依

托。"西方不亮东方亮。"新兴国家的群体式崛起给俄罗斯提供了重要回旋空间。俄罗斯必将进一步强化自身的新兴大国定位，更多地依托新兴大国应对美国的霸权压力、维护国家的战略利益、推动国际秩序的改造。预计俄罗斯在"金砖国家"、中俄印、上合组织等新兴国家合作机制建设上，将会推出更加积极的倡议，甚至可能争取与其中一些国家建立"准同盟关系"；欧亚联盟与上合组织的竞争性将会有所降低，与"丝绸之路经济带"建设的契合点将会有所增多；其经济合作的重心将会进一步向新兴国家及广大发展中国家转移。

制美：集中力量反制美国的霸权压力。 从不认输的民族特性、相对强大的军事实力、独一无二的自给能力、深化与东方国家多领域合作的前景，决定了俄罗斯不会在美国的重压下屈服，俄罗斯必将集中各种资源顶住美国的霸权压力。鉴于与美国力量对比悬殊，俄罗斯正面对抗美国的力度可能有限，更多的努力可能是利用各种可以利用的矛盾、调动各种可以调动的力量制衡美国。

稳欧：千方百计稳定对欧洲大国的关系。 这不仅是因为俄罗斯难以完全丢弃与生俱来的欧洲情结、仍然看重欧洲国家的资金和技术优势，而且是因为俄罗斯与欧洲国家相互经济依赖严重、文化联系广泛，同时还因为欧洲大国期望本地区稳定、对俄政策与美国存在重要差异。从策略上讲，为了集中对付铁了心要剥夺俄罗斯大国地位的美国，俄罗斯也必须争取同样希望成为多极世界中独立一极、尚不愿逼俄罗斯成为战略对手的欧洲大国。预计俄罗斯对欧洲国家将会采取又拉又抗的策略，争取尽可能多地维持合作关系，同时尽力分化新老欧洲，对紧跟美国打压俄的某些中东欧国家加大反制力度。

（四）中国有望迎来新的相对"战略宽松期"。

俄罗斯更多地面向东方、进一步靠向中国，将会给两国战略协作与务实合作的全面深化带来重要机遇。中俄"全面战略协作伙伴关系"有望进入新的发展阶段，发展前景可以期待。中国和俄罗斯如能共同举起新兴国家的大旗，完全有希望集结起一支足以改变世界格局、营造新型国际秩序的新兴力量。西方不断加码的经济制裁，还会推动俄罗斯以更大力度深化与中国的务实合作，两国各领域战略性大项目合作有望迎来突破性进展，不仅将会造福两国人民，而且可能成为世界经济增长新的拉动力。俄欧经济关系的恶化，也会推动欧洲国家增大对华经济合作的动力。

总的看，乌克兰危机有可能给予中国继"9·11"之后又一个"战略宽松期"。当然，这种"宽松"仅仅相对于乌克兰危机之前，各种"麻烦"仍将多发、频发。能否争取到某些"宽松"，关键要看中国是否具有大国魄力和大国智慧，是否善于在错综复杂的大国博弈中纵横捭阖、灵活而有原则地运筹国际关系特别是大国关系。

欧美制裁对俄罗斯经济的影响

李敏捷[①]

内容提要： 俄罗斯"归并"克里米亚以来，美欧对俄罗斯实施多轮经济制裁，导致俄罗斯物价上涨、卢布贬值、资本外流加剧、国际储备下降、融资告急等诸多不良后果。俄罗斯通过增加进口渠道、提高外汇走廊上限、引入卢布流动性限制机制、上调关键利率、开拓新融资来源等短期政策，并采取刺激经济、增加农业投入、发展远东基础设施、加强与亚太国家合作、加速地区经济一体化、汇率改革等长期政策，多重手段应对经济下滑。预计近期俄罗斯宏观经济前景萧条，经济体系压力增大。但制裁是双刃剑，或不会长久持续。

关键词： 制裁　俄罗斯　经济

一、制裁后的俄罗斯经济状况

2014年3月俄罗斯"归并"克里米亚以来，美国和欧盟指责俄罗斯支持乌克兰东部民间武装力量，对俄罗斯实施了多轮经济制裁，涉及能源、金融、军工等多个领域。制裁对俄罗斯经济发展造成了负面影响，导致诸多不良后果。

---

① 作者系中国国际问题研究院助理研究员。

（一）进口减少，供应量下滑，物价上涨。

据俄罗斯联邦海关初步统计，2014年1—10月，俄罗斯自非独联体国家进口额为2140亿美元，同比下降5.3%。其中，10月进口223.7亿美元，同比下降10.1%，环比增长5.4%，纺织品和鞋类进口下降23.5%，食品进口下降14%，机械产品下降8.7%，化工产品下降5.7%。

德国作为俄罗斯的第二大贸易伙伴国，2014年8月对俄罗斯出口23亿欧元，较去年同期减少26.3%。这是自2009年经济危机以来德国对俄罗斯出口月度最低值。2014年1—8月德国对俄罗斯出口40亿欧元，同比下降16.6%。在德国重要出口市场排名中，俄罗斯自第11位降至第13位。

据俄罗斯联邦海关署数据，自8月俄罗斯禁止进口美欧等国食品一个月后，俄罗斯部分农产品供应量大幅下滑，其中：猪肉供应量下降45%，禽肉供应量下降39%，蔬菜供应量下降44%，水产品供应量下降30%。

俄罗斯肉类市场价格涨势迅猛。根据俄罗斯联邦国家统计局数据，截至9月29日，俄罗斯禽肉市场零售价格为133.4卢布（约合3.4美元）/公斤，比年初上涨24.2%。猪肉270.09卢布（约合6.8美元）/公斤，比年初上涨25.2%。牛肉262.33卢布（约合6.7美元）/公斤，比年初上涨6.4%。另据俄罗斯联邦海关统计，截至9月底，俄罗斯肉类进口为87.2万吨，比上年同期减少23.7%，其中进口禽肉24.2万吨，同比减少22.8%。牛肉36.6万吨，同比减少6.7%。以上数字不包含从白俄罗斯和哈萨克斯坦的进口量。

2014年前三季度俄罗斯食品涨价8.1%。其中肉类涨价15.2%，水果涨价11.9%，鱼类及水产品涨价9.9%，糖类、果酱、蜂蜜、巧克力涨价8.8%，蛋奶类涨价6.4%，面包涨价5.2%，油脂类涨价4.7%。

据俄罗斯联邦国家统计局10月测算，按年率计，俄罗斯目前通胀率已经达到8.3%。俄罗斯央行第一副行长尤达耶娃11月中旬表示，俄罗斯年通胀率已达到8.6%。

俄罗斯储蓄银行宏观经济研究中心主任泽普里亚耶娃表示，2014年，地缘政治因素将导致俄罗斯通胀率增加1.5个百分点，卢布贬值将导致通胀率增加2个百分点，预计2014年全年俄罗斯通胀率将达9.1%。2015年，俄罗斯消费价格涨幅将居高不下，且将于第一季度达到高峰。

（二）主要工业产品收入减少、出口下降。

俄罗斯海关数据显示，俄罗斯2014年1—9月出口石油1.66亿吨（去年同期为1.75亿吨），出口收入达到1213.68亿美元，同比减少5%。

2014年10月俄罗斯对非独联体国家出口天然气104亿立方米，较2013年同期减少17%，低于2011年10月的天然气出口量（116亿立方米）。此前，专家预测俄罗斯天然气工业公司2014年天然气出口将减少5%，而俄罗斯天然气工业公司自称2014年天然气出口将减少3.1%，约为1570亿立方米。

俄罗斯前财政部长库德林称，由于制裁，俄罗斯2014年汽车工业将减产20%。西方不仅对指定公司进行制裁，还对其在俄罗斯设立的子公司的融资设限。据统计，2014年1—9月俄罗斯轻型乘用车和商用车销量为177.9万辆，比2013年同期下降13%。

（三）卢布贬值。

石油价格已从年初的每桶106.4 美元下跌至11月的80美元，这些因素给卢布汇率带来负面影响。年初至11月21日，卢布对美元和欧元已分别贬值30.1%和23.1%。根据彭博社数据，俄罗斯央行10月抛售了140多亿美元以抗衡欧美对卢布的制裁，10月23日俄罗斯央行将货币走廊上限调高0.4卢布，达到46.7卢布，为此，俄罗斯央行还将抛售28亿美元。10月24日俄罗斯官方汇率美元对卢布汇率已达1：49.58，欧元对卢布汇率为1：52.44。

目前，美元和欧元兑卢布比价一路上扬，因担心卢布继续贬值，俄罗斯民众储蓄卢布意愿减弱，争相将卢布兑换成美元现金，仅2014年9月俄罗斯银行就减少了2000亿卢布（约48.8亿美元）存款。

（四）资本外流加剧。

俄罗斯央行第一副行长尤达耶娃9月对外表示，2014年俄罗斯资本外流可能接近1000亿美元。2014年上半年俄罗斯资本外流已达746亿美元，第一季度和第二季度分别达488亿美元和258亿美元。根据俄罗斯经济发展部发布的数据，俄罗斯10月资本外流加速，达到280亿美元的最高值。俄罗斯央行将2014年资本外流预期从此前900亿美元上调至1280亿美元。1—9月资本净流出已达852亿美元。

（五）国际储备下降。

据俄罗斯央行统计，2014年1—10月，俄罗斯国际储备下降15.9%，由年初的5096亿美元降至4286亿美元，其中10月减少256.5亿美元，下降5.6%，为近三年来俄罗斯国际储备最大单月降幅。10月，俄罗斯国际储备中的外汇储备减少258.8亿美元，下降6.5%，降至3709亿美元，为2009年5月以来最低值。黄金储备从9.9%增至10.6%。

（六）融资告急，地方和企业债务大增。

俄罗斯经济发展部长乌柳卡耶夫10月表示，当前西方金融市场对俄罗斯关闭已酿成俄罗斯经济中的现实风险，2015年年底前俄罗斯公司至少需要在国内市场进行债务再融资900亿美元。俄罗斯政府将向外经银行、农业银行补充资本金，进而向企业提供资金。

至11月下旬，俄罗斯央行向商业银行提供的担保贷款已经高达30110亿卢布（约合669亿美元），首次超过3万亿卢布，仅最近一个月就增长了4.7%。目前，俄罗斯银行由于融资难导致流动性极度短缺。

有经济专家表示，欧盟和美国不允许受制裁的俄罗斯公司贷款超过三个月，虽然这些公司能拿到短期贷款，暂时维持经营，但最多能撑到2015年中期或年底。如果制裁不解除，这些公司的处境将越来越艰难。这些公司可以在俄罗斯发行卢布债券，但进口必需的商品时却需要美元或欧元，而不是卢布。此外，如果发行卢布债券，还需承受相当高的利率风险。虽然俄罗斯政府可以帮助这些公司从俄罗斯央行拿到美元，但那时俄罗斯外汇储备已减少，国际信贷评级随之降低，国际金融机构将质疑俄罗斯的还债能力。

受西方制裁影响，俄罗斯地方债务大幅增加。截至2014年9月，俄罗斯地方债务总额达2万亿卢布（约合488亿美元），同比增长25%。尽管西方对俄罗斯制裁未直接限制俄罗斯地方政府融资，但其在俄罗斯国内市场融资难度日益增加。个别地方政府5年期债券利率从2013年的8%增至2014年10月的12%左右，偿还期限从以往的3—5年降至1—2年。

俄罗斯央行统计数据显示，2014年9月俄罗斯企业借债规模扩大，银行放贷增长17.3%。在当前非油气行业利润下降、利率增长的情况下，企业被迫举债，其债务负担愈加接近临界点。

（七）银行对涉乌贷款回收困难。

受乌克兰危机影响，银行对俄罗斯与乌克兰有商业往来企业贷款回收困难。粗略估计造成损失应在250亿美元左右，预计实际损失将达125亿美元。

（八）主权信用评级和国有企业评级降低，部分西方企业缩减在俄罗斯营业规模或暂停合作。

2014年10月17日，国际评级机构穆迪将俄罗斯的主权信用评级降低一级至Baa2，并维持对新评级的负面展望。新的评级是投资级别中倒数第二位的评价。将俄罗斯政府债务的评级降低至Baa2的最重要原因是，已经弱化的俄罗斯经济可能遭受的更长期伤害，和乌克兰的军事对峙和对俄罗斯制裁的升级可能对俄罗斯的投资环境有越来越负面的宏观经济冲击，由此压制该国的中期增长前景。由于资本的外逃和油价的下跌，俄罗斯外汇储备状况也进一步恶化；银行业因为制裁无法通过国际资本市场融资，也是降低俄罗斯主权评价的一个原因。

穆迪还将俄罗斯石油公司、俄罗斯国家铁路公司、俄罗斯石油管道运输公司信用评级降至Baa2，将俄罗斯核能工业公司（俄罗斯国家原子能集团旗下公司）信用评级降至Baa3，卢克石油公司、诺里尔斯克镍业公司、伊尔库特公司（俄罗斯联合航空制造集团旗下公司）信用评级维持不变，但评级展望下调至负面。下调俄罗斯石油评级的原因是其被列入美欧制裁名单，难以在海外资本市场融资，加之日前俄罗斯主权信用评级下调，俄罗斯石油公司与外方合作的重大项目也将难以推进，公司近期投资计划恐难如期完成。

加拿大庞巴迪公司10月下旬对媒体宣布，考虑到当前俄罗斯政治经济形势的复杂性，决定暂停在乌里扬诺夫州实施的合作组装Q400型客机项目。庞巴迪公司计划与俄方建立合作企业，并提供Q400飞机生产技术、设计图纸、成套生产设备等。各类投入预计34亿美元，投产后将在俄罗斯年销售100架客机。

受制裁影响，美国微软公司可能中止与俄罗斯制造商"文化"公司的合作。该公司的董事会主席被列入美国制裁黑名单。"微软"与"文化"公司于2014年9月底签署战略合作协议，后者提供Windows系统平板电脑电子书方面的技术支持。

10月，德国格里韦伯服装集团（Gerry Weber）决定停止在俄罗斯的零售业务，同时终止与南欧、俄罗斯和乌克兰商业伙伴的合作，以降低违约风险，原因是上述国家信用评级降低。格里韦伯公司在莫斯科、圣彼得堡等城市设有60余家特许经销店。此外，芬兰斯托克曼公司（Stockmann）在俄罗斯设有34家商店，该公司也决定两年内关闭其中的16家店。

二、俄罗斯多重手段应对经济下滑

（一）短期政策。

1. 增加农产品进口渠道

8月8日以来，俄罗斯政府与中国、土耳其、塞尔维亚等国代表就增加对俄罗斯农产品出口进行了会谈，以替代从受制裁国家食品进口，防止食品短缺。

10月下旬，俄罗斯卫生检疫部门对以色列食品企业进行卫生检验，拟进口其奶制品、肉制品和奶酪等产品，预计2014年底上述产品将进入俄罗斯市场。

10月下旬，俄罗斯兽植局已批准四家印度企业对俄罗斯出口牛肉。此外，俄罗斯兽植局还计划对生产禽肉及蛋奶制品的印度企业进行质检。12月中旬前，俄方将公布所有获批对俄罗斯出口肉类及奶制品的印度企业名单。

俄罗斯对欧盟农产品进口设限，为瑞士增加对俄罗斯奶酪出口提供机会。据统计，2014年9月瑞士对俄罗斯奶酪出口160吨，比2013年同期增加4倍。

2. 大幅提高外汇走廊上限

10月8日俄罗斯央行提高卢布实际有效汇率浮动区间上限0.2卢布，浮动区间达到35.85—44.85卢布。这是自2014年3月以来俄罗斯央行单日最大幅度提高浮动区间上限。10月9日，卢布实际有效汇率仍突破上限，达到44.92卢布。

3. 引入卢布流动性限制机制

俄罗斯央行为稳定卢布汇率，拟在外汇市场通过货币互换，引入卢布流动性限制机制，从11月12日至30日，每天卢布流动性将被限定在相当于20亿美元的范围内。

4. 上调关键利率，应对通货膨胀

10月31日，俄罗斯央行将关键利率从8%提至9.5%。这是俄罗斯央行2014年第四次提高关键利率，年初关键利率仅为5.5%。第一次是3月3日从5.5%上调至7%，第二次是4月25日从7%上调至7.5%，第三次是7月25日从7.5%上调至8%。俄罗斯央行提高关键利率旨在通过卢布升值减缓通胀上涨。

5. 开拓新融资来源

俄罗斯工业通讯银行、天然气工业银行10月下旬对媒体透露，有意在中国香港获得银行业经营许可，进而开拓诸如贸易结算、资本管理、放贷等业务。上述银行表示，当前港币与人民币、美元挂钩，汇价稳定，因此，对于受到欧美制裁的俄企业吸引力较大。开拓在中国香港的银行业务，有助于俄罗斯企业贸易结算稳定，并可为俄罗斯投资项目寻找到新的、稳定的融资来源。

（二）长期政策。

1. 刺激经济

标准普尔专家称，2015年俄罗斯将采取经济刺激政策，预计预算赤字可能扩大至GDP的2%，政府或将动用60%的国家福利基金刺激经济。

2. 增加农业投入

俄罗斯农业部长尼古拉·费奥多罗夫10月表示，政府计划在2015年初投入1700亿卢布（按当时汇率约合53亿美元）基础上再增加拨款250亿卢布（约合6亿美元）以扶持农业。

3. 发展远东基础设施

俄罗斯远东发展基金宣布，计划在2015年年底前，投资75亿卢布(约合1.9亿美元)，用于推动当地基础设施建设，并实施后续跟进措施，吸引至少相当于基金投资5倍的各类私有资金参与建设。截至目前，基金共储备资金150亿卢布（约合3.8亿美元）。

根据俄罗斯总理梅德韦杰夫签发的政府令，2020年前俄罗斯将拨款3460亿卢布（约合84亿美元）支持远东和贝加尔地区投资项目的实施。

4. 加强与亚太国家合作

俄罗斯经济发展部长乌柳卡耶夫10月22日表示，俄罗斯对中国、日本、韩国及东盟国家出口潜力巨大，将通过建立自贸区、扩大投资合作等多种机制发展与上述国家贸易。此外，俄罗斯对发展与"金砖国家"合作寄予厚望，将通过发展本币结算等方式深化与"金砖国家"贸易合作。另据俄罗斯媒报道，俄罗斯经济发展部与俄罗斯外经银行已于10月20日签署协议，商定双方将加强在对外经济领域合作，扩大俄罗斯商品、服务、技术出口，促进俄罗斯企业进入国外市场，实现其出口潜力。

俄罗斯第一副总理舒瓦洛夫在9月俄罗斯—新加坡高级别委员会第五次会议上表示，西方制裁将促进俄罗斯加强与亚太国家的合作。俄方欢迎新加坡参与俄罗斯远东开发，包括投资建设海参崴机场、加强在农业领域的合作等。

俄罗斯经济发展部副部长利哈乔夫10月下旬称，俄罗斯与印度将重新考虑签订新的投资保护协议，建立法律保护机制以维护投资者利益，保证合法收入的汇出。

俄罗斯能源部副部长谢丘琳娜表示，俄方欢迎印度企业参与北极大陆架和东西伯利亚地区的石油开采及加工项目以及萨哈林1号液化天然气项目二期工程。遭美欧制裁的俄罗斯诺瓦泰克公司目前正与印度有关企业就亚马尔液化天然气项目举行磋商。

11月12日，俄罗斯联邦委员会主席马特维延科在印度尼西亚咨询大会上称，俄罗斯将向印度尼西亚出口苏霍伊超级100（SSJ-100）飞机。俄罗斯投资参与了印度尼西亚几个大型合作项目，其中包括在卡里曼丹岛上修建煤炭运输铁路、共建氧化铝工厂以及在印度尼西亚兴建卡玛斯汽车组装厂等。俄罗斯愿自印度尼西亚进口渔业产品和农产品，同时也欢迎印度尼西亚赴俄罗斯远东和西伯利亚地区投资兴业。

10月下旬，俄罗斯远东发展部部长加卢什卡称，阿穆尔州有意与朝鲜投资者共同实施农业项目。朝鲜投资者提议的项目并未设定合作的区域划分，但项目实施最有可能是在阿穆尔州，因为该州具有更高的意愿和兴趣。

5. 加速整合地区经济一体化

白俄罗斯总理米亚斯尼科维奇称，俄罗斯与白俄罗斯两国应推动建立更多的合资企业，提高在汽车制造、油气生产、光纤制造和微电子等领域的竞争力，双方有合作潜力和基础框架。白俄罗斯有1/3外资企业来自俄罗斯，2014年俄罗斯对白俄罗斯投资36亿美元（其中30亿美元为直接投资）。白俄罗斯对俄罗斯投资10亿美元（其中9亿美元为直接投资）。

吉尔吉斯斯坦政府表示，将于2015年1月1日加入关税同盟和欧亚经济联盟。吉尔吉斯斯坦总理阿坦巴耶夫希望本国尽快实现从法律上加入欧亚一体化框架。

6. 改革汇率，推动卢布自由浮动

10月下旬，俄罗斯中央银行根据各方面情况分析后认为，西方对俄罗斯制裁预计将于2015年中期取消。在此情况下，俄罗斯央行将继续积极推动实现卢布完全自由浮动，并考虑届时提高关键利率。卢布自由浮动目标实现后，俄罗斯央行将鼓励商业银行对金融市场再融资，以取代央行现行的回购式干预措施。

三、未来走向

（一）宏观经济前景萧条

2014年9月，摩根士丹利将2014年俄罗斯经济增长预期由0.8%调低

至0.6%，预计2015年经济将持续衰退。俄罗斯外经银行副行长克列帕奇10月28日称，由于石油价格下跌，2015年俄罗斯GDP增长可能为零。俄罗斯高等经济大学10月中旬预测，2015年俄罗斯经济将下滑1.5%—2%，居民实际收入也相应减少，投资将减少9%。《华尔街日报》10月下旬称，欧盟制裁将分别拉低俄罗斯2014年和2015年经济增速0.6%和1.1%。国际货币基金组织11月中旬预测，2015年俄罗斯经济增长0.5%。彭博社进行的市场调查显示，分析师平均预期俄罗斯在2014年会有0.3%的增长，将是2009年经济萎缩以来的最糟糕走势。俄罗斯经济发展部副部长韦杰夫11月下旬称，2015年经济或负增长1.2%，2015年初俄罗斯经济可能出现衰退。俄罗斯财政部长西卢阿诺夫11月下旬表示，国际油价下跌30%将导致俄罗斯每年损失900亿—1000亿美元，对俄罗斯经济制裁则将导致俄罗斯年损失400亿美元。

（二）俄罗斯经济体系压力加大。

诚如俄罗斯总理梅德韦杰夫所言，俄罗斯经济目前面临三重危机，即结构性危机、周期性危机和外部经济条件恶化的危机。梅德韦杰夫11月表示，经济制裁和国际信贷渠道封锁对俄罗斯整个经济体系造成压力，且后果尚不可预见。

（三）制裁是双刃剑，或不会长久持续。

欧盟与俄罗斯在贸易、银行和能源领域联系密切，制裁对欧盟自身损失颇大。有分析数据显示，相互制裁预计将使欧盟在2014年和2015年分别减少400亿欧元和500亿欧元收入，分别占国内生产总值的0.3%和0.4%。欧盟国家特别是波兰、法国、荷兰和德国将因俄罗斯反制裁措施承受不小的损失。俄罗斯食品反制措施对部分国家宏观经济数据以及市场造成影响，其中最受打击的是欧盟国家和俄罗斯的邻国，最受影响的是蔬菜、水果、奶酪和猪肉生产商。欧洲企业面临对俄罗斯出口受限、出口补贴取消等窘局，非常担心失去俄罗斯市场，担心因俄欧相互制裁升级、企业在俄罗斯市场份额会被中国、巴西等国企业取代。

欧洲金融机构面临贷款违约风险。根据欧洲银行组织10月进行的抗压力测试表明，若遭受地缘政治不确定因素影响，欧洲123家金融机构中14家资本缺口达95亿欧元，其他金融机构的缺口还在计算中。该组织称，若出现新的不确定因素，2016年前欧盟银行业资本缺口将达2610亿欧元，其中大部分是贷款违约。

欧洲能源企业利润骤降。第三季度英国石油公司季报表明，其利润由上年同期的37亿美元下降到30亿美元，同比下降了21%，其中，从持有20%股份的"俄罗斯石油"中获得净利1.1亿美元，与上年同期的8.08亿美元相比，几乎只剩1/8。第三季度利润骤降的主要原因是卢布贬值和俄罗斯"乌拉尔石油"价格走低，而石油开采量则保持原有水平，"俄罗斯石油"的开采量甚至有所增加。

目前，欧盟各国对俄罗斯制裁期限延长至2015年3月15日。其后期限是否再度延长，各国意见不一。制裁能否延续，与未来形势走向密切相关。可以肯定的是，制裁对俄欧双方的经济都产生了很大的负面影响，俄罗斯和欧洲都不是制裁的赢家。

变化世界中的新兴经济体

李安山[1]

内容提要：新兴经济体的出现是对国际体系的一种挑战。新兴经济体有一些共同的特点，如从传统意义而言，他们都是发展中国家，而非发达国家；其经济都经历了一段时间的稳定增长，其增长幅度高于全球平均水平；等等。同时，新兴经济体还有建立一个更好、更平等的世界秩序的美好愿景。"金砖国家"的形成无疑是对现存秩序的一个重大改变。金砖国家论坛和金砖国家发展银行的成立说明，世界舞台上出现了一种新型的具有约束力的机制和可以与其他国际组织和国家进行平等对话、合作与协调的组织。

关键词：新兴经济体　"金砖国家"　非洲

世界正在发生着前所未有的巨变。2014年7月15日宣布成立金砖国家发展银行是一个具有历史意义的事件，它将从根本上改变二战后确立的国际金融体系和国际政治格局。1992年，著名经济学家莱斯特·瑟罗教授发表《二十一世纪的角逐：行将到来的日欧美经济战》，对21世纪的经济发展作出了判断。该书一出版即引起巨大反响，在日本、美国和欧洲国家成为非文学类畅销书。莱斯特·瑟罗教授对未来的经济巨头日本、美国和欧洲似乎很有信心。他认为，20世纪"富人俱乐部"只接受了一个国家——日本，如果21世纪没有任何国家进入"富人俱乐部"也不足为奇。[2]"金

---

[1]　作者系北京大学国际关系学院亚非研究所教授、非洲研究中心主任。

[2]　Lester C. Thurow, *Head to Head: The Coming Economic Battle among Japan, Europe and Aamerica*. William Morrow Company Inc., 1992.

砖国家"或其他新兴经济体无一进入他的视野。瑟罗为什么会忽视新兴经济体？从历史角度来看，他的观点似乎合理：直到20世纪90年代初，俄罗斯仍在铁幕控制下，中国正在从文化大革命和80年代末的思想困扰中恢复，印度仍为官僚噩梦萦绕，巴西经济停滞了十年。这些国家迷失在全球市场经济之外，经济政策失误，股票市场或是不存在，或是官僚滋生、局势动荡。这些国家都需要经历一场深刻的阵痛才能步入不同的发展道路。[①] 他从未想到形势会有如此巨变。在此次"金砖国家"峰会上，五国领导人达成广泛共识，共同应对重大国际和地区问题，改革国际货币和金融体系，促进全球事业的发展。"金砖国家"新的征程开始起航。由于南非的加入，"金砖国家"的地域代表性更强，已不是原有意义上的"金砖四国"。"金砖国家"目前占世界人口的42.6%，占全球面积的29.6%，占全球GDP的20%，控制着国际外汇储备的43%。而"金砖国家"只是新兴经济体的一个部分，新兴经济体的出现改变了二战以来的国际政治经济秩序。

一、新兴经济体：不同的名称

在国际政治经济领域，人们习惯用专用名称来描述某一群体国家具有的类似特征。随着世界经济局势的变化和新兴经济体的崛起，多个术语或缩写词被用来描述在全球经济活动中表现令人印象深刻的国家组成的集团。

（一）Vista 5：远景五国。

2005，日本的金砖四国经济研究所提出了一种新的观点，即用"Vista 5"来形容越南、印度尼西亚、南非、土耳其和阿根廷这五个新兴国家，因为这些国家都有新兴市场的特点，都有丰富的自然资源、越来越多的年轻工人、稳定的政治和经济局势，都具有对外资的吸引力和扩大消费的基础。

---

① Antoine van Agtmael, "Think Again: BRICS", *Foreign Policy*, November, 2012.

（二）Next Eleven (N11)：未来11国。

2005年12月1日，高盛集团根据除"金砖四国"以外的11个发展中国家人口众多和经济快速发展的情况，提出了"Next Eleven"。这11国指墨西哥、印度尼西亚、韩国、土耳其、越南、菲律宾、巴基斯坦、尼日利亚、埃及、伊朗、孟加拉国。该名称是对这11个国家光明前途的预测。[①]

（三）Group of Five (Outreach Five)：五国集团（延伸五国）。

"五国集团"由德国总理默克尔2007年创造并由八国集团在所谓的"海利根达姆进程"中使用，以显示五个具有前途的国家：巴西、中国、印度、墨西哥、南非。由于"五国集团"具有发展潜力，八国集团希望将这五位成员国纳入他们对全球重要事务的讨论。国际治理创新中心（CIGI）对上述集团提出了类似称呼。[②]

（四）B(R)ICSAM Constellation：六国星座。

这是位于加拿大滑铁卢的国际治理创新中心（CIGI）对"五国集团"的称呼。由于俄罗斯进入了八国集团，有人认为"金砖四国"（BRIC）名称中代表"俄罗斯"的"R"应该被拿掉，而纳入另外两个经济状况和发展前景看好的国家——南非和墨西哥。然而，国际治理创新中心认为，该集团仍应包括俄罗斯。

（五）Emerging 7 (E7)：新兴七国。

2009年，普华永道创造了一个新名称"Emerging 7"，其中包括中国、印度、巴西、印度尼西亚、墨西哥、俄罗斯和土耳其。普华永道预测，这七个发展中国家的经济总量到2020年将达到七国集团的70%，到2032年，这一集团将在所有领域超过现在的七国集团。

---

① 　Jim O'Neill, Dominic Wilson, Roopa Purushothaman and Anna Stupnytska, "How Solid Are the BRICs?", Goldman Sachs Gobal Economics Papar No. 134, December 1, 2005.

② 　Andrew F. Cooper, "The Logic of the B(R)ICSAM Model for G8 Reform", *CIGI Policy Brief* No.1. Waterloo Ontario: Centre for International Governance Innovation, 2007.

（六）CIVETS (CIVITS)：灵猫六国。

这是《经济学家》杂志于2009年创造的名称，包括哥伦比亚、印度尼西亚、越南、埃及、土耳其和南非。这些国家的特点是具有显著的年轻人口与具有活力的多元化经济，因此，是最适合国际投资的国家。后来，名称中的"C"由哥伦比亚换成了中国，埃及换成了印度。该名称保留了原来的读音，只是将词中代表埃及的"E"改成了代表印度的"I"，即CIVITS。[①]

（七）Emerging 11：新兴11国。

2010年4月9日，亚洲博鳌论坛在中国海南举行。人们在会议上用"新兴11国"指代阿根廷、巴西、中国、印度、印度尼西亚、韩国、墨西哥、俄罗斯、沙特阿拉伯、南非和土耳其。这11个国家也是二十国集团的成员。这一称呼是基于新兴国家应该总体作为一个研究对象而提出的。

（八）MIST：迷雾四国。

2011年，吉姆·奥尼尔创造了另一个专用语，表示有利于外国投资的国家。迷雾四国是从下一波十一国挑选出来的，包括墨西哥、印度尼西亚、韩国和土耳其，这四国与11国中的孟加拉国、埃及、尼日利亚、巴基斯坦、菲律宾、越南和伊朗相比，远胜于"金砖四国"，迷雾四国应是投资的另一对象。[②]

（九）Growing Economies：增长的经济体。

2011年2月，吉姆·奥尼尔提出了"增长的经济体"的概念，它包括"金砖四国"和"未来11国"，即巴西、俄罗斯、印度、中国、墨西哥、印度尼西亚、韩国、土耳其、越南、菲律宾、巴基斯坦、尼日利亚、埃及、伊朗和孟加拉。这些国家形成了新兴市场，是世界经济中最新最大的

---

① "CIVITS Replace BRICs as Growth Hotspots", *The Wall Street Journal*, September 29, 2010.

② Udayan Gupta, "MIST, the next tier of emerging economies", *Institutional Investor*, July 7, 2011, http://www.institutionalinvestor.com/Article/2762464/Research/4213/Overview.html.

驱动力。

当然，还有其他一些名称来形容新兴经济体，如"全球变化的亚洲推动者"、"新型市场"、"新兴国家"、"新型市场国家"、"未来七国"、"新型市场经济体"等。① 虽然一些词是由金融或投资公司提出，但不同的智库、论坛甚至杂志都参与到这场造词热潮之中。这一现象表明，世界在发生着深刻的变化，这种变化包括政治、经济和社会领域的丰富内涵。

二、新兴经济体：相似的特点

新兴经济体的出现和引发世人的注意是一种历史的逻辑，它们一般都具有一些共同特点。

第一，从传统意义而言，新兴经济体都是发展中国家，而非发达国家。

第二，新兴经济体的经济都经历了一段时间的稳定增长，其增长幅度高于全球平均水平。

第三，新兴经济体的经济在一个周期内都具灵活性，表现出比其他国家更有活力更有弹性。

第四，新兴经济体的人口较多，从而为经济增长提供了一个重要的消费市场。

第五，新兴经济体有一个合理的经济总量需求，能够对世界经济造成较大的影响。

第六，新兴经济体通常有一个较大的年轻劳动力队伍，从而为持续和强劲的经济发展提供一种驱动力。

第七，新兴经济体具有合理稳定的政治和社会局势，从而为经济的健康发展提供基础。

---

① 柯斯和特拉萨认为，世界共有23个新兴市场经济体。M. Ayhan Kose and Eswar S. Trasad, *Emerging Markets: Resilience and Growthamid Global Turmoil*. The Brookings Institution, 2010.

　　这些条件为新兴经济体的经济发展提供了一个更好的环境，因而比其他国家吸引了更多的外国投资。

　　新兴经济体或新兴国家的出现是对国际体系的一种挑战。"金砖国家"的形成无疑是对现存秩序的一个重大改变。七国集团（美国、英国、法国、德国、意大利、日本和加拿大）成立于1975年，自认为代表着世界上最好、最大、最繁荣的经济体。然而，这些传统发达国家的经济形势近些年已发生变化，自从华尔街金融危机发生以来，不仅是发达国家的经济情况恶化了，其后果也影响到全球经济。旧的平衡正在被打破，新的平衡正在酝酿。正如在南非召开的第三次国际团结大会概念文件指出的那样："谁会想到有一天，欧洲和美国会屈膝向中国讨钱呢？"[①] 尽管这一说法明显有所夸张，但它发表的意见却是闻所未闻。同时，我们也看到一些意想不到的现象，如前殖民宗主国和前殖民地相互作用的颠倒：安哥拉是葡萄牙以前的殖民地，而目前却正在向其前殖民宗主国提供财政支持。[②] 世界形势确实在改变，发展中国家已经厌倦了由西方制订的不平等的国际规则。然而，当前的国际体系是建立在列强的利益基础之上的，它对世界也起到一定的稳定作用，不会马上消失。

　　新兴国家的出现也标志着一种新的希望：建立一个更好、更平等的世界秩序。虽然平等的理想体现在几乎每一个国家的宪法里，也是各种社会运动和人类发展史上的一大主题，但目前确立的国际政治经济并没有真正体现平等原则，"强权即真理"或"权力最有发言权"是国际政治中的主要基调。人类历史在国际舞台上见证了各种不平等的现象，而一些国家落后的处境不仅与殖民主义、也与目前不平等的政治经济秩序密切相关。例如，尼日尔是著名的中世纪帝国马里和桑海的所在地，有着丰富的人文资源，而其藏量丰富的铀矿为该国的经济发展提供了良好基础。然而，独立以来，前殖民宗主国法国的能源公司阿海珐一直垄断了这些矿产，尼日尔

---

　　① "Concept Paper for the ANC's 3rd International Solidarity Conference", Tshwana City Hall, South Africa, October 26-28, 2012, p.3.

　　② "Angola and Portugal，Role reversal", *The Economist*, September 3, 2011."Angola Pours Oil Money into Debt-ridden Portugal", http://www.guardian.co.uk/world/2011/nov/18/angola-boom-debt-riddled-portugal.

独立半个世纪以来仍然是联合国内最不发达国家之一。当美国经济形势恶化，它只需打开机器印刷更多的钞票，使世界各国为其支付债务。不平等现象并非仅存在于经济领域。西方可借口民主或人权，利用其权力干涉他国内政，颠覆他国政权。今天的阿富汗、伊拉克和利比亚是最好的例证。毫无疑问，人们渴望有一个公正的世界秩序，一个美好的未来。谁去建设这个美好的未来？希望在新兴国家或新兴经济体。这些国家应该在未来的经济、政治和文化领域发挥更大的作用。虽然这可能需要一段较长的时间，但它代表的是一种愿景。

三、"金砖国家"：活力、成就与问题

提出"金砖四国"的奥尼尔在仅仅八年之后再次提出新的预测："金砖四国"将在2027年超过七国集团的GDP总和。2010年，南非成为"金砖国家"集团的新成员，从而使"金砖国家"的地域代表性更加广泛。通过六次高峰会议，各方达成了广泛共识，共同应对重大国际和地区问题，改革国际货币和金融体系，促进全球有利于发展的事业。金砖国家论坛和金砖国家发展银行的成立说明，世界舞台上出现了一种新型的具有约束力的机制和可以与其他国际组织和国家进行对话、合作与协调的组织。

"金砖国家"对发展有一些共同看法，对世界政治中的许多挑战有共同认识，并具有对未来前途的理想愿景。值得注意的是，"金砖国家"已在各个领域特别是经济方面取得了很大成就。[1] 根据国际货币基金组织发布的《世界经济展望（2013）》，"金砖国家"在2013年仍在世界经济增长中起着引领作用。2013年，巴西的经济预计将增长2.5%，俄罗斯的增长预计平均1.5%，但到2014年将增至3%。中国则可能达到7.5%。南非的增长进一步放缓，但预计在2014将逐步提高。[2]

在国际贸易层面，"金砖国家"成员之间的经济联系不断加强。2001

---

[1]　林跃勤主编：《金砖国家发展报告（2012）》，社会科学文献出版社，2012年。

[2]　IMF, *World Economic Outlook 2013: Transitions and Tensions.* October 2013, pp. 62–63, 66,69,76–77.

年至2010年，这五个国家之间的贸易额增加了15倍。2011年，各国间贸易持续增长。中国和俄罗斯的贸易额为793亿美元，中国和巴西的贸易额达到842亿美元，中国和印度的贸易额达739亿美元，中国与南非的贸易额达454亿美元。[①] 由于存在互补性，其他成员之间的贸易也迅速增长。随着经济合作进一步发展，"金砖国家"间的贸易额在最近几年已大大增加。[②]

"金砖国家"在与非洲大陆的贸易中发挥了非常重要的作用。在过去的十年中，"金砖国家"与非洲之间的战略合作大大加强。南非驻华大使兰加（Bheki Langa）博士指出，在经济联系上，2000—2008年"金砖国家"与非洲的贸易增加了近8倍；"金砖国家"在非洲贸易中的份额从4.6%增到近20%。中国、印度和巴西已分别成为非洲的第2、第6和第16大贸易伙伴。[③] 传统上，美国和欧盟一直是低收入国家（LIC）的重要合作伙伴，然而他们的出口份额从1980年的60%下降至2009年的低于45%。而这些国家与"金砖国家"双边贸易关系日益增强。2005年至2008年，"金砖国家"在低收入国家总出口份额中约占70%，超过其在世界出口总额中所占份额。此外，在过去的十年中，"金砖国家"成员国在非洲已成为越来越有影响力的角色，在世界投资中的作用也非常突出。[④] 2010年，"金砖国家"的海外并购和收购的总额为4020亿美元，比前一年增长74%，占全球同年并购总额22300亿美元的22%。2010年，中国的境外非金融投资达到600亿美元以上，成为世界三大投资国之一。[⑤]

"金砖国家"也在其他领域展开合作。首先，它们正试图打击保护主义，促进国际贸易自由化。第二，"金砖国家"正在努力推动国际金融秩

　　① 　IMF, *World Economic Outlook 2012*. January 24, 2012, p. 10.

　　② 　薛荣久：《"金砖国家"货物贸易特点与合作发展愿景》，《国际贸易》2012年第7期，第4—8页。

　　③ 　林跃勤主编：《金砖国家经济社会发展报告（2011）》，社会科学文献出版社，2011年，第18页。

　　④ 　Aparajita Biswas,"Growing Trade Relations of BRICS with Low Income Countries: Special Reference to the Role of India and China in Africa's Development Paradigm", *International Politics Quaterly*, Vol. 3, 2012.

　　⑤ 　同③，第18页。

序改革，如建立一个多元化的国际货币体系，对国际金融机构实行更为严格的监管，并在国际金融体系中使发展中国家更具发言权。金砖国家发展银行的成立将有助于国际金融秩序的改革。第三，"金砖国家"已加强在环境保护和气候变化等问题上的合作。

"金砖国家"在相互合作方面也存在一些问题。就如何使相互间的合作组织更强大和具有活力而言，"金砖国家"还有一段很长的路要走。由于各国不同的政治制度和文化差异，必须加强相互间的信任和共识。目前，合作和协调主要集中在经济方面。"金砖国家"的政治影响力不如经济实力强，政治领域重要方面的合作仍限于讨论、对话或思想交流。由于五个国家均为地区大国，其各自利益和关注点有所不同。对于一些具体问题如价值体系、联合国安理会成员资格、自然资源价格和关税等，还有待达成共识。中国和印度还存在着边境问题有待解决。为了促进合作，"金砖国家"必需在关注各自核心利益方面进一步达成共识。

在经济领域的合作方面，"金砖国家"成员间也存在一些问题。印度、巴西和南非三个国家在对外贸易活动中与其他国家产生了各种贸易争端，而中国成为与三个国家贸易摩擦最多的国家。1995—2010年，印度发起了637起反倾销案件调查，涉及58个国家，中国涉案最多，总计142例，约占案件的22.3%。在同一时期，巴西对53个国家发起了216起反倾销调查，中国也涉案最多，达44例，占20.4%。在南非涉及43个国家的212起反倾销调查案中，中国占33例，占15.6%，再次排名第一。[1]

四、中国的作用

"金砖国家"在各种国际组织和论坛上对许多问题持类似观点，如对布雷顿森林体系的改革、多哈回合谈判、联合国千年发展目标、对一个民主平等的世界秩序的渴望、在国际事务上的平等合作和相互尊重原则的看

---

[1]　薛荣久:《"金砖国家"货物贸易特点与合作发展愿景》，《国际贸易》2012年第7期，第7页。

法以及对国际恐怖主义的谴责等。所有这些都成为"金砖国家"成员团结一致的基础。中国在"金砖国家"集团形成过程中起了重要的作用。那么，在未来的活动中中国应该起到什么样的作用呢？

首先，中国可以在多方面促进相互了解，相互学习，尤其是在历史、文化和发展领域，以建立相互信任。深化多边合作，相互信任是关键因素。建立信任，相互的理解必不可少。"金砖国家"机制建立以来，重点一直放在经济合作上。然而，人类不仅需要经济合作，还需要在文化等许多领域进行合作。"金砖国家"各国拥有不同的文化价值观和传统习俗。五个国家覆盖四大洲，拥有丰富的历史和文明成果，这些成果可以传播并为大家分享。然而，"金砖国家"的人民事实上并不熟悉相互的文化传统与丰富历史。因此，"金砖国家"应该逐步建立相互理解和相互学习的机制，通过组织各种活动，如参观交流、学者互访、艺术演出、会议讨论、文化主题和不同类型的文明的探讨、举办不同的历史和艺术展览、开发相关课程的教育、在国际事务中进行思想交流。只有互相了解，团结才会有基础。

"金砖国家"经济发展比较迅速，吸引了投资者的目光。然而，不同国家有不同的发展战略。到目前为止，"金砖国家"已逐步在政府层面形成了经济合作的相关机制，特别在贸易和投资方面。中国除了可以在丰富的文化遗产方面向"金砖国家"各成员国家学习外，还可从其他方面学习发展经验。俄罗斯在科技方面一直居于领先地位，形成了一种理论与实践相结合的综合系统。中国在发展过程中基本上遵循"先发展，再环保"的做法，因而导致了不少问题。巴西的环保理念远比中国先进。印度的金融机构已建立了各种支持小企业的有效系统，这一点中国同行往往忽略；印度在金融领域奠定了坚实的法律制度。南非通过和平手段理性实现种族隔离制度之后的民族和解，为妥善解决民族矛盾提供了一些好的政策和做法。中国可以从这些国家的政策和实践中学习并受益。

中国应带头推动合作议程，从而使双边和多边合作的方式多样化。"金砖国家"建立以来，合作一直集中在贸易和投资以及在一些国际场合对关于气候变化和环境等问题的各种讨论。显然，还有更多的合作领域有待开发。"金砖国家"要在国际经济甚至政治活动的规范和规则方面逐渐建立一种强有力的地位。发展中国家在国际发展合作方面有共同语言，可以向最不发达国家提供实际援助。2007年，笔者曾在南非国际事务研究所参加过一个有关南南援助政策比较的内部会议，参与者包括来自巴西、印度、中国和南非的学者以及欧洲一些发展机构。笔者发现，南方国家的对外援助与西方国家的做法大不相同。西方国家往往将各种附加条件放在第一位，不仅通过强加自身价值观来干涉他国内政，也由于对援助附加的各种条件引发了受援国的各种不满。[①] 印度学者比斯瓦斯也注意到这一情况。[②] "金砖国家"应建立自己的国际发展合作议程。

自全球金融危机开始以来，美国的量化宽松政策的负面作用既普遍又明显。"金砖国家"在贸易结算中应尽量避免美国货币政策造成的灾难性的影响。人民币成为可兑换的货币非常重要。中国是"金砖国家"中最大的经济体，必须逐步实现货币完全可兑换，逐步废除对资金流动的各种限制，加强货币流动的自由度，从而使人民币在"金砖国家"成员之间和国际贸易中的使用更有效。[③] 因此，"金砖国家"应该联合起来，使货币体系更有利于组内成员，而不是成为美国控制的货币体系的被动受害者。

最后，要巩固"金砖国家"成员之间的团结。这包括检讨以往的政策和信息交换网络和解决冲突制度建立问题。"金砖国家"成员之间的双边关系都有很长的历史，国家之间签署了各项协议并制定了合作政策。哪些协议仍然有效并可激励双边关系，哪些已经过时从而阻碍合作？可能会有不同的情况。首先，如果某协议已成为双边关系的障碍，则需要取消。第二，协议必须有利于两国关系。第三，有些协议可能对双边关系有益，但不适用于多边合作的新局面，则需调整和修改。第四，协议已经过时，但仍然存在。因此，重新审视这些协议的有效性并协商重新签订协议的可能性。

更重要的是，信息已成为国际政治经济中日益重要的问题。"金砖国

① 例如，美国国会的千年挑战公司为援助对象设置了17个条件。笔者认为，任何受援国如果能够满足这些条件，就根本不需要任何援助。

② Aparajita Biswas, "Growing Trade Relations of BRICS with Low Income Countries: Special Reference to the Role of India and China in Africa's Development Paradigm", *International Politics Quaterly*, Vol. 3, 2012.

③ Ahmed Sule, "BRICS Can Build Common Currency", *China Daily*, April 8, 2011.

家"应逐步建立一个庞大的交换网络系统以共享各种信息，特别是关于在国际舞台上的重要问题，如和平与战争、援助与合作、经济与就业、教育与发展等。"金砖国家"对这些问题总体上标准比较类似，但需要更多的咨询和更自由的思想交流和信息共享，以协调相互之间的行动。在对待国际上的非传统安全威胁，如恐怖主义、贩毒问题、分离活动、非法跨境活动等方面，信息的共享至关重要。建立冲突解决机制也是必不可少的。"金砖国家"在资源、生产和贸易方面也存在利益冲突，这些都有必要建立机制予以解决。

作为世界新兴经济体的一部分，"金砖国家"的协调与合作近年来进展较快。俄罗斯是一个在科学技术上领先的传统大国并有着丰富的自然资源。印度有着古老文化，并被誉为"世界办公室"。巴西不仅有丰富的自然资源，也在可再生能源方面享有声誉。南非具有巨大的自然资源。中国有着较为成功的发展经验，充当着经济发展较快的"世界工厂"。"金砖国家"的所有这些特点使其拥有巨大的竞争优势。关于"金砖国家"与当前国际秩序的关系，学者们有时会问："金砖国家"应该选择被融入还是以零和游戏的态度去挑战现行制度？笔者认为，"金砖国家"应以更开放的胸襟与现有体系合作，并逐渐改变现存制度。作为第一步，建立相互信任至关重要，从而铺平前进的道路。已经有诸多关于21世纪的预测，如"印度世纪"、"中国世纪"或"非洲世纪"。究竟哪一种预测是正确的，没有明确的答案。然而，可以肯定的是，21世纪必将是新兴国家的世纪。

2014年欧洲议会选举预示欧盟未来走向

杨成绪[①]

内容提要：2014年，欧盟议会选举结果是，以人民党为代表的右倾保守势力和以社会党为代表的左倾势力保持了欧洲议会的多数议席。但是，反对欧盟的民粹主义在法国、英国等国获得大胜，反映了对欧洲联合持怀疑和反对的民意正在上升。欧盟议会选举后产生的新的权力机构表明，欧盟正在通过保持左右力量和东西欧力量的平衡，维护欧盟一体化的进程。欧盟当前面对内外严重挑战。对内，要应对当前面临的欧洲经济不振，是继续执行紧缩政策还是刺激经济，以克服目前面临的困难？与此同时，要努力挫败反对欧洲一体化和分裂欧洲的意图。欧盟作为世界一支重要政治力量在国际政治中如何发挥重大作用？作为唯一超级大国，美国的力量继续下降，中东北非等欧洲近邻国家战乱不停、政局混乱，大量难民涌向欧洲，欧洲何以为对？围绕乌克兰危机，欧盟既要加强和美国的同盟关系、向俄罗斯施压，又要防止美国利用乌克兰问题损坏欧洲利益。在这种情况下，如何处理好和俄罗斯的关系？

关键词：欧洲政党格局未变　反欧派的力量上升　欧盟面临内外挑战

五年一度的欧洲议会选举于2014年5月22日至25日举行，选举结果表明欧盟各大政党总体政治格局没有发生根本性变化。但是英国和法国等国家的右倾、民粹主义派获得大胜，反映出对欧洲联合的持怀疑和反对的民意正趋于上升的状态。欧洲舆论认为这是一场前所未有的"政治地

---

① 作者系中国国际问题研究基金会高级研究员。

震"。随着近年来欧元主权债务危机的发展，执政的中右保守政党在欧盟的各国大选中屡有失手，但在欧盟各国中仍保持第一大党的地位。左倾的社会党在一些国家大选中获胜，但总体而言，其政治影响在下降。欧洲两大政党——保守的人民党和左倾的社会党——仍然是两个欧洲议会中最有影响的大党。这次欧洲议会选举后，欧洲政党结构的总体格局并没有发生根本的变化。而欧盟面临的挑战更趋严峻。欧洲内部的分歧将更趋激烈。在经济上，究竟是按照德国的主张坚持紧缩政策，还是采取较为宽松增加投资、刺激经济的政策？这两个选择的斗争不可避免。面对反欧派和疑欧派在欧盟席位的增加，要求推迟欧盟一体化进程、要求退出欧盟国家的呼声也将增强。欧盟和俄罗斯围绕着乌克兰的争斗是欧盟面临的一件棘手的、一时难以妥善解决的大事。欧盟既要依赖和美国的结盟共同对付俄罗斯，又要防止美国为了维护其独霸世界离间欧俄关系而损坏欧洲的利益。

疑欧派影响蔓延

疑欧派和反欧派除了在英国和法国获胜外，在丹麦、希腊、芬兰、奥地利、瑞典和德国等国也取得胜绩。

这次英国独立党取得30%的选票，初步估计可以在欧洲议会中拥有英国总议席73席中的22席。而英国执政的保守党仅得到24%选票和19个议席。选举结果公布后，独立党领袖奈杰尔·法拉齐称，这对英国而言是一场政治的地震。这是百年以来首次取得的非同寻常的成果。法拉齐强调："我不仅想让英国退出欧盟。我还想让欧洲都舍弃欧盟。"① 而在2009年欧洲议会选举中，领先的是保守党，那时独立党虽然仅仅获得16.2%的选票，但扬言要致力于使英国退出欧盟。有鉴于英国国内不少人怀疑英国留在欧盟内是否符合英国的利益，英国首相卡梅伦早已主张要在欧盟内部为维护英国利益而重开谈判，并且声明英国保守党如在英国2015年下届选举中获胜将举行全民公决以决定英国是否留在欧盟内。

---

① 美联社布鲁塞尔2014年5月20日电：《极右派和疑欧派在欧洲议会选举中大幅领先》。

在法国，敌视外国人、反对移民、反对欧盟一体化的法国极右翼政党"国民阵线"获得25%的选票，前总统萨科齐的政党"新中心党"位居第二，取得20.8%选票，执政的社会党仅仅获得14%的选票，屈居第三。法国"国民阵线"已经要求政府下台，重新选举法国议会。早在欧洲议会选举前，法国国民阵线主席玛丽娜·勒庞就明确表示，如果有一天她入住爱丽舍宫，她将指示法国财政部制订计划、立即恢复使用法郎。她誓言向欧盟发动挑战："要么与法国一起协调、解散欧洲经济和货币联盟，要么予以抵制、听任'经济大决战'的发展，法国离开欧盟的时候，欧元就自行终结了。这是我们不容置疑的力量。"[①]

英国和法国的政治变化，促使两国领导人急忙在德、法、英三国领导人之间进行穿梭外交，就谁将出任欧盟委员会主席进行激烈的辩论。这次欧洲议会选举是《里斯本条约》正式批准并生效后的第一次选举。《里斯本条约》以及《欧洲联盟条约》第17条第7款规定，欧盟委员会主席将在欧洲理事会提议下由欧洲议会表决产生。欧洲保守的人民党推荐卢森堡前首相、欧元集团前主席容克，而左倾的社会党推荐现任欧洲议会主席德国人克劳斯。英国首相卡梅伦竞相说服德国总理默克尔和法国总统奥朗德，反对容克出任欧盟委员会主席。卡梅伦强调欧盟当前的中心任务是变革，如果容克得逞，难以向选民交待。英国舆论更是指责容克代表旧欧洲，欧盟现行体制难以持续下去。而容克积极参与制定《马斯特里赫条约》。他主张的经济稳定和经济紧缩政策是造成目前欧洲增长危机的根源。法国总统奥朗德强调这次欧洲议会选举，表明欧盟应该变革，应集中力量促进经济增长、减少失业率。法国总统奥朗德表示理解选民的要求，政府应该支持企业主，以创造更多的劳动岗位，要减少税收，特别是减少工资税，以减少中产阶层和工人的负担，使他们口袋中的钱多一些。

----

① ［英］安布罗斯·埃文斯—普里查德：《欧洲有比英国退出欧盟更大的危机需要处理》，《每日电讯报》网站，2014年5月28日。

欧洲议会选举和议会党团体制

根据《里斯本条约》，欧洲议会设有751个议席。议席按照"国家代表性原则"，根据成员国人口比例进行分配，并且适当照顾小国。如，德国有96个席位，法国有74个席位，英国和意大利各有73个席位。有些国家人口少，按人口比例得到的议席太少，如爱沙尼亚、塞浦路斯、卢森堡和马耳他分别可得到6个议席。德国相当于每84万公民选出1名议员，而马耳他每6.9万公民就可产生1名议员，两者相差近12倍。

欧洲议会采取跨国党派政治的方式，这就是说，来自28个国家的欧洲议员根据所属政党性质和政治倾向，组成不同的跨国议会党团。全会时，议员按议会党团而不是国别就座。欧洲议会目前有人民党、社会党、自由党、绿党等七八个议会党团。

5月14日欧洲议会秘书处在布鲁塞尔公布了欧洲议会的初步结果。目前，欧洲议会中第一大党团人民党和第二大党团社会党继续保持第一和第二大党团地位。人民党团获得274个席位，占欧洲议会席位的37.4%；社会党团获得199个席位，占总席位的27.19%。此外，欧洲自由党团、欧洲左翼联合党团和绿党分别获得67、36和42个席位。

欧洲议会中的人民党和社会党议会党团有着悠久的历史传统。随着国际形势的变化以及国家经济发展和国内矛盾变化，这两大政党在欧盟各国几乎是始终轮流执政。在欧洲议会内，自1976年至1999年，人民党议会党团仅次于社会党议会党团居于第二位。人民党在欧洲议会2009年和2014年选举中一再获胜，保持第一大议会党团的地位。中右翼政党一度在欧盟当时27个成员国中的24个成员国内执政，特别在德国、法国、英国和意大利四个主要大国执政。

人民党和社会党在不同时期轮流执政与两大党政治纲领和政治理念不同有着密切的关系。中右的人民党与企业主比较接近，主张照顾企业主利益，有利于经济增长，缓解失业问题。而中左的社会党重视缩小贫富差距，改善普通职工的生活福利。因此，在欧洲面对金融危机的情况下，选民认为中右的人民党更在行治理经济；倡导社会公正则非中左的社会党莫属。近年来，美国和欧洲经济不景气，选民更信任中右翼政党执政。

但是，随着经济形势恶化和欧元债务危机的深化，选民不满情绪均向执政党发泄。在欧洲国家选举中，竞选的政党通常以改善人民生活为号召，而危机的深化使竞选中的许诺难以实现。在当前执行的政策中，紧缩国家开支势必影响经济的增长，这是引起选民不满的最大原因。面对失业率居高不下，排外情绪不断滋长，民粹主义政党崛起，不断侵蚀当前执政的中右保守政党的地盘。从2010年到2012年，荷兰第一大党基民盟在大选中落败，意大利中右联盟下台，爱尔兰共和党丢失执政地位，法国人民运动联盟为法国社会党取代。不过，中右政党仍在西欧、北欧和中东欧占有大半天下。

中左的社会党地位略有改善。欧洲社会党之间的协调和合作要比中右的人民党好一些。1979年到1999年有20年之久始终保持欧洲议会内第一大议会党团的地位。1998年，在当时的欧盟15国中有13个国家系社会党执政或其与另一政党联合执政。1999年，欧洲议会选举，人民党超过社会党成为欧洲议会第一大议会党团。在2009年欧洲议会选举中，社会党获得172个议席，比人民党的265个议席要少93个议席，和人民党的差距之大是前所未有的。2010年，英国工党在大选中失败，由保守党执政。至此，社会党在欧盟以及德、法、英三大国均失去了执政党地位。

为什么社会党在欧盟各国不断失去执政地位？可能以德国为例颇能说明问题。早在2003年德国社会民主党执政时，时任总理施罗德制定了"2010议程"。这个议程认为，德国面对经济全球化发展，经济停滞不前，同时人口不断减少，唯一的出路是适当降低德国的高福利待遇。中左的德国社会民主党一向被认为是代表广大职工利益，而这个议程在一些职工看来背离了他们的利益，这不仅引起社会民主党基本选民的不满，党内的左翼也因反对削减职工福利待遇纷纷离党而去，另组左派党。从此，社会民主党政治影响锐减，将第一大党地位拱手让给基督教民主联盟和基督教社会联盟。在2005年德国大选中，特别在职工比较集中的鲁尔等工业地区，社会民主党均败于它的对手基督教民主联盟和基督教社会联盟。2005年大选后，德国两大政党组成大联合政府。2009年德国大选，社会民主党受到更大挫折，沦为在野党。2013年德国大选后，德国两大政党再度组成大联合政府。近十余年来，德国社会民主党在政治漩涡中的起起伏伏和全球经济特别是和美欧经济有密切关系。德国在欧洲国家中最早看到"寅吃卯粮"、通过不断许诺改善生活争取选民是不可取的。因此，在南欧陷入欧元危机、法国和英国处境也不佳的状况下，德国却能保持稳定发展，这与德国及时采取预防政策有密切关系。在应对欧元危机中，德国勇于担当责任，也坚持受援国应该采取紧缩政策。德国坚持这一政策，一方面，加强了德国在欧盟内部的地位，另一方面，也遭到一些国家的非议。

欧元危机爆发后，欧盟各国人民对执政的中右政府多有不满，指责政府执政不力，失去信心。欧盟各国中左力量趁势提出反紧缩和反对削减福利的政策，主张刺激经济增长，改革欧盟。民情开始变化，倾向中左政党的力量有所增加。中左政党先后在法国和意大利取得执政地位。此外，社会党还在比利时、丹麦、克罗地亚、保加利亚和斯洛伐克等国执政。

在这次欧洲议会选举中，中左的社会党缩小了和中右的人民党的差距，但并没有像选举前人们预料的那样将取得较大的胜利。社会党只是出现细微的上升势头。这也反映出当前欧洲各国朝野两党处境均困难重重，拿不出摆脱目前困境的明确政策主张。

欧盟新领导班子相对力量平衡

2014年年终到来前，欧盟先后选出卢森堡前首相让-克洛德·容克出任新一届欧盟委员会主席；波兰总理唐纳德·图斯克为欧洲理事会主席；意大利外交部长费代丽卡·莫盖里尼为欧盟外交和政策高级代表。这三个职务的职权分工，类似于通常国家的"总统""总理"和"外长"。在各国政治中，或由总统或由总理掌握实权，在欧盟掌握实权的是欧盟委员会主席，相当于一个国家的总统职务。

当前，欧盟内部反对欧盟的呼声日益强烈，在欧盟各国意见分歧、难以取得一致意见的情况下，欧盟领导人的组成反映了右倾和中左的两大势力维持了基本政治格局。波兰总理出任欧盟理事会主席，是东欧国家代表第一次出任欧盟要职，显示出欧盟要在东西欧之间取得平衡。而容克和图斯克均属中右集团，选择莫盖里尼主管欧盟外交与安全政策，系因为他在意大利属中左集团，这样可以在欧盟内部保持左右力量适度平衡。

欧盟面临内外重大挑战

欧洲经济在经历了一年半衰退之后，2014年第二季度出现缓慢的增长。欧元区国家的国内生产总值比2014年第一季度增长了0.3%。德国、英国和法国继续快速回暖，而主权债务严重的国家也由负增长转为正增长。这些国家主要是进出口贸易增大，投资重新活跃，消费有不同程度的增加。但意大利、西班牙、葡萄牙和希腊等国，仍需保持财政紧缩，而信贷依然从紧，对经济复苏产生负面影响。但是，失业率过高依然是主权债务严重国家的政治问题。如据欧盟统计局网站4月1日报道，2014年2月欧盟失业率有小幅下降，但是希腊和西班牙的失业率仍分别达到27.5%和25.6%。欧盟青年失业率虽然有所下降但仍保持在22.9%，特别是希腊高达58.3%和西班牙高达53.6%。

这次欧洲议会选举中，反欧派和疑欧派获得大胜，异军突起。这些不同的派别获得的欧洲议会席位加在一起达到了140席，成为仅次于社会党的第三大议会党团。他们主张欧盟应该彻底改革，否则要退出欧盟。

这些反欧派和疑欧派进入欧洲议会，虽然难以撼动中右、中左的人民党和社会党两大议会党团保持大局的基础，但是欧盟今后是进一步一体化还是让各成员享有更多的主权？是坚持紧缩政策还是更重视刺激经济增长？如何解决欧洲经济竞争力下降等问题？这都是欧盟面临的重大问题。

欧盟的全球挑战来自何方

第二次世界大战结束后，欧洲区域组织逐步发展，形成了由28个成员国组成的欧盟。欧洲主要国家相互发生战争的可能性已成为昨日的历史。但随着美国力量的衰落，新兴力量国家的兴起，欧洲应如何加强硬实力和软实力，在世界上发挥更大的作用，成为欧盟对外面临的重大任务。

中东北非等欧洲近邻国家，战乱不停，政局混乱，大量难民涌向欧洲，欧洲何以为对？围绕乌克兰危机，欧盟既要加强和美国的同盟关系，向俄罗斯施压，又要防止美国利用乌克兰问题，损坏欧洲利益。在这种情况下，如何处理好和俄罗斯的关系？

人们注意到，2014年6月初俄罗斯总统普京应邀参加"诺曼底登陆日"纪念活动，分别和法国总统奥朗德、德国总理默克尔以及英国首相卡梅伦进行了一到一个半小时的会谈，有的是非常有建设性的，是寻求妥协的，或者明确表明各自的立场。美国和俄罗斯没有约定双方总统将进行会谈，但是奥巴马和普京还是站着谈了一刻钟。似乎是在奥朗德和默克尔撮合下，普京和乌克兰总统波罗申科终于谈了片刻。美国、法国、德国、英国和乌克兰在对俄罗斯关系方面存在着明显的温差。这仅仅是表面现象，实际上欧美之间存在严重的分歧。美国利用乌克兰危机实现亚太式的重返欧洲，或者是实现"欧洲再平衡"。因此，美国意欲支持乌克兰和俄罗斯对抗的成分要大于欧洲，而欧洲支持乌克兰、寻求妥协的努力要大于美国。美国的大战略是防止法国、德国和俄罗斯接近，最终甚至将美国排除在欧洲大陆之外。从长远看，美国正在充分利用乌克兰危机防止出现这一局面。这次奥巴马访问欧洲选择波兰作为第一站，宣布在波兰驻军，是美国在欧亚大棋局中投下的第一个棋子。

如何观察美国在乌克兰危机中的所作所为，看过布热津斯基《大棋局》一书就不难理解今日美国欧亚大战略的意图。这本书阐明了美国对欧亚大陆的战略。作者称，法国、德国、俄罗斯、中国和印度是主要的和积极的地缘战略棋手。[①] 俄罗斯有雄心勃勃的地缘政治目标。没有乌克兰，俄罗斯不再是一个欧亚帝国……但如果莫斯科重新控制了拥有5200万人口、重要资源及黑海出海口的乌克兰，俄罗斯将自然而然重获建立一个跨欧亚大陆强大帝国的资本。乌克兰丧失独立将立即影响到中欧，使波兰变

---

① ［美］兹比格纽·布热津斯基:《大棋局》，中国国际问题研究所译，上海人民出版社，1998年，第55页。

为一体化欧洲东部前沿的地缘政治支轴国家。[①] 法国的战略概念倾向于通过策略运作使俄罗斯与美国以及英国和德国相互对立起来。德国和法国都认为它们有权代表欧洲的利益同俄罗斯打交道。德国甚至认为，由于它的地理位置，它可以同俄罗斯发展某种特殊的双边协调的重要选择。[②] 总之，美国欧亚大陆的战略核心内容是：在欧洲，防止欧俄加强关系，将美国影响排除在欧洲大陆之外；在亚洲，避免中日接近，削弱美国在亚太的霸权地位。

[①] ［美］兹比格纽·布热津斯基:《大棋局》，中国国际问题研究所译，上海人民出版社，1998年，第62页。

[②] 同上，第56页。

后危机时代欧洲经济改革
方向及前景展望

张　敏[①]

内容提要：进入后危机时代，2014 年欧洲经济的复苏步伐比预期更缓慢，表现为低增长、低通胀和高失业三者并存，拉动经济的三驾马车——消费、投资和出口普遍缺乏活力。为刺激经济增长和改善投资环境，2014 年欧盟经济改革的总体方向是：加强银行监管、加快欧盟银行业联盟建设；继续推行劳动力市场等结构性改革；加快单一数字化市场建设和能源市场改革；扩大生产性投资，刺激实体经济增长。这些改革措施将推动欧洲经济复苏和扩大就业，预计 2015 年欧洲经济复苏步伐渐趋稳定。

关键词：复苏乏力　贸易顺差　低通胀　银行业联盟建设　扩大投资

2014 年欧洲国家经济整体上呈现复苏迹象，多数国家经济出现低速增长，仍有部分国家经济趋于停滞，复苏步伐比预期更为缓慢。从经济逐渐回升的态势看，欧盟及欧元区国家开始步入后危机时代。2014 年欧洲经济的主要特征是：停滞或低增长、低通胀和高失业三者并存。可以预计，欧洲国家真正走出危机阴霾尚需时日，它将主要取决于世界经济总体形势和欧盟国家经济改革的成效及未来经济发展战略。

---

①　作者系中国社会科学院欧洲研究所研究员。

一、复苏步伐比预期缓慢，缺乏刺激动力

从欧盟官方统计数据看，2014年上半年欧盟国家摆脱欧洲债务危机的步履蹒跚，经济复苏进程明显滞后于预期。欧洲央行和国际货币基金组织等多家机构多次下调了欧盟及其成员国的经济增长预期，缓慢复苏或停滞增长成为当前欧盟经济发展形势的特征之一，预计2014年全年欧盟及欧元区国家的经济增长率分别为1.3%和0.8%。具体而言，欧洲经济具有如下几大特点：

（一）经济增长的非同步性成为新常态。

2014年，部分欧盟（欧洲）国家的经济恢复增长，增速最快的国家依次是：爱尔兰（4.6%）、卢森堡（3.0%）、拉脱维亚（2.7%）、斯洛文尼亚（2.4%）和斯洛伐克（2.4%）。欧共体的轴心德国和法国的经济呈低速增长。2014年德国经济略有增长，从2013年的0.1%提高到2014年的1.3%，法国在2013年和2014年保持低速增长，增幅均为0.3%。欧共体创始国比利时和荷兰的增长速度明显快于法国，同比增长0.9%。受债务危机冲击最为严重的南欧国家，经济复苏进程快慢不一，其中西班牙经济形势表现最好，增长最快，从2013年的–1.2%增长为2014年的1.2%；希腊也呈现复苏势头，由2013年经济负增长（–3.3%）到2014年有望实现0.6%的正增长；葡萄牙也逐渐步入复苏行列，从2013年的–1.4%到2014年实现正增长0.9%；意大利的增长前景仍不太明朗，增长率连续呈现负增长，2013年为–1.9%，2014年略有好转，预计增长率仍为负数（–0.4%）。欧元区国家中经济形势表现最糟糕的是塞浦路斯，2013年的经济增长率为–5.4%，2014年仍是负增长（–2.8%）。2013年欧元区经济出现负增长（–0.5%），预计2014年的增长率为0.8%。非欧元区国家的经济形势普遍较好，英国的经济增长率高达3.1%，瑞典为2.0%。中东欧国家的经济复苏程度普遍好于欧元区国家，匈牙利、波兰的经济增长超过或达到了3%，罗马尼亚和保加利亚分别增长2.0%和1.1%。同2013年比较，欧盟经济增

长有些起色，2013年为零增长，2014年预计增长1.3％。

（二）投资、消费和出口普遍不振，经济增长缺乏拉动因素。

2014年欧洲经济复苏步履蹒跚，比预想得缓慢和乏力，其主要原因在于拉动经济增长的三大因素——投资、消费和出口普遍缺乏活力。私人消费在GDP中所占份额最大，若私人消费回升将有助于经济的快速复苏。从2014年的情况看，相对而言，私人消费对GDP还略有拉动，对GDP的贡献率为正值。在2014年第一、第二季度，在实际可支配收入预期提高和私人消费信心增强等利好因素下，欧盟国家私人消费有所扩大，创下了2013年春季以来季度私人消费持续增长的纪录。受未来经济增长预期的不乐观和乌克兰危机引发的不稳定地缘政治局势影响，2014年第三季度起，欧盟及其成员国的私人消费略显疲态，呈适度增长态势。据预测，2014年欧盟及欧元区国家的实际私人消费分别增加1.1％和0.7％。

（三）就业形势有所好转，部分国家仍受经济衰退拖累，失业率较高。

在欧洲国家经济普遍增长乏力情况下，经济增长对就业的拉动作用也很有限。一些受衰退拖累的国家，失业问题依然较为严重。成员国之间经济增长的非均衡性和经济周期的非同步性，直接反映出了欧盟及其成员国就业前景不同。2013年下半年起，欧盟国家就业形势开始趋于稳定，2014年第一季度和第二季度就业率同比增长0.2％和0.3％。从第二季度起，欧盟多数成员国就业率呈现同比增长，即使失业率较高的国家（如西班牙和葡萄牙）的就业率也呈增长态势，希腊的就业形势也趋于稳定。

从2014年第一季度起，欧盟就业率出现增长可归结为三大因素：（1）全年50％的临时合同工人数统计在第一季度内，临时合同工人数增幅为2.6％；（2）即使在危机时期，半日制从业人数也略有增加，在第一季度半日制的就业人数保持增长态势（0.9％）；（3）从2014年第三季度开始，欧盟全日制就业人员首次出现正增长（0.3％），新增全日制就业50万人（以年龄在40—64周岁女性为主）。

2014年上半年，欧盟国家就业增长率为0.7％。2014年8月失业人数为2460万，15—24周岁青年失业者为500万人，长期失业率依然较高。各成员国的就业形势差异明显，失业问题最为严重的是希腊（26.8%）、西班牙（24.6%）。德国和奥地利的失业率较低，分别为5.1%和5.3%。主要产业和部门的就业前景较好，尤其是服务业就业形势喜人。2014年第四季度建筑业的就业率虽略有增长，但仍低于上年同期水平，同比下降0.5%。

预计2014年欧盟国家失业率稳定在10.2%左右，失业人数为2460万，这是自2012年以来的失业率最低水平。欧元区失业率稳定在11.5%，失业人员为1832万人。[①] 欧元区和欧盟的总体就业形势略有好转，预计2014年全年就业率同比增幅分别为0.4%和0.7%。

（四）货物贸易保持顺差地位，且顺差额仍在上升。

欧盟对外贸易中，货物贸易出口规模大于进口，并始终保持顺差地位，顺差额仍在上升。欧盟统计数据显示，2014年9月欧元区18国的对外货物贸易顺差额为185亿欧元，比上年同期增加了77亿欧元。欧盟28国对外贸易顺差为26亿欧元，同比增加19亿欧元。在欧盟成员国中，按照顺差额高低排序，最大的顺差国是德国，2014年1—8月德国顺差额达1388亿欧元，其次是荷兰（385亿欧元）、意大利（262亿欧元）、爱尔兰（232亿欧元）、捷克（108亿欧元）；最大的逆差国是英国（898亿欧元），其次是法国（493亿欧元）、西班牙（166亿欧元）和希腊（136亿欧元）。

在欧盟主要贸易伙伴中，2014年1—8月欧盟对中国出口增幅最大，为10%，其次是韩国（8%）、美国（4%）；进口增幅较大的国家是韩国（9%）、土耳其（6%）、中国（5%）和瑞士（5%）。欧盟大幅削减出口的国家有：瑞士（-23%）、俄罗斯（-12%）和印度（9%），减少进口的国家包括俄罗斯（-8%）、挪威（-8%）和巴西（-5%）。同期，欧盟对美国的贸易顺差额为651亿欧元，同比有所上升（2013年1—8月为608亿欧元）；与瑞士顺差额为260亿欧元，同比大幅下降（上年同期为560亿欧元）；与土耳其顺差额也在缩小（2014年1—8月为126亿欧元，上年同期

---

① European Commission, "EU employment and social Situation, Quarterly Review", September 2014.

为189亿欧元）；同挪威的贸易逆差有所减少（2014年1—8月为237亿欧元，上年同期为280亿欧元）；与中国的贸易逆差保持稳定（2014年1—8月为854亿欧元，上年同期为853亿欧元）；与俄罗斯的逆差也保持平稳（2014年1—8月为580亿欧元，上年同期为590亿欧元）。

（五）为缓解低通胀下行风险，欧洲央行采取宽松的货币政策。

为缓解欧元区面临的增长停滞、低通胀率下行风险，2014年上半年欧洲央行维持了宽松货币政策，再融资利率和存款利率稳定在0.25％和0.00％。从2014年下半年起，欧洲央行出台了包括定向长期再融资操作、直接购买资产支持证券和担保债券等一揽子的资产购买计划，旨在促进欧元区信贷宽松。2014年6月5日，欧洲央行行长德拉吉宣布，主要再融资利率调降10个基点至0.15％的纪录新低，存款利率从零调降至-0.10％，边际贷款利率调降35个基点至0.40％。[①]

上述宽松货币政策效果并不明显。欧洲央行统计数据显示，欧元区2014年9月通胀率为0.3％，降至5年来低位，远低于欧洲央行为维持物价稳定所设定的接近2％的警戒线。为此，2014年9月4日，欧洲央行再次宣布将主要再融资利率从0.15％降至0.05％，隔夜存款利率降至-0.2％，并决定从2014年10月开始购买资产担保证券（ABS）。德拉吉行长同时强调：单靠货币政策并不能确保欧元区经济持续复苏，还需要通过财政政策和结构性改革，刺激欧元区潜在经济增长，才能帮助欧元区国家尽快真正走出危机。

2014年11月，欧元区通胀率降至0.3％，环比下降0.1％，相对而言，服务业通胀率保持较高水平为1.1％，其次是食品、烟草和酒类，为0.5％，非能源工业产品为0.0％，能源产品为-2.5％，预计欧元区全年通胀率保持在0.3％的低位，造成商品价格在低价徘徊，抑制了经济增长。

---

① http://www.cnforex.com/topics/ouzhouyanghang/2014/06/index.html.

二、经济改革的方向：三轮驱动刺激经济增长和扩大就业

三轮驱动是指加强和规范银行监管、继续劳动力市场等结构性改革、扩大生产性投资以刺激实体经济增长。这些改革和调整政策相互协调，共同发挥作用，有助于欧盟经济尽快复苏。

2013年，欧洲以规范金融秩序、严格银行监管为主要特征。进入后危机时代，为推动欧洲经济逐渐复苏和持续增长，2014年欧盟国家经济改革和发展的总体方向聚焦于两大核心目标——刺激经济增长和扩大就业岗位，这也是欧洲"里斯本战略"中的核心目标，但受2008年以来二次危机的冲击，这些目标未能如期实现。

刺激经济和扩大就业是两个十分笼统的目标，不同时期可通过推行不同的经济改革或经济政策来加以实现。最近几年，欧盟对劳动力市场、资本市场、金融市场等领域推行的各项改革，旨在改变和调整规制、扩大灵活性、激发市场活力、进一步释放制度和政策红利、刺激经济增长。进入后危机时代，欧洲经济发展面临投资不振、消费疲软等困难，因此，亟需在产业和基础设施上加大投入。推动实体经济的增长和实现基础设施的升级换代，才能刺激经济较快复苏。因此，2014年在继续推动银行业联盟建设的同时，欧盟将结构性改革和扩大投资等作为经济调整和发展的重点方向。

（一）银行业单一监管机制议案得到批准，银行业联盟有望实现。

在积极应对主权债务危机的过程中，2013年和2014年欧盟均采取了一系列经济改革措施，涉及金融监管、银行业联盟建设、劳动力市场改革等多个方面。这些改革已初见成效。尤其是欧盟财长于2013年10月15日通过了建立银行业单一监管机制的议案，在欧洲金融治理和银行业治理建设上实现了较大的突破，为欧盟完成银行业联盟迈出重要一步。该议案规定，欧洲央行及其成员国监管机构将共同构成监管主体，而监管对象则是包括欧元区和非欧元区参与该机制成员国的金融机构。

2014年6月，欧盟峰会批准成立银行业联盟，在欧元区内实施以欧洲央行为核心的统一金融监管。建立银行业联盟是动用主权救助基金"欧洲稳定机制"（ESM）直接向成员国银行注资的前提条件。根据目前欧元区银行业监管方案，一些关键条款包括：欧洲央行将成为所有超过6000家欧元区银行的最终监管机构，各国的监管机构将承担对本国所有银行的日常监管，欧洲央行将直接监管25家最大的系统性重要银行并拥有直接干预任何一家欧元区银行的权力。这25家系统性重要银行将包括德意志银行、法巴银行、桑坦德银行及意大利联合信贷银行等。

就目前各国对银行业联盟建设的态度看，欧洲银行业联盟最终创建和发挥作用还存在阻力。2014年9月16日，以德国财长朔伊布勒为首的北欧国家财长，在塞浦路斯非正式财长会议上明确提出，欧洲央行没有能力监管欧元区全部6000家银行，且大量参与银行监管可能影响央行货币政策独立性。2014年11月，朔伊布勒在欧元区财长会议上再次告诫各国不要在银行业联盟计划上仓促行动。他还建议，在欧洲央行内部建立完善的防火墙以分离其银行监管和货币政策职能，这很可能需要修改《欧盟条约》。这样，有望在2014年年底得到各国议会批准的欧盟银行业联盟很有可能被推迟。欧盟一些成员国对欧洲央行在银行业联盟监管上是否具有决定权还存在质疑，但今后欧盟通过加强金融监管、防范未来银行系统风险的银行业总体改革方向不会发生质的改变。

（二）加快受高失业率困扰国家的劳动力市场改革步伐。

受债务危机影响较大的国家如西班牙、葡萄牙、意大利等国，最近几年一直被高失业率所困扰。因此，敦促这些国家加快劳动力市场改革，有助于欧盟尽快摆脱危机阴影。近年来，这些国家推行的劳动力市场改革初见成效。

2013年12月西班牙政府颁布的一项法律，保障了劳动力市场一体化发展，促进了人员和商品的自由流动。该法律对西班牙现有各种相互重叠的法规进行了有效整合，部分解决了国内劳动力市场地区分割问题，提高了产品市场的竞争性。据西班牙政府估算，劳动法改革创造的价值相当于1.5％的GDP。

葡萄牙在2011—2013年推行了一系列劳动力市场改革，旨在保障长期工或固定合同工的合法权益、推行灵活的劳动时间安排。改革的主要措施包括：实行工资调整与企业的生产率挂钩、严格规定失业补贴领取条件和领取期限、提高公共就业机构的服务效率。同时，专门针对年轻人高失业问题，引进新的促进就业项目，实行更为积极的劳动力市场政策。据估算，2013—2014年这一系列的改革取得的成效相当于创造了2%的GDP。

2013年波兰推出了《职业改革法》。包括律师、房地产从业人员和出租车司机等50项职业首先实行自由化改革措施。2014年4月波兰议会通过一项新法案，将这一自由化改革的职业范围从50个扩大到91个，2015年预计将有101个职业推行自由化政策。

（三）结构改革将向纵深推进，加快单一数字化市场建设和能源市场改革。

为提高欧盟经济竞争力和改善投资环境，在欧盟成员国层面上，将继续推进产品、服务和劳动力市场等方面的结构性改革；在欧盟层面上，将深化欧洲一体化进程，消除法规或体制上存在的限制和壁垒，加大对中小企业融资便利和扩大研发投入。从2014年下半年起，欧洲改革向纵深推进：推进数字化的单一市场建设。数字化服务是欧盟战略性基础设施，是能源、交通行业提高运营效率和安全供应的关键，也能为商品交易、医疗和公共服务等领域提供各种便利和提高服务效率。迄今为止，欧盟还没有建成单一数字化市场，只有14%的中小企业的产品采用电子商务交易平台，12%的消费者进行跨境消费。受商业经营法规等方面的限制，欧盟消费者还无法享受其他成员国提供的电商服务。欧盟是拥有5亿人口的消费大市场，单一欧洲市场是推动欧盟经济增长的重要引擎。在全球市场数字化发展趋势下，建立数字化的单一市场是扩大就业岗位、拉动经济增长和提高创新能力的关键。据初步估算，假如欧洲建立了数字化单一市场，通过提高效率每年可新增产值2600亿欧元。

推进能源市场改革是建立欧洲能源联盟的基础，以便更为有效地应对气候变化，进而达到欧盟"2030欧盟气候与能源框架"下规定的各项节能减排目标，确保能源安全供应和推进能源市场一体化进程。

当前及未来，欧盟能源市场改革将会涉及调整能源市场结构，加强现有能源市场机制，改善和提高现有的能源基础设施，推动能源在欧盟大市场内的自由流动，消除各国能源"孤岛"，加快可再生能源的并网进程。

（四）启动宏大投资计划，加大对基础设施的投入。

2014 年 11 月底，欧盟委员会提出了一项规模为 3150 亿欧元的宏大欧洲投资计划，争取在 2015—2017 年调动公共和私人资本，极大改善欧洲投资环境。这是欧盟委员会新主席容克上任后提出的加快欧洲经济复苏的最为重要的发展战略。

近年来欧盟采取的紧缩财政政策，有利于解决财政债务和预算赤字问题，但过分或较长时间紧缩政府开支，尤其是压缩必要的生产性投资，抑制了经济复苏步伐。欧盟认识到，刺激欧洲经济增长，必须要加大公共投资力度，特别是扩大生产性的公共投资。欧盟委员会 2014 年的《秋季经济预测报告》提出，疲软的投资使得欧盟经济复苏缓慢，当前欧盟加大投资并非要恢复到 2007 年的水平，因为当时的有些投资是缺乏可持续性的。与美国不同的是，欧洲在逐渐摆脱国际金融危机和主权债务危机的过程中，由于采取紧缩财政政策，投资并未恢复或反弹，2013 年投资占 GDP 的比重约为 19.3%，仍低于历史低点 2 个百分点，与历史峰值时期 3700 亿欧元的投资规模相比，投资缺口高达 2300 亿欧元。

与此同时，欧洲的企业和家庭用户均需通过投资来及时采用新技术，实行节能和提高资源效率。与美国和日本相比，欧盟国家在教育和创新研发上的投入远远不够，福利制度现代化改革需要大量的经费投入，采用新技术对传统能源供应网络的改造和升级换代、将可再生能源入网、提供能源多元化供应等，均需大量投入。

加大基础设施建设投入是加深欧盟经济一体化所必需的，加强交通运输等领域基础设施的智能化建设，有利于促进物流和提高贸易水平。欧盟预测，未来对交通的投入需求主要包括两大领域。第一，能源和交通基础设施建设。这是完成欧盟单一市场建设所必需的。在运输行业，到 2020年完成 10-T 网络建设的资金投入为 5500 亿欧元，到 2030 年的费用大约为 1.5 万亿欧元。在能源领域，欧盟委员会估计建设跨国能源网络到 2020 年需要投入2000亿欧元。建设一体化的内部市场将有助于欧盟能源的保障供应。第二，向低碳经济转型是欧盟未来经济增长的亮点和重点。2008年，欧盟确定了"三个20"目标：以1990年为基准年，减少温室气体排放20%，可再生能源比重达到20%，能效提高20%。据估算，到2020年，每年需投资2050亿欧元用于基础设施的升级换代，才能达到"2020气候和能源目标"。2014年10月，欧洲理事会就"2030气候与能源目标"达成协议。在这个框架内，所需投资更高。初步预测，2021—2030年每年需投入的预算额为2090亿欧元。[①]

三、2015年经济前景展望

随着欧盟启动大规模投资计划，未来欧盟将进一步放宽货币政策和财政政策，以刺激经济增长。预计2015年欧洲国家的经济形势将普遍趋于好转，欧盟和欧元区的实际GDP增长率有望达到1.5%和1.1%。成员国之间的经济增长差异依然存在，但一些国家的经济增长有望走上快车道，增速最快的国家可能是爱尔兰，其增长率有望从2014年的3.6%提高到4.6%，其次是英国、马耳他、卢森堡、立陶宛和拉脱维亚，这些国家均会保持3%左右的增速。2014年经济有可能仍为负增长的国家有意大利（-0.4%）、芬兰（-0.4%）、克罗地亚（-0.7%）和塞浦路斯（-2.8%）。这些国家也有望在2015年实现正增长。

此外，德国经济在2015年可能逐渐回升，在劳动力市场形势好转以及较为有利的融投资环境下，加上外部需求逐渐回暖，德国的GDP增速可达1.1%，法国也可能从0.3%上升到0.7%，西班牙从1.2%提高到1.7%。

随着经济逐渐复苏，欧洲国家的失业率将有所下降。2014年欧盟及欧元区国家的失业率分别为10.3%和11.6%。欧盟主要大国的失业问题也趋于好转。2015年失业率有望逐渐下降的国家有：西班牙（23.5%），英

---

① European Commission, "EUROPEAN ECONOMY", Occasional Papers 203, December 2014, http://ec.europa.eu/economy_finance/economic_governance/sgp/budgetary_plans/index_en.htm.

国（5.7%），德国（5.1%）。意大利和法国的失业率或许略有攀升，分别为12.6%和10.4%。根据欧盟委员会2014年《秋季经济预测报告》，2016年欧盟及欧元区失业率分别下降为9.5%和10.8%，但仍比危机之前高出1.3个百分点（欧盟）和2.2个百分点（欧元区）。[①] 在经济缓慢复苏和工资保持适度增长的形势下，2015年的就业形势继续好转，欧元区和欧盟国家的就业增长率分别为0.5%和0.6%，2016年欧元区和欧盟就业增长率提高至0.9%和0.8%。与此同时，欧盟及欧元区的失业率分别下降为9.5%和10.8%，仍高于危机前水平。

欧盟及欧元区的公共财政状况也将持续得到改善。随着经济缓慢复苏，预计2015年和2016年低通胀形势有所改变，欧盟通胀率会从2014年的0.6%上升到2015年的1.6%，2016年提高到1.6%的水平。

---

① European Commission, *European Economic Forecast*, Autumn, 2014.

美国经济低速增长

周世俭[①]

内容提要： 美国经济在2008年至2009年"百年一遇的金融危机"和"经济大衰退"之后经历了长达5年的缓慢复苏后进入了低速增长时期。美国经济的亮点：金融市场活跃，股市繁荣；房地产市场价格止跌回升；消费贷款持续增长拉动国民消费；页岩气（油）革命，制造业回暖，大力推行重新工业化；对华尔街"秋后算账"，严防再次发生金融危机。美国经济的难点：失业率下降缓慢，职工收入增长缓慢；连续多年的财政赤字，联邦政府债务负担十分沉重；欧盟和日本经济的疲软拖累了美国经济等。但相对于欧洲和日本经济的疲软，美国经济堪称西方经济中的佼佼者。

关键词： 美国经济　股市繁荣　消费贷款　重新工业化　债务负担
失业率

美国经济在2008年至2009年"金融危机"和"经济大衰退"后经历了长达5年的缓慢复苏，目前进入了低速增长阶段。从2009年下半年起，一直到2013年上半年，美国经济缓慢复苏，时好时坏，在这4年中，GDP年均增长2.2%。2013年下半年，经济增速加快，达到了3.4%。2014年第一季度出现了-2.1%的负增长。第二季度环比增长4.6%，第三季度环比增长5.0%，出现了强势增长。但由于第一季度的拖累导致了全年依然低速增长。2014年12月18日，美联储预测，2014年GDP增长2.3%—2.4%；2015年2.6%—3.0%，2016年2.5%—3.0%，2017年2.3%—2.5%。离目前最

---

①　作者系中国国际问题研究基金会研究员，世界经济研究中心执行主任。

近的经济繁荣期是 2003—2006 年，GDP 年均增长 3.4%。2007—2014 年，美国经济先后经历了次贷危机、金融危机、经济大衰退和缓慢复苏，一连八年经济难以重现繁荣期。

奥巴马是在经济大衰退中走进了白宫，为了应对"百年一遇的金融危机"引发的二战后最严重的"经济大衰退"，上任后头两年推行了三批刺激经济计划、两次大规模减税，刺激生产和消费。钱从哪儿来？天上掉不下来！只有靠印钞机。2008 年 11 月至 2014 年 10 月 29 日，美联储推行了三批量化宽松的货币政策，总共超印了 3.963 万亿美元（累计购买 MBS- 机构抵押贷款支持证券 2.073 万亿美元，国债 1.69 万亿美元，机构债 2000 亿美元），使美联储的负债率猛增到 4.3 万亿美元，增大了金融风险。从 2009 年 1 月 20 日到 2014 年 12 月 1 日，财政部印发了 7.38 万亿的国债，使联邦政府的债务从 10.625 万亿美元猛增到 18.005 万亿美元。 联邦政府与美联储 5 年来总共印发 11.34 万亿美元的美钞和国债，其规模相当于 2013 年美国 GDP16.8 万亿美元的 67.5%。美国就是凭借着美元的国际货币地位肆无忌惮地滥印美钞和国债，这是在大大透支美元的国际信用，也是在向全世界转嫁金融危机和金融危机。

美国经济的五大亮点

亮点一：金融市场十分活跃，三大股指强力回升，2013—2014 年更是牛气冲天。2008 年 9 月 14 日金融危机爆发，道琼斯指数狂跌到 6470 点。在美联储量化宽松货币政策的刺激下，2013 年从 1 月 2 日的 13413 点到 12 月 30 日的 16221 点，全年道指大升 21%，同期纳斯达克指数从 3112 点升到 4104 点，大升 32%，标普从 1462 点升到 1818 点，大升 24%，可谓牛气冲天。2014 年三大股指虽有波动，但继续保持升势。7 月 3 日，道指 17068 点，纳指 4485 点，标普 1985 点。道指从 1 月 2 日 16441 点到 12 月 5 日升到 17958 点，增长 9.2%；纳指同期 4143 点到 4780 点，增长 15.4%；标普从 1832 点到 2075 点，增长 13.3%。美国股指大升，股民把手中的股票抛出去就是钱，就能刺激消费，拉动经济回升。但是，相比之下，股票大多由富裕阶层掌握，股市大涨加剧了两极分化。

但是笔者认为，三大股指均已存在泡沫，需要警惕。其理由有三：（1）牛气冲天的股指与低速增长的经济不匹配，从根本上来讲股指理应是经济的晴雨表。（2）三大股指的强力回升、牛气冲天主要靠的是美联储三批量化宽松的货币政策以及银行超低存款利息，大量资金流入股市，拉动了虚拟经济的增长，而实体经济得益不多。到2014年10月29日，美联储停止了量化宽松的货币政策，股指失去了上涨的基本动力。（3）按照计划，美联储在停止量化宽松的货币政策之后三个月到半年要开始提升银行的存款利息，也就是到了2015年春季银行开始提高利息之后，一部分资金会从股市回流银行，这将不利于三大股指的继续攀升，甚至有可能大跌。

亮点二：房地产价格强力回升。房地产市场作为支柱行业对美国经济的作用可用"成也萧何，败也萧何"来形容。2006年底房地产价格暴跌引发了次贷危机，进而引发了"百年一遇的金融危机"，重创了美国经济，此后美国经济连续5年低迷。2011年12月5日，美国银行美林房地产市场部发布了2012年房市报告指出，到2011年第三季度美国房价较2006年第一季度的峰值下跌了33%，其下跌的幅度甚至超过上20世纪30年代大萧条时的30%的跌幅。 2009年6月11日，美联储宣布当年第一季度美国家庭财富降至50.38万亿美元，比2007年第一季度次贷危机爆发前美国家庭财富65.3万亿美元缩水14.92万亿美元。时任美联储主席伯南克说，在这场金融危机中将近80%的美国家庭的财产受到了损失。

2012年第一季度末，房价止跌回升，2012年全年房地价格平均回升了7.3%。 从2012年9月13日美联储实施第三批量化宽松的货币政策，每个月加印400亿美元购买房地产的证券以刺激房地产价格回升。 2013年全年房地产价格强力回升，同比回升达13.7%；2014年1—9月，房地产价格同比回升4.88%，但尚未回升到2006年5月房地产价格的峰值。

2013年12月9日，美联储宣布，由于股市和房市价格强力回升，第三季度美国家庭财富增至77.3万亿美元，比金融危机前增加12.94万亿美元。这既是四年多经济复苏的结果，也为2013—2014年温和复苏和今后的强劲复苏打下了经济基础。

亮点三：消费贷款持续上升，拉动国民消费。美联储按月公布居民消费贷款数据，消费贷款反映美国个人消费开支状况，而个人消费开支约占美国国内生产总值的70%左右，是经济增长的主要引擎。

从2012年8月起，消费信贷持续增长。到2014年10月，已连续27个月增长。中国对美国出口中有2/3是日用消费品，消费的增长对拉动中国对美出口有利。美国消费者信心指数也在逐年增长。2013年回升到73.3，2014年1—11月升到86.6，尚未回到繁荣阶段。在消费领域，排在第一位的是购房，而排在第二位的就是购车。

在繁荣期的2004年汽车年销售1710万辆，2009年进而降至1043万辆，比2004年下跌39%。从2010年开始回升，2013年回升到1560万辆，远低于美国科尔尼管理咨询公司预测的2013年的1680万辆。2014年10月，美国汽车协会预测全年将销售1646万车辆，依然未达到繁荣期的1710万辆。

亮点四：制造业回稳，页岩气革命助推再工业化。数据显示，从2013年7月起到2014年11月的18个月，采购经理人指数（PMI）有15个月都处在55以上，即处在扩张阶段。这显示美国的制造业在回稳。这也符合奥巴马总统"重新工业化"的要求。

历史上，美国曾在世界制造业盟主宝座上雄踞了一个多世纪。不过从20世纪60年代开始，美国制造业企业为了追求商业利润最大化，竞相把生产转移到低成本的发展中国家，其结果不仅造就了强大的跨国公司群体，而且还将改革开放的中国推上了世界最大制造业大国的位置。随着经济全球化，美国制造业出现了"空心化"。百年一遇的金融危机摧毁了美国和欧洲多年的经济繁荣。痛定思痛，美国经济专家都认为放弃制造业使发达国家失去了经济持续稳固发展的基础。在2008年大选中，奥巴马一针见血地指出，美国经济发展犯了方向的错误。他说，从2005年开始，对GDP的贡献来自虚拟经济的产值大于实体经济，他羡慕德国实体经济搞得好。2009年1月20日奥巴马入主白宫后，强力推动"制造业回归"，先后出台了"购买美国货"、"制造业促进法案"、"五年出口倍增计划"、"五年吸引外资万亿美元计划"等一系列政策和法案以及"先进制造业伙伴计划"、"美国制造业复兴计划"；2013年又提出"让美国成为新增就业和制造业磁场"的新目标；2014年还推出"学徒计划"，政府掏出大把钞票专门为制造业培训技工。12月11日，奥巴马在"总统出口委员会"会议上宣布将投入4亿美元支持"学徒计划"以及新建两个制造业创新中心，87%的工人在完成"学徒计划"后找到了工作，学徒毕业生平均年薪超过5万美元。

2014年7月7日，白宫国家经济委员会发表报告认为，一段时期以来，美国制造业产出大幅增长。2010年以来，制造业创造了64.6万个就业岗位，为1990年以后的最快增速。经过5年的努力，美国制造业已经展现出良好的发展势头。一大批跨国公司或将海外的生产基地迁回美国，或在国内开设新厂。美国制造业出现了自上个世纪90年代以来首次持续性就业增长的势头，外贸出口额也有显著增长，从2010年到2013年底，出口额增长了23%。但离到2014年底出口倍增还有很长一段距离。

"页岩气革命"对美国经济来讲简直就像天上掉下个"馅饼"来。页岩气的产量从2000年的90亿立方米增至2012年的2600亿立方米，已占美国天然气产量的38.2%。到2013年底，美国已成为全球第一大天然气生产国，天然气的价格自2008年6月以来已下降近70%。美国天然气的价格相当于欧洲的1/3，中国的1/4，日本的1/5。这就大大降低了企业生产成本和居民通货膨胀的指数，也吸引了一批以能源为主要生产成本的海外企业回流，增加了就业，助推了再工业化。

亮点五：对华尔街"秋后算账"，严防再次发生金融危机。种种迹象表明：奥巴马政府对华尔街实行"秋后算账"，美联储正在进一步加强对金融业的监管。

2013年11月20日，美国第一大银行摩根大通银行与美国司法部达成和解，同意对其在金融危机爆发前发行不当的房地产抵押债券支付创纪录的130亿美元（约合792亿元人民币），可谓天价罚单。2014年7月14日，联邦政府官员表示，在最近开展的打击银行业巨头的行动中，花旗银行集团将支付70亿美元（约合426亿元人民币），用以解决因其于金融危机爆发前在与抵押贷款相关的有价证券投资领域误导投资者而引发的赔偿问题。司法部长埃里克·霍尔德称，花旗集团的所作所为"极端恶劣"。他说，调查显示该集团隐瞒了相关贷款的缺点，没有如实向投资者介绍抵押贷款风险水平等实际情况，而且向投资者做出了虚假声明（即金融欺诈）。8月21日，美国第二大银行美国银行同意支付166.5亿美元（约合1015亿元人民币），与司法部达成和解。司法部曾指控美国银行在金融危机爆发前向投资者出售劣质住房抵押贷款支持证券（MBS）。美国银行将支付历史上最昂贵和解费。8月26日，美国联邦住房金融局罚了高盛集团31.5亿美元（约合192亿元人民币），旨在了结高盛在2010年销售次级抵押贷款产品的相关指控。9月22日，美国证券交易委员会宣布重奖举报证券欺诈行为。从2011年8月开始执行，到目前为止共奖励14位举报人。11月12日，美国商品期货交易委员会、瑞士金融市场监管局和英国金融行为监管局透露，花旗银行、摩根大通银行、苏格兰皇家银行、汇丰银行和瑞士银行已缴纳33亿美元（约合201亿元人民币）的罚款，以便就一桩操纵基准汇率调查达成和解。

为什么奥巴马政府对这些世界级特大型银行如此下狠手？原因有二：（1）奥巴马政府替美国人民出这口恶气。众所周知，2011年9月份美国爆发了席卷1000多个大中型城市的群众运动——"占领华尔街"。历史上多次经济危机的衰退期快则8个月、慢则一年就过去了，为什么这次金融危机引发的经济衰退这么长时间，历时18个月，此后经济一连几年起不来？爆发在华尔街的百年一遇的金融危机是罪魁祸首！这场金融危机坑了华尔街自己，害了美国经济，拖累了世界经济。（2）2008年金融危机席卷了全世界。全世界的精英都在思考，像这样的金融危机过些年后还会不会再次发生？2010年6月在日本东京举行的新世纪第二个十年经济走势研讨会上，日本庆应大学一位著名教授曾预言，华尔街贪婪的本性不会改变，只要美国经济恢复了，2018年左右华尔街会故伎重演再次爆发金融危机！奥巴马政府为了严防再次爆发金融危机对美国特大银行出重拳下狠手秋后算账，让华尔街的金融高管"一朝被蛇咬，十年怕井绳"，确保十年内不再发生金融危机。

此外，继2010年7月美国国会通过"多德—费兰克法案"，致力于保护消费者、解决金融业系统性风险，加强对金融衍生品的监管之后，美国五大金融监管机构于2013年12月10日批准最终版本的"沃尔克规则"。奥巴马当天发表声明说，"沃尔克规则"将促进美国金融体系稳定。财政部长"雅各布·卢"也表示，完成这项规定的制定是美国金融监管改革的一个重要的里程碑。

　　以上五大经济亮点促使美国经济从大衰退中走出来，经历了长达五年的缓慢复苏后进入了低速增长，但离强劲复苏和进入繁荣期还有一段距离。这主要受制于经济上的两大难点。

美国经济的两大难点

　　难点一：失业率下降缓慢。2013年年均失业率7.5%，2014年6.2%左右。2014年12月18日，美联储预测年均失业率2015年5.2%—5.3%；2016年5.0%—5.2%；2017年降到4.9%—5.3%。离4%的正常失业率还有一段距离。

　　必须指出，这些统计数据指的是完全失业率，不包括打零工为生的半失业人员和因年龄大了无企业接纳也不到失业登记处登记的隐形失业人员。2012年4月16日劳工部公布了一组数据：完全失业人数1270万（即当年3月失业率8.2%），半失业人数800万左右，隐形失业人数200万左右，合计2270万，占有就业能力1.57亿人的14.5%。2014年4月12日，原劳工部长赵小兰接受《第一财经时报》记者的采访时说："另一个不幸的事实是，如果算上几百万想要找全职工作机会但无法找到的人群以及由于失业而对找工作失望的人们，当今美国的就业市场也就是官方的失业率实际是大约14%。"[1] 2014年12月5日，劳工部发布报告：到11月30日失业人口1084.1万，其中失业时间超过27个星期的有280万人，占25.8%，领取失业救济金的人236.2万。若加上半失业和隐形失业的人群，美国目前实际失业率应为13%左右。

　　大衰退后企业兼并重组、产业结构调整、大量使用机器人、机械手替代人工、自动化和半自动化、智能化等，致使企业、商业界大量裁员。美国经济学家普遍认为，美国经济出现了"无就业复苏"的现象。

　　大量失业直接拉低了人们的收入和生活水平，也影响了在业人员工资和福利的增加。2014年8月11日，美国市长联合会发表的报告显示，2008

---

　　[1]　《第一财经时报》2012年4月21日，A13版。

年美国雇员平均年薪为61637美元，而金融危机后新增就业岗位的平均年薪为47171美元，下降23.5%。相比之下，2000—2003年的经济衰退期可比行业雇员平均年薪下降仅为12%。值得一提的是，目前大都会地区73%的家庭年收入不到3.5万美元，而在2012年同期仅有34.8%的家庭年收入不足3.5万美元。当前美国劳动力薪资下降已给美国就业市场全面复苏带来阻力。虽然目前就业市场呈现复苏态势，但距离金融危机前的水平还相差甚远。经济复苏以来，美国民众的生活没有得到多大改善，老百姓的钱包没有鼓起来。到2013年底，生活在贫困线以下的人达4600万，占总人口的14.5%，比2008年的3980万人增长了16%。一个最有力的证明就是，在这次中期选举中，美国选民用选票给奥巴马和执政的民主党打了一个"不及格"，主要原因是经济不行。所以，奥巴马在最后的两年的执政期仍然将把振兴美国经济放在他工作的首位。

难点二：沉重的债务负担拖累了经济增长。联邦政府债务负担相当沉重。2012年底达到16.39万亿美元，而当年GDP为15.68万亿美元，债务占GDP之比达到104.5%，大大超越了国际金融警戒线所规定的60%的界限。沉重的债务负担就像一个堰塞湖压在联邦政府的头上。

2013年9月，民主、共和两党在国会为财政拨款和提高债务上限恶斗导致美国联邦政府关门16天，说到底都是源于债务问题。在两党恶斗中，共和党人、众议院议长约翰·博纳曾在白宫会议上当面质问奥巴马："未来十年联邦政府仅偿还国债的利息需要筹集5万亿美元，请问总统先生，联邦政府如何筹集这5万亿美元？"奥巴马总统无言以对。

2013年10月17日，政府开门之后财长雅各布·卢宣布国债已突破17万亿美元，达到17.07万亿美元。2014年12月1日，国债总额突破18万亿美元。3.16亿美国人人均负债5.7万美元，折合35万元人民币。

国会预算局预测，2017年国债将达到22.23万亿美元，2020年25万亿美元，2014年8月27日，国会预算局预测未来十年新增债务7.2万亿美元，到2024年底国债总额将高达26.6万亿美元。

从2009年1月20日奥巴马上台到2014年12月1日不到6年，累计国债增加7.38万亿美元，增长70%。到2017年1月19日奥巴马总统任期结束，执政8年国债可能增加10万亿美元。

最近，美国彼德森国际经济研究所高级研究员威廉·克莱因指出，美国债务占GDP之比从2001年的53%到2013年大升到104.5%，2014年106.7%，导致增速加快的主要原因是这场百年一遇的金融危机和经济大萧条。

多次大幅度提高债务上限、发新债还旧债，实际上使债务负担更加沉重。这样的国内金融环境不利于吸引外资。据美国商务部经济执行局公布的数据，2008年，美国吸引外资3063亿美元，2012年降到了1605亿，2013年1875亿美元。2013年10月28日，英国金融时报网站报道："2000年美国占据全球外国直接投资的37%，到2012年这个数字缩水为17%，美国在吸引全球资本方面落后于其他国家。"2013年缩水为12.8%。

面对如此沉重的债务负担，从2011年起奥巴马千方百计增收节支，努力减少财政预算的赤字。在增收方面，2012年奥巴马与国会讨价还价达成协议，将年收入超过40万美元的富人家庭所得税从35%上调至39.6%。美国全力围堵海外避税，2014年6月21日，国会通过"海外账户纳税法案"，7月1日生效。在节支方面，奥巴马带头从2013年3月1日开始，将自己的40万美元年薪下调5%，即2万美元退回财政部，内阁成员纷纷效仿。削减退休公务员的退休金。从2013年11月1日起，国会财政拨款用于食品券发放的金额从840亿美元下调到790亿美元，也就是原来价值150美元一个月的食品券减到130美元。大幅削减军费，从2012财年6643亿美元到2014财年减为6120亿美元，2014年12月12日又将2015财年的军费开支压缩到5770亿美元，3年来削减了873亿美元，下降13%。

2009财年联邦政府年度财政赤字高达1.41万亿美元，占当年GDP的9.9%，大大突破了不能超过3%的金融警戒线。在持续了三年高赤字之后，从2012财年起年度财政赤字由于增收节支后开始下降：从2012财年赤字1.09万亿美元、占GDP的7.0%，2013财年赤字6800亿美元、占GDP的4.1%，到2014财年赤字4860亿美元、占GDP的2.8%，回到了金融警戒线之内。2015财年头两个月财政赤字1839亿美元，又出现了上升的态势。

欧盟和日本经济的疲软不利于美国经济的发展，欧盟实际上是美国最大的经济伙伴。美国与欧盟和日本的贸易额占到美国外贸总额的22.2%，其中对欧盟、日本的出口占美国总出口的20.7%。再加上随着美国逐步退出量化宽松的货币政策，美元不断走强，美元指数从2014年1月2日的80.58到12月19日大升到89.61。日元和欧元不断贬值。强势美元有利于吸引外资，但不利于扩大出口和减轻债务负担。

在过去的五年中，美国经济成功地避免了二次衰退，一直处在复苏之中，相对于经历了二次衰退的欧洲和日本，美国经济在西方经济之中堪称佼佼者。

反恐是法国对非洲战略的新重点

沈孝泉[①]

内容提要：冷战后，法国逐步调整对非洲的政策，试图用伙伴关系取代传统的主从关系，同时改变其"非洲宪兵"形象。但是，法国2011年积极参与利比亚战争和在科特迪瓦的军事行动的事实表明，法国政府在维护国家利益和在非洲地区的影响力方面并没有放弃使用武力，而是奉行了"新干涉主义"。随着国际恐怖主义在萨赫勒地区的猖獗和蔓延，法国相继发动马里反恐战争、出兵干预中非共和国局势和参与打击"伊斯兰国"的军事行动，这说明，反恐已经成为法国对非洲战略的新重点。

关键词：法国　非洲　新干涉主义　萨赫勒地区　反恐　"伊斯兰国"　新月形沙丘计划

法国同非洲之间有着深厚的历史渊源，始终保持着传统的特殊关系。二战后，从戴高乐将军起，历届政府都把非洲作为外交战略的重点。冷战结束后，法国对非政策不断做出调整，以适应不断变化的新形势。近来，法国把战略重点逐步转向打击国际恐怖主义，以维护在非洲地区的利益和影响力。这一转变在2014年表现得尤为突出。

法非特殊关系源自法国同非洲众多法语国家的历史联系。这些讲法语的国家大多数是法国的前殖民地，集中在非洲的北部、西部和中部地区。二战结束时，法国在非洲的殖民地共有21个，占非洲总面积的37%，总人口的24.5%。二战后，非洲国家纷纷摆脱殖民主义桎梏，实现民族解放

---

① 作者系中国国际问题研究基金会研究员，新华社世界问题研究中心研究员。

和国家独立。但是，法国依然同这些非洲法语国家保持着特殊关系。非洲是法国重要的原料供应地，特别是本土所缺乏的石油、有色金属和稀有金属（如铀、锰、铜、铬、铝矾土等）都来自非洲。非洲也是法国的重要的产品销售市场。因此，保持同非洲的特殊关系，维护在非洲的特殊地位和影响力，这是法国外交的基石和法国全球战略的支柱。

冷战后法国在非洲面临的挑战

冷战结束后，国际形势发生了深刻变化，法国在非洲面临众多新的严峻挑战。

（一）非洲对法国的从属关系难以为继。

非洲的法语国家在历史上大都是法国的殖民地或托管地。二战之后，法国同这些国家的关系几经变化：最初，戴高乐试图通过"法兰西共同体"来控制这些国家，但是归于失败，这些国家纷纷脱离共同体而宣布独立；到了20世纪60年代，法国同这些新独立的国家签订军事、经济、财政、文化等领域的双边合作协定，建立了法非之间以"合作"为标志的特殊关系。法国历届政府中都有个合作部，专门负责同非洲的全面关系。非洲国家的内政外交实际上是由法国政府掌管。舆论把这种从属关系叫作"法国非洲"关系。

法国利用这种特殊关系牢牢地掌控着非洲国家的政治、经济和防务；而法国同非洲领导人之间私底下密切的个人关系也是维系法非关系的重要纽带。这些国家名义上是主权独立的，但是，长期以来，法国可以随意更换它不喜欢的政权，那些执政者成了维护法国利益的代理人。随着时间的推移，非洲老一代领导人逐渐退出历史舞台，而新一代领导人对法国的忠诚度远不如老一代，离心倾向明显。塞内加尔、马里等国政府甚至在巴黎和华盛顿之间搞平衡，试图摆脱法国控制。近些年来，非洲国家领导人向法国领导人行贿的丑闻陆续在媒体上曝光，比如20世纪70年代中非皇帝博卡萨贿赂法国总统德斯坦的"钻石事件"以及不久前揭露的利比亚前领导人卡扎菲向萨科齐提供政治献金事件等。这些丑闻极大地损害了法国的形象，法非之间信任度急剧降低。非洲这种新变化表明，维持了半个多世纪的"法国非洲"关系已经难以为继。

（二）"非洲宪兵"不得人心。

法国在非洲驻扎重兵是维系法非关系的重要依托。法国在非洲西部的塞内加尔和科特迪瓦、中部的加蓬和乍得、东部的吉布提和印度洋上的留尼汪岛等战略要地拥有军事基地，法国同非洲八国（科特迪瓦、吉布提、加蓬、喀麦隆、科摩罗、塞内加尔、多哥和中非共和国）签订了双边防务协定，形成了一个事实上的军事防务联盟。

法国凭借这个庞大的军事网络对非洲国家随意进行直接干预，从上世纪70年代末到本世纪初法国共采取了20次军事行动，先后对乍得、中非共和国、多哥、加蓬、刚果、吉布提、卢旺达等国进行干预。因此，法国被称为"非洲宪兵"。不过，这种带有强烈殖民色彩的单边军事干预行动受到越来越广泛的舆论指责，那些得益于法国军事干预的执政者遭到唾弃，其执政的合法性遭到质疑。因此，法国的"非洲宪兵"角色越来越不得人心。

（三）"阿拉伯之春"在非洲引发政治动荡。

中东地区爆发的所谓"阿拉伯之春"对非洲产生巨大影响。突尼斯是最先爆发民众抗议浪潮的北非国家，执政38年的本·阿里政权被推翻。马里发生了军事政变。阿尔及利亚和摩洛哥相继发生民众抗议示威活动。北非地区爆发的反政府浪潮很快波及加蓬、喀麦隆等撒哈拉以南的黑非洲国家以及位于非洲之角的吉布提。2012年，突尼斯新总统马祖基在法语共同体峰会上告诫其他领导人，必须实行"真正的改革，否则人民将会起来进行改革"。这一告诫令会场上的法国总统奥朗德震惊和尴尬，法国过去对非洲执政的"独裁者"采取默认态度遭到了广泛质疑。不断爆发的社会民众运动是法国在非洲必须面对的新课题。

（四）非洲的国际竞争加剧。

长期以来，法国把非洲法语国家视为自己的"后花园"，不容他人染指。然而，冷战结束后，拥有雄厚资源和经济潜力的非洲大陆成为外部国家关注的目标。早在 20 世纪 90 年代中期美国就把目光投向非洲，积极参与非洲战乱地区的维和行动，大批企业家来到非洲寻求投资与合作的机会。2002 年，美国通过了《非洲增长与机遇法案》，计划通过扩大非洲向美国的出口，加强与非洲的贸易。这个法案允许 48 个撒哈拉沙漠以南国家向美国免税出口 6400 种商品。2012 年奥巴马政府颁布了《美国对撒哈拉以南非洲战略》，打造美国和非洲合作的多边平台。2014 年 6 月，美国邀请 49 个非洲国家的 500 名青年领袖来 20 所美国顶尖大学接受为期六周的培训。8 月 4 日至 6 日来自非洲 50 个国家的领导人出席在华盛顿举行的"美国—非洲领导人峰会"，这是有史以来美国同非洲领导人之间规模最大的高层对话会议。美国在非洲的军事存在也不断加强。2007 年美国筹建独立的"非洲司令部"，负责整个非洲的防务安全事务，在东非吉布提建立了永久性军事基地。美国积极参与这个地区打击恐怖主义的活动。美国加大对非洲的外交力度和扩大其军事存在，控制非洲资源和运输通道的战略目的十分明显。对于美国全面插手法国的"势力范围"，法美之间多次发生过公开的冲突。

中国同非洲国家发展互利的经贸合作取得了明显成效，受到有关非洲国家的普遍认可和欢迎。但是，法国对中国在非洲的"魅力攻势"十分警惕，一些舆论更是诬蔑中国为"新殖民主义"，挑拨中非之间的合作关系，指责中国"没有附加政治条件"的援助是鼓励非洲的独裁政权，是"不正当竞争"。

德国最近也加大了外交力度，与法国争夺在非洲的影响力和主导权。日本除了向非洲提供经济援助之外，日本自卫队在位于非洲之角的吉布提设立了 P-3C 反潜侦察机基地，日本在非洲的政治和军事影响力得到提升。俄罗斯现在也打算重返非洲，收复苏联在这个地区所拥有而后来失去了的地位。外部国家在非洲的影响力不断扩大，客观上挤压了法国的传统影响，法国的利益受到威胁。

法国几度调整对非政策

从冷战结束至今，法国经历了四任总统，法国政府的非洲政策也相应经历了多次调整和改变。20世纪90年代初的东欧剧变、苏联解体，对非洲造成巨大影响。西方利用非洲出现的"政治真空"以及经济上对西方的依赖，挥舞"民主化"大棒加大了干预力度。当时的法国总统密特朗宣布调整非洲政策，重点是推行"民主化"。法国试图运用经济援助手段，迫使非洲国家实行政治"民主化"和经济"自由化"；同时，法国还宣称要减少对非洲的军事干预，以改善法国的形象。

1995年希拉克当选总统后十分重视非洲的作用，他多次出访非洲西部和中部的法语国家，还访问了南部非洲的非法语国家，展示了法国政府调整对非政策的部署和意图。这一调整包括五个方面：一是压缩在非洲的驻军规模，二是避免对非洲直接军事干预，三是鼓励非洲自己解决地区性危机，四是经济上建立新型伙伴关系，五是发展同整个非洲的关系，而不是局限于法语国家。

2007年萨科齐出任总统后重申，法国不会再对非洲国家内部事务进行干预，法国将重新修订同非洲八国的双边防卫协定，承诺法非关系透明化。法国在海外驻军也做了调整，在非洲的军人数量有所压缩。

奥朗德2012年出任总统后高度关注非洲，多次出访非洲国家。奥朗德政府调整非洲政策的核心是抛弃带有殖民色彩的传统"法国非洲"关系和构建法非伙伴关系。奥朗德强调，法国要当非洲的"第一盟友和第一伙伴"。

法国几度对非洲政策进行调整，但是收效有限，法国在非洲的影响力持续下降。2011年法国在非洲的两次用兵则突出表明了法国政府"新干涉主义"倾向，也就是说，法国将不惜采取包括军事手段在内的一切行动，来维护其在非洲的战略利益。这两次用兵，一次是在利比亚，另一次是在科特迪瓦。

2011年初利比亚出现政治动荡后，法国直接介入，明确支持反政府力量。3月19日，法国根据联合国授权对卡扎菲军队率先发动空中袭击，打响了利比亚战争。8月底，反政府力量在北约支持下攻入首都的黎波里，卡扎菲政权倒台，10月卡扎菲被击毙。在以北约名义展开的这场军事行动中，由于美国不愿直接参与，法国成为利比亚战争中的支柱力量。利比亚政局至今没有恢复平静，反而种族和派别冲突日益加剧，安全局势更加严峻。但就战争本身而言，法国显示了军事行动的能力和优势，它在地中海地区的影响力得到加强。

科特迪瓦前总统巴博自2000年执政后，采取了同法国敌对的立场，甚至在2004年曾发生过政府军袭击法国驻当地军营、造成9名法国士兵死亡的事件。2010年11月进行的总统选举中，巴博和另一位总统候选人、前总理瓦塔拉互相指责对方舞弊。12月4日，巴博和瓦塔拉各自宣誓就任总统，科特迪瓦从而陷入政治僵局，暴力事件频发，最终酿成武装冲突。法国在这场战乱中明确支持瓦塔拉，并且积极推动联合国安理会通过了要求巴博下台和对科特迪瓦实施制裁的决议。随后，法国又以保护侨民为由，主张对科特迪瓦采取军事行动。2011年4月，法国政府向科特迪瓦增兵，随后法国的军用直升机和坦克与联合国驻科特迪瓦行动团联手向巴博的兵营和驻地发动袭击，巴博最终被法国突击队员活捉，并被交给了瓦塔拉政权。瓦塔拉执政后彻底改变了前政权对法国采取的敌对态度，两国关系迅速升温，并重新签订了两国军事防务协定。法国确保了在科特迪瓦以及西非地区的战略利益。

法国的战略重点转向反恐

近些年来，北非地区遭受国际恐怖主义势力困扰的状况日益加剧。2007年以来，毛里塔尼亚和阿尔及利亚先后发生了多起针对军事设施和西方国家外交机构的恐怖爆炸事件。2012年3月马里发生军事政变后，北部地区被极端宗教组织和恐怖势力占领，"伊斯兰马格里布基地组织"在萨赫勒地区牢固扎根。毛里塔尼亚、马里和尼日尔是受到恐怖主义侵害最直接的国家。2013年1月，阿尔及利亚艾因阿迈纳斯天然气田发生了一起600多人遭绑架的恐怖事件；此后，尼日尔又发生多起恐怖爆炸事件。2014年5月，与"基地"有关联的"博科圣地"极端组织在光天化日之下绑架了200多名尼日利亚女学生；这个恐怖组织后来又袭击了位于喀麦隆边境地区的一家中国企业。7月24日阿尔及利亚一民航客机从瓦加杜古起飞，在马里北部上空失事坠毁，法方称不排除恐怖袭击的可能。这些恐怖事件严重威胁了北非地区国家的安全和稳定，也对法国的非洲政策提出了新的挑战。

因此，从2013年开始，法国政府把战略重点转向了打击国际恐怖主义。这主要表现在发动马里反恐战争、出兵中非共和国和参与打击"伊斯兰国"极端组织军事行动等方面。

2012年3月马里发生军事政变后，当地的宗教极端势力控制了马里北方地区。年底，盘踞马里北部的武装势力展开南下攻势，直逼首都巴马科。2013年1月10日法国政府应马方要求决定直接军事干预，行动代号为"薮猫"。两天之后法国"阵风"战机和军用直升机对马里的恐怖势力据点展开轰炸袭击。随后，从法国本土和驻扎在非洲军事基地的地面部队迅速开进马里，直接参与打击行动。这场军事行动持续数月，阻止了恐怖势力的南下企图，同时在北部山区武装分子老巢开展清剿行动，歼灭大批藏匿的武装分子，缴获大批武器装备。奥朗德在2014年7月14日法国国庆节发表谈话时宣布，在马里展开的军事行动"圆满结束"。

2012年底，由中非共和国北部穆斯林反政府武装组织组建的"塞莱卡联盟"起事，向南部发动军事进攻。2013年3月24日，反政府军攻入班吉，推翻了博齐泽政权。政变引发了班吉和外省大规模抢劫、强奸和屠杀行为。穆斯林武装分子的大肆屠杀引发了当地基督教居民的反抗，基督教群众成立了自卫民兵组织。于是，在班吉和外地形成了两派相互厮杀的血腥局面。仅2013年12月5日这一天内在班吉就有200人死于非命。第二天，法国决定向中非增兵开展"红蝴蝶"行动，目的是解除冲突双方的武装。在法军驱赶下，攻占班吉的塞莱卡武装分子撤离首都，而基督教民兵又在穆斯林居住地采取报复行动，整个国家处于无政府状态。法国先后三次增兵，总人数达到2000人。法国出兵干预处于无政府状态的中非共和国，最重要的原因是防止国际恐怖主义在中部非洲地区肆虐和蔓延。

2014年6月，"伊拉克和黎凡特伊斯兰国"（简称"伊斯兰国"）在伊拉克北部起事，攻城略地，大举南下进攻，直逼伊拉克首都巴格达。8月8日，美国开始发动对伊拉克境内"伊斯兰国"圣战分子的空中打击行动。9月5日，奥巴马总统在英国威尔士举行的北约首脑会议上宣布，美国同其他盟友成立共同打击"伊斯兰国"武装的国际联盟，法国成为这个联盟的主要成员。9月15日，法国驻扎在阿联酋空军基地的"阵风"战机开始对伊拉克上空展开侦查和搜集情报行动，法国调动了9架"阵风"战机、1架加油机和1架"大西洋"海上巡逻机参与侦察行动。法军防空驱逐舰"让·巴尔特"号也进入海湾地区。9月19日，法国"阵风"战机空袭了位于伊拉克东北部的"伊斯兰国"武装的军备仓库。这是法国第一次直接参与打击"伊斯兰国"的军事行动。10月24日，法国空军再次对"伊斯兰国"在伊拉克第二大城市摩苏尔郊区的目标发动了空中打击，摧毁了一个军营的几栋建筑。此前，法国还响应伊拉克政府呼吁，向库尔德自治区武装力量提供了武器装备，成为第一个向伊拉克提供武器的欧盟国家。

法国直接参与打击"伊斯兰国"武装的军事行动的目的是多重的，其中一个重要目的是维护非洲萨赫勒地区的安全局势。法国政府强调，"伊斯兰国"是一个跨国界的恐怖组织，其恶劣影响不仅会在中东海湾地区迅速扩散，而且会向萨赫勒地区蔓延，这将对广大非洲地区构成安全威胁。"伊斯兰国"在伊拉克采取大规模军事行动后不久，尼日利亚宗教极端组织"博科圣地"头目巴布巴卡尔·谢考立即发表讲话，对"伊斯兰国"公开表示支持。8月，"博科圣地"宣布，它们已经在尼日利亚果扎镇建立了一个"伊斯兰国"。果扎位于尼日利亚东北部，居民26.5万，是"博科圣地"迄今占领的最大村镇。2014年9月24日，阿尔及利亚境内的极端武装分子斩首了前几天绑架的一名法国人，其目的是报复法国参与对"伊斯兰国"的军事行动。这些迹象表明，"伊斯兰国"组织同北非和萨赫勒地区的极端组织存在着直接联系。"伊斯兰国"的影响和势力一旦扩大到萨赫勒地区，将使这个地区的安全形势变得更加严峻，而法国在这个地区的反恐行动将变得更加复杂。

"新月形沙丘"计划

2011年利比亚战争后,大量武器装备落入这个地区极端宗教武装分子之手,大批武装分子也从利比亚转移到其他周边地区,因此,萨赫勒地区成为各种恐怖组织猖獗活跃的地区。2013年1月,法国在马里向盘踞在北部地区的以"伊斯兰马格里布基地组织"为首的恐怖武装势力展开清剿行动,取得预期效果。恐怖武装势力逃离马里后,向周边国家和地区扩散。2014年10月,法国军队在尼日尔北部地区摧毁了"伊斯兰马格里布基地组织"的一个运输车队,这个车队满载军火从利比亚南部运往马里。这表明,萨赫勒地区的恐怖组织武装的活动依然猖狂,对这个地区的安全继续构成重大威胁。

奥朗德总统2013年12月和2014年5月先后在巴黎召开非洲和平与安全峰会以及有西非五国参加的非洲安全峰会。这两次峰会制订了由法国牵头、在萨赫勒地区建立反恐快速行动部队为核心的"新月形沙丘"计划。一支由3000名法国军人组建的部队,将同马里、毛里塔尼亚、尼日尔、布基纳法索和乍得等萨赫勒地区五个国家的军队协同作战,共同打击国际恐怖主义活动。之前,法国同这五国的军队参谋长已经在尼亚美举行了第一次会议。

根据"新月形沙丘"计划,法国在马里的"薮猫"行动与早在1986年法国在乍得实施至今的"食雀鹰"行动合并,原先设在马里首都巴马科的反恐军事行动指挥部转移到乍得首都恩贾梅纳。此外,基地设在尼日尔首都尼亚美机场的法国无人机侦查行动以及法国驻扎在布基纳法索首都瓦加杜古的特种部队行动也纳入这个行动指挥体系。

最近,法国在乍得北部距离利比亚200公里处设立了一个前沿哨所;在尼日尔东北部,法国正在建立一个能够驻扎200人并拥有空中设备的军事基地。设立这两个军事设施的目的是以最近距离监视在利比亚南部的武装恐怖势力的活动。

法国目前遭遇经济不振的严重困扰,在国防开支不断压缩的情况下依然在非洲连续展开耗资巨大的军事行动，这是法国政府为保障国家安全和构建稳定的国际环境的重大举措。

萨赫勒地区是横穿非洲北部的一条狭长地带，西起塞内加尔北部和毛里塔尼亚南部，向东经过马里中部、阿尔及利亚南端、布基纳法索北部、尼日尔南部、尼日利亚北部，经过乍得中部一直延伸到苏丹和非洲东岸的厄里特尼亚。法国同这个地区讲法语国家保持传统特殊关系，因而萨赫勒地区安全直接关系法国的战略利益。但是，近些年来，恐怖主义在萨赫勒地区肆虐成灾。北非的恐怖组织早在20世纪70年代就同"基地"组织建立了联系，早期成员多受训于阿富汗"基地"训练营。20世纪90年代本·拉丹流放苏丹期间，曾资助和推动阿尔及利亚"萨拉菲宣教和战斗组织"的发展，并帮助它把触角伸向欧洲，先后在法国等地策动恐怖活动。从2007年起毛里塔尼亚和阿尔及利亚先后发生了针对军事设施和军队以及西方国家外交机构的恐怖袭击事件，法国是主要目标。2010年9月，"基地"组织的北非分支"伊斯兰马格里布基地组织"在尼日尔绑架了7名外国人，其中有5名法国人。2011年1月，2名法国人在尼日尔首都尼亚美遭武装人员绑架，并惨遭杀害。法国本土也是恐怖主义目标。2012年秋法国警方摧毁了一个与"伊斯兰马格里布基地组织"有关联的极端组织。2013年1月，阿尔及利亚艾因阿迈纳斯天然气田发生了一起600多人遭绑架的恐怖事件，"伊斯兰马格里布基地组织"宣称制造这起事件是报复法国在马里的反恐行动。2013年5月，法国在尼日尔的一家铀矿开发公司发生恐怖爆炸事件，造成1人死亡、14人受伤。几乎在同一时间，尼日尔政府军驻扎在阿加德兹的军营也发生了恐怖爆炸，造成18人死亡。7月24日阿尔及利亚一民航客机从瓦加杜古起飞，在马里北部上空失事坠毁，110名乘客和6名机组人员遇难。法国立即派战机搜救，并称不排除恐怖袭击的可能。

2013年7月初，法国警方挫败了"伊斯兰马格里布基地组织"成员试图袭击巴黎埃菲尔铁塔和卢浮宫等地标建筑的阴谋。这表明，国际恐怖组织不仅在萨赫勒地区制造众多恐怖袭击事件，而且直接威胁法国国内的安全。

萨赫勒地区的严峻局势以及法国一系列行动表明，法国在非洲的战略重点已经转移到打击国际恐怖主义方面，通过有效反恐来维护法国在这个地区的利益，从而恢复和扩大法国在整个非洲的政治影响力。

大国动态和大国关系

中美在西太平洋的竞争与顺应

陶文钊[①]

内容提要： 在美国有一种几乎是原教旨主义的看法：美国是一个海洋国家，中国是一个大陆国家。美国把中国建设海洋强国的目标视为对其在西太平洋主导地位的挑战。双方在东海与南海问题上存在着尖锐的分歧。在东海，美国把钓鱼岛问题上的战略模糊转变为战略清晰。在南海，美国极力推动争议的多边化、国际化。但这并不是说，两国在西太平洋就没有调和的余地，这种竞争必然导致战略摊牌。

关键词： 西太平洋　钓鱼岛　南海　中美竞争与顺应

奥巴马政府提出亚太"再平衡"战略以来，东亚地区的安全形势变得更为复杂。美国口口声声地表示，在本地区关于领土、领海主权的争议中不选边、不站队，实际却明里暗里在中日关于钓鱼岛的争议中支持日本，在南海的争议中支持菲律宾和越南，使中美关系呈现出21世纪以来尚未有过的紧张局面。这到底是一时一事的问题，还是具有某种长远性质的美国政策调整？ 这是中美在建设新型大国关系的过程中一个非常值得关注的问题。

---

① 作者系中国国际问题研究基金会研究员。

中国与美国："陆海分治"？

在美国有一种几乎是原教旨主义的看法：美国是一个传统的海洋国家，中国是一个传统的大陆国家。从 19 世纪 90 年代美国海权理论家、战略家马汉系统提出海权理论以来，美国就不断扩展它的制海权。二次大战以后，美国比历史上任何国家都更名副其实地成了海上霸主。而在美国政界和学界许多人看来，中国几百年来主要是在陆上经营，中国的国家利益主要是在亚洲大陆。甚至一些主张改善中美关系的学者也认为，正因为中国的利益在大陆、美国的利益在海上，两国没有根本的利害冲突。如卡内基国际和平基金会的史文在《美国的挑战》一书中讲道：

> 在当前，华盛顿和北京都不在亚洲和更广阔的范围寻求根本不相容的具有结构性质的战略目标……在当前，任何一方都不致力于从根本上重塑中美双方在亚太地区的力量均衡，或者从根本上逆转现存的政治、经济与军事趋势。具体说来，作为首要的战略意图，美国不寻求抵消、严重地削弱或遏制作为亚洲大陆强国的中国的核心能力（具有规模巨大的陆上军事力量）……类似的是，作为中国现今大战略的一部分，北京也并不有意识地寻求抵消华盛顿这个西太平洋的海洋强国处于主导地位的能力。

史文在这里正是以大陆强国和海洋强国来作为美中两国的一个基本地缘战略区分的。①

正是基于这种观点，有的学者提出了东亚"陆海分治"的设想。如陆伯彬在 20 世纪末就论述说，亚洲其他国家都不具备成为全球大国的条件，而中国和美国分别拥有的战略资产使这两个国家成为天然的权势竞争者。

---

① Michael Swaine, *America's Challenge. Engaging a Rising China in the Twenty-First Century.* Carnegie Endowment for International Peace, 2011, p.45. 着重号是原有的。

中美两国形成均势，有利于亚洲的和平与稳定。中美两国的均势是否能够形成，取决于它们是否满意于各自的陆上主导地位和海上主导地位的态势，即中国主导大陆东亚，美国主导海上东亚。如果有一方试图削弱另一方的势力范围，均势就可能受到破坏，稳定将受到损害。在这个"陆海分治"的设想中，南海必须包括在美国势力范围之内，日本与东南亚国家也属于美国的势力范围。[①]

毫无疑问，把中国作为大陆国家是一个历史性的大误解。中国是一个典型的陆海复合型国家，既有辽阔的陆地疆土，又濒临大洋，有广袤的海洋疆域。中华人民共和国成立后，花了很大气力解决陆路边界的问题。现在，除了和印度尚有未定边界，中国与其他13个陆地邻国的边界都已妥善解决。经过60多年尤其是后30余年的现代化建设，中国的综合国力大大增强，既具有了保卫海洋权益的力量，也有了进一步发展海洋经济的需求。总体说来，中国发展海权的主要目标是，维护国家主权和领土、领海完整，保卫海疆；有效利用自有海域，积极参与公海的考察与开发，大力开展国际合作，保证海上运输线的畅通，成为海上经济强国；积极承担国际责任，推动建立公平、公正的海洋秩序，成为重要的海洋政治力量。[②]

第二次世界大战结束以来，海上霸权成为美国维护其全球霸权的主要组成部分。近年来，美国把中国的军事现代化和建设海洋强国的战略敏感地视为对其在西太平洋霸权地位的挑战，前副国务卿斯坦伯格在他最近出版的书中写道："现在，中国的军事力量正在现代化，并且若干世纪以来，第一次将其发展方向外向地指向海上领地。"[③] 这是奥巴马政府实行亚太"再平衡"战略的重要原因。美国努力加大在亚太地区的投入，尤其是军事上的投入；竭力加强与盟国的关系，尤其是与日本的同盟关系；并利用中国与一些国家存在的领土和海洋权益的争端，作为应对中国在西太平洋上挑战的主要抓手。

[①]　Robert Ross, " The Geography of the Peace: East Asia in the Twenty-First Century", *International Security,* Vol.23, No.4, Spring 1999, pp.84–118.

[②]　胡波：《中国海权策——外交、海洋经济及海上力量》，新华出版社，2012年，第121页。

[③]　James Steinberg, Michael E. O'Hanlon, *Strategic Reassurance and Resolve. U.S.-China Relations in the Twenty-First Century.* Princeton University Press, 2014, p.182.

美国在钓鱼岛问题上扶日压华

钓鱼岛是台湾的附属岛屿，历来是中国领土。反法西斯战争胜利以后，钓鱼岛理应立即归还中国。但冷战爆发后，美国扶植日本成为在东亚的桥头堡，不顾中、苏等盟国的反对，改变了盟国二战时一致同意的对日本领土处置的规定，将钓鱼岛纳入了琉球的管理范围，造成了中日之间的钓鱼岛之争。20世纪70年代初，尼克松政府为了安抚日本的民族主义情绪，加强美日同盟，虽明知钓鱼岛属于中国而不属于日本，却私相授受，把钓鱼岛的"施政权"交给了日本，激起了席卷全球的华人"保钓运动"。但美国政府同时表明："（美日）和约是美国权力的唯一来源。在和约下，美国仅取得行政权，而非主权，因此，美国将行政权移交给日本的行动并不构成基本的主权之移交，亦不能影响到任一争论者的基本的领土主张。……协议中的条款，不影响到任何国家关于尖阁或钓鱼台列屿的任何主权主张。"即是说，美国在向日本移交钓鱼岛"施政权"的同时确定了在领土归属问题上的中立立场。①

在1972年中日关系正常化和1978年中日签订《和平条约》时，两国领导人均达成一个共识：把钓鱼岛问题暂时搁置起来以后再议。2012年9月11日，在日本右派势力的一再怂恿下，日本政府宣布将钓鱼岛"国有化"，直接导致了中日关系的急剧恶化。从那以后，中国海监船在钓鱼岛12海里领海内进行常态巡逻，明确不退让态度。

近两年来，美国通过不断强化"反对单方面改变日本行政管治的现状"以及"《美日安保条约》第五条适用于钓鱼岛"的表态，改变了原来在钓鱼岛问题上所保持的"战略模糊"，强化了对日本的条约义务，使美国的立场转变为"战略清晰"，同时也借助钓鱼岛问题加强了美日同盟关系，使两国捆绑得更紧，给钓鱼岛问题的解决大大增加了困难。奥巴马

---

① 胡德坤、黄祥云：《美国在中日钓鱼岛争端上"中立政策"的由来与实质》，《现代国际关系》2014年第6期。

2014年4月访日期间的表态尤其说明问题。他在访日前接受《朝日新闻》记者书面采访时、在与安倍的会谈中、在会谈以后的联合记者招待会上一再表示，《美日安保条约》第5条共同防卫条款适用于所有日本管辖下的地区，"包括尖阁诸岛"，美方反对"任何单方面试图削弱日本对这些岛屿施政权的行动"。① 在奥巴马与安倍的联合声明中也强调了美国在《美日安保条约》下所承担的"义务覆盖所有在日本施政下的区域，包括尖阁群岛。在这一背景下，美国反对任何旨在破坏日本对尖阁群岛行政管理的单方面行动"。② 把美国的承诺白纸黑字地写下来是非同寻常的。第一，这是奥巴马第一次做这样的表示，也是自有这个安保条约以来美国总统第一次做这样的表态，奥巴马算是创造了一个记录；第二，奥巴马反反复复重申美国维护日本对钓鱼岛施政权的条约义务，这毫无疑问是要向中国、日本和国际社会明确表示偏袒日本的立场。虽然奥巴马说，"这不是新的立场，这是一贯的立场"，"这不是什么'红线'，我没有划'红线'，这是历届政府对同盟条款的标准解释……这里没有立场的改变"，③ 但实际上，奥巴马每说一次就是在强化一次对日本的条约义务。美国过去长时期中的战略模糊被奥巴马现在的战略清晰所取代。美国在中日争端中"拉偏架"的立场是非常明显的。

2013年11月23日，中国政府决定在东海上空设立防空识别区，并发布了航空识别规则和识别区示意图。设立防空识别区本来是国际上通行的做法，至今已有20多个国家和地区划设了防空识别区，日本早在1969年就设立了防空识别区。但美日却对此说三道四。中国政府决定宣布后几小时，克里发表声明称，美国对这一事态"深表关注"，指责中国"这种单方面的行动构成了改变东海地区现状的企图，升级的行为只能加剧本地区的紧张，制造擦枪走火的风险"，并表示"美国一如既往信守它对盟国和

---

① "Joint Press Conference with President Obama and Prime Minister Abe of Japan", http://www.whitehouse.gov/the-press-office/2014/04/24/joint-press-conference-president-obama-and-prime-minister-abe-japan, April 24, 2014. 2014年7月20日浏览。

② "U.S.-Japan Joint Statement: The United States and Japan: Shaping the Future of the Asia-Pacific and Beyond", http://www.whitehouse.gov/the-press-office/2014/04/25/us-japan-joint-statement，April 25, 2014. 2014年7月20日浏览。

③ 同①。

伙伴的承诺"。① 哈格尔也在当天发表声明称，"我们把这一事态看作改变地区现状的非稳定性的企图。这种单方面的行为增加了误解和误判的风险。中国的这项声明不会在任何方面改变美国在该地区采取军事行动的方式。"② 此后，白宫、国防部、国务院发言人又一再在记者招待会上表示，中国设立防空识别区"是单方面改变东海地区现状的挑衅性举动"，美国"不接受其合法性"。并称，为了乘客的安全，美国政府建议美国的民用飞机接受中国政府的有关要求，但"这在任何意义上都不表示，美国政府接受了中国在新近划设的防空识别区的要求"。③ 11月26日，两架美国B-52轰炸机从关岛起飞，在事先没有通报中国的情况下进入中国的东海防空识别区。尽管美方说这是早已确定的计划，但挑战中国防空识别区的意图是十分明显的。中方对这两架飞机进行了全程监视、及时识别，判明了美方飞机类别。所有这些美国尚嫌不足，2014年1月31日，国家安全委员会负责亚太事务的高级主任麦艾文又特地接见日本共同社记者说："我们反对中国在其他区域——包括南海设立防空识别区"，"我们跟中国人说得非常清楚，（设立另一个防空识别区）是一种挑衅性的、破坏稳定的措施，它将导致我们调整现在在本地区的军事态势"。④ 美方一再对中方施加压力。

---

① "John Kerry's Statement on the East China Sea Air Defense Identification Zone", http://www. state.gov/secretary/remarks/2013/11/218013.htm", November 23, 2013. 2014年7月20日浏览。

② "Statement by Secretary of Defense Chuck Hagel on the East China Sea Air Defense Identification Zone", http://oversea.huanqiu.com/breaking-comment/2013-11/4598134.html, November 23 2013. 2014年7月20日浏览。尽管如此，美国三家最大的航空公司——美国航空、联合航空与达美航空在接到美国国务院建议遵守中国东海防空识别区的有关指令后，向中国递交了飞行计划。

③ "Press Briefing by Press Secretary Jay Carney", http://www.whitehouse.gov/the-press-office/2013/12/02/press-briefing-press-secretary-jay-carney-1222013, December 2, 2013. 2014年7月16日浏览。

④ "U.S. Could Change Military Posture if China Expands Air Defense Zone", http://www. globalpost.com/dispatch/news/kyodo-news-internatinal/140131/us-could-change-military-posture-if-china-expands-airr-, January 31, 2014. 2014年7月20日浏览。

美国把南海视为势力范围

南海是世界上最繁忙、具有重要战略意义的海域。世界上一半以上的贸易和资源的运输是通过南海的。南海还有丰富的自然资源。

美国对南海的政策有一个变化的过程。直到2010年美国对南海的领土和领海争议基本采取一种中立、不介入的立场。① 从2009年开始，美国开始关注南海的争端。6月奥巴马政府成立了部际海洋工作小组。从那时以来，美国政府发言人和高官的讲话、国会听证会关于南海的话题急剧增加，成了美国外交政策的热点之一。负责东亚事务的助理国务卿帮办斯科特·马西尔2009年7月15日在参议院外交委员会的证词是美国政府对南海问题立场广受关注的阐述。马西尔继续强调美国"对于相互竞争的领土主权归属的争议不选边"，同时也表示，由于中国对南海的主权要求存在着很大的模糊性，已经影响了美国的利益。第一，关于航行自由。2009年3月发生了美国"无瑕"号侦察船在南海"执行日常行动"时遭到中国渔船的骚扰并发生对峙的事件。美国不能理解、不能同意中国对专属经济区"航行自由"的解释。第二，2007年夏，中国要求与越南进行合作钻探的几家美国油气公司停止与越南的合作，不然就可能对它们在中国的经营产生影响。美国反对任何恐吓美国公司的行为。最后，马西尔要求：第一，中方要把自己的要求说清楚；第二，有关声索方应按照国际法和《联合国海洋法公约》来和平解决争议。②

中美在南海问题上的分歧公开化始自2010年7月23日东盟地区论坛。当时美国正在酝酿将战略重心东移，南海对于美国的地缘战略意义大大上升。一些东南亚国家也希望美国公开介入它们与中国的争端，以借助美国的支持来实现它们对抗中国的目的。7月23日，应邀参加论坛的希拉里·

① 周琪：《冷战后美国南海政策的演变及其根源》，《世界经济与政治》2014年第6期。

② Scot Marciel, "Maritime Issues and Sovereign Disputes in East Asia", Senate Foreign Relations Committee, *Testimony before the Subcommittee on East Asian and Pacific Affairs*, July 15, 2009, http://www.state.gov/p/eap/rls/rm/2009/07/126076.htm. 2014年7月20日浏览。

克林顿就南海问题做了一个突然袭击式的讲话。^①她主要讲了三点。第一，强调"航行自由和亚洲公共海域的开放是美国的国家利益"。这个说法似是而非，南海的商业航行一直是自由的，希拉里·克林顿所要求的实际是美国舰机对中国进行抵近侦察的自由。第二，"美国支持在没有胁迫的情况下通过合作的外交进程（collaborative diplomatic process) 来解决各种领土争议"。问题在于，中国主张中国与直接的声索国进行双边谈判来解决分歧，而越南、菲律宾等主张东盟谈出一个集体立场来对付中国。克林顿的说法显然支持了争议中的一方，这正是"选边"。第三，声索国要遵循《联合国海洋法公约》来寻求各自的权益。这种说法貌似公正，其实是片面的。南海主权争议有它的历史发展。在领土争议中不顾历史、只讲现行的法律显然是片面的，因而是不公平的。更不要说，美国至今还不是《联合国海洋法公约》的成员。

出席会议的中国外长杨洁篪当即义正词严地予以反驳。他讲了七条，综合起来主要是三点：第一，南海的形势是和平、稳定的，现在没有任何威胁地区和平稳定的事态；这里的航行自由是有保障的，国际贸易一直得到了迅速的发展就是一个证明。第二，南海问题不是中国与东盟之间的问题，而只是中国与东盟部分国家间的争议；将南海问题国际化、多边化只能使问题复杂化；《南海各方行为宣言》的精神是要保持克制，增进有关国家之间的互信，为最终解决争议创造有利条件和良好气氛，而不是要将南海问题国际化、多边化。第三，中国恪守《南海各方行为宣言》，但中国有自己的合理关切，不能把中国表达关切称作"胁迫"。^②此后，美国利用各种场合，推动南海问题的多边化、国际化，将此作为一项既定方针。近年来，美国高官但凡有机会就提出南海问题，不断重复上述立场，在中国与一些东南亚国家间选边站队，使围绕着南海的争议不断升温。

如同在东海问题上一样，中国认为，美国不是南海争议的第三方，不

---

① "Secretary of State Hillary Rodham Clinton's Remarks at the ARF MeetinginHanoi, Vietnam", http://www.state.gov/secretary/20092013clinton/rm/2010/07/145095.htm，July 23, 2010. 2014年7月20日浏览。

② 《希拉里就南海问题发难 杨洁篪外长驳斥歪论》，http://www.chinanews.com/gn/2010/07-26/2423966.shtml，2010年7月26日。2014年7月20日浏览。

应该在南海争议中选边站队，应该让中国与直接的声索国通过外交途径来解决争议。但美国的立场是针锋相对的，美国认为美国在东海和南海有着重要的战略利益和经济利益：美国对本地区的盟友和朋友承担着义务；美国要保持美国海军在本地区的存在和行动能力；美国必须保证在本地区经营的美国企业免受恐吓；等等。①

推动南海问题的东盟化、国际化是美国的既定方针。从上述希拉里·克林顿在河内的讲话后，美国在南海问题上不断加大干涉的力度。2010年9月下旬在联合国大会期间，第二次美国—东盟领导人会议在纽约举行。美国为此次峰会准备的声明中原来有反对"使用武力和武力威胁……在南海强行实现有争议的领土要求"的说法，但声明的最后文本只是一般地强调"海上安全"、"自由航行"，"使用武力"和"南海"这些明显针对中国的说法被删除了。一些东盟国家显然不愿意在这一问题上选边站队，不愿意与中国对抗。美国的企图遭到挫败。②2011年11月奥巴马第一次参加在印度尼西亚巴厘岛举行的东亚峰会，美方不顾中方反对强行将南海问题列入议程。2012年7月中国政府在原来隶属于广东省的西、南、中沙群岛办事处的基础上建立了三沙市，并成立了三沙警备区，这是依据中国行政管理系统采取的一个正常措施。美国国务院却发表声明，批评中国政府的这一举措，称"这与采取合作的外交努力解决分歧背道而驰，并可能导致本地区的紧张升级"。③连一些美国学者也指出，早在中国建立这样的设置前，别的国家已经在有争议的岛屿和海域建立了行政区划设置，国务院的这个声明只批评中国而不提别的国家，显然是片面的。④

在2012年11月在柬埔寨首都金边举行的东亚峰会上，奥巴马再次强行提出南海问题，温家宝总理被迫作了回应。会上，绝大多数东南亚国家领导人同意，东盟不应将南海的争议国际化，"而是完全在现有的东盟—

①　Ben Dolven, Shirly A. Kan, Mark E. Manyin, *Maritime Territorial Disputes in East Asia: Issues for Congress(CRS Report for Congress)*, "Summary", January 30, 2013.

②　周琪：《冷战后美国南海政策的演变及其根源》，《世界经济与政治》2014年第6期。

③　" Statement by Patrick Ventrell, Acting Deputy Spokesperson on South China Sea",Public Affairs Office, Embassy of the United States of America, *Washington File*, August 6, 2012, pp.10–11.

④　与美国前驻华大使芮效俭的访谈，2012年10月5日。

中国机制下专注于这个问题"。①

2013 年 12 月 14—16 日，克里访问越南，这是他就任国务卿以来首访该国。他在河内宣布，为帮助东南亚国家增强海军力量，美国将向该地区国家提供 3250 万美元的援助，其中提供给越南 1800 万，帮助越南购买 5 艘快速巡航舰艇在内的设备。在未来两年，美国对东南亚海上安全援助的总额将超过 1.56 亿美元。② 接着，克里又访问了菲律宾，并宣布，根据"全球安全应急基金"的安排，为菲律宾实施一项为期 3 年、额度为 4000 万美元的联合项目，用于改善海上安全和海域意识，并为提高反恐执法能力提供协助。③

质疑和挑战"九段线"成为中美双方在南海问题上的立场对立的焦点。美国的主张是，中国与相关国家的领土、领海与海洋权益的争议要遵循国际法与《联合国海洋法公约》来解决，任何对南海的海洋权益的要求都要以陆地地貌特征为基础，而中国的"九段线"不是以陆地地貌特征为基础的，因此，不符合国际法。中国不能依据历史的状况来提出自己的要求。④ 2014 年 2 月 5 日，助理国务卿拉塞尔在众议院外事委员会亚太小组就"东亚的海上争议"作证时再次强调了这一立场。⑤ 这种立场显然是片面的。1982 年《联合国海洋法公约》的通过及 1994 年的生效对人类和平开发、利用海洋，建立公正、合理的国际海洋秩序起到了重要作用，目前已经有 160 多个国家批准了该公约。但该公约本身存在不少模糊之处，留

---

① 《东盟对美国态度转冷》，http://news.xinhuanet.com/world/2012-11/19/c_123967358，2012年11月19日。2014年7月20日浏览。

② Office of the Spokesperson, US Department of State, " US –Vietnam Comprehensive Partnership", http://www.stat.gov/r/pa/prs/ps/2013/218734.htm, December 16, 2013. 2014年7月20日浏览。

③ John Kerry, "Remarks with Philippines Foreign Secretary Albert Del Rosario", http://www.state.gov/secretary/remarks/2013/12/218835.htm, December 17, 2013. 2014年7月20日浏览。

④ "Maritime Disputes in East Asia", Testimony by Daniel R. Russel, Assistant Secretary of State, Washington, D.C., http://www.state.gov/p/eap/rls/rm/2014/02/2211293.htm, February 5, 2014. 2014年7月20日浏览。

⑤ Danniel R. Russel, "Maritime Disputes in East Asia", Testimony Before the House Committee on Foreign Affairs Subcommittee on Asia and the Pacific, http://www.state.gov/p/eap/rls/rm/2014/02/221293.htm, February 5, 2014. 2014年7月20日浏览。

下了一些灰色地带，该公约的许多条款和机制仍然有待做出准确的解释。南海的核心问题是围绕着南沙群岛的主权争议，以及某些海洋区域的划界问题。这些争议涉及历史、外交、政治、经济、军事和法律等诸多问题，该公约不能作为解决争端的唯一依据。在南海问题上，中国的"历史性权利"证据最充分，它的体现就是"九段线"（原来的"十一段线"），也是中国官方称的"传统海疆线"。包括南海沿岸国在内的国际社会在很长时期对此并未提出任何异议。自从20世纪70年代以来，随着南海油气资源的大规模发现和《联合国海洋法公约》的签署生效，一些国家出于各自利益的考量对九段线的立场逐渐发生了变化，从最初的肯定、默认向质疑甚至否定转变，九段线也成为中美南海问题上矛盾的焦点。①

在2014年5月底6月初的亚太安全会议上，出席会议的美国国防部长哈格尔对中国横加指责，遭到中国人民解放军副总参谋长王冠中的严厉驳斥。中美两国高官在国际会议场合唇枪舌剑的火药味之强烈，是20世纪90年代初两国在人权问题上的交锋以来所没有过的，两国在东海和南海的分歧是现今中美关系的各种分歧中烈度最高、对两国整体关系负面影响最大的一个问题。

中美在西太平洋的磨合与顺应

中美两国在西太平洋确实存在着带根本性的分歧和激烈的竞争。但这不是说，两国在这一问题上就没有调和的余地，更不是说，这种竞争必然导致战略摊牌。

首先，两国都寻求亚太地区的和平与稳定。中国自不待言，为了实现"两个一百年"和中华民族伟大复兴的目标长期需要良好的国际环境，尤其是周边环境。美国呢，阿富汗战争与伊拉克战争的后果着实能让美国消化一段时间，美国以后在动用武力方面不得不格外谨慎小心。实际上，此次对待"伊斯兰国"奥巴马就是很谨慎的。美国在向亚太地区排兵布阵，

---

① 吴士存：《南沙争端的起源与发展》，中国经济出版社，2013年，第37—39页。

中国也在发展军力，两国的行为各有其自身的逻辑，双方的战略目标与其说是为了冲突，不如说是为了避免冲突，是为了进行威慑。中方反复表示，发展海上力量是为了维护自身的合法权益，中国无意将美国赶出西太平洋；美国则宣称"欢迎一个稳定、和平与繁荣的中国的崛起"，美国致力于发展与中国的合作。除了别的原因，如经济上不断加深的相互依存、不断扩大和增进的人文交流等，在海上，两国之间的机会之窗也是大于冲突的风险的。中美双方围绕着中国有限海权目标的互动，其实质是美国对中国作为一个地区大国的合法权益的承认过程，互动的进程也是美国政策的调整过程。其中既有双方对对方的认知，也有两国利益的磨合和让渡，也有不同战略文化的碰撞。在此过程中，中国的最大问题是如何更好地向美国表达自己的正当利益诉求；需要继续对美国进行"战略再确认"，通过适当提高透明度、改进沟通方式，尽力降低美国对中国海上力量发展的过度反应，使美国尊重中国的核心利益，对中国海上力量的适度发展采取包容态度。

其次，中美两国在非传统安全领域拥有广泛的共同利益和合作基础。国防部长常万全在 2013 年 8 月访问美国期间，与哈格尔达成共识，中美双方同意进一步加强在人道主义救援、减灾、反恐、反海盗、维和等领域的交流与合作。在第六轮战略与经济对话中双方在这一方面又达成诸多共识。[①]

第三，2013 年以来，两国的军事交流，包括高层互访、联合军事演习比冷战结束以来 20 多年的任何时候都活络，第一次成为两国关系中的亮点，着实令人鼓舞。首先，两军关系的发展得到了两国领导人的坚定支持，双方确认要建立与新型大国关系相适应的新型两军关系。其次，高层互访频繁，这些互访有利于双方在战略层面上加深相互了解，避免误解和误判。再次，双方之间的机制性措施继续运转。在 2014 年的第 14 届西太平洋海军论坛年会上通过了《海上意外相遇规则》，中美都是这一规则的成员国；在奥巴马总统 2014 年 11 月对中国进行国事访问期间，两军又签

---

① 美国海军战争学院教授吉原恒淑在一次采访中表示，美中海军有很有意思的二元关系：双方在近海激烈竞争，几近对抗，远海似乎更多是双方利益的交汇点。《环球时报》2014 年 10 月 29 日，第 7 版。

署了建立重大军事行动相互通报机制和公海海域海空军事安全行为准则，这是两军增进互信、加强合作的切实措施。最后，两国海军的互访、联合军演频繁，2014年6、7月中国海军4艘舰只又参加了"2014环太平洋军演"，中国也将应邀参加2016年的环太平洋军演。这些联合演练尤其是环太平洋军演，有助于中国海军走向世界，有助于中美两军在操作层面增信释疑。美国海军作战部长格林纳特最近表示，美中未来海上和平的关键将基于两国海军更多的接触。中国成为西太平洋一个负责任的邻国对美国首先是一个机遇，"我们不得不学会如何在南海、东海以及其他任何地方共存。"① 这个表态是建设性的。两军交往的这种良好发展势头要努力予以维护。

奥巴马总统对中国的国事访问、他与习近平主席的会晤取得了令人振奋的丰硕成果，是中美双方把新型大国关系从概念变成行动的重大进展。如何在西太平洋建设性地管控分歧，使西太平洋成为两国良性互动的地区，而不是引发冲突的地区，是两国今后相当长一个时期面临的大课题，它对于构建中美新型大国关系、对于亚太地区的和平与稳定都具有至关重要的意义。

---

① 《美国海军高官愿与中方多接触》，http://www.cetin.net.cn/cetin2/servlet/cetin/action/HtmlDocumentAction?baseid=1&docno=583652，2014年10月15日。

先下滑后趋稳——2014年中美关系

卞庆祖[①]

内容提要：2014年中美关系先下滑后趋稳，经历了又一个起伏。由于霸权心态作祟、国内政治斗争以及曲解中国维权行动等，美国表现对华强硬，"敲打"中国，致使两国关系紧张。但是形势比人强。为应对中东乱局和乌克兰危机等问题的困扰，美国需要中国在国际事务中更多的合作。美国政府高官下半年陆续访华，力图缓和气氛，改善两国关系。中美双方都有意加强合作，扩大共同利益，使中美关系回到稳定发展轨道，并管控好分歧。

关键词：中美关系　紧张　合作　共同利益　管控

2013年年底以来，美国政府高官对华态度逐渐发生变化，戒心强烈。在与中国相关的热点问题上，说硬话狠话，摆出"对着干"的架势，"敲打"中国。美国加大对华威慑力度，对亚洲盟友承诺更明确，并加强在亚太地区的军事存在，致使中美关系的气氛变坏，"成往下降的螺旋状态"，出现了"偏离正常发展轨道"的风险。2014年下半年后，美国对华政策"有了非常微妙的转变"。[②] 7月第6轮中美战略与经济对话后，两国关系的气氛有所改善。9月美国总统国家安全事务助理赖斯访华，"稀释了中美关系的紧张感"。[③] 美国总统奥巴马11月访华更有助于缓和紧张，加强合作，扩展共同利益和稳定发展两国关系。

---

① 作者系中国国际问题研究基金会研究员，中国人民对外友好协会前秘书长。
② [新加坡]《联合早报》2014年10月20日。
③ 《环球时报》2014年9月10日。

一、美国在政治和军事上推进对华遏制

（一）政府高官不断批评指责中国，大力渲染"中国威胁"。

美国在"重返亚洲"和亚太"再平衡"战略的名义下，全力开展对中国外交攻势。过去，政府高官不怎么直接批评中国，往往是"对事不对国"；2014年，则不断地点名批评，"既对事又对国"，显得很强硬，实为多年来罕见。奥巴马在西点军校毕业生典礼上称，"中国经济崛起和军事行动的扩大引发邻国担忧"。他8月连续两次在接受英、美媒体采访时，强调要对华保持相当强硬的态势。甚至警告说，美国准备好回应中国在南海对邻国的"侵略"。副总统拜登诬称中国是"造成地区不稳定的因素"。美国前国防部长哈格尔指责中国"破坏南海稳定"，对其他国家实施威胁、胁迫等，说中国在西沙群岛问题上进行挑衅。早在2月，负责亚太事务的美国助理国务卿拉塞尔就说，中国在南海地区制造了"不确定、不安全和不稳定"的局面，是地区局势紧张的根源，渲染中国在亚太地区的威胁。

（二）加强亚太同盟建设，在东海、南海问题上公开"拉偏架"。

美国利用日本充当亚太地区遏制中国的急先锋。美日防长外长的"2+2"会议明确，《美日安保条约》第5条适用于钓鱼岛，反对任何以武力改变现状的做法，表示要共同牵制中国。奥巴马访问菲律宾时，签署了为期10年的《美菲防卫合作协议》，向中国发出了强烈的信号。"为了进一步围堵中国"，[①] 美国8月与澳大利亚签署了为期25年的军事协议，计划将美国派往澳大利亚的驻军从现在的1150人增至2017年的2500人。达尔文港将向美国驻澳大利亚的永久性军事基地转变。美国还加大力度争取东盟国家。东盟过去是美国全球战略边缘的"小角色"，而现正成为美国安全议事日程上的"明星演员"。越南已成了美国"重返亚太"大棋局的一颗新棋子。美军参谋长联席会议主席登普西2014年8月访问越南，成为43

---

① ［俄］"今日俄罗斯"电视台，2014年8月13日。

年来的首次。美国还在10月宣布放宽对越南出口武器的限制。

长期以来，美国政府一直在中国的领土争议问题上采取"模糊"政策，尽力避免中国与邻国之间的冲突。随着中国崛起，美国在南海、东海问题上经历了一个"从不介入到介入，从不选边到选边"的过程。2010年美国前国务卿希拉里的"河内讲话"是一个转折点。希拉里的发难是经过了精心策划的。① 进入2014年来，美国频频出重手，打压中国的主张。美国在这些问题上"政策的明晰化和倾向性"，是重大转变。表面看来，美国的"所作所为是支持现状"，但正如美国著名学者米尔斯海默所言："华盛顿跟所有与中国有领土争议的国家发展关系，是在争议中站到它们一边。"2014年初，拉塞尔在美国国会听证会上表示，中国应澄清南中国海的九段线，指责中国对领土主权的要求缺乏国际法依据。此后，美国总统、前国防部长等都连续亮出了改变政策的"底牌"，奥巴马访日时连续三次就钓鱼岛争端表明立场，把钓鱼岛列入美日协防的范畴，公开支持日本。② 美国毫不掩饰地"拉偏架"，是对中国的维权行为发出警告。它直接损害了中国的安全利益，也严重冲击了中美关系。

（三）把中国与"基地组织"等同提及，对华定位更趋消极。

长期以来，美国对华"接触与遏制"两手政策的重心虽有时会摇摆，但大体保持稳定和平衡。随着中国国力和军力的不断提升，国际地位和影响力增大，美国的心态变得更复杂，美国保守势力和军方对中国的看法和战略定位更加消极。美国2014年发表的《全球威胁评估报告》、《四年防务评估报告》、《中国军力报告》和《防务战略指南》等国防部文件，视中国为新的竞争对手，大力渲染中国军事威胁，主张在亚太地区牵制中国。登普西5月14日在大西洋理事会上发表演讲，把美国军事战略概括为应对"2+2+2+1"的威胁，中国被列为重量级竞争者，伊朗和朝鲜是中量级威胁，基地组织是必须对付的团队。这是美国首次明确将中国与基地组织、朝鲜、伊朗等同提及，并称之为美国的安全威胁。美国海军作战部长格林

---

① 环球网，2014年8月22日。
② [香港]《南华早报》2014年7月23日。

纳特在海军"当前战略论坛"上要求与会者公开讨论如何应对中国，表明
美国海军越来越把中国作为作战对手。与此同时，美军动作频频，开建在
日本的第二个可探测五六千公里的X波段雷达基地，"考虑"在韩国部署
先进反导系统，宣布将最先进的隐身驱逐舰和濒海战斗舰派往太平洋，强
化美军基地群。美军8月在海南岛以东海域进行抵近侦察。美国侦察机对
中国频繁侦察，损害了中国的安全利益和中美战略互信关系。美军9月在
关岛举行了针对中国的空海一体战的"勇敢之盾"军事演习，这次活动
聚集1.8万名军人参加，规模巨大。有美国媒体认为，美军在亚太地区的
"敌人"只有中国。美国虽不公开宣扬遏制政策，但实际是遏制中国。

（四）美国在网络安全问题上向中国发难。

近年来，美国政府一直在制造"中国网络威胁"的社会舆论,不时拿
网络安全来说事。本来，美国是世界网络强国，控制全球的网络系统，并
通过网络窃取很多其他国家的信息。然而，美国经常先声夺人，往往在中
美高层会晤之前在"网络安全"问题上向中国发难，威胁说网络安全甚至
会成为双边关系发展的抑制因素。就在北京APEC中美元首会晤前后，美
国先炒所谓"Axiom"的"中国黑客威胁"，后美国网络战司令罗杰斯又炒
作"中国网络威胁"，渲染紧张。国务卿克里居然振振有词地表示："网络
窃取伤害了我们的商业以及我们国家的竞争力，它给我们知识产权带来的
损害影响了创新与投资。"2014年5月，美国以"对美国公司发动网络攻
击"为由，起诉中国五名军官窃密。中国强硬回击美国指责，立即中止了
2013年才建立的中美网络工作小组的对话。指责与反指责已变成中美网络
争端中的常规循环。网络问题给中美一直积累的"不满清单"又增多了一
项。法兰西电视台评论称，中美双方在黑客问题上的相互指责声浪高涨，
让人感受到两国关系的阵阵寒意。

二、美国对华态度强硬的动因

（一）霸权心态作祟，称将领导世界100年。

2008年金融危机后，美国国力趋于相对衰弱，国际影响力也随之下降。美国8月民调显示，60%的人认为美国是一个"正在衰落的国家"。然而，保持世界经济第一约150年、主导亚太地区事务近70年的美国，充当"世界警察"和维护全球老大地位的霸权心态始终未变。奥巴马2014年在西点军校演讲时声称，美国必须一如既往在世界舞台上发挥领导作用，未来100年美国将继续要做世界"老大"。根据世界银行统计，1993年中国的GDP占不到美国的7%，2012年中国的经济总量已占到美国的53%以上。大多数亚洲学者认为中国将成为亚洲地区的主导力量。中国的强劲发展势头令许多美国精英震动，中国实力增势之迅猛令美国社会上下不安。面对中国经济持续发展和国际影响力的不断扩大，美国内心一直不情愿承认中国综合国力壮大的现实。[1] 美国前国务卿艾奇逊曾如此挖苦英国："大不列颠已经失去了帝国，却还没有找到新的角色。"今天，美国霸权地位渐失，却还没有找到新的定位。因此，对华态度敏感多变，心态失衡，焦虑不安。美国对华不信任日益加深，将中国近年来坚定维护海洋权益的言行曲解为"咄咄逼人"。奥巴马在8月上旬的一周内连续两次谈到对中国的看法。他在《经济学家》杂志上主张对中国"强硬"，后又在接受《纽约时报》专访中称中国"搭了（美国）30多年的便车"。这些反映了他本人也对中国战略意图"存有疑虑"。德国墨卡托中国研究中心主任海尔曼认为，奥巴马抑制中国崛起的决心不断增强。

（二）奥巴马政府内政外交受挫，以对华施压威慑缓解国内压力。

奥巴马政府上任来的内政外交屡屡受挫，特别是在外交上一筹莫展相当尴尬，饱受"软弱外交""毫无建树"的批评。曾经意气风发给人期望

---

[1] ［美］美国世界论坛网，2014年2月23日。

的奥巴马，如今成了"跛脚鸭总统"。他的民意支持率一度下降至33%，被评为美国"最差总统"。面对内政外交全无成绩的"窘态"和国际政治动荡的态势，美国为"施展力量"，几乎在所有中国有关的问题上都毫不掩饰地打压中国。同时，随着年底美国中期选举的临近，奥巴马选择"敲打"中国既是为堵国内批评者之口，又想用对华强硬姿态在国际舞台挽回些面子。

值得注意的是，在奥巴马政府对华政策的团队中，虽没有保守人士和反华派，但也没有资深中国问题专家，顾问班子弱。美国政府在对华政策上表现得模棱两可前后不一，在"软"和"硬"之间摇摆"缺乏方向"。自相矛盾让奥巴马成了"看不透"的总统。① 中美关系的"冷热交替"，不仅因为奥巴马外交经验不多，而且与他的个人因素有关。有外国学者在《金融时报》撰文指出，他对中国怀有偏见和厌恶情绪，这有时可能左右美国对华政策。

（三）重塑和落实"再平衡"战略。

奥巴马政府执政不久，就针对中国崛起推行亚太"再平衡"战略。由于美国国内对该战略的疑虑和批评日益增多，所以，美国亚太"再平衡"战略实施以来进展缓慢，步履维艰。然而，美国的安全和繁荣与亚太地区的和平发展密不可分。今日亚洲拥有全世界67%的人口和1/3的经济总量。2012年亚太地区的经济增长率达7.5%，而全球的仅2.2%。亚太对全球经济增长贡献超过50%。美国七个盟友中有五个位于亚太地区。因此，美国不仅不会放弃亚太地区，而且决心加速推进亚太"再平衡"战略。美国《星条报》称，重树美国在亚太地区的影响力是奥巴马政府的首要任务。他第二任期外交政策的主要战略目标仍是亚太"再平衡"战略。2014年伊始，美国蓄势待发，在亚太地区与各国密切接触和加大投入。② 奥巴马在发表2014年《国情咨文》时表示，美国继续把重点放在亚太地区，以塑造更加繁荣和安全的未来。从地缘战略结构的变化来看，中国已成为美国眼

---

① 《环球时报》2014年8月5日。

② [美]《赫芬顿邮报》2013年12月31日。

中在亚太地区最主要的对弈者。美国亚太"再平衡"战略针对中国的意图十分明显，美国现有 200 艘各式军舰部署在太平洋，35 万多美军部署在亚太各地。美国军政高官不断强调，亚太"再平衡"战略是奥巴马外交政策的基石。他们年中以来频现亚太。哈格尔任内已 6 次访问亚太，2014 年就有 4 次之多，显露出美国重返亚太的决心。美国重塑"再平衡"战略，南海问题成为落实"再平衡"的着力点。美国强硬对华，宣扬中国"威胁"，为重塑"再平衡"战略造势。反之，中国的发展态势可能成为影响美国亚太战略的变数之一。落实"重返亚太"又进而强化对华施压威慑。

（四）安抚亚太地区盟友，挽回日衰的美国信誉。

新世纪以来，美国的亚太同盟体系不时面临严重的信任危机。美国缺乏领导力的表现使日本、韩国、马来西亚和菲律宾等亚洲国家的疑虑越来越强烈。奥巴马连续两年缺席东亚峰会和 APEC 会议，使其东亚盟国对"再平衡"战略和美国安全承诺的信心更加不足。在这种情况下，美国必须做出明确的姿态，表示美国对亚洲盟友的安全承诺继续有效。奥巴马 4 月访问亚洲，主要是安抚亚洲盟友，重塑美国的威望和坚定他们对美国的信任。美国政府高官 2014 年来不断地努力表达言词的"强硬"以及美国在东海、南海问题上秀"强硬"，是表示美国将保护他们。哈格尔在 2014 年香格里拉安全会议上，不惜公开美、中两国分歧，"对华强硬"表现得淋漓尽致，这些都是让该地区的"小伙伴"安心，告诉他们美国会震慑中国，"你们可以依靠我们"。

三、中美都有意改善关系，回到稳定发展轨道

（一）美国仍视中国为战略对手，但"展现合作"愿望。

美国舆论在 2014 年内有"华盛顿被迫重返欧洲，把矛头对准俄罗斯"的推测，政界和学术界也曾有政策转向的争论，但美国政府经过评估认为，亚太地区是美国重大的战略利益所在，是首要地缘政治目标。奥巴马在 2014 年出席二十国集团峰会时指出，美国确实要返回亚洲，并将继

续留在亚太地区。还说亚太地区仍是美国外交政策的"根本重点"。美国国防部发言人柯比更是直言不讳道："就算别处再乱,美国也不会放弃亚太。"因此,美国仍视中国为战略对手和防范对象,没有放松对华压力。美国应对中国之策是"进"而不是"退",① 奥巴马政府对华政策是在逐步构建对华遏制政策的架构。② 美国在亚太地区奉行针对中国的政策,实际上比遏制还要咄咄逼人。美国2014年对华强硬,方方面面向中国施压,似乎把"重点放在遏制上"。美国扩大在亚洲的军事存在,在中国周边"打桩布局"。无论在外交、经济还是近年冒出的网络安全争端等方面,中美双方都剑指对方,发生正面冲突。因此,中美关系"可怕下滑",③ 面临1972年尼克松总统访华以来最艰巨的考验。一些美国专家认为,中美之间的"对抗逐渐成为一种突出的特征"。有的甚至相信,中美已进入一个长期的战略竞争阶段。

在中东乱局特别是"伊斯兰国"在中东地区猖獗肆虐、乌克兰危机引发美俄关系恶化等问题上,美国对形势的研判明显有误。奥巴马为此在2014年9月24日联大发言,将"伊斯兰国"和俄罗斯都列入"当今世界三大威胁",认为在亚太地区的中国周边形势"并不具有爆炸性","仍属可控"。④ 美国决策层终于认识到,对中国和俄罗斯同时用强不符合美国的战略利益,要阻止中美关系的不利趋势继续发展下去。所以,美国以强大阵容参加第六轮战略与经济对话。拉塞尔在这轮对话前夕,晒美中关系成绩单,点赞美中"弹性合作",说中国经济增长与(亚太)地区繁荣相辅相成。赖斯9月访华时强调美国"优先考虑"美中关系、要"修补去年美中元首会谈后不断恶化的两国关系"等。这都是有意让两国关系稳定下来。克里在2014年APEC会议前夕发表讲话说,美中两国人口占世界1/4,经济总量占世界1/3,贸易占世界的1/5。称美中关系是"当今世界最重要的关系,也是当今世界最具影响力的双边关系",它在很大程度上决定21世纪世界格局。他还表示,美中将用合作共赢取代战略对抗,造福两国乃

---

① [新加坡]《联合早报》2014年3月3日,

② 《人民日报(海外版)》2014年8月21日。

③ [美]《国家利益》2014年7月14日。

④ [新加坡]《联合早报》2014年10月2日。

至整个世界。特别是奥巴马 11 月访华更有助于缓和两国关系。他在访华时对美中关系表态积极，说"美国欢迎一个和平、繁荣、稳定的中国崛起"，欢迎中国在国际事务中发挥建设性作用，"希望中国取得成功"。美国支持中国改革开放，无意遏制或围堵中国。2014 年的"习奥会"取得了丰硕成果。中美元首沟通及达成在温室气体联手减排、重大军事行动相互通报、科技产品降低关税以及签证放宽等诸多方面的共识和具体行动规划。这些表明了奥巴马对发展美中关系的愿望，希望加强对华合作，在余下的两年任期里在外交上有所建树。需要指出的是，中美关系 2014 年下半年来所以止跌回稳，更多的是美国对中国有广泛和重要的战略需求。在阿富汗重建、反恐、中美俄等大国关系、中美经济关系和全球治理等方面，美国都迫切希望与中国展开务实合作。

（二）美国对华"两面下注"，中国也开展必要的斗争。

几年来，中美两国关系起伏不定，总是"冷热交替"。虽说中美之间的竞争和对抗时而上升强化，但美国对华政策大框架还是接触加制衡的双轨政策。奥巴马坦言，美中两国彼此竞争，但面对各种挑战时需要合作。赖斯说："我们寻求实施一种（与中国）新型大国关系。这意味着驾驭必然会有竞争，但在我们利益重合的领域也会深化合作。"舆论普遍认为，美国"在抗衡北京不断增长的军力和影响力的同时，在经济和其他利益重叠问题上仍在进行合作"。因此，"美国虽说了不少欢迎中国崛起的漂亮话，但又谋求对华遏制"。[①] 美国"经常做出友好表示，然后以符合自身利益的方式采取不友好的做法"。[②] 英国媒体说，美国人爱说"与中国接触"，但美军演练的"海空一体战"却是准备"对华战争"。其实，美国对华政策的两面性也反映了其内在的深刻矛盾。一方面，美国试图以很大的力度制约防范中国；另一方面，迫切希望中国能与美国进行深度合作，缓解美国面临的现实战略困难。例如，美国 2014 年一边与中国在科技产品降低关税等经济领域达成协议，一边却在美国主导的跨太平洋战略经济伙伴协

---

① [美]彭博新闻社，2014 年 10 月 28 日。
② [美]《赫芬顿邮报》2014 年 11 月 11 日。

定（TPP）和中国倡导的亚太自贸区(FTAAP)问题上"激烈竞争"。美国对华政策的两面性在军事关系上表现也很明显。2013年以来，中美军事关系保持了积极发展的势头，中美两军在继续开展高层交往和军事磋商与对话的同时，不断提升务实合作水平。中国首次参加了由美国主导的世界最大规模的环太平洋军演。美国海军部长马伯斯还表示，"美方欢迎中国航母到访"。与此同时，美国却继续不断对中国进行抵近侦察。美国军机8月19日到海南岛以东海域抵近侦察，反称中国例行识别查证（拦截）是"挑衅性行为"。后向亚太地区派出了第二艘航母战斗群"卡尔·文森"号进行威慑。美国还与日本、菲律宾等国加强军事同盟，经常举行联合军演。我们要看清美国对华采取"两手"政策的长期性和常态化。

现今，中国对中美关系的塑造能力远非昔日可比。随着中美力量对比的此长彼消，美国对华政策与中美关系，既取决于中美两国互动，也取决于中国应对的策略和方法。奥巴马前亚洲事务高级顾问巴德甚至认为，美中关系发展的"变数在中国"。既然美国对华两手政策不会改变，中国则要"兵来将挡，水来土掩"。一方面，要继续扩展共同利益来实现合作共赢。习近平主席会见赖斯时强调，中美两国拥有广泛共同利益，对世界和地区和平、稳定、繁荣都肩负重要责任。他在"习奥会"时还指出，面对当前复杂多变的国际形势，中美应该合作，能够合作的领域更加广阔。另一方面，我们也要以一定程度的斗争来寻求合作的可能。2014年中美在网络安全问题上指责和反指责，唇枪舌剑。中美军方领导人在多个场合激辩。在新加坡的香格里拉会上，哈格尔明里暗里攻击中国。中国解放军副总长王冠中被迫反击，针锋相对。对于美国军机8月抵近中国海域侦察事件，中国除派军机例行识别查证，还表示会严密监控美军侦察，视情况采取措施。中美在多边场合相互"强硬表态"，但双方都非常小心不越过"互不为敌"的底线。

（三）扩大共同利益，互利共赢，并加强管控分歧。

中美都视对方为最大的战略对手，但中美关系已是"大到不能倒"。2013年中美双边贸易超过5200亿美元，相互投资存量超过1000亿。如今，中国是美国第二大贸易伙伴、第三大出口市场和第一大进口来源地。中美关系实际上是全球最重要的双边关系，但中美关系又是世界上最复杂的关系，不宜做简单的描述。两国高度重视彼此的关系，都难以承受把对方从模糊的利益攸关角色变成敌人。两国既有海量合作又高度防范。两国既有利益分歧，也有相互深度依赖。有时竞争因素多，有时倾向合作。相互的防范和合作还同时渗透到两国社会的各个层面。合作是艰难的，而不合作更糟糕。[①] 合作伴随对抗已是中美关系的新常态。中美两国关系将继续保持"竞争与合作"的基本特性。当然，扩大共同利益、合作共赢，是中美关系发展的大方向。奥巴马访华时表示，中美利益深度融合，加强合作可以造福两国人民和世界人民。中国是美国的合作伙伴，美国愿同中国加强合作交流，携手应对各种全球性挑战。他在访华回国后还表示，中美两国可以建立双赢关系，美国有信心管理好与中国的关系。克里最近发表演讲时谈美中关系分歧的话题有限，而更多提到两国共同利益的议题。他说，美国对华政策建立在两大支柱上，其中一个是"在两国有共同利益的广泛议题上建设性地协调努力"。布热津斯基甚至认为，为"应对将陷入更加深刻混乱的世界体系"，美中"必须携手"。[②] 他还呼吁两国签署效仿当年英美《大西洋宪章》的中美《太平洋宪章》。习近平在会见奥巴马时说："按照我们两人2013年达成的共识，推进各领域协调和合作都取得了积极进展。"事实上，中美合作可以从有全球共同利益的"零争议"领域突破，其中包括伊核问题、朝核问题、阿富汗问题、国际贸易政策协调等。中美联合组织了"阿富汗青年外交官培训项目"。中国承诺帮助阿富汗重建也符合全球共同利益。

　　美国对中国的经济实力和军事实力的增长感到威胁，心存芥蒂，始终将中国视为潜在对手。德国媒体说，中美关系正处于遏制与反遏制的阶段。中美两国的分歧和误解不可避免，中美未来"低烈度广泛对抗"，[③] 还可能成为两国错综复杂关系的现实。目前，美国对华主要是"防"，还没进入全面"抗"的阶段。但"防"与"抗"之间不存在不可逾越的天堑。虽说中美互疑是战略和根本性的，但中国不是美国的敌人，双方需要管理

---

① [美]《洛杉矶时报》2013年12月27日。

② [美]《政治杂志》网站，2014年11月6日。

③ [新加坡]《联合早报》2014年5月22日。

彼此的战略互疑和分歧。构建中美新型大国关系，在很大程度上就是要对两国战略竞争关系实施有效管理，控制竞争的烈度，并在竞争中推动合作，防止双方关系滑向冲突和敌对的状态。要想使中美更加合作而非更激烈竞争，双方需要政治意志来管控分歧，管理两国关系不失控。国务委员杨洁篪向赖斯表示，中美应妥善管控分歧和敏感问题，确保中美关系沿着不冲突不对抗、相互尊重、合作共赢的方向健康发展。曾经的美国国务院二号人物斯坦伯格强调，美中关系的核心挑战是如何避免冲突的危险性，巧妙管控双边分歧。随着全球秩序的改变，中国和美国不得不在双边关系上达成一种微妙的平衡——对抗但无冲突。① 为此，中美高层要进行对话，阐明彼此观点，尽量缩小分歧。中美关系的唯一正确态度是一起讨论、和而不同。

　　总之，过去一年里中美之间的竞争和对立突出，不仅影响两国关系，而且引发国际社会的担忧，② 因此，双方都有意改善关系，使之回到稳定发展的轨道上来。美国著名中国问题专家葛来仪认为，两国"显然都渴望重新校准美中关系"。"习奥会"再次确认中美新型大国关系，开启了中美未来合作大局。双方愿推动中美新型大国关系不断迈上新台阶。习近平主席还提出建设中美新型大国关系的六个重点方向，表示中方愿与美方一道，使其更多更好惠及美国人民和世界人民。

---

① ［日］《外交学者》2014年8月27日。
② 《环球时报》2014年11月17日。

非洲是美国称霸全球的战略重地

——奥巴马对非政策的特点

钱文荣[①]

内容提要：近年来，奥巴马政府加大了对非洲的关注度和投入。美国重视非洲的五大原因：（1）非洲的战略地位重要；（2）非洲大陆拥有丰富的矿产资源；（3）非洲正成为全球经济发展速度最快的大陆；（4）非洲是当今世界最动荡的地区，威胁美国的战略利益；（5）中国在非洲的影响不断扩大。奥巴马政府的对非战略，进一步界定了美国在非洲的核心利益，并提出了四项政策措施：（1）支持强有力并可持续的民主政府；（2）创造良好的贸易投资环境；（3）以反恐为重点，防止冲突与暴乱；（4）加强公共卫生工作，积极应对气候变化，促进非洲可持续发展；遏制以中国为主的新兴国家在非洲的影响。美国对非工作某些具体做法对中国改进对非工作有一定启示。同时，中美两国虽在非洲存在竞争和矛盾，但也有某些共同利益，可以在不影响中国与非洲国家的双边合作的前提下有选择地与美国开展适度的合作。

关键词：美国战略重地　美非领导人峰会　奥巴马对非政策

　　非洲是全球政治、经济活动中的一个重要组成部分，也是关系到未来世界和平、稳定与繁荣的关键地区之一。非洲是美国维护与扩展全球利益、显示其全球领导力的一个重要地区。冷战结束以来特别是

---

①　作者系中国国际问题研究基金会高级研究员，新华社世界问题研究中心研究员。

近十年来，美国尤其是奥巴马政府加大了对非洲的关注度和投入，调整了对非战略，进一步明确界定了美国在非洲的核心利益，将遏制中国在非洲的影响力列为战略目标之一，并制定了一系列实现战略目标的新的政策措施。2014年8月5—6日，美国邀请近50位非洲国家领导人到华盛顿举行了美非关系史上首次"美非领导人峰会"，凸显了奥巴马政府对非洲的重视。

一、美非关系历史简要回顾

美国是在18世纪初开始进入非洲大陆的，从买卖非洲奴隶开始，当时仅在美国东北部的罗德岛就有150艘船只专门从事奴隶买卖。美国同非洲的正规直接贸易始于19世纪中期。1795—1800年，有124艘美国商船进入南非的开普敦港。到第二次世界大战结束前，美国对非贸易在其对外贸易中占比不大，但持续增长。美国对非洲的经济渗透还通过资本输出进行，到1943年美国对非洲的私人投资总额已达1.29亿美元。美国在非洲没有殖民地，那是因为到美国崛起时非洲大陆已被老牌殖民国家都瓜分掉了。二战结束后，美国成了超级大国，就开始对非洲大肆进行军事、政治扩张。其主要表现为：（1）设置军事基地，重点地区是北非和东非，从直布罗陀海峡到大西洋和地中海沿岸主要港口都是美军布置的重点；（2）通过签订军事条约提供军事援助和派遣军事代表团等手段，使这些非洲国家依附于美国；（3）利用北约盟国在非洲的军事基地，为美国在非洲和其他地区开展军事行动服务；（4）美国政府要员频繁访问非洲国家，扩大政治影响；（5）利用提供经济援助和资本输出占领非洲市场和资源。

从地缘政治上说，整个冷战期间美国在非洲的战略目的和战略利益的重点在于遏制苏联，确保非洲作为西方世界的主要阵地之一，从而维护和扩大美国在那里的势力范围。进入新世纪后，随着中国的崛起，美国把对非政策的地缘政治战略的主要目标转向遏制中国。

二、美国重视非洲的五大原因

迄今美国一共有44位总统，其中在任期间专访非洲者寥寥无几。冷战结束后有三位总统——比尔·克林顿、小布什和奥巴马都访问了非洲。尤其是现任总统奥巴马，2009年上任尚未满六个月就出访北非国家(也是中东国家)埃及，一个月后紧接着访问了西非国家加纳，三周后派国务卿希拉里·克林顿访问了非洲七国。2013年，奥巴马亲自访问了塞内加尔、南非和坦桑尼亚三国。这足以表明美国对非洲愈来愈重视，远远超过了美国历史上任何一个时期。究其原因，主要有五个方面。

（一）非洲的战略地位重要，是美国称霸全球的战略要地。

基辛格说："非洲面积巨大，地理位置具有战略意义。"[①] 非洲北隔地中海与欧洲相望，要争夺欧洲的南翼必须先夺取地中海一带非洲国家；非洲的一部分地区是中东的组成部分，是欧亚两大陆的接合部，要控制欧亚两大陆必须先控制中东。这是美国实现和维护称霸全球目标必须优先掌控的战略要地。

（二）非洲大陆拥有丰富的矿产资源。

据估计，非洲储存着30%以上的世界矿物资源。钻石、铬、钴、钽、铂、黄金和磷酸盐等都占世界蕴藏量的50%以上，石油尤为丰富。这些都是美国所需的战略资源。

（三）非洲正成为全球经济发展速度最快的大陆。

尽管2008年和2009年受到全球经济危机的冲击，非洲经济在过去十年里一直保持高速增长，平均年增长达4.7%。当今全球经济增长最快的

---

① 梁根成：《美国与非洲》，北京大学出版社，1991年，第8页，载[美]《国务院公报》1976年7月12日，第48页。

10个国家中，非洲国家占了6个。国际货币基金组织预测，非洲经济平均5%的年增长率至少可延续到2015年，有可能成为新的"世界加工厂"，前景广阔。2000年，英国《经济学家》杂志还将非洲称为"没有希望的大陆"，一年之后，该杂志却来了180°的大转弯，将其称为"充满希望的大陆"。随着经济快速发展，近10年来非洲城市化发展十分迅速。城市化发展带来了大规模的道路、住房和供水系统等基础设施建设。据美国研究机构预测，到2030年，非洲大陆上将出现18个超级大城市，今后城市基础设施建设需要每年投资1.3万亿美元。非洲的农业大有发展前途。非洲地区的一体化建设也在不断加快步伐，有力推动了非洲经济增长。为此，美国国会早在2000年就通过了《非洲增长与机会法案》，鼓励美国企业大力发展对非洲出口与投资。

（四）非洲是当今世界最动荡的地区，尤其是恐怖主义活动泛滥，不断威胁着美国的战略安全和利益。

冷战结束后，全球恐怖主义活动迅速抬头，日益猖獗，非洲和中东地区尤为严重。尤其是"9·11"后美国发动"全球反恐战争"以来，"基地"组织不但没有消灭，反而迅速蔓延。如今，"基地"组织的网络已从阿富汗延伸至中东、非洲等40多个国家。"伊斯兰马格里布基地组织"就是"基地"组织在北非地区的骨干分支力量。该组织以马里北部城市基尔达为中心建立恐怖主义的扩张基地，其南部的活动范围从阿尔及利亚南部和马里北部扩张至毛里塔尼亚东部、马里西部、尼日尔西部，并与尼日利亚的伊斯兰激进武装有很大的联系。他们同一些本地恐怖组织结合。如萨赫勒地带本土恐怖主义组织有将近30个，主要包括活动于苏丹的"正义与平等运动"（JEM）、"苏丹解放运动"（SLM），马里的"图阿雷格北部变革联盟"（ATNMC）、"西非圣战统一运动"（MOJWA），尼日尔的"尼日尔人争取正义运动"（MNJ）、"撒哈拉革命武装力量"（FARS），尼日利亚的"尼日尔三角洲解放运动"（MEND）、"尼日尔三角洲人民志愿军"（NDPVF）以及"博科圣地"（Boko Haram）等。这致使萨赫勒地区的安全形势愈来愈恶化。美国2014年发表的《2013年全球恐怖主义报告》中在列数反恐成绩的同时不得不承认，非洲地区的恐怖主义活动在2013年内进入了一个新的水平，全球恐怖主义活动继续威胁着美国的利益。

（五）中国在非洲的影响尤其是政治影响不断扩大，成为美国应将非洲置于优先地位的五大理由之一。

近年来，美国许多主要智库都对中国在非洲的影响进行了大量调查研究，发表了许多研究报告。将中国列为美国应将非洲置于优先地位的五大理由之一，就是美国布鲁金斯学会在其2013年4月发表的政策研究报告中提出的。① 又如，兰德公司2014年3月发表了一份题为《中国与非洲的交往：驱动因素、反应和对美国政策的影响》的研究报告，认为中国对非洲采取不干涉内政的政策阻碍和削弱了美国在那里推行"民主政治"，"是对民主、人权和经济增长的潜在威胁"。报告还援引一些美国官员和观察家的观点，认为"中国在非洲的经济活动会削弱美国公司的竞争力"。美国的有些分析家甚至把中国在非洲开发石油资源看成对美国和全球能源安全的"威胁"。② 美国外交学会中国问题学者易明（Elizabeth Economy）竟断言，"中国对独裁政府提供援助和投资，对美国促进该地区改善治理的公开承诺构成明显的挑战。"③

三、奥巴马政府对非政策的特点

奥巴马的对非政策与前任总统的对非政策虽有许多共同点，以继承为主，但也有其新的特点。首先，奥巴马将非洲列为美国政策的重点。这在美国历史上是第一次。其次，在政策重点和目标上有所不同。老布什时期的对非政策重点是抢占苏联解体后留下来的属地，以推行"民主化"。克林顿政府的重点是发展经贸关系。小布什上台不久就发生了"9·11"恐

---

① ［美］《非洲维和应是美国优先考虑事项的五大理由》（美国布鲁金斯学会报告），《耶鲁全球化》（在线杂志）2014年4月9日。

② ［美］拉里·哈诺尔、莱尔·莫里斯（兰德公司高级国际政策分析员）：《中国与非洲的交往：驱动因素、反应和对美国政策的影响》（兰德公司报告），兰德公司网站，2014年4月12日。

③ 同①。同②。

怖袭击事件，他把对非政策重点转向反恐和确保能源供应。奥巴马政府则综合运用多种手段，政治上推行良政，继续支持民主化，传播美国的价值观；经济上通过开放市场和健康卫生（重点防治非洲蔓延的艾滋病等传染病）扩大美国在非洲的影响力，保障美国对非洲资源和能源的需求；军事上加强美国"非洲司令部"的作用，以实现反恐和抗衡以中国为主的新兴大国在非洲的影响的目的；文化上利用媒体宣传和人员往来以及非政府组织，提高美国在非洲的软实力。

奥巴马在2009年访问加纳时首次宣布了他新的对非政策，2012年6月又正式发表了《美国对非战略》。奥巴马政府明确界定了美国在非洲的核心利益，主要包括：（1）确保美国公民、盟友及伙伴的安全；（2）在国际舞台上支持该地区具有经济活力的民主国家，与其建立合作伙伴关系；（3）扩大美国的贸易和投资机会；（4）防止冲突与大规模暴行；（5）促进基础广泛、可持续的经济增长与减贫。

为了实现这些利益，美国采取了四项政策措施：

第一，支持强有力并可持续的民主政府。奥巴马总统2009年在加纳议会的演讲中强调，必须面对的第一个问题是"只有民主制度才能够救非洲"，"我们必须支持强有力并可持续的民主政府"。他说："发展有赖于良政，这是非洲最紧迫的问题，只有朝着这个目标改变才能释放非洲的潜力，也只有这样改变非洲人民才有希望。"① 他敦促非洲国家承担更多责任，推进民主改革。这表明奥巴马政府主要是加强同非洲"民主政体"的合作。为此，美国关注援助非洲"负责任的"个人和机构，全力支持非洲的"良政"建设。例如，2011年，奥巴马政府启动了"开放型政府合作伙伴计划"，积极参与非洲政府与公民社会组织的建设，以提高政府的透明度与问责度。

第二，创造良好的贸易投资环境，支持非洲自主发展。非洲拥有丰富的资源，非洲人力资源也丰富，年轻人占比很高。如何将非洲这些优势转化为现实生产力、促进非洲地区的发展以实现美国的利益，是美国十

---

① "President Obama addresses the Ghananian Parliament in Accra", http://www.whitehouse.gov, July 11, 2009.

分关注的一个问题。为此，奥巴马政府注重开发非洲自身的发展潜力，并在他上台后不久就启动35亿美元粮食安全计划，主要内容就是支援非洲的粮食生产，其中不仅仅是向非洲输送美国的生产商或商品，也为非洲农民提供新方法和新技术。同时，奥巴马政府还提出要进一步落实"美国—东非贸易投资倡议"等各项政策措施，不断促进贸易便利化、海关现代化与标准统一化，以期增强非洲国家自主发展的能力，使他们能够从全球市场获益。美国进出口银行2011年史无前例地批准了总数超过10亿美元的对非出口援助计划。美国海外私人投资公司在2011财年还为在非洲投资的私营企业提供了10亿美元的资助。

2013年7月，奥巴马在访问坦桑尼亚期间宣布了一项促进美国与撒哈拉以南非洲的贸易伙伴计划，旨在发展美国与非洲以及非洲内部的贸易。该计划的具体目标和措施包括，促进东非国家港口与内陆国家间货物快速流通，减少通关等待时间，将东非国家对美贸易增加40%，帮助东非国家内部贸易增加一倍，等等。

第三，以反恐为重点，维护非洲安全，防止冲突与暴乱。非洲的冲突以及恐怖主义威胁对美国的国家安全乃至全球安全构成重大影响。在非洲地区加大安全领域的投入也是奥巴马政府对非政策的一项重要举措。具体来说，美国谋求继续集中力量分化、瓦解并最终击败"基地"组织及其在非洲的附属机构，以确保美国公民与伙伴国家的安全。

在应对非洲安全威胁方面，奥巴马政府还注重加强与非洲国家、区域组织以及有关军事组织的伙伴关系，发挥非盟和西非国家经济共同体等多边机制的作用。为此，美国十分重视提升这些组织的维和能力，如为西非建立早期预警系统提供资金援助，为不同层级（非盟、次区域性组织以及各成员国）的非洲后备部队提供培训和顾问支持，继续实施"非洲应急行动培训与援助"计划，等等。加强在非洲地区的军事力量也是美国维护国家安全的一项重要举措。奥巴马政府完善了美国的"非洲司令部"建设，并向非洲部分地区增派军事人员。此外，美国在非洲还加大打击国际有组织犯罪的力度，支持联合国维和行动，积极斡旋非洲国家内争，促进和平政治进程的可持续发展。

第四，加强公共卫生工作，积极而弹性地应对气候变化，努力促进非洲的社会公平和可持续发展。非洲是奥巴马总统实施三大计划即"全球健康计划"、"未来粮食保障计划"与"全球气候变化计划"的核心目标地区。为更好地实施上述计划,奥巴马上台之初就启动了一项全球综合健康战略,承诺在未来6年内投入630亿美元,用于非洲传染性疾病的防控与诊疗,尤其是关注妇女、新生儿、儿童的健康。美国同时还帮助培训非洲医护人员,以满足非洲民众的基本医疗需求。在应对食品安全、水资源以及气候变化等全球性问题方面,美国积极支持非洲的可持续发展战略,如鼓励清洁能源研发与环境保护、提供食品援助等。2012年10月,美国宣布将追加1亿美元用于埃塞俄比亚、肯尼亚和索马里等干旱地区的食品援助。这使美国成为该区域最大的人道主义援助国,其历年援助资金累计超过7.5亿美元。

第五,遏制以中国为主的新兴国家是美国对非政策的目标之一。这项政策目标没有也不可能被列在政府公布的政策目标之内。然而,这是众所周知的事实。在美国看来,中国是正在迅速崛起的新兴大国,在意识形态、社会制度、价值观念、文化传统上与美国有着巨大差异。这种认知使得美国国内一部分人认为美中之间存在霸权竞争,因而美国需要在包括非洲的全球范围内加强外交攻势,以实现对中国的竞争优势。美国对华遏制有多种手段:(1)在非洲大肆散布"中国威胁论"和"中国的新殖民主义论",抹黑中国在非洲的形象。在这方面美国媒体发挥了急先锋的作用。不仅如此,美国的某些高官也在用各种方式攻击中国。希拉里·克林顿甚至把中国在非洲的影响力列为与非洲国家领导人的议题,她警告非洲国家要提防中国投资带来的风险。她在赞比亚访问时公然要非洲国家在与中国打交道时注意"新殖民主义"。奥巴马在2014年的美非领导人峰会上,再次告诫非洲对中国的投资"要谨慎"。(2)加大对非投入和扩大美非贸易,增加对华竞争力。据美国国会研究部2014年7月发表的报告,2013财政年度,美国向非洲国家和地区提供的援助总计达78.3亿美元,2014财政年度的援助为70.04亿美元(不包括人道主义紧急援助以及卫生、教育、农业和电力等额外援助)。同时,联合欧盟国家加强对非洲的援助,遏制中国。布什政府后期已与欧盟商定每半年召开一次关于中国问题的政策研讨会,特别是关于中国在非洲的影响。2010年4月美国与印度联合举行了首次关于中国的研讨会，中国在非洲的影响也被纳入议程。（3）试图把中国在非洲的投资和经济合作纳入美国的轨道，提出共同帮助和合作开发非洲，约束和限制中国在非洲的行为和做法，要求中国按照美国的条件关注非洲国家的人权问题，介入非洲国家的内部事务。这损害和破坏中国不干涉他国内政的原则。（4）加强在非洲的军事存在，控制非洲国家。美国"非洲司令部"就负有监控中国在非行动的任务。

四、对中国非洲工作的几点启示

中国和美国对非政策虽在战略目标、外交原则和价值观方面迥异，但美国对非工作中的某些具体做法对我们改进对非工作有一定启示，值得我们借鉴。

（一）着眼于未来。

奥巴马的对非战略不局限于当前利益，更着眼于长远利益。2014年8月，奥巴马在华盛顿举行为期三天的首次"美非领导人峰会"，主题是"为下一代投资"，基调是促进美非贸易和重申美国对非洲的安全承诺。这次峰会规模很大，除了三天首脑会议外，还开展了50多场讨论会。讨论内容非常广泛，包括商业、贸易和在非投资机会（如基础设施建设、供给链以及非洲经济增长和机会前景）；公共政策与发展问题（如卫生、科技、农业、金融业）；公民社会的要求（如良治、自然资源、透明度、人权和公民权利、青年发展、性别平等）。最突出的是美非商务论坛，由美国商务部和布隆伯格慈善组织联合举办，邀请出席峰会的非洲国家政府领导人与美国商界领袖共同讨论在非贸易和投资机会，特别是在金融和资本投资、基础设施、电力和能源、农业、消费品、通信技术等领域的贸易和投资问题。论坛结束时，奥巴马总统致辞，以表明美国政府对美非关系特别是对经贸关系的重视。同时还组织了不少会外活动。例如，由美国贸发署发起组织了两个大型非洲代表团分别到休斯敦和芝加哥两地进行参观学习，前者主要参观能源项目，后者主要参观交通项目。另外，副总统带领三位非洲国家领导人到乔治敦大学和可口可乐公司进行演讲。

（二）重视公共外交。

美国对非公共外交有三大特点：（1）重视做非洲青年的工作。美国启动了"总统非洲青年领袖计划"，这是美国发展持久且富有成效的美非关系的一项长期行动计划。根据这一计划，2010年8月，美国举办了"奥巴马总统与非洲青年领导人论坛"，115名非洲青年领导人齐聚华盛顿，就良政、经济机遇等问题展开互动交流；2011年5月，美国政府主持了"对话非洲青年领导人"系列计划。该计划为期一个月，覆盖37个非洲国家200多个项目，其目的在于增进非洲青年领袖的领导能力与社交技巧；同年6月，美国发起的"第一夫人非洲青年女性领导人论坛"在南非举行，共有76名非洲女性领袖参会，共同讨论了领导力主题、女性赋权以及社区服务等问题。2014年的美非领导人峰会期间，专门举办了"为和平与繁荣投资妇女"论坛，着重讨论如何发挥非洲妇女在促进经济发展、提高卫生和教育水平、民主和公民自身安全等方面发挥作用。这个论坛由国务院负责全球妇女事务司负责组织并由美国驻联合国大使主持。（2）重视加强与当地非政府组织的联系。据报道，非洲的非政府组织有70%以上都得到西方国家主要是美国的财政、物资和技术援助。美国通过对他们的成员进行人权、民主、良治等方面的培训，促使他们对当地政府施加影响。2014年美非领导人峰会期间，国务卿克里专门主持召开了"公民社会"论坛，把非洲国家政府官员和商界领袖人物与外流非洲人和非政府组织代表集合在一起，共同讨论政府治理、透明度、贸易、投资和劳工等问题，目的是对非洲国家政府施压，促使他们向公民开放，使非政府组织能更多参与和监督政府事务，从而影响非洲国家政府的决策。此外，还举办了"公民社会的要求"论坛，由国家民主基金会和布鲁金斯学会、威尔逊中心的智库以及商业利益集团和一些跨国公司联合发起和组织，并专门邀请了一些非洲国家的非政府组织参加共同讨论。（3）重视对当地基层的工作。美国的许多非政府组织和教师、医务人员等一直深入到小城镇和农村。

（三）重视帮助非洲国家进行制度建设，特别是法制建设和警察培训，以提高非洲国家治国能力和社会治安。

美国把制度建设与促进良治、民主和人权紧密地联系起来，作为美国对非政策的核心。美国的做法是：在与非洲国家领导人进行私下会见时经常向他们提出对人权的关注；向非洲国家选举机构提供经济援助，使其选举纳入美国制度的轨道；向非洲国家政府提供专家咨询；等等。同时，也重视法制建设和警察培训，以维护社会稳定。

（四）中美两国在非洲确实存在竞争的一面，但也存在某些共同利益。

例如，中美双方都希望非洲有一个和平、稳定的环境，以利于各自在非洲开展可持续的经济等各个领域的合作关系。美国一些智库在其政策研究报告中也指出了这一点，认为美中两国虽有矛盾和冲突，但还有开展合作的可能和空间。事实上，中美不仅已经建立了中美非洲议题副部级对话，而且早已开展了一些具体的合作，如打击索马里海盗等。今后可逐步扩大合作领域，如防治传染病、气候变化和环境保护、基础设施等方面都可以开展某种合作。也可以在维护地区安全方面进行某种合作。这将有助于缓解美国对中国在非洲活动的疑虑和干扰，有利于增进中美双方的了解。但在合作中必须坚持独立自主，坚持中国对非外交基本原则，如不干涉内政等，不能影响更不得损害中国与非洲国家的双边合作。

美国中期选举后对华外交的态势

刘学成[①]

内容提要：美国中期选举已经落下帷幕，共和党掌握了对国会参、众两院的控制权，使民主党的奥巴马提前成为"跛脚鸭总统"。今后两年，美国国内政治将围绕2016年的总统选举而展开，奥巴马在外交领域难有新的倡议和政策，他的注意力将集中于塑造他任期内的外交政绩。作为美国历史上第一位黑人总统，他已经创造了历史。在他离开白宫之后，他何尝不希望历史学家和外交评论家能为他总结出可以称得上"奥巴马主义"的外交遗产，载入美国外交史册。这些问题都将成为我们观察奥巴马未来两年外交态势的钥匙。

关键词：中美关系　亚太"再平衡"战略　美国中期选举

美国中期选举在2014年11月4日举行，共和党重演了1994年中期选举的一幕，掌控了国会参、众两院，使民主党的奥巴马提前成为"跛脚鸭总统"。在共和党人掌控国会两院的情况下，两党党派争斗开始聚焦2016年的总统选举，奥巴马在外交领域难有新的倡议和政策，他的注意力将集中于塑造他任期内的外交政绩，在美国外交史册上留下浓浓的一笔。

奥巴马第二个总统任期已经过半，仅剩两年的时间。在过去六年中，他在外交上提出了哪些带有他信念烙印的外交政策？到目前为止，这些政策所取得的进展和所面临的挑战是什么？今后两年他准备如何优化他的外交议程并如愿以偿地实现其既定的目标和所期望的业绩？到他离开白宫的

---

① 作者系中国国际问题研究院研究员。

时候，历史学家和外交评论家能否总结出可以称得上"奥巴马主义"的外交遗产，载入美国外交史册？这些重大问题都将成为我们观察奥巴马总统未来两年外交态势的钥匙。

一、奥巴马步入"跛脚鸭"政治困境

按照美国宪法的规定，美国总统选举每四年举行一次，国会选举每两年的11月第一个星期二举行。其中一次国会选举与总统选举同时举行，习惯上称为美国大选；另一次在两届总统选举之间举行，通常被称为"中期选举"。美国国会由参议院和众议院组成。参议院有100名议员，每州有两名议员，任期6年，每两年改选其中的1/3；众议院有435名议员，任期两年，到期全部改选。在这次中期选举之前，参议院由民主党控制，民主党和共和党议员比例为53：45，另加2名无党派议员。众议院由共和党控制，共和党和民主党众议员的比例是233：199，其中3个席位空缺。在2014年的中期选举中，共和党赢得众议院的435个议席中的247个议席，继续控制众议院，民主党又丢掉11个议席，仅赢得188个议席。共和党在参议院的100个议席中赢得54个议席，民主党仅获得44个议席，另外2名参议员是独立人士，但往往参与民主党投票。共和党重新从民主党手中夺得对参议院的控制。

这个选举结果表明，民主党在这次中期选举中惨败。在今后两年的两党政治和立法博弈中，民主党失去了参议院这个制衡共和党控制的众议院的杠杆。在未来两年总统任期中，民主党的奥巴马在立法和官员任命等方面将会进一步受到共和党控制的参、众两院的掣肘。奥巴马将变成一位"跛脚鸭总统"。

在冷战结束以来的20多年中，美国国会由一党控制而总统职位由另一政党掌控的情况多次发生。在老布什任总统期间，1990年举行了中期选举，民主党控制了参、众两院。然而，在克林顿任总统后的1994年，美国举行中期选举，参、众两院一举由共和党控制。克林顿总统八年任期内有两次中期选举（1994年和1998年），国会两院均由共和党控制。在1998

年的中期选举中，虽然发生了克林顿和莱温斯基的桃色丑闻和面临弹劾的困境，民主党没有失去参议院的议席，在众议院中还增加了5个议席。2002年的中期选举发生在"9·11"之后的一年内，布什政府的支持率达到70%，共和党继续控制参、众两院。到了布什第二个任期的2006年举行的中期选举，在新保守主义影响下的布什政府连续发动两场战争，其支持率急剧回落，民主党一举夺回对参、众两院的控制。在2008年爆发的金融危机阴影笼罩下的2010年中期选举中，民主党失去了对众议院的控制，但保住了参议院的多数席位。2014年的国会中期选举发生在奥巴马总统的第二个任期，民主党不但失去了对参议院的控制，在共和党控制的众议院中又失去11个议席。

从这次中期选举后的政治发展来看，尽管奥巴马总统呼吁两党合作共事，但是共和党人不会放过奥巴马的几个重大立法举措：一是医改法案，二是绕过国会发布的移民改革的行政法令，三是反对铺设从加拿大到墨西哥湾的输油管道，四是改变对古巴孤立和封锁的政策，以接触政策取而代之。种种迹象表明，共和党控制的新国会2015年1月就职后，还会就以上重大问题与奥巴马展开政治较量，2015年国会山将会好戏连台，奥巴马将会直接面对共和党控制的国会的刁难和挑战。即使奥巴马有与国会坦诚合作的胸怀，志在夺回白宫宝座的国会山未见得买奥巴马的账，国会山上的各路神仙将会缠住他的一条腿，使他进退两难。

二、奥巴马操盘外交遗产

美国中期选举以后，奥巴马政府进入第二任期的最后两年。与历届总统一样，他着手盘点自己的外交承诺，致力于给自己的八年外交生涯留下为后人认可的历史遗产，确立自己在美国外交上的历史地位。

历届总统在第二任期中期选举之后，鉴于国内政治开始聚焦下一届总统选举，如果在国内施政方面力不从心，往往在外交方面寻求业绩。尼克松总统赢得竞选连任后，在水门事件的调查正向他逼近之时，他把注意力转向结束越南战争。在克林顿总统竞选连任后，他与莫妮克·莱温斯基的桃色事件被共和党人揪住不放，对他启动弹劾程序，他则下令打击阿富汗和苏丹境内恐怖组织的基地，力图转移国内外对这起桃色事件的关注。[①]

奥巴马在竞选总统期间就承诺要在他任期内结束两场战争，并因此获得了诺贝尔和平奖。不论代价多大，也不论国内有多少非议，他坚持实现了结束伊拉克战争和阿富汗战争。2011年他撤出了在伊拉克的美军，到2014年年底前美军将结束其在阿富汗的作战任务，只留下1万多人主要承担培训和顾问工作。在出兵叙利亚的问题上，他承受了来自两党和军队主战派的巨大压力，拒绝由他来发动一场新的战争，坚持不派地面部队进入叙利亚，以便帮助叙利亚反对派推翻巴沙尔政权。然而，异军突起的极端组织"伊斯兰国"已经控制了伊拉克和叙利亚的大片领土，塔利班势力在阿富汗依然不可小视，人们担心塔利班在美军撤出后在阿富汗会卷土重来，这种可能不可完全排除。奥巴马在未来的两年任期中仍将面临在军事打击必要性和避免卷入新战争之间做出艰难决策。

奥巴马政府在亚太地区大张旗鼓地推行"再平衡"战略，得到两党决策层和政策分析界的认可。奥巴马政府强调，21世纪是太平洋世纪，而太平洋世纪是美国的太平洋世纪。从地缘战略的视角分析，重返亚洲实为重返东亚，企图重振美国在亚洲的主导或领导地位。从安全战略的视角分析，是从聚焦西亚的反恐战争转移到应对东亚地区一体化和亚洲大国特别是中国的迅速崛起。奥巴马政府强化或组建美国主导下的亚太对话合作机制（如香格里拉对话和跨太平洋战略经济伙伴协定），取代或弱化亚洲合作机制。为了重振和巩固美国在亚洲的领导地位，美国强化与传统盟国的联盟体系，以此作为其亚太外交和安全战略的基石和构建地区合作机制的核心，并通过发展与几个中国周边的关键国家的伙伴关系，特别是印度和越南，对正在崛起的中国实施"制衡"或"围堵"战略。

美国亚太"再平衡"战略是奥巴马政府亚洲外交的最重要的遗产。这一战略的理论核心和政策导向源于冷战思维和零和博弈理念，舆论界担心这是美国在亚太地区发动新冷战的信号。不管这一战略未来的发展前景如何，它已经深深地打上了奥巴马外交的印记。可以预见，奥巴马政府将在

---

① Editors，"ComeBack to Earth"，*Foreign Policy*, September/October 2014, p.3.

今后两年内继续实施和完善其"再平衡"战略。

奥巴马政府在前六年的外交备受指责，被认为过于软弱。最新一期的《外交政策》杂志上刊载的乔治·帕克的文章指出，奥巴马第二任期的外交政策犹豫不决、自相矛盾，有时甚至是不负责任的。美国鹰派责怪奥巴马软弱而怂恿了世界上的普京们和巴格达迪们。[①]2014年3月乌克兰危机发生以来，奥巴马一直被指责对俄罗斯外交软弱无力。

中期选举以来，由于西方国家的制裁和俄罗斯最重要出口产品石油价格下跌，严重影响了俄罗斯卢布的走势和外汇储备。2014年12月16日的纽约汇市，俄罗斯卢布兑美元汇率一度暴跌逾15%，再创历史新低，投资者纷纷抛售卢布。在此之际，美国落井下石，奥巴马宣布将签署一份进一步制裁俄罗斯的法案。该法案已经由国会表决通过，新增了对俄罗斯武器公司和能源企业的制裁。该法案还将对乌克兰政府提供更多军事援助，以此来显示他对俄罗斯外交的强硬，改变美国选民和精英阶层对他外交态势软弱的看法。

在美欧因乌克兰危机对俄罗斯制裁不断升级的情况下，奥巴马宣布，美国将与古巴关系正常化，结束两国长达50多年互相孤立的状态。美国与古巴于1961年断绝外交关系。时任美国总统约翰·肯尼迪签署法令，正式宣布对古巴实施经济、金融封锁和贸易禁运。自奥巴马当选美国总统后，两国关系开始逐步解冻。12月17日，奥巴马宣布，美国决定与古巴恢复正常关系，并放宽多项执行了50多年的制裁措施。遭古巴关押的一名美国国际开发署的承包商艾伦·格罗斯和一名美国特工人员获释。作为交换，美国宣布释放三名古巴特工人员。奥巴马表示，自1959年菲德尔·卡斯特罗执政以来美国对古巴实施的孤立、封锁和禁运政策没有达到预期的目的，也不符合美国的利益。他指示国务卿克里立即与古巴就两国关系正常化开启谈判，并宣布将在哈瓦那重设大使馆。两国还将就医疗、移民、反恐、禁毒、救灾等问题进行讨论，放宽对古巴的金融、商业、信息

---

① George Packer, "The Birth of a New Century", *Foreign Policy,* November/December 2014, p.55.

技术及旅行等限制。①

这项政策的调整有深刻的国际背景。古巴在拉美地区已经成为地区多边合作的重要成员。在被视为美国"后院"的拉美地区，美国对古巴的孤立政策的结果是，被孤立的不是古巴而是美国自己。习近平主席2014年访问了古巴，使中古关系上了一个新台阶；普京总统2014年也访问了古巴，进一步密切了俄古关系，俄罗斯减免了古巴百亿美元的债务。

奥巴马对古巴政策的大幅调整纠正了美国的历史错误。但是，来自美国国内的反对声音也不少。美国共和党众议长博纳称，美国同古巴关系正常化是一个"没头脑的让步"。美国共和党参议员卢比奥称，奥巴马的决定是向独裁政权的又一让步，这也开启了一个危险的先例。即将担任美国参议院军事委员会主席的共和党人麦凯恩则表示，奥巴马政策的改变是美国和其代表的价值观的后退和倒退。美国参议院外交关系委员会主席、民主党参议员曼嫩德斯也加入到共和党人的反对行列。奥巴马总统这一历史性的外交举措在美国政治中掀起了不小的波澜，建立美古新型外交关系的进程不会一帆风顺。

在过去的18个月内，经由加拿大方面的安排，美古双方展开多次秘密会谈。在梵蒂冈举行的最终会谈中，奥巴马和劳尔·卡斯特罗通了近一小时电话，双方表示两国应放弃敌对，建立全新的外交关系。奥巴马政府对古巴政策的重大调整，是美古关系自1960年以来最大的转折，顺应了历史的潮流，有其深远的地缘战略考量，必将成为奥巴马政府的重要外交遗产。②

三、对华采取"强制和务实"的外交态势

在中期选举期间，共和党人采取了"擒贼先擒王"的竞选策略，全力

---

① 《美宣布将与古巴恢复正常关系 放宽多项制裁措施》，http://news.163.com/14/1218/03/ADNGBG9200014JB6.html，2014年12月18日。

② 葛鹏：《美国古巴突然换囚 奥巴马或推动美古关系正常化》，http://world.huanqiu.com/exclusive/2014-12/5254362.html，2014年12月17日。

攻击奥巴马外交软弱无能，在重大外交事务上优柔寡断，削弱了美国对世界事务的领导权。共和党的竞选团队把奥巴马塑造成一位软弱无能的总统，把奥巴马矮化成一位政治不可接触者。共和党的这一竞选策略竟然如此奏效，连民主党的候选人都不希望奥巴马在竞选中为他们站台，因此，人们担心，中期选举之后奥巴马政府的对华政策将更趋强硬而不具建设性，以改善其软弱无能的外交形象。要全面认识奥巴马政府的对华政策，需要从历史视角来寻找美国对华政策的共同轨迹，还需要从安全战略碰撞和经济贸易互动之间寻求动态平衡，更需要理解奥巴马在今后两年寻求外交政绩的迫切心态。

从历史视角来梳理，冷战结束以来，美国历届政府的对华政策制定有一些规律可循。有三个显著的特点。首先，从克林顿到布什再到奥巴马，三任总统的权力过渡存在政党交替性的过渡。在第一任期，对华政策表现为咄咄逼人，到第二任期相对理性和定形。克林顿在第一任期，作为民主党的总统要在政治姿态上表现为与前任共和党总统老布什的对华政策不同，提出人权与贸易挂钩、贸易与台湾问题联系；但是到了第二任期，总统的对华政策团队对美中关系有了更多的理解。克林顿在第二任期提出了建立面向21世纪的建设性和合作的战略伙伴关系，尽管发生了炸馆事件，两国领导人始终把握住两国关系发展的大方向而没有脱轨。

在2000年的总统选举中，民主党副总统戈尔和小布什为两党总统候选人。小布什极力反对克林顿关于"美中建立面向21世纪的战略伙伴关系"的提法，强调美中是战略竞争对手。在小布什当选总统后不久，发生了针对美国的"9·11"恐怖袭击，美国的国家安全战略的重心转向打击国际恐怖主义，并先后发动了阿富汗战争和伊拉克战争。小布什政府提出了新的对华政策，即与中国建立"坦率的、合作的和建设性的"美中关系。到第二任期，进而提出了美中是"利益攸关方"，要求中国在国际事务中发挥负责任的作用。

2009年奥巴马就任总统后，把美中关系定性为"竞争和合作"共存的关系，并很快提出了"重返亚洲"战略或亚太"再平衡"战略，矛头越来越明显指向中国。特别是2014年上半年，奥巴马政府的主要官员纷纷出马，利用东海和南海问题对中国频频发难，然而，奥巴马政府从来不承认美国的"再平衡"战略是针对中国的。2013年9月19日,国务卿克里在国务院欢迎王毅外长时表示,美国欢迎中国继续和平崛起,与中国建立更强有力的伙伴关系正是美国亚太"再平衡"战略的"组成部分"。他还表示,中美已经同意建立新型关系。这种关系是建立在切实合作和建设性管控分歧的基础之上的。中美双方承认需要"避免陷入把对方视为战略对手的陷阱"。①

2014年7月10日,在习近平主席会见美国国务卿克里和财长雅各布·卢时,克里表示,奥巴马总统欢迎并希望看到一个强大、繁荣、稳定的中国,美方绝对无意遏制中国,无意同中国对抗、冲突。② 2014年11月中旬,奥巴马参加在北京举办的亚太经合组织会议。在"习奥会"后举行的记者招待会上,奥巴马重申,美国欢迎并支持一个和平、繁荣、稳定并在世界事务中发挥负责任作用的中国持续崛起。到2014年年底,美国对华外交姿态由年初咄咄逼人的强制转向寻求务实合作、管控分歧的理性轨道。

在奥巴马未来两年任期内,中美关系将在以下几个关键议题上面临挑战。

第一,美国在建立美中新型大国关系这个关键问题上犹豫徘徊,态度暧昧。2013年中美领导人安纳伯格庄园会晤达成构建中美新型大国关系的共识,其内涵为不冲突,不对抗,相互尊重,合作共赢。综合美国各方的解析,首先,建立中美新型大国关系,将会把中美关系置于与美国和盟国的关系平等的地位,还可能导致盟国和伙伴认为中美形成"G2"并替代联盟主导国际和亚太事务;其次,尽管"不冲突,不对抗"的理念是值得倡导的,但是可能会妨碍美国在地区发生危机时支持盟国;再次,"相互尊重"的提法是指尊重中国的"核心利益",这是美国不能接受的;最后,美国强调其主导或领导地位,美国不喜欢由别的国家来主导其外交理念和政策,美国有些学者甚至提出美中构建新型大国关系是中国的一个"陷阱"。华盛顿智库"战略与国际研究中心"的迈克尔·格林认为,"美国不

---

① "The Nelson Report", Samuals International Associates, Inc., September 19, 2013.

② http://www.fmprc.gov.cn/mfa_chn/wjdt_611265/gjldrhd_611267/t1173251.shtml,2014年7月10日。

接受中国提出的'新型大国关系'的说法是聪明的，因为接受会削弱美国亚洲盟友的利益。"[①]

第二，台湾岛内"九合一"地方选举中民进党大胜，将在很大程度上影响2016年台湾地方领导人"选举"。如果2016年民进党重新在台湾地区"执政"，台湾问题很有可能再次成为中美关系中的突出问题。尽管美国不会支持民进党公开搞"台独"，但很可能将会利用民进党牵制两岸关系的良性发展。据中新网2014年12月17日报道，台湾地区领导人马英九表示，台湾决定自己制造潜艇，希望得到美国协助。与此同时，美国参议院12月4日通过1683号《军舰移转法案》，授权奥巴马向台湾地区出售泰勒号、卡尔号、盖瑞号和艾罗德号四艘佩里级护卫舰。这显示，今后两年奥巴马政府不会顾忌中国的抗议而继续向台湾地区出售先进的武器装备。民进党主席蔡英文至今拒绝承认"九二共识"而鼓吹"台湾共识"。虽然她主张两岸对话与合作，但没有清晰的两岸政策。美国在台协会主席薄瑞光表示，奥巴马政府将加强与民进党的沟通。蔡英文计划2015年"访问"华府，美方将就两岸政策等问题与蔡英文交换意见。美国与民进党的关系互动对两岸关系的未来发展将会起到举足轻重的影响。

第三，随着奥巴马政府继续推行亚太"再平衡"战略，美国对南海问题的介入将会继续加大。奥巴马上台以来，美国的南海政策已经上了三个台阶，从不介入南海主权领土争端到以航行自由为借口介入南海事务；从航行自由的托词到选边站支持菲律宾和越南；从选边站到从幕后走到前台，要求中国解释九段线的法律含义，并以国务院的名义发表南海九段线的研究报告，对中国开展"法战"。美国未来两年是否会策应菲律宾、越南等国在南海的军事冒险，值得关注。

①《美国对共建中美"新型大国关系"态度暧昧》，http://mil.m4.cn/2014-12/1255514.shtml，2014年12月14日。

2014年俄罗斯内政外交的若干特点

王宪举[①]

内容提要： 应对乌克兰危机是2014年俄罗斯内政外交最主要的事务。面对美国、欧盟和北约的压力，俄罗斯国内空前团结，政局稳定。俄罗斯政府采取一系列措施，努力克服西方制裁造成的困难，但未能制止经济下滑。在对外关系上，俄罗斯同美国和欧盟关系陷入紧张和冲突境地，处于走向新冷战途中。同时，俄罗斯积极发展与关税同盟国家、"金砖国家"、上海合作组织成员国以及印度、越南等亚太国家合作，取得了明显进展。

关键词： 俄罗斯　内政外交　主要特点

应对乌克兰危机和西方制裁是2014年俄罗斯内政外交的主旋律。乌克兰危机对俄罗斯内政外交产生非常严重和深刻的影响，在一定程度上改变了俄罗斯内外政策的方向。

一、俄罗斯国内形势主要特点

（一）各主要政党和广大民众空前团结，一致反对乌克兰政变和美欧制裁。俄罗斯国内政治形势进一步稳定。

按照俄罗斯总统普京原来的设计，在2012年和2013年基本实现国内

---

① 作者系中国国际问题研究基金会研究员，国务院发展研究中心欧亚社会发展研究所研究员。

政治和社会稳定的基础上，2014年将以实施"五月命令"为中心工作，集中精力发展经济，努力改善人民生活，解决经济和社会问题，兑现2012年初总统大选时所作的承诺。但是，乌克兰危机打乱了普京总统的计划和步骤。

为了防范美欧制裁给俄罗斯国内政治和社会稳定造成威胁，俄罗斯采取了一系列措施。普京7月22日在联邦安全会议上指出，美国等西方国家利用国际上的竞争机制和非政府组织等软实力，企图破坏俄罗斯的社会政治形势，搞"颜色革命"，即"外部策划和资助的国家政变"。因此，俄罗斯必须在政治稳定、民族和谐、社会发展等方面采取综合性措施，预防激进主义、极端主义和恐怖主义势力，保卫宪法制度。

在克里米亚和塞瓦斯托波尔加入俄罗斯联邦、支持乌克兰东部地区俄语居民权利以及反对西方制裁等问题上，俄罗斯主要政党表现出空前的立场一致。8月14日，普京特地在加入俄罗斯联邦的克里米亚雅尔塔会见国家杜马各议员团。俄罗斯共产党、自由民主党、统一俄罗斯党和公正俄罗斯党一致表示支持普京的"正确决定"。统一俄罗斯党代表说，乌克兰危机发生以来，俄罗斯国内发生了变化，"变得更加爱国，更加团结"。公正俄罗斯党主席米罗诺夫说："鉴于西方史无前例的行为，现在到了制定俄罗斯联邦新的对内和对外学说的时候了。"

11月4日俄罗斯"民族团结日"当天，俄罗斯四个议会党一同参加在莫斯科举行的大规模活动"我们团结一心"。共有75000人参加游行。这是苏联解体23年以来俄罗斯各主要政党第一次联袂行动，充分显示了俄罗斯在外来威胁和压力面前团结一致的凝聚力。

俄罗斯广大民众对普京总统和政府表示了极大的支持。9月14日俄罗斯选举日那天，在俄罗斯84个联邦主体举行了5735场选举，其中30个地区选举州长，14个主体选举地方议会。作为执政党的统一俄罗斯党在几乎所有级别的行政和议会选举中大获全胜。

（二）在政治社会形势总体稳定的同时，也存在一些不稳定因素。

第一，受西方支持的俄罗斯政治反对派仍在活动。2014年反对派在莫斯科举行了两次比较大规模的集会，其中9月21日那次约有5000人参加。

他们要求俄罗斯停止向乌克兰东部地区分离分子提供军事援助，并要求俄罗斯实行政治改革。

第二，在因抵御西方压力和制裁俄罗斯爱国主义和民族主义情绪高涨的背景下，出现了一些极端民族主义和大俄罗斯主义的现象，鼓吹要以武力"恢复帝国"和前苏联势力范围。在雅尔塔与普京会见时，自民党主席日里诺夫斯基宣称，应该讨论"恢复帝国"的问题。俄罗斯"要向卢甘斯克、顿涅茨克前进，然后挺进敖德萨和德涅斯特！"这种极端主义思潮虽不是俄罗斯的主流意识，但有不少支持者。

第三，受西方制裁、国际市场石油价格下跌等影响，俄罗斯经济形势更加严峻。

第四，北高加索地区民族分裂、极端宗教和恐怖活动依旧严重。车臣共和国首府格罗兹尼10月5日发生自杀式炸弹袭击，造成5名警察死亡，至少12人受伤。12月4日，"高加索酋长国圣战组织"的恐怖分子占领了格罗兹尼市中心的"报刊之家"大楼，劫持一些人质。枪战导致10名军警死亡，约28人受伤，9名匪徒被击毙。

（三）政府采取一系列措施应对西方制裁，但仍未能制止经济增速严重下降。

俄罗斯政府采取的主要措施可以概括为七个方面：

第一，保护受制裁的工商业企业和银行。采取各种形式帮助遭受制裁的俄罗斯银行，包括追加资本，如向俄罗斯外经银行追加注资2000亿卢布（约合57亿美元）。调集约合90亿美元的资金成立应急基金，扶持被欧盟制裁的本国企业。2014年财政预算中的存留资金也将用于充实危机应对储备基金，预计这笔资金将不少于27亿美元。

第二，增加向亚太、拉美国家的武器出口。全年将达到2013年武器出口157亿美元的水平。

第三，提出经济要减少对外依赖、用本国产品替代进口品的任务。7月22日，普京在联邦安全会议上指出，俄罗斯"应考虑采取进一步措施，减少国民经济和金融体系对外部不利因素的依赖性，这里不仅是指全球市场的不稳定性，而且还指有可能发生的政治风险"。7月28日，普京召开在军工生产中用国产原材料和零配件替代进口的会议。他强调，这是关系到俄罗斯军事和经济安全、技术和生产独立的问题。梅德韦杰夫总理也在政府工作会议上强调，由于美欧制裁，俄罗斯将被迫改变经济发展模式，通过减少对外依赖、以本国产品替代进口品促进经济发展。

第四，在能源领域加快和中国等亚太国家合作。5月20日，《中俄东线天然气合作项目备忘录》和《中俄东线供气购销合同》签字仪式在上海举行。梅德韦杰夫称，俄中东线天然气合作协议的签署是一项"巨大成就"，进一步巩固了俄罗斯在世界能源市场的地位。12月初普京访问土耳其期间，达成俄罗斯帮助土耳其建造第一座核电站和每年向土耳其增加出口30亿立方米天然气等协议。

第五，在金融领域积极与"金砖国家"和上合组织成员国合作。

第六，从8月7日起，俄罗斯"全面禁止从欧盟、美国、澳大利亚、加拿大和挪威进口牛肉、猪肉、水果和蔬菜、家禽、鱼类、奶酪、牛奶和乳制品"。禁令立即生效，为期一年。普京说，这将使美欧损失50亿—60亿欧元。

第七，加大开发远东和西伯利亚的力度。国家杜马已经通过《在远东地区建立社会经济跨越式发展区》法律草案，远东发展部已确定14个区块为跨越式发展区；成立由梅德韦杰夫领导的俄罗斯政府远东经济社会发展委员会，强化远东发展部职权；成立吸引外资和支持出口署，改组远东与贝加尔地区发展基金会，公布28个优先实施的招商引资项目。

但是，受西方制裁、资金外流、投资下降、国际市场石油价格下跌等多种因素影响，据普京在二十国集团峰会上说，2014年俄罗斯GDP只能增长0.5%—0.6%，2015年计划增长1.2%，2016年2.3%，2017年3%。2014年通货膨胀率超过9%，卢布汇率从年初的1美元兑换31卢布到现在1美元兑换50多卢布（这与俄罗斯央行11月10日宣布卢布汇率自由浮动也有关系）。资金外流为900亿—1200亿美元（几乎比2013年增加一倍）。

俄罗斯政府不得不对2015—2017年政府预算做出重大调整。过去十多年有关民生（教育、医疗、养老、社会政策等）的支出一直占联邦政府预算总支出的45%（占地方政府支出的70%以上），但是今后三年将大幅下降，2017年将降至占36%。而国防支出将大幅增加，2011年占预算支出的不到14%，2017年将达到20%。2015年国防支出约合789亿美元，比2014年增长21.2%。

俄罗斯政府预算支出方针和具体比例的变化，今后三年将逐渐在俄罗斯经济社会发展规划的实施过程中表现出来，对人民生活水平提高、对政治和社会稳定、甚至对2016年国家杜马选举可能产生一定的影响。

在看到俄罗斯经济困难和问题的时候也不要忽略，俄罗斯还存在不小的潜力。2014年俄罗斯粮食产量1.2亿吨，是近几年来最好的。失业率只有4.9%。国家债务只占俄罗斯GDP的12%。普京11月10日在北京说，俄罗斯国债不会增加，将控制在安全的（即GDP的15%）水平以内。俄罗斯现有外汇储备4000多亿美元、国家福利基金853亿美元、储备基金867亿美元，短期内不会出现债务危机或国家破产。

二、俄罗斯对外关系的主要特点

（一）俄罗斯与美国和欧盟严重冲突，关系急转直下。

2014年俄罗斯与美国、欧盟的关系跌入自冷战结束以来的最低谷。主要表现在以下五个方面：

第一，在乌克兰成为欧盟联系国、克里米亚和乌克兰东部等问题上，俄罗斯同乌克兰及美欧争斗激烈。美欧从地缘政治和战略利益考虑，支持乌克兰反对派2014年2月21日用非法手段推翻亚努科维奇政权。3月16日，克里米亚举行全民公决宣布独立并于3月18日加入俄罗斯联邦。欧盟则于3月24日和6月27日与乌克兰签署联系国政治和经济协议。这从根本上改变了乌克兰的国际地位和发展趋势，损害了俄罗斯的战略和地缘政治利益。俄罗斯认为，克里米亚和塞瓦斯托波尔"回归祖国"是克里米亚人民行使自己的民族自决权利。美欧则指责俄罗斯侵犯乌克兰主权和领土完整，违反国际法，试图改变冷战结果。如果没有美欧提供政治、财政、经济和军事等全面支持，乌克兰现政权就难以生存。所以，乌克兰已成为美欧战略大棋局中的一个卒子。虽然9月5日乌克兰政府和宣布独立的"顿涅茨克人民共和国"和"卢甘斯克人民共和国"代表在明斯克签署停火协议，但协议非常脆弱。小规模的战斗一直没停。乌克兰当局仍企图在美国和北约支持下用武力解决东部问题。波罗申科总统11月16日宣布废除《乌克兰东部特殊地位法》并对东部实行经济封锁，俄罗斯则不断向乌克兰东部提供"人道主义援助"。这些都预示乌克兰东部可能爆发新的军事冲突，而这将使俄罗斯同美欧及北约关系进一步恶化。

第二，俄罗斯同"七国集团"分道扬镳。西方七国一方面抵制原计划由俄罗斯6月在索契主办的八国峰会，另一方面在没有普京参加的情况下于6月4—5日在布鲁塞尔举行了七国领导人峰会。这是17年来俄罗斯首次被拒绝在七国集团峰会门外。

第三，制裁和反制裁。美国和欧盟对俄罗斯进行一波又一波的制裁，企图迫使俄罗斯就范。从禁止与克里米亚事件有关的俄罗斯官员访问西方国家、冻结他们在西方银行的账户，到马航MH17在顿涅茨克上空坠毁后美国和欧盟把制裁扩大到能源、军工、金融银行、投资等领域，对俄罗斯实行20多年来最严重的制裁，使普京在国际上遇到了自2000年执政以来最严重的挑战。制裁严重破坏了俄罗斯与西方世界的经济联系。俄罗斯学者卡拉加诺夫认为，"俄罗斯可能要10—15年才能恢复到制裁之前与世界的一体化水平"。

第四，俄罗斯与北约针尖对麦芒。北约以保护成员国安全为由采取了一系列措施，加大了波罗的海国家上空巡航，侦查飞机定期在波兰和罗马尼亚上空执行飞行任务，往地中海和波罗的海增派北约船只，不断举行各种军事演习。俄罗斯针锋相对。普京批准俄罗斯国防部关于建立单独的克里米亚集团军并纳入俄罗斯武装力量整体发展的规划，决定在克里米亚和塞瓦斯托波尔建造新的军事设施。

9月初，北约在英国威尔士举行峰会，20多年来第一次把俄罗斯定为北约的"对手"。会议通过"战备行动计划"，决定成立一支名叫"尖锋"的快速反应部队，以进一步加强北约的军事能力和联合防卫实力。峰会要求北约成员国今后几年内把军费开支提高到不少于国内生产总值的2%，并决定全面加强北约在东欧国家的军事存在，包括派驻军队、提升现有军事装备水平，加速军事设施建设等。

第五，美国把俄罗斯称作"当今世界三大威胁之一"，美俄关系可能陷入长期冲突。美国总统奥巴马9月24日在联大发言时，将"埃博拉"、"俄罗斯"和"伊斯兰国"并称为"当今世界三大威胁"。在澳大利亚举行的二十国集团峰会上，奥巴马重申了这一立场。普京在"瓦尔代"国际俱乐部辩论会上回击奥巴马，指责美国破坏"后冷战世界秩序"，想把整个世界置于自己的控制之下。普京指出，苏联解体后，西方在南斯拉夫、伊拉克、利比亚等许多国际问题上都没有尊重俄罗斯的利益。而现在"熊[①]认为，它自己是原始森林的主人。熊在森林中所占据的自己的地盘绝不会让给别人，所有人都应清楚这一点"。

卡内基莫斯科中心主任特雷宁认为："从本质上讲，俄罗斯处理乌克兰问题的方式是在打破美国主导的国际体系。另外，这也对美国极力维持的全球秩序构成了挑战。对于双方来说，赌注都是巨大的。对莫斯科来说，这关乎俄罗斯政府的存亡；对华盛顿来说，这关系到美国霸权的连续性和可靠度。鉴于此，达成妥协几乎没有可能，因为任何妥协都将有利于俄罗斯，而让美国无功而返。"因此，俄美如何管控持久危机，成为一个迫切问题。

（二）更加重视与"金砖国家"、上海合作组织的合作。

7月15日"金砖国家"领导人第六次会晤前夕，普京指出："我认为，是时候将'金砖国家'的作用提升到一个全新的高度了。"在巴西峰会上，普京积极支持建立初始资本为1000亿美元、启动资金为500亿美元的"金砖国家开发银行"以及总额为1000亿美元的"金砖国家应急储备基金"。11月15日，普京在二十国集团峰会期间参加"金砖国家"五国首脑会晤时说，俄罗斯正在起草"金砖国家经济合作战略草案"和"投资合作路线图"。

在9月杜尚别举行的上海合作组织峰会上，普京呼吁"上合组织成员国应进一步提高相互协作的效率，以便有效应对时代的挑战"。他主张建立上合组织共同的运输系统，包括利用俄罗斯跨西伯利亚铁路和贝阿大铁路、与中国的"丝绸之路经济带"发展计划相连接。俄罗斯对于成立上海

---

① 指代俄罗斯。

组织开发银行的态度更加积极。

（三）在独联体地区有得有失，形势更趋复杂。

第一，欧亚经济联盟建设取得进展。5月29日，俄罗斯、白俄罗斯和哈萨克斯坦签署了《欧亚经济联盟条约》。该联盟将于2015年1月1日正式启动，计划到2025年实现联盟内部商品、服务、资金和劳动力的自由流动，终极目标是建立类似于欧盟的经济联盟。10月10日，亚美尼亚签署了加入《欧亚经济联盟条约》的相关文件。10月27日，吉尔吉斯斯坦总统阿坦巴耶夫也表示，希望吉尔吉斯斯坦尽快加入欧亚经济联盟，因为入盟可以为吉尔吉斯斯坦带来更多贸易优惠、援助和贷款。

第二，关闭美国的玛纳斯空军基地。6月4日，美国在中亚最重要的军事基地、位于吉尔吉斯斯坦首都比什凯克的玛纳斯空军基地终于关闭。

同时，也应看到，独联体出现了新的复杂因素。

第一，乌克兰已不可能参加欧亚经济联盟。乌克兰拒绝担任独联体轮值主席，并表示将考虑退出独联体。

第二，摩尔多瓦离心倾向加强。6月12日，欧盟委员会主席巴罗佐访问摩尔多瓦时说，摩尔多瓦选择加入欧盟、成为欧盟的重要伙伴，欧盟将对摩尔多瓦各领域改革予以资金支持。欧盟决定增加进口摩尔多瓦农产品，并向摩尔多瓦提供5000万欧元援助款。6月27日，摩尔多瓦和乌克兰、格鲁吉亚一起与欧盟签署联系国协议。在11月30日举行的摩尔多瓦议会选举中，亲欧盟的自民党、民主党和自由党获得多数议席和组阁权。

第三，中亚五国和俄罗斯也不是铁板一块。3月28日联合国大会关于克里米亚问题投票时，中亚国家或者弃权，或者不参加投票。哈萨克斯坦对俄罗斯的行为"表示理解"，但投了弃权票。乌兹别克斯坦议会呼吁俄罗斯通过外交途径解决乌克兰问题，呼吁尊重乌克兰主权和领土完整。

5月16日，北约驻中亚地区代表处成立仪式在塔什干举行。这个代表处将负责加强和协调北约与中亚五国联络与合作。北约将与中亚国家在双边协议的基础上开展军事装备和武器转让合作。这说明美国在玛纳斯基地被关闭后不甘心受挫，继续在中亚同俄罗斯较量。

（四）进一步加强亚太外交。

第一，中俄关系进一步密切。2014年中国国家主席习近平和普京先后会晤六次，就发展双边关系和在国际事务中加强合作达成广泛共识；5月下旬，中俄在中国东海举行联合海军演习，增进了相互信任；两国贸易额达到900亿美元，创历史新高。中国对俄罗斯投资有所增长，历经十几年谈判的中俄"东线"天然气项目尘埃落定；以"青年年"为标志的人文合作增进了两国人民的相互了解和友谊。正如5月普京访华时双方发表的联合公报所说，中俄两国关系"已进入全面战略协作伙伴关系的新阶段"。

第二，与越南、蒙古、朝鲜、土耳其、印度等国关系取得新发展。11月24日，普京总统在索契与到访的越南共产党中央总书记阮富仲举行会谈，称越南为俄罗斯的"全天候战略伙伴"，越南2015年可能成为第一个与俄哈白关税同盟签署自由贸易区协议的国家。俄罗斯和越南将把相互贸易额从2013年的40亿美元提高到2020年的100亿美元。俄罗斯天然气工业公司与越南国家石油公司签署了成立联合公司开发俄罗斯多尔金斯基油田以及向越南出口原油等协议。

9月3日，普京总统访问蒙古，参加俄蒙联军哈拉哈河战役胜利75周年庆典活动。两国签署《关于向蒙古国提供军事技术援助政府间协议延长服务的意向书》、《蒙古国道路交通部和俄罗斯"俄罗斯铁路股份公司"关于乌兰巴托铁路改造、发展战略伙伴协议》等15份协议。双方表示，要努力使两国贸易额2020年达到100亿美元。

俄罗斯与朝鲜合作迅速升温令人瞩目。4月28日，俄罗斯副总理兼总统驻远东联邦区全权代表特鲁特涅夫访问朝鲜。5月，俄罗斯免除朝鲜90%的债务。10月初朝鲜外相李洙墉访问俄罗斯，就加强两国合作达成诸多协议。10月20日，俄罗斯远东发展部长加卢什卡携普京致金正恩的亲笔信访问朝鲜，就"胜利"铁路项目达成协议。俄罗斯将在20年内投资250亿美元，帮助朝鲜实现3200公里铁路现代化，而朝鲜将以矿物资源进行交换。11月18日，普京在莫斯科会见到访的朝鲜最高领导人金正恩特使崔龙海。崔龙海此行可能是为金正恩访问俄罗斯打前站。韩国媒体认为，"与中国关系趋冷的朝鲜希望通过对俄罗斯外交寻求生存之路，俄罗斯则正在强化自身对朝鲜半岛的影响"。

12月1日普京对土耳其的访问也取得丰硕成果，签署了八个合作协议。双方决定：（1）把双边贸易额从2013年的320亿美元增加到2020年的1000亿美元；（2）俄罗斯投资200亿美元在土耳其建造其第一座核电站（200多名土耳其工程技术人员正在俄罗斯接受培训）；（3）从2015年1月1日起，俄罗斯把给土耳其的天然气价格降低6%，然后视情况再降低6%或者更多。由于欧盟不同意在保加利亚境内建造"南溪"天然气管道，俄罗斯和土耳其决定在土耳其和希腊边境建造另一条天然气管道，以便向南欧国家提供天然气。

12月11日普京总统访问印度，两国签署了新的经济、能源、科技、军事技术等合作协议。

第三，在西方集体制裁的背景下，俄罗斯与日本保持比较积极的对话与合作。2014年普京与安倍分别在索契冬奥会开幕式、米兰亚欧峰会和亚太经合组织领导人会议期间举行三次会晤。安倍希望借助会晤同普京巩固互信关系。日本虽然参加了西方对俄罗斯的多轮制裁，但其制裁措施与美英等国的相比显得轻，因为安倍不愿意在这一问题上得罪普京，影响业已推动的日本寻求与俄罗斯解决北方领土问题的进程。俄罗斯外交部说，"日方是在外部压力下实施的制裁"，"我们将日本政府这一不友好做法看作日本方面没有能力自行制定外交路线的再一次证明"。可见，俄罗斯对日本的批评比较婉转，把主要原因归咎于美国的"外部压力"。11月9日普京与安倍在北京会晤后宣布，两国决定"恢复关于缔结和平条约的谈判"并起草和平条约。除了推动解决领土争端外，日本希望通过经济合作、提供资金和技术援助获取俄罗斯能源和资源。俄罗斯则试图在乌克兰问题上在西方阵营中打开缺口，实现突破，同时，为俄罗斯发展远东和西伯利亚、加快融入亚太国家经济合作创造有利条件。

三、对2015年俄罗斯形势的展望

2015年俄罗斯经济形势仍将困难和复杂，因为西方制裁的消极影响将进一步发酵，油价短期内难以有很大攀升。但是，俄罗斯债务总额没有超过其国内生产总值的15%，尚有黄金外汇储备4000多亿美元、国家福利基金和储备基金各800多亿美元，军火出口基本保持2013年水平，加上政府采取的一系列措施，2015年俄罗斯不会发生债务危机或国家破产，国内政局将保持稳定。

在对外关系方面，俄罗斯与乌克兰的关系短期内恐难缓解，主要原因不仅有双方在克里米亚问题上互不相让，还有乌克兰东部局势短期内难以和平解决。乌克兰政府仍企图以军事手段解决乌克兰东部问题，这就迫使俄罗斯对乌克兰东部武装力量提供帮助。而只要俄罗斯继续支持乌克兰东部，美欧对俄罗斯就会继续采取强硬立场，俄罗斯与西方关系的僵局就难以改变。

俄罗斯将继续致力于建设欧亚经济联盟，并加强与独联体其他国家的合作。2015年的俄罗斯，既是"金砖国家"之一，也是上海合作组织的轮值主席。7月8—9日，"金砖国家"在俄罗斯联邦巴什基尔自治共和国首府乌法举行会议。紧接着，7月9—10日，上合峰会也在乌法举行。对俄罗斯进一步加强这两个组织发展的努力，是可以预期的。

普京在11月10日在亚太经合组织领导人非正式会晤期间的发言中说："对俄罗斯而言，与亚太地区国家的合作是一个优先的战略方向。重要的是，我们与该地区的绝大多数国家的关系都保持着积极和具有建设性的氛围。"因此，2015年俄罗斯总体外交态势仍将是与西方关系复杂、与东方比较顺利。

乌克兰危机与俄罗斯政治经济走势

徐向梅①

内容提要： 乌克兰国内政治动荡导致克里米亚脱乌入俄，从而引发西方阵营对俄罗斯实施经济制裁，本已出现困难的俄罗斯经济面临严峻挑战。但是，打击也谈不上是致命的，以俄罗斯目前的实力，撑过一段经济困难时期不成问题，政治上也不会出现西方所期望的动荡。制裁客观上也给俄罗斯的经济布局调整创造了机遇。

关键词： 乌克兰危机　俄罗斯经济　政治生态

一、近年俄罗斯经济发展的一般特点

从1991年末苏联解体至今，俄罗斯的经济发展可以划分为以下几个阶段。

（一）全面衰退阶段（1991—1998）。

在这段时期俄罗斯经济出现剧烈而深度的衰退，只有1997年出现止跌趋势，又被接踵而至的大危机所打断。直到1999年，由于危机治理特别是危机后油价上涨以及卢布贬值带动的进口替代效应，经济开始走出

---

①　作者系中国国际问题研究基金会研究员，中央编译局俄罗斯研究中心主任，研究员，经济学博士。

"跌跌不休"的噩梦。

（二）恢复和恢复性增长阶段（1999—2008）。

从1999年开始恢复增长，历经十年，保持了GDP年平均增长速度在7%左右，俄罗斯成为世界上经济增长最快的国家之一。10年的高增长，使俄罗斯经济恢复，居民收入提高，国家实力大幅提升，从2000年的第18位重新回到世界十大经济体之列，国际地位发生显著变化。

（三）危机和后危机阶段（2009—2011）。

全球性的金融危机始于2007年，俄罗斯经济受到重创，在2008年下半年、2009年表现明显，2008年GDP增长5.2%，2009年下降7.8%。

（四）增长衰减期（2011—　　）。

从2010年第一季度起俄罗斯经济止跌回升，年增长4.5%，2011年4.3%，2012年3.4%。2012年尽管全年增长依然有3.4%，但是呈逐渐递减趋势，第四季度增长只有2.1%。2013年，俄罗斯经济增速继续放缓，GDP增长1.3%，主要经济指标除实际工资仍有较大增长，达到5.2%，但也比上年（8.4%）回落很多，其他几乎增速全面放缓，其中工业生产比上年增加0.3%，固定资本投资下降0.3%，零售贸易额增幅下降显著，出口额同比出现下滑，国际储备也较上年减少280亿美元。[①]

尽管增长衰减，但总体上俄罗斯经济仍处于安全状态。2013年，俄罗斯GDP总量超过2万亿美元，人均GDP为1.46万美元。至2013年底，国际储备5096亿美元，国债占GDP的比例尽管较前两年略有上升，但依然保持在较低水平，[②] 大大低于世界发达经济体。失业率保持在较低水平，全俄居民名义月均工资达到29792卢布（约合936美元）。[③] 2013年，俄罗斯人口出现了苏联解体以来首次自然正增长。俄罗斯统计局公布，至2014

---

① 数据主要源于俄罗斯经济发展部历年经济监测报告。

② 据俄罗斯财政部公布的数据，2011年俄罗斯国债占GDP 9.8%，2012年占11.8%，2013年占13.7%。

③ 俄罗斯经济发展部。

年1月1日登记人口1.43669亿。

当然，俄罗斯经济依然存在许多问题，这无论是在其经济衰退期还是高增长期都没能被克服，甚至愈益严重。其中最本质的就是结构问题。尽管俄罗斯政府倡导创新发展战略多年，但时至今日，俄罗斯经济依然体现出严重的能源依赖取向，2013年石油天然气出口占出口总额达70%。其次是劳动生产率不高。尽管提高劳动生产率经常是俄罗斯总统《国情咨文》的要点，但是结果并不理想，从2003年到2012年10年间年均提高只有4.5%。高科技产品附加值在GDP中占比的改变微乎其微，2005年为21.2%，2013年为22.9%。[①]

二、普京第三个总统任期俄罗斯的政治气候

在2011年底议会选举和2012年春大选前后，出现一系列亲西方反对派为主的抗议活动，抗议所谓"不诚实"的选举，要求铲除腐败，甚至要普京下台。俄罗斯执政当局采取了积极有效的应对策略，一方面，以平静态度宽容"普通人表达自己的看法"（普京语）；另一方面，迅速提出下一步政治体制改革建议。2012年5月普京重回克里姆林宫，推出了承诺的政治体制改革措施。

首先是放宽党禁。新修订的《政党法》将组建政党必须的党员人数由40000名降到500名，简化政党注册手续。与此同时，放宽了政党参加选举的条件，降低了总统候选人门槛。新法生效激发了俄罗斯社会的政治热情，截至2013年底，包括新政党法出台前的7个合法政党，在司法部合法登记的政党激增到75个。

恢复2007年以前实行的杜马代表混合选举制，俄罗斯国家杜马450个议席从全部由政党提名的比例代表制产生恢复为一半是政党比例代表制产生，一半通过单席位产生的混合选举制。同时，政党进入杜马的门槛也从7%恢复到5%。

---

① 俄罗斯国家统计局。

其次是建立地方行政长官直选制度,与此同时保持总统对党派候选人提名的磋商权力和对就任后有违法行为的地方行政长官实施免职的权力。

新的政治改革在形式上更加开放。放宽党禁促使代表更多阶层和群体利益的政治组织现身国内政治舞台;地方长官的直选使地方居民历时八年后又重新参与到地方政治生活中来;各级选举条件的放宽也为政治生活增加了选择。但总体来说,这些改革对俄罗斯既有的政治格局没有产生实质性的影响,新成立的小党成长前景还很模糊,州长直选也没有改变统一俄罗斯党一党独大的格局。

在推出政治民主化改革的同时,普京加强了对国内政治空间的整肃。(1)治党。对有执政党之实的统一俄罗斯党改变各级领导形成机制,进行党员清查,同时着力扩大执政的其他社会基础。(2)治腐。普京在第三个任期高举反腐大旗,连续推出官员财产申报制度、《审查公务员消费占收入比例法》和《禁止国家官员及其配偶和未成年子女拥有海外资产法》。(3)加大力度整控公共政治空间。2012年《关于聚会、集会、示威、游行和抗议法》、《互联网黑名单法》和《非营利组织法》修正案三个法案出台,规范集会和游行抗议等行为的程序,加强监控互联网空间,特别是对有外资背景并从事政治活动的非营利组织规定其"外国代理人"身份。三项法案遭到俄罗斯国内维权组织和以美国为首的西方国家的抨击,但在百姓层面基本上都得到支持。

追溯普京的治国理念,他无疑是民主制度的崇奉者,对法制、秩序和强大政权的追求也始终是其不变的目标。通过改革和整肃,普京消弭了其第三总统任期之初反对派掀起的抗议风潮,俄罗斯国内政治保持了稳定。而且,借2013年俄罗斯在叙利亚问题、伊朗核问题等一系列外交领域的突出表现以及索契冬奥会的成功举办,普京的国内支持率较本任期之初有较大回升。2013年10月全俄社会舆论研究中心的调查显示,65%左右的俄罗斯人认为普京深谋远虑、意志坚强、目标明确、精力充沛。①

---

①　http://wciom.ru/index.php?id=459&uid=114532.

三、俄乌关系剪不断理还乱

俄罗斯与乌克兰具有历史文化同源性，同属东斯拉夫人，共同起源于古基辅罗斯文明，在近代以来至苏联时期的300多年间同属一个国家。苏联解体以后，乌克兰成为独立国家，但在前苏联加盟共和国中，乌克兰是地缘政治地位特殊、与俄罗斯经济相关性最强的国家。

经济方面，俄罗斯是乌克兰最大贸易伙伴国。2012年，对俄贸易占乌克兰外贸总额的29.6%。乌克兰也是俄罗斯在独联体国家中最大的贸易伙伴国，相互间贸易占俄罗斯与独联体国家外贸总额的34.6%，占俄罗斯外贸总额的近5%。[①]

乌克兰东南部地区聚集了原苏联国防工业遗留在乌克兰境内大量重要的军工企业，这里生产的变压器、发动机及其部件、重型机械等直接销往俄罗斯。乌克兰生产的军工品的10%供应俄罗斯，而其自身军需设备及配套用品的供货商70%位于俄罗斯，两国甚至合作制造运载火箭。[②]

乌克兰自身天然气储量匮乏，对俄罗斯天然气依赖程度相当高，而乌克兰又是俄罗斯天然气过境输往欧洲的重要通道。俄罗斯和乌克兰之间因为天然气价格和过境费用而产生的争执持续多年，多次发生"断气"冲突，甚至将欧洲国家卷入其中。

乌克兰与其他独联体国家的不同之处是其具有独特的地缘政治意义。乌克兰位于欧洲东部，是除俄罗斯以外欧洲领土面积最大的国家，在前苏联加盟共和国中仅次于哈萨克斯坦，人口4500多万。乌克兰东连俄罗斯，南接黑海，西与波兰、斯洛伐克、匈牙利、罗马尼亚等国毗邻，是俄罗斯与欧洲国家地缘政治的交叉点。布热津斯基在其1997年出版的《大棋局》一书中将乌克兰比作俄罗斯与欧洲国家之间的"地缘政治支轴"，甚至称："没有乌克兰，俄罗斯就不再是一个欧亚帝国。"克里米亚回归前，该半岛上的塞瓦斯托波尔是俄罗斯四大海军舰队之一黑海舰队租驻的主基地。

乌克兰独立以来，经济发展不顺，政治局势不稳，政府更迭频繁，特

---

① 俄罗斯经济发展部：《2012年经济监测报告》。

② http://www.pravda.ru/economics/rules/globalcooperation/28-03-2014/1202302-raketa-0/.

别是各派领导人在俄罗斯与西方之间摇摆不定，俄乌关系屡次面临挑战。2014年初春乌克兰国内政局动荡继而引发克里米亚公投入俄罗斯，乌克兰东部地区亲俄民间武装与乌克兰政府军发生直接军事对抗乃至激战，直接恶化了本就纠缠不清的俄乌关系，同时也严重激化了俄西关系，使俄罗斯面临冷战后最严峻的国际关系危机。

四、制裁与反制

西方与俄罗斯在乌克兰问题上的利益博弈从未停止过。收回克里米亚对俄罗斯来说是机不可失、失不再来，得到了绝不可能再归还。在乌克兰东部地区，一方面，有大量俄罗斯族人居住；另一方面，存留着前苏联遗留的许多重要军工企业，普京尽管无意收回，但无论从情感上还是利益上都无法弃之不顾。对西方来说，将触角深入前苏联领地、从经济和军事上蚕食俄罗斯的势力范围是其一贯的策略，更何况面对正在试图摆脱俄罗斯而投向西方怀抱的国家出现的困局，也绝无可能坐视不管。

在警告、威胁无效的情况下，以美国为首的西方阵营针对俄罗斯出台了一波又一波的制裁措施。首先是宣布对一系列俄罗斯相关人员甚至普京圈子的制裁，包括冻结其海外银行账户及资产，拒绝其入境。随后制裁升级，直指俄罗斯金融、能源和国防工业等重要经济部门，禁止美欧的公民和公司向俄罗斯银行及其相关的法人提供长期贷款、持有其资产和债券；禁止向俄罗斯能源公司提供先进的开采设备和技术；禁止向俄罗斯国防工业出售高科技产品及其部件；等等。制裁几乎囊括了俄罗斯金融、能源和军工部门最重要的企业，像储蓄银行、外贸银行、外经银行、农业银行；天然气工业股份有限公司、俄罗斯石油、卢克伊尔石油；"俄罗斯技术"军工综合体、阿尔玛兹—安泰联合企业；等等。制裁使俄罗斯超过90%的石油部门和整个天然气开采部门受到打击。[①]

针对西方制裁俄罗斯采取了相应的反制措施，对参与制裁国家相关人

---

① 　http://top.rbc.ru/economics/12/09/2014/948761.shtml.

员禁止入境，要求维萨和万事达对禁止俄罗斯银行使用其支付系统造成的损失予以赔偿。针对7月底西方对俄罗斯重要经济部门的制裁措施，普京发布总统令《关于采取保障俄罗斯联邦安全的特别经济措施》，禁止从相关国家进口农产品、原料和食品。俄罗斯还考虑禁止欧盟和美国的航空公司航班飞经俄罗斯领空。与此同时，俄罗斯政府承诺动用国家财富基金援助受西方制裁的企业。

五、经济现状与政治新生态

在乌克兰事件发生之前，俄罗斯经济由于自身的结构性问题增长受到制约，已经进入低速增长阶段。随着乌克兰局势的不断恶化，西方逐步加大对俄罗斯制裁，俄罗斯经济发展面临更大的挑战。

从宏观经济发展数据来看，制裁带来的负面影响已经在俄罗斯经济中有所显现。2013年俄罗斯经济增长1.3%，2014年1—10月同比增幅降为0.7%。下降最为显著的是投资，同比下降2.5%。进出口贸易额同比都有下降。消费增幅继续下降，从上年同期的3.9%降到2.2%。居民实际收入增长放缓，前10个月增长0.8%。卢布持续贬值，美元卢布比价从年初1∶32到12月上旬跌破1∶50。上半年资本外流超过上年全年水平。[1] 国际油价近期大幅下跌，严重依赖石油美元收入的俄罗斯经济雪上加霜。10月24日，俄罗斯经济发展部部长乌留卡耶夫在《俄罗斯报》早餐会上说，如果2014年余下的时间油价能维持在83美元，那么年均价格将保持在99美元，这样就完全符合预期，俄罗斯预算将有盈余。但目前油价跌破70美元，显然，俄罗斯已经难以维持预算平衡。

制裁的负面效应不只体现在宏观数据中，国内外投资者的观望和恐慌情绪有所加深，一些金融和能源企业面临现实的融资阻力和生产困难。目前，与俄罗斯合作密切的国际金融机构已经向俄罗斯政府提出合作方式问题，俄罗斯国内出口商开始要求政府提供政治风险担保，俄罗斯最大石油

---

[1] 俄罗斯经济发展部：《2014年1—10月经济监测报告》。

公司俄罗斯石油已经要求政府注资400亿美元帮助其偿债。

制裁对俄罗斯经济造成打击毋庸置疑，但是也谈不上是毁灭性的。这可以从以下几个方面来看。

（一）宏观经济。

宏观指标的下降既有制裁的因素，也是此前由于自身结构性的抑制导致增长衰减的延续。即便在宏观数据中也不全是消极因素。比如，前十个月工业生产增长1.7%，比上年同期的0.2%好不少。农业仍有4.5%的增长，建筑业总体是下降，但其中居民住宅建设上涨较快，同比增23.7%。失业率依然保持在较低水平，低于5%。

（二）目前老百姓的生活状态。

尽管经济增长陷于停滞，但俄罗斯老百姓的工资还在增长中，当然，增幅减小。前三个季度全俄居民名义工资31487卢布，按当期平均汇率（35.39）约880美元，莫斯科更高。尽管因为俄罗斯反制西方禁止一些食品进口导致出现一定程度的通胀，但老百姓没觉得对生活有多大影响，也没有把西方制裁太当回事，一切在有序进行。

（三）俄罗斯目前国力。

俄罗斯经过普京14年的治理，国力早已今非昔比。尽管2014年资本外流加剧，但是截至12月初，俄罗斯依然保有近4200亿美元的国际储备。俄罗斯仍是世界上资源最丰富的国家，尽管担心能源销售在西方的市场受到影响，但短时间内国际市场包括欧盟国家对俄罗斯天然气的需求改变不了，更何况包括中国在内的亚洲市场向俄罗斯敞开。

当然，目前的形势也并没有看到什么向好的迹象，国际油价和俄罗斯货币依然在持续下跌，可以预计2015年依然会很艰难，或者说更艰难。但是，以俄罗斯目前的国力，相较于20世纪90年代的艰难以及2008年和2009年国际金融危机的冲击，今天的俄罗斯能够撑得过去。

乌克兰危机前后俄罗斯政治生态悄然变化。危机之前，普京通过政治改革和整肃，保持了国内政治稳定。但俄罗斯人对普京的评价是不一致的，有褒有贬，尤其是在知识分子中有较大分歧。

乌克兰危机使俄罗斯遭遇冷战后最严峻的国际关系危机，西方的制裁给俄罗斯经济造成严重打击。但收回克里米亚大大提振了俄罗斯人的民族自信心，外部高压刺激了俄罗斯人的爱国热情，普通百姓一扫苏联解体以后的自卑感，认为俄罗斯在未来的15—20年将重新成为世界强国。普京的国内信任度从2014年初的60.6%一路攀升，甚至在知识分子中都呈现一边倒的态势。9月下旬俄罗斯独立民意调查机构列瓦达中心公布的调查结果显示，普京支持率高达86%。具有执政党地位的统一俄罗斯党的支持率也创下5年来的最高。

2014年9月14日俄罗斯全国范围内的地方长官和议员选举中，执政的统一俄罗斯党和其他在野政党一派祥和，至选举结束中央选举委员会没有接到任何违规投诉。2014年11月4日俄罗斯民族团结日这一天，在莫斯科市中心举行的"我们团结在一起"的游行，总计有7.5万人参加，俄罗斯议会四大政党的代表联合参与，表现出史无前例的一致性。俄罗斯共产党主席久加诺夫表示，尽管俄罗斯共产党对国家发展的道路设计与当局有所不同，但在目前状况下所有人都应该站在同一阵营。俄罗斯总统公民社会和人权发展委员会成员波利亚科夫说，整个社会都已经意识到，通过爱国主义精神把俄罗斯团结起来是最重要的。

俄罗斯社会的凝聚力在西方制裁中不是下降而是得到了加强。西方指望通过制裁造成俄罗斯的经济困难从而引起民心不稳、普京支持率下降乃至政局动荡，恐怕是难以达成所愿。

六、俄罗斯经济是否危中有机？

制裁并不是一个单向的行为，后果也往往不是由一个国家来承担。

俄乌关系本来就纠结不清，长时间的危机状态显然有损两国的经济利益，对乌克兰来说可能尤甚。作为俄罗斯最大的贸易伙伴集团，制裁与反制也将使欧盟深受其害。按照欧盟国家中俄罗斯最大的贸易伙伴国德国工业贸易署俄罗斯部主任托比亚斯·伯劳曼的说法，在德国与德俄贸易相关的工作岗位超过30万个，由于制裁，2014年德国对俄罗斯出口可能下降20%。从社会政治传统上讲，西方社会对由于政府主观政策导致损失的承受力不会强于俄罗斯。在这样一个日益开放和全球化的世界，制裁不可能维持相当长一个时期，无论是俄美还是俄欧之间。在适当时候，俄美之间可能寻找两国关系再次"重启"的契机。

制裁自然不是好事，但是客观上给俄罗斯的经济布局调整创造了机遇。西方市场的限制，使俄罗斯天然气等能源企业不得不面向东方，开辟更多元的销售市场。西方和乌克兰对俄罗斯禁运军工产品和提供技术，短期内是会给俄罗斯相关产业和企业造成困难，但长期可能会推动普京提出的"再工业化"和"新工业化"的进程。俄罗斯反制裁,禁止西方国家农产品和食品的进口，给发展本国农工产业创造了机会。当然，因为短时间内无法实现完全的进口替代，价格会有一定程度的上涨，通胀也会有所增加。在反制裁禁运西方国家食品的同时，俄罗斯政府甚至开始限制从除关税同盟国家以外的所有国家进口轻工业品，意在刺激本国轻工业企业的发展。因为受到维萨和万事达支付系统的限制，俄罗斯政府开始推动发展本国支付体系。

外部高压下的这些调整当然不可能解决俄罗斯经济中长期存在的根本性的结构问题，但是创造了其经济面向创新发展的契机。按照一些俄罗斯学者的说法，这种压力愈久，俄罗斯面向创新发展的动力就会愈强。俄罗斯这种经济结构和布局的调整，也给包括中国在内的亚太国家提供了新的机遇。

欧盟东扩前程崎岖不平

邢　骅[①]

内容提要： 冷战结束，欧盟获得在欧洲东部前苏联势力范围发展成员的难得机会，2004—2007年，经过浩大投入促成该地区大多数国家转换阵营，大批入盟，改变了联盟及欧洲面貌。但是，东扩进程也在前行中有所波动与调整。当前，欧盟东扩进展因乌克兰危机爆发严重受阻，有关政策考虑受到震动，未来进展面临考验。

关键词： 欧盟东扩　乌克兰危机　欧俄关系　塞尔维亚入盟科索沃独立　土耳其入盟

欧盟的内部升级改革与成员扩充是欧洲一体化发展的两大主题。欧盟扩员中的东扩特指冷战落幕后欧盟走出西部传统辖区，乘东欧国家政治剧变之机，在原苏联加盟共和国、华约集团成员等苏联势力范围内大规模发展成员的行动。它分别完成于：2004年波兰等10国入盟（其中马耳他、塞浦路斯两国原不属苏联势力范围，入盟政治含义与其他8国有别）；本该与前10国同批、但条件较差的罗马尼亚和保加利亚推迟到2007年入盟；2013年7月1日欧盟又接纳了前南斯拉夫地区的克罗地亚。

欧盟东扩近年来进展至乌克兰时，造成了俄罗斯与西方地缘政治争夺的尖锐化，双方展开外交、政治、军事的全面对抗。乌克兰陷入战火纷飞的大动乱，打破了欧洲十余年无战事的局面。欧盟东扩面临更为复杂、困难的形势，前景多舛。

---

① 作者系中国国际问题研究院研究员。

一、欧盟东扩的深刻动因

第一，冷战告终，华约集团与苏联相继解体。苏联的后继者——俄罗斯的实力与国际地位历史性地下跌，大幅度削弱了对欧洲东部的控制力，而欧洲一体化全面发展挥发出的吸引力则同期上升。大多数东欧国家180°地转变政治方向，以"回归欧洲"（即回归西方）、靠拢乃至参加欧盟和北约为国家发展最高追求。欧盟得到以自身的价值观、政治、经济制度一统全欧的百年不遇良机，期望就此可求欧洲的长治久安，彻底告别经受两次世界大战蹂躏的梦魇。

第二，冷战后安排俄罗斯的地位成为欧洲事务的一个核心问题，也是美欧的重大关切。欧盟重视发展与俄罗斯关系，以求欧洲国家关系的合作与稳定；但与此同时，把欧洲东部纳入麾下，巩固和扩大冷战中获得的成果，遏制俄罗斯影响，亦是一项基本战略考虑。欧盟官方文件称，"欧盟扩员有助于应对专制制度垮台、共产主义崩溃等重大变化，在整个大陆巩固了民主、人权和稳定"。[①]

第三，冷战结束后，曾被两极格局掩盖的巴尔干半岛的民族、政治矛盾以前南斯拉夫的解体为火山口喷发出来，严重威胁全欧安全。欧盟因而加紧干预东南欧事务：一方面，策动签署地区国家间的《东南欧稳定条约》；另一方面，从更长远角度出发，以把有关国家拉拢在欧洲一体化周围、进而分期接纳它们入盟，作为根治动荡的途径。这一地区国家与欧盟建立关系的先决条件是，它们要与周边国家和平共处，制止动乱，参加区域合作。欧盟与它们签订的发展关系的第一阶段文件——联系国协议，前面特别加上"稳定"二字。

第四，欧盟与北约两个集团在欧洲东部发展成员并行不悖，大目标一

[①] " EU enlargement has helped respond to major changes such as the fall of dictatorship and the collapse of communism. It has consolidated democracy, human right and stability across the continent." Communication from the commission to the European parliament and the Council , COM (2006) 649.

致，但北约的东进也给欧盟以激励。实际上，欧盟立志使欧洲成为"欧洲人的欧洲"，不但在向东扩展欧盟辖管区上不愿落后于北约，还努力增强作为其弱项的安全与防务功能，不让北约独占鳌头。

第五，全球化迅猛发展，欧洲经济一体化需要开辟更宽阔的活动空间，增强竞争力，东扩更受其包含的长远、巨大经济效益驱动。

基于上述，欧盟认定向东扩员意义空前重大，需将其奉行为联盟新世纪最重要的任务。

二、欧盟东扩的浩大工程

欧盟东扩创有史以来扩员规模与难度双高的的纪录。首先，2004—2007年一批接纳12个成员，数量超过前四次扩员之总和，被称为"大爆炸式扩张"；其次，申请国大都长期扎根于另一类的政治、经济、思想体系中，整体发展水平和观念与欧盟相距甚远。据统计，2004年准备入盟的10个国家的国民生产总值总和才等于老成员荷兰一国，扶持、培育、最终接纳它们，则需把欧盟政治、经济、社会制度以及浩如烟海的规章、法则大搬家，植入新成员国，并且缩小与老成员经济水平差距。前几次扩员的难度与此相比，不可相提并论。

高难任务需要高投入。冷战后东欧巨变伊始，欧盟呕心沥血，持久不懈地进行了一项为期十余年的跨世纪浩大工程。

在第一阶段，欧盟对刚刚完成政治转向的东欧国家实行"法尔计划"等经援项目，帮助它们走出当时的经济困境，为它们改革的起步提供资助。

在第二阶段，陆续与有入盟愿望和可能的国家签订联系国协议，全面加强与它们的制度性联系，把入盟作为联系的终极目标，帮助它们为达到入盟条件做准备。联系国协议在这个意义上被视为准入盟协定。

在第三阶段，1993年哥本哈根首脑会议确定，新成员入盟需在政治与经济等方面达到三项标准：（1）政治上，有稳定的保证民主、法制、人权、尊重与保护少数民族的制度；（2）经济上，有有效的市场经济和应对欧盟内竞争与市场的能力；（3）有能力履行成员义务，服从政治、经济、货币联盟的目标。三项标准以后又为欧盟一些细化性决定所补充。同时，除规定条件外，欧盟还保留决定候选国入盟时间的权利。

由此，联盟掌握了衡量申请国达标情况的尺度。申请国也有了更明确的努力方向。欧盟定期检查申请国达标的努力，并写出相关报告，对申请国进行更系统、严格、近身的监督与帮助，使培育、发展新成员工作步步落实。

在第四阶段，欧盟在联系伙伴中确定候选国，并择机与它们之中条件成熟者进行围绕35个左右章节的"入盟谈判"，最后敲定将候选国纳入联盟各项法规与政策的步骤与时间。谈判成功后将先签入盟谈判协议，随后正式签署入盟协定，并完成批准协定程序。除欧盟机构外，入盟谈判与批准手续必须有全体成员国参加。

此外，欧盟为迎接大批新成员还进行了针对性的内部机制改革。在尼斯首脑会议上，经艰难磋商，初步达成重新分配欧盟决策投票权的机制，粗略地打扫了迎接客人的"房间"。

东欧新成员也为达到欧盟的入盟标准进行了艰巨的努力，包括对本国制度、法规和政策进行了有时是伤筋动骨的改造和调整，"候选国需要做出经常是沉重的、不受欢迎的牺牲与改革"。[①]

三、欧盟东扩的厚重成果和造成的难题

（一）成果。

2006年首脑会议通过《扩员战略》肯定，东扩是"欧盟和全欧洲的成功"，[②] 取得的四项成果是：（1）促进了欧洲分裂的消除和全大陆的和平与稳定；（2）在全大陆推进了改革，巩固了自由、民主、尊重人权、法治及

---

①　"Qui a nécessité, de la part des pays candidats, de lourd sacrifices et des réformes souvent impopulaires."Le Monde, "Une nouvelle Europe unifiée est scellée à Copenhague", 12 décembre 2002.

②　"Enlargement has been a success story for the European Union and Europe as a whole" (Presidency conclusions), Council of the European Union 16879\06, 15 December 2006.

市场经济等普世原则；（3）扩大了内部市场与经济合作，增进了繁荣与竞争力，使得联盟得以更好地应对全球化的挑战；（4）增长了欧盟在世界上的分量，使其成为更强大的国际伙伴。

四条成果中政治与外交上的分量最重。欧盟从偏居大陆西部的组织成长为从大西洋岸横穿大陆到黑海边的泛欧大集团，成员国人口增至5亿，经济总量高居全球榜首。尤为深远的含义是，欧盟"以和平的方式"获得主掌欧洲事务地位。欧洲舆论称，这是"欧洲模式的成功"，"意义大于冷战中的胜利"。同时，由于边界前所未有地扩大，欧盟对周边地区各方向上的影响力更为直接、有力，国际影响水涨船高。新成员国接受了欧盟政治经济制度，并承诺与邻国和睦，有利于本国发展和地区稳定。

东扩也如愿以偿地给新老成员国带来经济上的收获。欧盟统计，15个老成员国与2004—2007年入盟的12国贸易额1999年为175亿欧元，2007年飙升到500亿欧元。1999—2003年，新成员国民生产总值平均年增长3.5%，而入盟后到2008年，这一数字则达5.5%。2004年入盟新成员人均国民生产总值为欧盟15个老成员的40%，2008年则升至52%。

难以用统计数字表达的成果还有，新成员国家公民得以享受欧盟内更良好的社会管理制度，更广泛的学习、就业机会。

（二）难题。

东扩对欧盟是一项空前艰巨、完全陌生的任务，大扩员与大挑战共生。

第一，机制改革总体上落后于成员的大量增加。以6国起家的欧盟机构适应15国已感吃力，如今膨胀为28国的庞大群体，虽有前期改革努力，但未摆脱"一列拥挤不堪的破旧、窄小的车辆超载运行"的困境，连累联盟决策质量和速度下跌。

第二，大扩员对联盟内部关系产生冲击。大批新成员的涌入使盟内的利益和主张加倍多元化，新成员与老成员的融合多有不顺。新成员入盟后不情愿俯首甘为"二等公民"，难以认可核心大国的权威，拒绝以多速度模式把成员国分成不同等级。新成员中的大国——波兰，无论在入盟谈判中与欧盟机构、还是在修改里约谈判中与主导谈判的德国，都曾强烈碰撞，闹到关系破裂临界。老成员则要求严格核查新成员入盟时承诺的执行情况。保加利亚、罗马尼亚、匈牙利三国一直因各自国家管理中的问题，被欧盟和不少成员国指责。法国、德国等大国还以保加利亚、罗马尼亚两国疏于管理为由，阻止它们加入申根协定。

一些成员为了某种共同主张而抱团，联盟内比较固定的或临时性的"小山头"组合较前增加，有碍欧洲的团结一致。例如，英国可以单独邀请北欧集团和波罗的海国家开会，呈现与欧盟唱对台戏色彩。

第三，经济利益纠葛发生。东扩虽使欧盟总体上受惠，但也为此付出沉重代价。据不完全统计，20世纪90年代，欧盟已为申请国达标花费了100多亿欧元。2000—2006年，入盟前拨款220亿欧元，入盟后再拨570亿欧元。但是，这种扶植性优惠拨款分别到2007年与2013年截止。尔后，新老成员围绕互助基金、预算使用、农业补贴等问题的利益分歧一一显露。最新的例子是，德国、法国、英国等八个老成员国联袂声明，反对欧盟委员会动用2014年预算附加额支持东部成员的公路、桥梁等基础设施项目。

四、欧盟东扩进程的波动

第一，尽管东扩成果不可不谓显赫，但欧盟内对扩员规模、速度和后果仍有批评声音。一些政治家与学者指出，消化大批青涩新成员，付出代价太高。联盟"越扩越大的结果是成分越来越复杂，管事越来越多的结果是担子越来越重"。他们认为，"应选择保持一定规模、但比较心齐的联盟，而不是庞大、松散的联盟"。一些评论甚至把东扩比作一场"跳入无底深渊"的冒险。

进而言之，对扩员的异议又使有关欧盟建设着力点的争论纠缠不休。一种意见力主先致力于内部改革，不急于扩员；另一种意见则是，应不失时机地推进扩员。疑欧派带头者——英国力求将欧盟建设只停留在一个大市场水平，但积极主张一体化扩员，被认为怀有以扩员对冲深化一体化努力的意图。

第二，东扩进程并非一往直前，而是时有踌躇、停顿、反思。面对东扩中显现的问题，欧盟2006年首脑会议就曾以较清醒头脑整顿扩员方针，提出扩员需遵循3C（consolidation 、conditionality、communication），即巩固成果、严控条件、加强沟通的原则。[①] 具体而言，一是肯定扩员的大门依旧打开，但对未来东扩的范围有所节制，不做过多承诺。二是针对联盟融合新成员能力落后于扩员规模的状况，要求将欧盟足够的消化能力与申请国完全履行成员义务的能力并列为吸收盟员必不可少的条件。三是掌控扩员的速度与质量，每个候选国入盟时间都不预设，而视其自身改革及与欧盟谈判的实际结果而定；在谈判的每一环节都要严守规定；入盟逐国而论，不搞集体入盟。四是就扩员问题需要更好的沟通，以取得公众广泛与稳定的支持。

第三，欧盟扩员有时过急 ，牺牲了质量。2004年的大扩员就多少放松了对入盟条件的掌控，致使某些新成员的资格含有水分，入盟后与联盟的融合步履维艰。在塞浦路斯入盟时，对该国国内土耳其族自治实体有一些与吸收新成员原则有别的变通安排，实际上是绕过，而不是解决了该国国家分裂的问题。

五、欧盟东扩前行阻力倍增

2013年8月欧盟发表的官方文件，介绍当前东扩的布局如下：欧盟正在与黑山、土耳其进行入盟谈判，2014年1月与塞尔维亚开始谈判，欧盟委员会还建议与马其顿开始入盟谈判。此前条件较好的冰岛自主中断入盟程序，退出安排之列。阿尔巴尼亚、波黑、科索沃是后备候选国，欧盟委员会建议在一定条件下，可先使其中的阿尔巴尼亚晋升为候选国。[②] 文件发布后的新情况是，2014年6月27日欧盟完成了与乌克兰全部联系国协议的签订，并与摩尔多瓦和格鲁吉亚一并签署了联系国协议。

[①] "Enlargement has been a success story for the European Union and Europe as a whole" (Presidency conclusions), Council of the European Union 16879\06, 15 December 2006.

[②] Stefan Füle，"The European Union explained Enlargement", *European commissioner for enlargement,* August 2013.

在入盟过程中迈出新步伐的乌克兰以及与欧盟进行着入盟谈判的塞尔维亚和土耳其三国，在当前东扩对象中分量最重，但入盟前难题最重，被称作三颗"撬不开的坚果"。

第一，后冷战时代，面对北约、欧盟双东进的压迫，俄罗斯重点抗拒北约，对欧盟东扩出于多种掂量，容忍度高一些。但是，乌克兰对俄罗斯的战略利益重之又重，情况迥异。俄罗斯决心捍卫在该国的传统阵地，当然绝对不能放弃给北约，同时也不能放弃给欧盟。而当参加北约暂时从乌克兰外交选项中排除后，欧盟就和俄罗斯成为东西方争夺该国的对阵主角。尤其欧盟东部伙伴关系计划，无休止地进了又进，直捣俄罗斯后方，欲把乌克兰等六国编织成贴身紧箍俄罗斯的一道绳索时，俄罗斯更不会俯首任缚。2013年底以来，俄罗斯提出给乌克兰大幅度优惠待遇，意图拦住亚努科维奇总统与欧盟签署联系国协议的亲欧步伐。亚努科维奇由此决定推迟签署协议，引起国内亲欧派街头抗议。在外界加大力量干预乌克兰政治的情况下，既融入欧洲又保持与俄罗斯良好关系成为乌克兰越来越难维持的局面。亲欧还是亲俄化为相互排斥、有你无我的绝对对立的选择，形成西、东部群众对峙，政局动乱难止的根源。两条道路在激烈争执中急促升级为暴力火拼，前政权被亲欧派别街头暴力不容分说地推翻，而东部亲俄群众又掀起独立运动，甚至对新政权武力抗争。两派的支持者美欧和俄罗斯站到前台，你来我往地做出大动作。俄罗斯收回克里米亚主权，美欧则对俄罗斯加码经济与政治制裁。北约也大显身手，在8月召开的首脑会议上重新强调联盟集体防御宗旨，通过一项加强与俄罗斯军事对抗的《战备行动计划》，组建剑指俄罗斯的"先头部队"，扬言考虑在新发展的前苏联加盟共和国长期驻军，不惜撕毁之前对俄罗斯的许诺。

乌克兰新选总统宣示了入盟决心，欧盟也与乌克兰完成联系国协议签署，但是乌克兰危机的解决前程多舛，国内混乱局势的整顿遥遥无期，离欧盟制定的入盟条件远距十万八千里，欧盟怎能接纳这一极端烫手的山芋？

第二，塞尔维亚是西巴尔干地区大国。它的入盟意义不同一般，将是西方与俄罗斯争夺西巴尔干地区主导权的重要成果，欧盟特别重视。塞尔维亚当局归入欧洲一体化意志坚定，但表示永远不会承认本国科索沃地区的独立。而另一方面，欧盟当局已将科索沃列为入盟后备候选国，包括不少欧盟成员和美国的106个国家已然承认科索沃的独立。欧盟要求塞尔维亚入盟必须与科索沃关系"正常化"，即承认科索沃的独立，这与塞尔维亚的立场南辕北辙。塞尔维亚当局计划于2018年完成入盟谈判，2020年入盟。在此期间，不管塞尔维亚哪一政党执政，在关系民族大义的科索沃问题上退缩余地极小，能否与欧盟化解分歧，难以预料。进而观之，塞尔维亚虽尽力靠近欧盟，也并非事事对欧盟言听计从，俄罗斯对塞尔维亚的影响没有完全铲除，塞尔维亚近期拒绝参加对俄罗斯经济制裁便是一例。欧盟中也有一些成员国反对科索沃独立，更增加了塞尔维亚入盟前景的不确定性。

第三，土耳其地处欧亚分界。欧盟看重其战略位置，将其视为向中东、西亚伸展影响的桥梁，而土耳其也欲在两大洲并行下注，利用其亚洲之外兼有的欧洲属性，实现其传统的大国雄心。远在1963年，土耳其已成为欧盟前身欧共体的准成员国。但其后数十年来，土欧关系因土耳其内政问题及其与欧盟成员塞浦路斯、希腊间的矛盾众多，一直磕磕碰碰。欧盟于1999年才确认土耳其的候选国资格，并于2005年与土耳其开始入盟谈判。伊斯兰化根深蒂固的土耳其，一旦入盟便成盟内人口第二大国，欧盟内部对此的深切担忧挥之不去。法国、德国、奥地利等联盟成员一直反对接纳土耳其。近几年来，由于外来移民惹起的社会风波遍布欧洲各国，欧盟内对土耳其入盟的反对、保留态度有增无减。同时，陷于社会风波漩涡中的土耳其铁腕领导人埃尔多安，不但对欧盟的劝诫与批评全不买账，还进而扬言，如果欧盟歧视土耳其宗教信仰，土欧就别为发展关系"浪费双方时间了"。由此，土欧双方相互接近的政治愿望下降。欧盟与土耳其之间的谈判本已煮成一锅"夹生饭"，止步不前，在关系日趋不和情况下，谈判被欧洲舆论形容为"只有开始，没有尽头"。近期，土耳其与俄罗斯突然走近，对土欧关系不会产生积极影响。

除上述三国外，签下联系国协议的摩尔多瓦、格鲁吉亚两国在东扩进程中也不会被轻易撬开。

归纳起来，欧盟今后东扩将与三大障碍碰撞：

第一，极难处理乌克兰、塞浦路斯、摩尔多瓦、格鲁吉亚等国持久不解的分裂状态。欧盟至今接纳的分裂国家只有塞浦路斯，而塞浦路斯的情况另类于上述四国。据此，欧盟将面临从未应对过的严峻挑战。欧盟声称接受新成员并非扩展势力，而是满足申请国人民愿望，而当申请国中分裂的政治实体对入盟意见不同、甚至对立，东扩的依据则难以立足。欧盟如果不计后果地一味支助申请国中决心入盟的力量，而不顾反对入盟的力量，客观上无疑支持了该国主权、领土的分裂，也使该国无法达到欧盟设立的政治稳定的成员标准。

第二，继续东进必然加剧和俄罗斯的正面冲突。乌克兰危机已导致冷战后大致平稳的欧俄关系的严重破裂，格鲁吉亚一旦迈出入盟步伐，定会助燃俄罗斯的战略忧虑，使这一破裂火上加油，欧俄对抗升级。扩而言之，有关国家的分裂状态都有俄罗斯因素，俄罗斯很难对这些国家投入欧盟怀抱袖手旁观，无所作为。未来推进东扩，是保持、甚至提高当前与俄罗斯地缘政治争夺的高昂热度，是作更平衡与冷静的维护欧洲大局考虑，是欧盟面临的重大选择。

第三，内部共识的难聚也是今后东扩的一项难题。欧盟内部本对无休止东扩存有质疑，联盟当局也曾有意控制扩员的质量与速度，而继续扩员必须耗费的大量外交、政治、经济、甚至军事资源是否会高于得到的好处，在联盟内部更不易得到广泛认同。与一些抗俄前沿国家有别的是，德国和法国在对俄罗斯维持强硬态势同时，更注意与俄罗斯接触、对话，尽量争取与俄罗斯合作，以降低、化解欧洲安全形势的风险。德国外长近期流露，不赞成乌克兰加入北约与欧盟。

"将欧洲价值观和标准推广至他国"，使"欧洲更安全、稳定"，"在世界舞台上扮演全球性角色"，[①] 是欧盟东扩难以舍弃的大目标、大动力，东扩进程仍要续延。但是，欧盟东扩至今还能坚守住引领者、指示者、改造者的主动地位，而未来被动与无奈的一面会有所显露，前程坎坷。东扩的范围、进度、方式是否会在新环境下因主观或客观因素而有所变动，值得注意。

---

① "Extending European values and standards to more countries", "make Europe a safer and more stable place", " enable us to assume our role as global player on the world stage". Stefan Füle, "The European Union explained Enlargement", *European commissioner for enlargement*, August 2013.

美菲南海倡议辨析

张铁根[①]

内容提要： 在缅甸内比都东盟外长系列会议期间，美国正式提出所谓冻结南海现状的"三不"倡议，菲律宾则提出解决南海问题的"三步走"倡议。美国和菲律宾的倡议不具建设性，另有企图。美国试图借此加深介入南海，为其亚太"再平衡"战略服务。菲律宾言行不一，毫无解决问题的诚意，完全是为了向中国施加政治压力。中国提出"双轨思路"，为解决南海问题提供了新的政策选择。

关键词： 美国　菲律宾　"南海倡议"　双轨思路

2014年以来，南海风波不断，但总体局势可控。作为推行亚太"再平衡"战略的重要举措，美国对南海的介入明显加深。除在军事上联合其盟国和伙伴对中国进行围堵外，在政治、外交上也从后台走到前台，提出所谓具体建议，试图增加美国在南海争议中的发言权和主导性。

美国和菲律宾相互呼应抛出"南海倡议"

7月11日，美国国务院负责战略与多边事务的副助理国务卿迈克尔·福克斯在美国战略与国际问题研究中心的研讨会上提出关于南海局势的"三不建议"：南海主权声索各方冻结在有争议岛礁改变现状的行为，包括各方不填海造地、施工建设、设立据点，各方不夺取另一方在2002年《南

---

① 作者系中国国际问题研究基金会研究员。

海各方行为宣言》签署以前已经占领的岛礁，各方不采取针对他国的单边行动等，以便为"南海各方行为准则"协商创造有利条件。8月9日，在缅甸内比都举行的东盟外长系列会议上，美国国务卿克里正式提出了该建议，呼吁"共同努力控制南海的紧张局势"。

与美国的建议相呼应，菲律宾在中国—东盟对话会（10+1）上，抛出"三步行动计划"，分为"立即"、"中期"和"最终"三个步骤，解决南海领土争议：立即阶段，相关各方中止可能导致南海紧张升温的活动，包括在岛礁上建造建筑物；中期阶段，完全并有效落实《南海各方行为宣言》，同时加快敲定具约束力的"南海各方行为准则"；最终阶段，拟出一套解决机制，以国际法为基础一劳永逸地解决南海纠纷，包括国际仲裁机制。此前，菲律宾外交部在8月1日发表声明，提出了解决南海问题的上述倡议。

表面看来，美国和菲律宾的倡议似乎比较公允，用意在于寻求解决南海问题的办法，消解南海的"紧张局势"，无可厚非。其实，联系美国和菲律宾提出"南海倡议"的前后背景，他们别有所指，另有他图。

美国意在抑制中国

美国是冲着中国来的，企图束缚中国在南海的维权行动，抑制中国在南海地区的影响，为美国亚太"再平衡"战略服务。最近，美国、日本、菲律宾、越南等国大肆炒作中国在南海进行填海扩建工程，潜台词是中国在南海的影响扩大了，影响到他们的战略利益。不必讳言，中方确实在有关岛礁进行工程活动。2013年9月起，中国最大的自航绞吸挖泥船"天鲸"号抵达南海，开始在南沙华阳礁、永暑礁、赤瓜礁、东门礁和南薰礁之间往返作业，使用船上的大型设备吹填南沙诸岛礁，以扩大南沙各礁盘露出海面的面积；2014年年初，另一艘非自航式绞吸挖泥船"天麒"号与多艘工程船只在西沙永兴岛进行大规模工程作业，主要目的是疏浚港口和扩大岛屿面积。[①] 中国在自己的领土建造工程，本来不值得大惊小怪。正如中

---

① 《中国新闻周刊》2014年10月17日。

国外交部发言人所指出的，中方在有关岛礁上进行什么活动，完全是中国主权范围内的事情。与南海其他相关国家比起来，我们动手还嫌有点晚。中国建造工程的目的，无非是为在有关岛礁上的人员，提供一个生活、工作和自卫的平台。并不是有人所渲染的那样，建造什么"不沉的航空母舰"，谈不上引起南海局势紧张。

美国从后台走到前台，公然指责中国，把自己打扮成其盟国和伙伴的"保护神"，目的在于加深对南海的介入。5月，在新加坡香格里拉对话会上，美国时任国防部长哈格尔在黄岩岛和仁爱礁问题上支持菲律宾，批评在中国海洋石油981钻井平台在西沙海域钻探，严厉指责中国"用武力改变南海现状"，扬言美国不会"坐视不管"。7月10日，美国参议院通过412号决议案，要求中国将海洋石油981钻井平台和护航船只撤离南海海域，恢复南海原状。英国广播公司11月22日报道，美国国防部发言人杰弗里·普尔日前在谈及南海局势时表示，"美方敦促中方停止填海作业，以外交方式鼓励所有各方在采取类似活动时保持克制"。美国助理国务卿拉塞尔称，中国在南海填海造陆会造成"美中两国都不希望看到的局面"。

是谁打破南海现状

南海的"现状"早就被人打破了。20世纪70年代以来，一些国家相继非法侵占中国南沙群岛部分岛礁，并通过修建工程、设置行政单位、增加武备等措施强化非法占领；在侵占岛礁和附近海域大规模开发石油和天然气。无论是在2002年《南海各方行为宣言》签订之前还是以后，一些国家都在不断"打破现状"，越南在南威岛、菲律宾在中业岛、马来西亚在弹丸礁都修建了飞机跑道。近来的活动更是变本加厉：参考消息网9月27日报道，据台湾负责像素绘制南海有争议领域地图的专家透露，"越南正在南沙群岛开发暗礁和人工岛"，"大家都在谈论中国大陆，但全力以赴的是越南"。菲律宾也不甘落后。据菲律宾电视台报道，菲律宾三军总参谋长卡塔潘8月14日在视察西部军区司令部时表示，菲律宾军方计划在中业岛、仁爱礁等六个岛礁推出"轮渡游"。对上述这些活动美国人从来不置一词，中国搞点工程，他们倒担心起来，这明摆着是实行双重标准，美国的作为违背其作出的在南海问题上不持立场、不选边站队的承诺。

菲律宾言行不一

菲律宾"三步走"倡议逻辑混乱、前后矛盾。菲律宾说，解决南海问题的第三步是提交国际仲裁。但菲律宾 2013 年 1 月 22 日就向国际海洋法法庭申请南海问题的强制仲裁。2 月 19 日，中国政府退回菲律宾政府的照会及所附仲裁通知。中国政府多次郑重声明，中国不接受、不参与菲律宾提起的仲裁。中国政府认为，"菲律宾提起仲裁事项的实质是南海部分岛礁的领土主权问题，超出 1982 年《联合国海洋法公约》（下面简称《公约》）的调整范围，不涉及《公约》的解释或适用；以谈判方式解决有关争端是中菲两国通过双边文件和《南海各方行为宣言》所达成的协议，菲律宾单方面将中菲有关争端提交强制仲裁违反国际法。""仲裁庭对菲律宾提起的仲裁没有管辖权。"① 但是，菲律宾政府一意孤行。2014 年 3 月 30 日，菲律宾正式向法庭递交仲裁请求，其"诉状"分 10 章，长达 4000 页。菲律宾的所谓"南海倡议"如果是严肃的，就应当首先撤回诉讼，然后从第一、第二步开始。菲律宾外长罗萨里奥曾经声称，"菲律宾已经尝试了所有政治和外交途径，以便与中国就主权争议达成和平的解决方案，现在希望通过国际仲裁程序找到长久的解决方案"。罗萨里奥的话不符合事实。"事实上，迄今为止，中菲两国从未就菲律宾所提仲裁事项进行过谈判。"② 在涉及领土主权和海洋权益的问题上，菲律宾明知中国已明确表示不接受仲裁，明知双方已承诺通过双边直接谈判解决争端，还要强行将争端诉诸仲裁，这绝不是友善的行为，并且同国际法的基本原则背道而驰。菲律宾的"诉状"声称，中国在《联合国海洋法公约》规定的权利范围之外，对九段线（即中国的南海断续线）内的水域、海床和底土所主张的"历史性权

---

① 《中华人民共和国政府关于菲律宾共和国政府所提南海仲裁案管辖权问题的立场文件》，2014 年 12 月 7 日。

② 同上。

利"与《公约》不符。南海断续线是中国政府1948年在公开发行的官方地图标绘的,《公约》是1982年生效的,怎能要求九段线符合《公约》? 而且,菲律宾政府刻意回避中国对南海诸岛及其附近海域拥有主权这一事实。国家的领土主权是其海洋权益的基础。《公约》不能管辖领土主权的归属问题。菲律宾政府为了使它的诉讼申请被仲裁庭接受,不惜重金聘请美国律师,对其诉讼进行精心设计包装,以便法院能够接受其仲裁申请。菲律宾企图将中国置于两难境地:应诉,与中国一贯立场不符;不应诉,就给中国扣上"不遵守国际法"的帽子。实际上,菲律宾的诉讼行为解决不了南海争端,只是一场处心积虑的政治秀。目前,在中国南海断续线内,越南占领了南沙群岛29个岛礁、马来西亚占了5个,文莱占了1个(南通礁,提出领土要求,未派兵占领),菲律宾非法侵占了马欢岛、费信岛、中业岛、南钥岛、北子岛、西月岛、双簧沙洲和司令礁等8个岛礁,并占领大片海域非法开采资源。中国政府一直表示了极大的克制,仅在南沙群岛拥有8个岛礁(包括台湾方面控制的太平岛)。中国在南海南部没有打过一口油井。2014年以来,菲律宾还不断在南海滋事。3月14日,菲律宾公开宣称其在1999年便在仁爱礁坐滩的军舰将作为永久设施部署在仁爱礁。① 29日,菲律宾公务船强行闯入仁爱礁海域,为其坐滩的军舰"补给",运进建筑材料,还邀请媒体到现场,把自己装扮成受害者,蒙骗国际舆论。4月,美国和菲律宾签订《加强防务合作协定》。根据该协定,未来10年美军将可以在菲律宾海空军事基地轮流驻扎。据菲律宾媒体称,菲律宾政府可能让美军在靠近南海的巴拉望基地驻军,以"震慑"中国在南海的活动。美国和菲律宾频繁举行军事演习,地点距离南海区域越来越近,明显是在向中国示强。5月6日,菲律宾海警船在南海半月礁附近非法抓扣一艘中国渔船。11月24日,菲律宾巴拉望省法院宣判,9名中国渔民每人罚款10.3万美元。中国对半月礁拥有主权,菲律宾法院无权管辖。即便是渔民有违法行为,也应归中国方面依法处置。综上所述,菲律宾的所谓"三步走"倡议极其虚伪。

美国和菲律宾在东盟外长系列会议期间大力兜售其倡议,大多数东盟

---

① 当年,菲律宾军舰以"技术故障"为由在仁爱礁坐滩,并多次向中方承诺将军舰拖走。

国家对此并不买账。在8月10日发表的《东盟联合公报》中，提都没提美国的倡议，仅说"注意到"菲律宾提出了"三步行动计划"。菲律宾对结果感到沮丧，它原本指望有几个东盟国家会站出来表态支持它的主张。美国和菲律宾倡议的结局应该是可以预想到的，因为它不具建设性。《南海各方行为宣言》第四条载明："有关各方承诺根据公认的国际法原则，包括1982年《联合国海洋法公约》，由直接有关的主权国家通过友好磋商和谈判，以和平方式解决它们的领土和管辖权争议，而不诉诸武力或以武力相威胁。"第五条载明："各方承诺保持自我克制，不采取使争议复杂化、扩大化和影响和平与稳定的行动，包括不在现无人居住的岛、礁、滩、沙或其它自然构造上采取居住的行动，并以建设性的方式处理它们的分歧。"问题很清楚，只要全面认真落实《宣言》就可以了，没有必要挖空心思另搞一套。

中国提出双轨思路

中国总理李克强11月13日在缅甸第九届东亚峰会上提出了解决南海问题的"双轨思路"，即有关争议由直接当事国通过友好协商谈判寻求和平解决，而南海的和平与稳定则由中国与东盟国家共同维护。这是中国国家领导人首次明确提出以"双轨思路"处理南海问题。这既与中国关于南海问题的政策立场一脉相承，又是针对南海形势最新发展的政策阐述。由直接当事国通过协商谈判解决争议是最为有效和可行的方式，符合国际法和国际惯例，也是《南海各方行为宣言》中最重要的规定之一。另一方面，南海的和平稳定涉及包括中国和东盟各国在内所有南海沿岸国的切身利益，我们双方有责任也有义务共同加以维护。简言之，双边的归双边，多边的归多边。东盟只有越南、菲律宾、马来西亚和文莱4国是南海声索方，而泰国、缅甸、柬埔寨、老挝、新加坡和印度尼西亚6国不涉及南海争议。中国同东盟10国共同签署《南海各方行为宣言》，表明中国已经考虑到东盟国家的合理关切。为了维护南海的和平稳定，中国愿和东盟国家全面落实《南海各方行为宣言》，保障南海的航行自由和安全，通过磋商争取早日达成"南海各方行为准则"。

南海分歧总体可控

　　南海的局势基本稳定。南海的航行自由和安全是有保证的，中国不赞成炒作所谓"南海局势紧张"。中国与越南、菲律宾的关系近来也出现了缓和迹象。10月16日，中国总理李克强在米兰会见了越南总理阮晋勇。李克强指出，中越已经克服了前段时间遇到的困难，双边关系在逐步恢复。17日，越共中央军委副书记、国防部长冯光青访华，与中国国务委员兼国防部长常万全举行会谈，双方达成妥善处理和管控海上分歧等原则共识。11月10日，中国国家主席习近平在人民大会堂会见了越南国家主席张晋创。习近平指出，中越双方要共同努力，把双边关系转圜势头巩固好。双方要坚持通过对话协商妥善处理海上问题，妥善处理分歧，维护海上稳定和两国关系大局。张晋创表示，越方愿意落实两国共识，妥善处理海上问题，管控好分歧，共同维护海上和平稳定，不使其影响两国关系。11日，习近平主席在出席亚太经合组织第22次领导人非正式会议期间，同菲律宾总统阿基诺三世简短交谈。习近平指出，中菲建交以来，两国关系发展一直很好，双方在处理分歧问题上也形成了一些共识。近年来，两国关系因南海问题面临严重困难。希望菲方回到过去共识的基础上，同中方相向而行，建设性地处理好有关问题，为中菲关系健康发展创造条件。阿基诺表示，愿同中方解决有关问题，希望两国关系得到改善和发展。外国媒体注意到，在缅甸举行第九届东亚峰会期间，同以往相比，菲律宾、越南在南海问题上都放低了调门。

　　中国一贯主张通过争议方直接磋商和谈判和平解决领土和海洋权益争议。新中国成立以来，与14个陆地邻国中的12个通过双边磋商谈判签订了边界条约。当然，海洋划界可能更复杂些，需要时间更长些，但世界上也不乏直接当事国通过谈判解决海上争端的例子。中国同越南在北部湾的海上边界，就是通过双边协商谈判解决的。中国坚持认为，有关各方应当在尊重历史事实和国际法的基础上，通过协商和谈判寻求妥善的解决办法。在有关问题得到彻底解决之前，各方应当开展对话，寻求合作，维护南海的和平稳定，不断增信释疑，为问题的最终解决创造条件。在争议解决前，作为临时安排，搁置争议、共同开发是目前最现实可行的办法。中国在资金和技术方面都已具备了向深海勘探开发的能力。一些南海相关国家热衷于同其他外国石油公司搞合作开发，为什么不同中国进行南海资源的共同开发，实现合作共赢？至于企图拉帮结派、抱团取暖，甚至拉入某些"大国"进来搞什么势力平衡，仗势欺人，只能把局面弄得紧张和复杂。习近平主席最近在中央外事工作会议上指出，中国要坚决维护领土主权和海洋权益，妥善处理好领土岛屿争端问题。坚持通过对话协商以和平方式解决国家间的分歧和争端，反对动辄诉诸武力或以武力相威胁。强调要打造周边命运共同体，秉持亲、诚、惠、容的周边外交理念，坚持与邻为善、以邻为伴，坚持睦邻、安邻、富邻，深化同周边国家的互利合作和互联互通。中国与有关国家共同濒临的南海，既是纷争和矛盾的源头，同时又应是合作友谊的纽带。南海局势今后的发展方向，取决于各方能否建立高度的政治互信。"路遥知马力，日久见人心。"相信随着时间的推移，在各方的共同努力下，南海真正成为和平之海、合作之海、友谊之海。

周边动态

亚洲新安全观

盛世良[①]

内容提要： 当前中国国家安全内涵和外延比历史上任何时候都要丰富，时空领域比历史上任何时候都要宽广，内外因素比历史上任何时候都要复杂，必须既重视外部安全，又重视内部安全；既重视国土安全，又重视国民安全；既重视传统安全，又重视非传统安全。中国以和平与发展来维护本国和地区安全，提出共同安全、综合安全、合作安全、可持续安全的亚洲安全观，与各国走共建、共享、共赢的亚洲安全之路。和平共处五项原则可以作为亚洲安全观的理念基础。中美以构建新型大国关系处理双边关系，以中俄战略协作加强亚洲安全。上合组织、亚信会议、独联体集安条约组织、东盟地区合作论坛等安全合作机制以及中国提出的"一带一路"倡议，增强了亚洲在安全和经济领域合作的基础。

关键词： 亚洲　合作　共建　共享　共赢　新安全观

如何维护本国和地区安全，不同的国家有不同的观念和对策。一些中小国家巧妙地在大国夹缝中游走，平衡于世界各大力量中心之间，以求左右逢源，谋取本国利益最大化。也有个别小国"傍大款"，拉域外大国为自己壮胆，挑战邻近大国的利益，无事生非，惹事生乱。前苏联的应策是扩大本国疆域、四周布以"阵营"、外围包上一圈以苏联模式为发展方向的第三世界国家，虽然称雄世界近半世纪，终究未能逃脱"亡党亡国"的

---

　① 作者系中国国际问题研究基金会研究员，新华社世界问题研究中心研究员，国务院发展研究中心欧亚社会发展研究所研究员。

厄运。美国凭借丰厚的经济、军事和科技资本，施展软实力巧实力，在世界各地拼凑自己主导的排他性军政联盟，倒也练就一身"我想打谁就打谁"的硬功夫，预言还能领导世界100年，但依然未能逃过"9·11"恐怖袭击，难从阿富汗和伊拉克泥潭抽身，无法轻松摆平对手俄罗斯和几个"流氓国家"。

中国的应对之道是和平与发展，提出共同安全、综合安全、合作安全、可持续安全的亚洲安全观，与各国走共建、共享、共赢的亚洲安全之路。

亚洲最具活力，最富挑战，也最需要新安全观

亚洲是世界上人口最密集、经济最活跃的地区。亚洲人口占世界多一半，经济总量占世界1/3，发展速度领先全球。近年来，世界上工业增长率最高的10个经济体，亚太占8个：中国、新加坡、中国台湾、菲律宾、老挝、韩国、日本和泰国。亚太有雄厚的投资潜力，10大黄金外汇储备体，亚洲占6席：中国、日本、韩国、印度、中国台湾、中国香港。中国和印度等新兴经济体的蓬勃发展，引领亚洲经济欣欣向荣。安全是经济发展的保证，经济发展又为安全提供了扎实的基础。

然而，亚洲也是世界上地缘政治形势最不稳定的地区、安全问题最尖锐的地区。文化、宗教信仰与意识形态差异极大，地缘政治关系错综复杂，冷战时期延续下来的问题继续发酵，领土争端等历史遗留问题重新激化，非传统安全因素突出，恐怖主义、极端势力与分裂主义势力猖獗，毒品走私、非法军火交易盛行。

冷战时期，世界上共发生180余起地区冲突和局部战争，其中规模最大、持续时间最长的都发生在亚洲——朝鲜战争、越南战争、阿以战争、两伊战争和两次印巴战争。

冷战后，亚洲是局部战争和军事行动频发区。20世纪90年代，全球发生战争的国家和地区43个，亚洲占22个；此后世界发生11场较大规模的战争和军事行动，亚洲占6场，如海湾战争、阿富汗战争和伊拉克战争。

巴以冲突、朝韩冲突、印巴冲突——几对最为旷日持久的国家间武装冲突都在亚洲；伊拉克各派武装对抗、叙利亚内战、缅甸反政府武装同中央政权的冲突、印度国内武装冲突——几处最严重的内乱也都在亚洲。

亚洲有核大国、实际和潜在拥核国共8个，在各大洲又是名列榜首。

西亚、中亚、东南亚受恐怖主义威胁的国家数量之多，恐怖袭击指数之高，伤亡人数之多，发展势头之猛，还是居于各大洲前列。

进入新世纪以来，美国在海外投入的军事力量最多、布设军事基地最多、签订"集体防务条约"最多的地区，依然是亚洲。美国在亚洲投入的军费和兵力已经超过欧洲地区；美国与外国签订的7个防务条约，4个在亚洲；五大海外军事基地，亚洲占3个，分别在日本、韩国和关岛。

以美国为代表的西方大国直接介入和幕后操纵，是亚洲地区局部战争和武装冲突此起彼伏的主因之一。亚洲地区发生的战争除海湾战争为联合国授权外，无不由美国和其他西方国家主导和发动。

美国优势地位的相对下降，中国和印度等新兴国家群体性崛起，改变了长期以来国际关系"北强南弱"的失衡态势，使亚洲的地缘政治博弈更加复杂，地区安全局面呈现新趋势，中国成为美国最大的战略对手和防范对象。为了维护在亚洲明显缩水的政治、经济和军事主导地位，保住"亚太领袖"的角色，美国搞了个"重返亚洲"战略，要在亚太实施"再平衡"。

经过中国和地区国家多年努力，亚洲出现了上海合作组织、亚洲相互协作与信任措施会议、独联体集体安全条约组织、东盟地区合作论坛等安全合作机制。中国最近提出的丝绸之路经济带和海上丝绸之路这"一带一路"倡议，为亚洲安全提供了增强经济基础的机遇。

和平共处五项原则——亚洲安全观的理念基础

60年前，1954年6月，中国总理周恩来和印度总理尼赫鲁在联合声明中写下了"互相尊重领土主权，互不侵犯，互不干涉内政，平等互惠，和平共处"五项原则。同年10月12日，周恩来总理在中苏《联合宣言》中把"互相尊重领土主权"改为"互相尊重主权和领土完整"，把"平等互惠"改为"平等互利",从而将和平共处五项原则的内容完全正规化。同月,周恩来总理和吴努总理在中国和缅甸联合声明中重申了这五项原则。

印度遂以"潘查希拉"(五项原则"Panchsheel"的印地语译音)命名首都新德里市中心的一条大街。这也许是世界上唯一以外交概念命名的道路了,但肯定是有史以来第一个由非西方国家倡导的外交原则,是新兴国家争夺国际话语权的第一声最强音。

经过数十年国际政治风云的检验,和平共处五项原则已经成为国际关系的基本准则,多数发展中国家把"五项原则"的全部或部分内容作为本国基本外交理念。就连美国,在乌克兰问题上也不得不停下"人权高于主权"的花腔,强调"尊重主权和领土完整"。

这也从一个角度证明,"五项原则"不仅没有过时,反而显示出强大的生命力和道义影响力,成为解决国与国之间争端——包括解决亚洲新兴国家之间争端的指导原则。亚洲国家现在不仅要应对那个相对实力下降却依然自我感觉良好的"一超",而且要管控好地区内自视甚高的"多强"和既自卑又自傲的"小强"。

1955年4月24日,在印度尼西亚万隆举行的亚非会议提出了"各国和平相处和友好合作的十项原则":(1)尊重基本人权、尊重《联合国宪章》的宗旨和原则。(2)尊重一切国家的主权和领土完整。(3)承认一切种族的平等,承认一切大小国家的平等。(4)不干预或干涉他国内政。(5)尊重每一国家按照《联合国宪章》单独地或集体地进行自卫的权利。(6)不使用集体防御的安排来为任何一个大国的特殊利益服务,任何国家不对其他国家施加压力。(7)不以侵略行为或侵略威胁或使用武力来侵犯任何国家的领土完整或政治独立。(8)按照《联合国宪章》,通过如谈判、调停、仲裁或司法解决等和平方法,以及有关方面自己选择的任何其他和平方法,来解决一切国际争端。(9)促进相互的利益和合作。(10)尊重正义和国际义务。

和平相处十项原则,实际上是对和平共处五项原则的传承和发展。

然而,"五项原则"与"十项原则"虽好,毕竟是一个甲子前提出的理念,需要与时俱进地作出调整与充实,除了满足被动的安全需求外,还要扩大内涵,适应各国主动的发展需求。在全球化的今天,国家间联系越来越紧密，仅做到和平共处或和平相处是远远不够的，还须谋求共同发展。

中国国家主席习近平在第四届亚信峰会上提出的亚洲安全观，极大地发展和充实了和平共处五项原则。

中国提出亚洲新安全观

习近平在亚信峰会上指出，亚洲和平发展同人类前途命运息息相关。亚洲稳定是世界和平之幸，亚洲振兴是世界发展之福。和平、发展、合作、共赢始终是亚洲地区形势主流。亚洲良好局面来之不易，值得倍加珍惜。亚洲地区安全合作进程正处在承前启后的关键阶段。我们应该积极倡导共同、综合、合作、可持续的亚洲安全观，创新安全理念。

共同，就是要尊重和保障每一个国家安全。安全应该是普遍的、平等的、包容的。不能一个国家安全而其他国家不安全，一部分国家安全而另一部分国家不安全，更不能牺牲别国安全谋求自身的"绝对安全"。

综合，就是要统筹维护传统领域和非传统领域安全，通盘考虑亚洲安全问题的历史经纬和现实状况，多管齐下、综合施策，协调推进地区安全治理。对"三股势力"，必须采取零容忍态度，加强国际和地区合作，加大打击力度。

合作，就是要通过对话合作促进各国和本地区安全，增进战略互信，以合作谋和平、促安全，以和平方式解决争端。亚洲人民有能力、有智慧通过加强合作实现亚洲和平稳定，也欢迎有关各方为亚洲安全和合作发挥积极和建设性作用。

可持续，就是要发展和安全并重，实现持久安全。要聚焦发展主题，积极改善民生，缩小贫富差距，不断夯实安全根基；要推动共同发展和区域一体化进程，以可持续发展促进可持续安全。

中国与各国走共建、共享、共赢的亚洲安全之路，是亚洲和平发展与安全保障的正能量。

中国的安全与亚洲的安全息息相关。中国倡导树立亚洲安全观，也忠实地践行亚洲安全观。

中国坚持和平发展。这是中国秉承自己的历史和文化传统，总结长期本国历史经验和世界大国崛起的历史教训，根据新的时代条件，从中国的根本利益出发作出的战略抉择，是中国的永久发展战略。中国坚持开放的发展、合作的发展、共赢的发展，通过维护和平的国际环境发展自己，又以自身发展促进地区和世界和平，推动建设持久和平、共同繁荣的和谐亚洲和和谐世界。中国永远不争霸、不称霸、不扩张。坚持和平发展，是中国对亚洲安全的最大贡献。中国和平发展的成果，是促进亚洲安全的重要积极因素。

中国主张公平正义。国家不论大小、贫富、强弱，一律平等，都有自主选择社会制度和发展道路的权利，应在相互借鉴中取长补短，反对干涉他国内政；都有平等参与地区安全事务的权利，应在相互尊重中加强协作，反对任何国家谋求垄断地区安全事务；都要尊重并照顾彼此合理安全关切，在相互包容中享受共同安全，反对强化针对第三方的军事同盟、反对动辄使用武力或以武力相威胁、反对牺牲别国安全谋求自身的绝对安全。

中国倡导对话合作原则。各国应通过对话沟通，增进战略互信，减少相互猜疑，和睦相处；并且持续加强合作，不断扩大合作领域、创新合作方式，以合作谋和平、以合作促安全。各国应相互尊重主权、独立和领土完整，通过协商谈判，以和平方式解决争端。

中国推动安全与发展协调并进。发展是最大安全，也是打开亚洲安全之门的钥匙。中国实行睦邻、安邻、富邻的周边外交政策，践行亲、诚、惠、容的周边外交理念，积极推进区域经济合作和安全合作良性互动，统筹维护传统和非传统领域安全。2013年，中国对世界经济增长的贡献率接近30%，对亚洲经济增长贡献率超过50%。中国将以可持续发展促进可持续安全，与各国共同创造亚洲持久繁荣和安宁的局面。

为促进地区防务安全合作，亚洲国家宜深化对话交流，增进战略互信；加强安全合作，助力共同发展；拓展救灾合作，携手应对挑战；突出海上合作，维护海上安全；建立安全机制，有效管控分歧。

2015年是世界反法西斯战争胜利70周年，中国将同世界各国一道致力于维护二战胜利成果和二战后国际秩序，绝不允许法西斯主义和日本军国主义罪恶侵略的惨剧重演。维护亚太安全与稳定，大国负有重要责任，中小国家也能发挥建设性作用。作为负责任的大国，中国愿与地区各国携手合作，互利共赢，共创亚洲的美好未来。

至于中国同某些声索国在南海的争端，有人企图否定九段线的合理性。中国应该理直气壮地说明九段线的历史渊源和现实依据。

九段线事关国际公义，同现在的《联合国海洋法公约》不矛盾。有人说《联合国海洋法公约》给有关国家200海里专属经济区，然而，《联合国海洋法公约》除了规定200海里专属经济区的权利之外，还有一项"历史性权利"的保护。中国在南海的历史性权利在前，《联合国海洋法公约》订立在后，不能推翻中国在南海的历史性权利。《联合国海洋法公约》第10、15、74和298条都对"历史性权利"给予了认可。再说，美国1956年出版的地图中在"南中国海"上明确无误地标注了"（属中国）"。现在美国改变立场，有违国际法，因为国际法明确禁止"反演法"。昨天承认，今天反悔，没有诚信可言。

某些声索国想否定九段线，纯粹出于私利。哪怕抢走一个数十平方米的小岛，就可以获得12海里的领海，还有宽度达200海里的专属经济区，这就涉及43万平方公里，包括海里的资源，还可控制周边航线。怪不得他们如此起劲！

构建新型大国关系与美国"再平衡"

影响亚洲安全最大的外部因素是同为亚太国家的美国。

早在2006年美国把中国正式定为"最大潜在对手"，把俄罗斯视为"第二大潜在对手"。美国总统奥巴马最近在西点军校演讲时把恐怖主义、俄罗斯"入侵前苏联国家"和中国"引起邻国不安的经济崛起和军力扩张"，列为美国面临的"当今世界三大威胁"。无独有偶，美国参谋长联席会议主席登普西2014年5月在大西洋委员会讲话时说，美国面临的敌人格局为"2-2-2-1"，其中第一个"2"是俄罗斯和中国，第二个"2"是分量稍逊的伊朗和朝鲜，第三个"2"是基地组织和国际海盗，"1"则是指网络战。

成了美国头号"关照"对象，哪怕仅在亚洲，这对中国来说绝非福音。

　　问题是，美国现在连跟俄罗斯打一场新冷战都力不从心，哪有同时独斗七敌的超级武功？

　　美国用代价较低的"离岸平衡"，取代吃力不讨好的"包打天下"。美国不再为盟友单方面提供保护，而是建立华盛顿参与的地区同盟，鼓励盟友为美国主导的安全同盟多尽义务。在欧洲，搞"迷你版军事马歇尔计划"，让北约欧洲盟国以及乌克兰、格鲁吉亚和摩尔多瓦等"北约外友邦"对付桀骜不驯的俄罗斯；在亚洲，借助亚太"再平衡"战略，把日本、韩国、菲律宾、越南等国推到遏华第一线。美国少花钱多办事，逐步减少在欧亚的驻军，把陆军变成精干的远征军，大部分时间驻扎本土，必要时投放欧亚，与盟国并肩战斗。

　　中国无数次情真意切地声明永不称霸，哪怕将来强大了也不称霸。美国根据自己的经验，只相信国强必霸。2012年世界GDP十强是：美国、中国、日本、德国、法国、英国、巴西、俄罗斯、意大利、印度。军事十强大致相同：美国、俄罗斯、中国、印度、英国、法国、德国、土耳其、韩国、日本。美国人看重的是实力。

　　实事求是地说，美国战略重心的东移并非专一对付中国。

　　美国战略重心从环大西洋区域转移到环太平洋区域，与国内生产力发展密切相关。美国传统重心是濒临大西洋的东海岸，特别是五大湖地区。现在，美国太平洋沿岸地区的经济发展已超过大西洋沿岸地区。电子业、信息业的发展导致美国产业格局大洗牌，太平洋地区成为美国经济和人口的重心。战略重心既可主导亚太地区的安全形势，又可防范中国崛起，美国何乐而不为！

　　在美国实施"再平衡"战略的背景下，中国2013年同美国达成新型大国关系的共识——"不对抗、不冲突、相互尊重、合作共赢"。

　　中美扩大经济融合度，增强利益交汇。中国持有1.3万亿美元美国国债；2013年中美贸易额达5624亿美元，远远超过美国同"跨太平洋战略经济伙伴协定"（TPP）9个成员的贸易额（4108亿美元）。美国希望吸引能创造优秀就业岗位的中国公司。近年来，中国对美国直接投资增加迅速。2013年中国企业对美国直接投资140亿美元，2014年第一季度达70亿美元。

在现代史上，中美几次重大军事对抗，如朝鲜战争和越南战争，虽涉及各自核心利益，但都是在第三国领土上发生的，属于"第三方冲突"。

要防止中美一方或双方误判对方战略意图和战略行动，并作出错误应对。此外，一旦中国周边某国在美国怂恿下铤而走险，突破中国战略底线，中国不得不出手反击，中美也可能发生"第三方冲突"。

为此，一要明确两国关系的战略定位——互为世界上最重要的双边关系，尊奉两国新型大国关系共识，不对抗、不冲突、相互尊重、合作共赢。二要明确两国战略底线。中国无意挑战美国的全球主导地位和现有国际体系，欢迎并接受美国在亚太的建设性存在。美国则应有足够的心理准备和承受力，接受中国和平崛起的现实，最大限度地从中收益，并尊重中国在亚太的合理存在和重大关切。三要规范两国的战略互动，确保中美关系健康有序地发展，加强制度建设，制订双方都能接受的"游戏规则"。四要确保中美关系稳定的运行机制，保持最高领导的接触与对话，加强战略磋商，增强互信，消除疑虑，避免误判，管控分歧，守住"不对抗、不冲突"的底线，防止发生新的"第三方冲突"。

以中俄战略协作加强亚洲安全

奥巴马说要再领导世界100年，在东线通过"重返亚太"，在西线把突破口选在俄罗斯，利用乌克兰危机，挑动欧俄新冷战，以便从东西两侧确保美国全球战略的实施。

中俄战略协作伙伴关系，首先体现在地缘战略层面，两国互为战略依托，互为可靠的大后方。当前，俄罗斯所在的北方和上合组织中亚成员国所在的西北方，是中国最安全的战略方向。中国在面对东、东南和西南的各种挑战时，无须为后方而分心。同样，俄罗斯在西方和西南面临各种麻烦，但对本国东南方的安全可以放心，因为那儿有好邻居、好朋友、好伙伴中国。

其次体现在相互支持核心利益上。中国和俄罗斯在国家发展蓝图上有很多契合之处。中国要实现民族复兴的"中国梦"，俄罗斯正在强国富民的道路上加速前进。两国都选择了不同于西方的发展道路，都支持对方自主选择发展道路和社会政治制度的权利，在涉及对方主权、领土完整、安全等核心利益问题上相互坚定支持。中国和俄罗斯在地缘政治上相互靠近，有利于亚洲安全和稳定。

其三体现在战略安全和经济安全的互动上。中国和俄罗斯在经济关系上具有高度的互补属性。中国经济快速发展需要巨量的能源和原材料资源，俄罗斯的供应增强了稳定性与安全性。普京在不同时期先后提出过与中国结成亲密友好关系、建立能源俱乐部、研制大飞机、开展反导合作等重大建议，中方根据双方利益诉求予以积极妥善的回应。中国航天事业突飞猛进的发展、国防领域"撒手锏"的制备，都离不开同俄罗斯的协作。

其四体现在涉及世界和平和亚洲安全等重大国际问题的广泛共识上。中国和俄罗斯在这些问题上立场相近、相互支持，表现在联合国安理会有关利比亚、叙利亚、伊核和朝核等热点问题的多次投票中主持正义。

非结盟战略协作是中国和俄罗斯最理想、最有利的合作模式。两国都不主张彼此结盟，无论是正式结盟还是非正式结盟。

中国提出的"丝绸之路经济带"倡议，得到俄罗斯的积极响应。俄罗斯希望和中国一起打造"欧亚陆桥"，避开美国在第一岛链和第二岛链对中国和俄罗斯可能的封锁，支撑俄罗斯和亚洲国家特别是亚洲内陆国家对欧美海洋霸权的挑战。

当前中国国家安全内涵和外延比历史上任何时候都要丰富，时空领域比历史上任何时候都要宽广，内外因素比历史上任何时候都要复杂，必须既重视外部安全，又重视内部安全；既重视国土安全，又重视国民安全；既重视传统安全，又重视非传统安全。

在中国的国家安全体系中，亚洲安全占有重要位置，而亚信是亚洲覆盖范围最大、成员数量最多、代表性最广的地区安全论坛。中国将加强亚信能力和机制建设，深化各领域交流合作，增强亚信的包容性和开放性，推动亚信成为覆盖全亚洲的安全对话合作平台，并在此基础上探讨建立地区安全合作新架构。

上合组织、亚信与亚洲安全

赵常庆①

内容提要：亚洲是世界上传统安全与非传统安全问题最集中的大陆，亚洲的安全需要亚洲国家共同维护。上海合作组织（以下简称"上合组织"）与亚洲相互协作与信任措施会议（以下简称"亚信"）都肩负维护亚洲安全的责任。迄今亚洲还没有一个统一的洲际安全组织，在亚洲众多的区域性国际组织中，上合组织的影响力最大，亚信的覆盖面最广，使人们对这两个机制有很高的期望。目前，上合组织是区域性国际组织，有行为能力；亚信是论坛，无行为能力。这是两个机制的不同。根据形势需要，两个机制都要发展，其发展方向应是避免上合组织虚化，而使亚信由虚变实。从有利于维护亚洲安全考虑，务必朝这个目标努力。本文还对上合组织和亚信当前在维护亚洲安全方面应该和有能力做的工作提出具体建议。

关键词：上合组织　亚信　亚洲安全　亚洲安全观

上合组织成员国第十四次元首理事会会议于2014年9月11—12日在塔吉克斯坦首都杜尚别举行。这是一次重要会议，因为美国声称2014年底将从阿富汗撤走作战部队，这一点与中亚地区甚至与整个亚洲安全息息相关。同年5月20—21日，亚信第四次峰会在中国上海举行，这是亚洲绝大多数国家参加的会议，会议主要议题是亚洲安全问题。习近平主席在大会所作的主旨演讲中提出了亚洲安全观，即"共同、综合、合作、可持续"

---

①　作者系中国国际问题研究基金会研究员，国务院发展研究中心欧亚社会发展研究所副所长、研究员。

的安全观，为亚信峰会所接受，被写入峰会通过的《上海宣言》中。这次会议还有一个与上合组织有关的亮点，就是上合组织与亚信签署了谅解备忘录，这是亚洲诸多区域性国际组织中第一个与亚信合作共谋亚洲安全的文件。中国是上合组织的重要成员国，亚信又决定中国担任2014—2016年亚信主席国，因此，如何推动上合组织与亚信的合作，特别是借助上合组织和亚信这两个平台在维护亚洲安全方面发挥重要作用，是中国需要考虑的问题。

一、亚洲是热点和敏感问题多而复杂的地区

2014年8月22日习近平主席在访问蒙古国时曾说过，"亚洲是经济发展最具活力的地区，同时也是热点敏感问题较多的地区。"[1] 的确，世界上还没有一个大洲像亚洲这样充满传统安全威胁和非传统安全威胁，热点频发，在阿富汗和西亚地区战火纷飞，无辜生命正在遭受涂炭。说到亚洲安全问题，不能不提到叙利亚、伊拉克、阿富汗、巴勒斯坦、以色列、巴基斯坦等国家，在那里几乎每天都有人因战争或恐怖事件在流血。在亚洲其他一些国家，恐怖势力、分裂势力和极端势力也在从事各种破坏活动，对人民的生命财产和国家稳定造成威胁。目前引起世界公愤的恐怖组织"伊拉克和黎凡特伊斯兰国"也出现在亚洲。此外还有"基地组织"、"乌伊运"、"东突"、"阿布沙耶夫"、"伊斯兰解放党"等大大小小的恐怖组织。与此同时，在朝鲜半岛、东海和南海也飘浮着冲突阴云，随时都有擦枪走火的危险。世界三大毒品产地有两个在亚洲，阿富汗和"金三角"的毒品四处扩散，闹得世界不得安宁。至于历史遗留且长期得不到解决的印巴矛盾、朝韩对峙、"纳戈尔诺—卡拉巴赫问题"等，也是亚洲安全问题的组成部分。日本安倍上台后否认二战成果、阴谋复辟军国主义，也给亚洲增加了安全隐患。

---

① 习近平：《守望相助，共创中蒙关系发展新时代》（在蒙古国国家大呼拉尔的演讲），http://news.xinhuanet.com/mrdx/2014-08/23/c_133577661.htm，2014年8月22日。

亚洲的安全问题之所以复杂，与亚洲国家多、民族宗教关系复杂、国情相差悬殊有关，也与历史上和近些年大国特别是美、英等国侵略亚洲国家，介入亚洲事务，挑动亚洲国家之间不和分不开。众所周知，美国以"世界领袖"自居，但普遍认为它是自以为是的"世界警察"，别国的事情，不管是否与它有关，它都要管，而且带着"有色眼镜"，用它的价值观判断是非曲直。美国在亚洲有不少军事基地，美国的航母战斗群常年在亚洲周边游弋。正是当年美国以莫须有的罪名出兵伊拉克，造成今日这个国家内战不止，安全形势严重恶化。朝鲜半岛的局势紧张，巴以冲突长期得不到解决，东海和南海岛礁之争升级，背后都有美国的身影。近年来，随着世界格局的变化，美国也在调整战略，将重心东移，推行所谓亚太"再平衡"，与日本、澳大利亚等国结成军事联盟围堵中国和俄罗斯，加剧亚洲东部紧张。当然，造成亚洲安全紧张的不仅是美国，日本大力扩充军备，拉拢菲律宾等国在东海和南海制造事端，锋芒直指中国，也是亚洲麻烦的制造者。

二、亚洲区域组织多，但没有洲际安全与合作组织

尽管亚洲安全问题很多，但没有一个能管控、起码能调解地区冲突的洲际安全与合作组织。亚洲区域性国际组织不算少，有上合组织、东盟、南盟、阿盟、中西亚合作组织、海合会、突厥语国家元首会晤等。这些组织成立的时间有早有晚，成员多少不一，多数以政治和经济合作为主，也兼顾安全问题，但有一点是共同的，这就是像铁路警察一样各管一段，只管本组织范围内的事情，对组织外的事情，有时发表一些看法，有时不闻不问。对亚洲发生的一些重大安全事件或者军事冲突，如本年度发生或已经持续几年的巴以战争、伊拉克内战、叙利亚内战、阿富汗战争等，亚洲国家自己不能解决，还要靠域外势力调解，例如，对中东发生的一些事情，亚洲区域组织几乎发挥不了作用。而亚洲本身又没有类似于欧安组织那样的洲际安全与合作组织。尽管欧安组织的作用也很有限，但在欧洲内部发生事情时人们还会想到它，起码能发挥调解的作用，在乌克兰问题上

就是如此。这种情况会使人们考虑，亚洲是否应该建立一个洲际安全与合作组织。20年前哈萨克斯坦总统纳扎尔巴耶夫就有过这样的想法，只是由于亚洲的复杂性和条件不具备，只建立了一个论坛，即亚信。亚信并不是具有行为能力的国际组织，没有执行能力，这个以维护亚洲安全为己任的论坛，对亚洲国家之间正在流血的冲突和恐怖组织猖狂活动，只能在会议上发表一些谴责言论，没有任何实际行动。

亚洲发生的战争和流血冲突令人痛心和不安。期望国家和地区安全与稳定，为本国发展创造良好的外部环境，是亚洲国家的共同愿望和诉求。2014年5月召开的亚信第四次峰会通过的《上海宣言》中对谋求亚洲安全的表述，就反映了这一点。

三、上合组织和亚信在维护亚洲安全中的作用

如上所述，亚洲区域性国际组织很多，但对维护全亚洲安全方面的作用说是有，但都不大。这种状况需要改变，不能让亚洲安全问题全要靠域外大国维护，一来做不到，二来效果也不好。域外大国常常用自己的价值观判断所发生的安全问题的是非曲直，缺乏公正性，招致当事方的不满和反对，使问题长期得不到解决。中东和亚洲其他地区的安全形势如此糟糕就说明了这一点。亚洲如果存在一个统一的洲际安全与合作组织，使亚洲发生的事情由亚洲国家解决，情况就会好些。但在目前这个组织难以很快成立的情况下，就需要有一个或几个区域性国际组织联手过问亚洲的安全事务，即使一时不能完全解决，也会显示亚洲国家有自行解决本大洲事务的能力。

在亚洲区域性国际组织中，上合组织和亚信在维护亚洲安全方面具有自己的优势，因为这两个机制都将安全职能作为本机制的重要甚至是首要职能。

成立于2001年的上合组织，在其成立宣言中就明确了肩负维护中亚地区安全的使命，在第一次峰会通过的文件中就包括《打击恐怖主义、分裂主义、极端主义上海公约》。此后，该组织通过了一系列维护地区安全

的文件，并提出了新的安全观。该组织还成立了地区反恐怖机构，并举行多次反恐军事演习。2014年8月举行的"和平使命—2014"反恐军事演习，参演兵力有7000人之多。这个基本由亚洲国家参加的组织的武器配备和反恐能力，是其他亚洲区域组织所不具备的。上合组织与其他亚洲区域性国际组织比较具有如下特点：

第一，在亚洲众多区域性国际组织中，如果不算亚信，上合组织的覆盖面最大，其成员、观察员国和对话伙伴国遍及亚洲；

第二，上合组织是亚洲经济、科技和军事实力最强的组织，特别是经济方面有能力带动亚洲发展，这与中国和俄罗斯是其主要成员有关；

第三，上合组织中有两个国家即中国和俄罗斯是联合国安理会常任理事国，其国际影响力和维护亚洲安全事务的能力和可以发挥的作用是其他亚洲区域性国际组织无法相比的；

第四，亚信倡导国哈萨克斯坦系上合组织成员国，也是亚信两次峰会的东道国和主席国，亚信另外两次峰会的东道国和主席国土耳其和中国，也是上合组织成员国或对话伙伴国；

第五，从亚信第四次峰会发表的《上海宣言》来看，亚信的许多理念和主张与上合组织有很多相同和相似之处。上合组织在维护地区安全和反恐等方面行之有效的做法，同样可以为亚洲其他区域性国际组织和国家所借鉴；

第六，亚信强调发展对解决安全问题的重要性。上合组织也将开展经济合作作为己任。上合组织主要成员国中国提出"丝绸之路经济带"和"21世纪海上丝绸之路"战略构想，为亚洲多数国家所接受。"一带一路"战略可以成为推动上合组织和亚洲发展的共同事业。

1993年发起和筹备并于2002年举行第一次峰会的亚信，以促进亚洲安全合作作为其基本职能。该合作机制也设有秘书处，定期召开外长等高官会议和元首会议，但由于是论坛，其国际影响力不如上合组织和某些亚洲区域性国际组织。

不过，亚信在存在的20多年中也发挥了一定的作用，其作用起码有三点：一是平台作用。它作为一个论坛，为亚洲各国包括立场严重对立的国家提供了沟通和表达自己诉求的场所，为有关国家提供了增进相互理解和信任的机会；二是宣示作用。它对涉及全球的问题发出亚洲国家的声音，表达亚洲国家的期望。正是由于上述两个作用，亚信能够存在下去，且规模在不断扩大；三是打基础作用。与其他大洲不同，迄今亚洲还没有一个统一的洲际安全与合作组织，尽管目前成立这样的组织时机还不成熟，但有一个组织还是必要的。起码能显示亚洲事务可以由亚洲国家自己解决的态度。亚信的存在与活动可以为将来建立亚洲统一洲际安全与合作组织奠定一定的基础。国际形势的变化和亚洲国家的发展，有必要建立一个统一的洲际安全与合作组织。亚信如能对现有机制进行调整，使其具有一定行为能力，将会对维护亚洲安全发挥更大的作用。

上合组织成立14年，在维护中亚地区的安全与稳定方面发挥了很大的作用，但该组织只有6个正式成员国，对解决全亚洲的事务作用有限。亚信目前是拥有26个成员国的论坛，对维护亚洲安全只起舆论作用，对解决实际问题难有作为。如何能使这两个合作机制在维护亚洲安全方面发挥更大的作用，这是应该考虑的问题。

四、上合组织与亚信的关系

上合组织与亚信都致力于维护亚洲的安全与稳定，这是两个组织的共同点。两个组织的最大不同在于，上合组织是区域性国际组织，而亚信是个论坛，其行为能力不同。

亚信有自己的长处，这就是成员国多，迄今已经有26个，遍及亚洲。亚信成员国包括很多彼此关系不好甚至严重对立的亚洲国家，该论坛的开放性和包容性使亚洲多数国家有了表达诉求的机会。亚信所起的平台作用和发挥影响的方式与上合组织有所不同。如果说，上合组织是以其拥有的强大的经济和军事实力表明是硬实力很强的组织，那么，亚信则是显示软实力的场所，这种软实力是指亚信通过峰会发出亚洲的声音，显示亚洲国家对国际事务的立场和诉求，对世界发展走向有一定影响作用。

目前，上合组织和亚信都存在扩员问题。上合组织如何扩员和扩谁是正在考虑的问题，2014年上合组织杜尚别峰会已经制定了相关法律文件。

成功扩员定会增强上合组织的实力和影响力。但是，如果扩员问题解决不好，上合组织就面临虚化的可能性，使一些决议难以通过或者通过的决议难以执行，朝论坛方向发展，这不仅有悖于上合组织建立的初衷，对维护中亚地区甚至亚洲的安全也不利。人们希望上合组织成功扩员，使上合组织按既定的轨道前行，并不希望出现虚化的结果。而亚信扩员则不同于上合组织，亚信力求扩大覆盖面，目标是囊括所有的亚洲国家，使其更具有代表性。这也有助于将来朝建立统一的亚洲洲际组织的方向发展。亚信扩员和将来实行职能转变，由虚变实，对维护亚洲安全有利。

上合组织仅是亚洲区域性国际组织中的一个，它有自己的宗旨和任务，并不肩负维护整个亚洲安全的责任。它只要能保证成员国的安全与稳定，就是对亚洲安全的最大贡献。亚信的情况有所不同。它有维护整个亚洲安全的想法，但现有机制很难使想法变成现实。可以设想，如果亚信被赋予一定的行为能力，使其变成欧安组织那样的洲际组织，其参与维护亚洲安全的作用肯定会大得多。

上合组织不能也没有必要成为洲际组织。亚信有必要从论坛变成亚洲安全与合作组织，虽然目前条件还不具备，但可以朝这个方向努力。

五、亚洲安全要靠亚洲国家共同参与和合作维护

成为上海共识内含之一的"亚洲安全观"，其构成的四个部分（共同、综合、合作、可持续）都很重要，但欲使复杂的亚洲能做到综合安全和可持续安全，仅靠上合组织和亚信是不行的，必须靠亚洲国家共同参与和合作维护才行。就拿目前对各国都存在威胁的恐怖问题、宗教极端势力问题、毒品问题、有组织跨国犯罪来说，哪个亚洲国家能保证自身不存在这样的问题或者不受危害？这些问题仅靠一个国家或几个国家就能解决吗？回答是否定的。此外还有其他各类安全问题。这些传统安全问题和非传统安全问题都是祸水，会外溢到亚洲各国，这就需要由亚洲国家携起手来共同围堵和应对。

在谈到亚洲安全需要亚洲国家共同参与和合作维护时，就不能不提到

安全与发展的关系。习近平主席指出："发展是安全的基础，安全是发展的条件。贫瘠的土地上长不成和平的大树，连天的烽火中结不出发展的硕果。对亚洲大多数国家来说，发展就是最大安全，也是解决地区安全问题的'总钥匙'。"① 在经济全球化风靡世界的今天，欲解决发展问题，不进行广泛的合作也不行。

习近平主席在亚信第四次峰会发表的主旨演讲中说："亚洲的事情归根结底要亚洲人民来办，亚洲的问题归根结底要亚洲人民来处理，亚洲的安全归根结底要亚洲人民来维护。亚洲人民有能力、有智慧通过加强合作来实现亚洲和平稳定。"② 这是让亚洲人民感到振奋的话语，也是为亚洲人民立志的声音。这个目标同样不是由亚洲几个国家所能办到的，也需要亚洲国家摒弃前嫌、增强信任、加强团结、共同努力。

习近平主席还呼吁："推动亚信成为覆盖全亚洲的安全对话合作平台，并在此基础上探讨建立地区安全合作新架构。"③ "新架构"是什么，需要由亚洲国家共同协商和讨论。笔者认为，使亚信逐渐转变为亚洲安全与合作组织是其中一种选择，而且是最可行的选择方案。

六、上合组织和亚信应该和能够做的工作

亚洲的安全需要全亚洲的力量来维护，上合组织和亚信责无旁贷。上合组织和亚信应该根据自己合作机制的优势为维护亚洲安全、凝聚亚洲各方面力量做如下工作：

第一，亚信似应朝扩大影响力和加强行为能力的方向努力。习近平主席提议："推动亚信成为覆盖全亚洲的安全对话合作平台，并在此基础上探讨建立地区安全合作新架构。"④ "可以考虑根据形势发展需要，适当增

---

① 习近平：《积极树立亚洲安全观　共创安全合作新局面》，http://www.gov.cn/xinwen/2014-05/21/content_2683791.htm，2014 年 5 月 21 日。

② 同上。

③ 同上。

④ 同上。

加亚信外长会乃至峰会频率，以加强对亚信的政治引领，规划好亚信发展蓝图。"① 他进一步提议："在亚信框架内建立成员国防务磋商机制及各领域信任措施落实监督行动工作组，深化反恐、经贸、旅游、环保、人文等领域交流合作。"②

笔者理解，这是推动亚信朝更有影响力的方向转变。如果亚信只停留在四年开一次峰会且只发表言论的做法上，由于跟不上形势的变化，其作用肯定是有限的。如果"新架构"能够增加行为能力，由虚变实，而且扩大合作的内涵，必然会发挥更大的作用。笔者认为，使亚信朝建立亚洲安全与合作组织的方向转变是适宜的，也是有可能的。

第二，上合组织应积极呼应和落实亚信第四次峰会通过的《上海宣言》的精神，配合亚信工作。由于亚信提出的亚洲安全观已经为2014年上合组织杜尚别峰会所接受并写入峰会宣言中，上合组织似可考虑为了维护亚洲的安全与稳定，在落实亚洲安全观方面为亚洲其他区域性国际组织树立表率。

第三，在亚信发展和建立新架构的过程中，特别是将来有可能建立统一的亚洲安全与合作组织方面，上合组织应该发挥推动作用，并成为未来亚洲统一的安全与合作组织的支撑力量。鉴于上合组织与亚信签署了《谅解备忘录》和亚信表示愿意与其他国际组织和论坛对话与合作，上合组织应更积极和主动开展这方面工作。

第四，"一带一路"战略在亚信峰会上受到热烈欢迎，上合组织杜尚别峰会也表态积极，应在上合组织和亚信成员国中推动这个战略的落实工作，因为该战略有助于各国的共同发展，并成为构建亚洲安全的基础。

第五，为实现亚信建立"新架构"的目标，亚信或可与上合组织一道，倡议召开亚洲区域性国际组织协商会议，商讨落实《上海宣言》事宜，并探讨建立亚洲统一的安全与合作组织的可能性。

第六，上合组织和亚信似应多召开由亚洲国家参加的专题研讨会，如：关于亚洲安全观、打击"三股势力"、"一带一路"建设、媒体合作、

---

① 习近平：《积极树立亚洲安全观 共创安全合作新局面》，http://www.gov.cn/xinwen/2014-05/21/content_2683791.htm，2014年5月21日。

② 同上。

网络安全、人文合作等，以扩大影响。

　　笔者认为，实现"亚洲的事情归根结底要亚洲人民来办，亚洲的问题归根结底要亚洲人民来处理，亚洲的安全归根结底要亚洲人民来维护"的目标，应该是上合组织和亚信目前和未来工作的基本方针之一和为之努力的方向。

2014年印度大选及新政府主要政策走向

郑瑞祥①

内容提要： 2014年印度大选，政权更迭。国大党为首的团结进步联盟连续执政十年，在第二任期中因经济形势不佳和贪腐丑闻不断而丧失民心；印度人民党总理候选人莫迪以振兴经济、反对贪腐为口号赢得大选。莫迪政府上台以来，采取了一系列政策措施，以兑现竞选诺言。在经济方面，加速推行经济改革，扩大开放，以求吸收更多外资。在内政方面，改善治理，提高办事效率，惩治贪污腐败。在军事方面，推进国防现代化，争当世界军事强国。在外交方面，把南亚邻国作为外交优先方向，稳定"后院"，以便放开手脚积极开展大国外交及其他双边和多边外交，获取最大限度的经济和战略利益，提升印度的国际影响力。

关键词： 印度大选　莫迪　新政府内外政策

第16届印度议会（人民院）选举于2014年4月举行。印度人民党独得543个议席中的282席。加上其他盟党，全国民主联盟共获336席，印度国大党领导的团结进步联盟获60席，其中国大党仅得44席。胜负如此悬殊，在很多人意料之外。5月26日，莫迪宣誓就任印度总理，媒体称印度进入了"莫迪时代"。

---

①　作者系中国国际问题研究基金会研究员，中国国际问题研究院研究员，中国前驻孟买总领事。

一、对 2014 年大选结果的评析

（一）印度人民党胜选的原因。

印度人民党竞选战略得法，精心打造了一个"莫迪浪潮"。自 2013 年 9 月印度人民党推出莫迪作为总理候选人之后，就着力打造莫迪"形象工程"。其竞选战略是突出宣传莫迪个人，而不是印度人民党。因为印度人民党做了十年反对党，无政绩可言，而莫迪是古吉拉特邦现任首席部长（相当于中国的省长），主政该邦长达 12 年，政绩斐然。古吉拉特邦经济发展迅速，年增长率高于全国水平。莫迪反复宣传："如果我当上总理，全印度都会像古吉拉特邦一样，大家都过上好日子。"这正是广大选民的渴望。

莫迪竞选很注意针对性，针对广大选民最关心的、也是对国大党政府最不满的一些问题，如通货膨胀、贪污腐败、就业困难等，并作出许诺。作为一个印度教教徒，他甚至说出"修厕所优先于建神庙"这样的惊人言论，以显示他对民生问题的重视。他还努力争取特定的群体年轻人的选票，这次大选比上次大选增加约 1 亿满合法年龄的新选民。

另外，莫迪的人格魅力有相当大的号召力。他出身贫寒，少年立志，靠自我奋斗成才。他全身心投入印度人民党的事业，从政后重视发展经济，关心民生，办事风格务实、果断、高效，颇受舆论称赞。

众所周知，竞选活动需要花钱。印度人民党买下印度各大报纸重要版面，买下许多公共场所广告牌，造成印度人民党标志无处不在、莫迪形象家喻户晓的声势。相比之下，国大党望尘莫及。印度媒体、舆论、民调几乎一边倒地倾向印度人民党，投票前就已造成下届总理"非莫迪莫属"的深刻印象。有印度学者指出，媒体之所以倾向于莫迪，除了国大党过于令人失望的原因外，还因为印度媒体与大财团关系非常亲密；而莫迪的"重商"政策得到了众多财团的支持。因而在媒体舆论上，莫迪具有压倒性优势。金钱与政治的关系，由此可见一斑。

（二）国大党为什么失败。

许多评论认为国大党输在经济上。笔者认为不能一概而论，需要具体分析。总体上说，国大党执政的十年，印度经济平均年增长率达7.5%，是历史上增长最快的十年。但两个任期的形势差别很大。第一任期内经济高速增长，经济形势很好。第二任期内受国际金融危机的影响，经济增长明显放缓，年增长率不到5%。各种困难增多，经济改革停滞不前。物价上涨，过去三年半印度通胀率为20年来最高。受害最深的是穷人，也殃及中产阶级。失业问题严重，特别是年轻人就业困难导致社会不稳定。贪污腐败丑闻不断，有的牵涉到政府部长和其他高官。国大党和政府的领导没有采取必要的行动，也没有给全国民众一个交代。以上几个突出问题，是引起广大民众对国大党不满和失望乃至愤怒的最直接原因。于是，形成了所谓"反现任"效应。广大选民抱着对国大党的失望和对印度人民党的期望，把票投给了莫迪。也可以说，国大党是败在自己手里。

国大党还有一个致命弱点，即"尼赫鲁—甘地家族"领导模式违背了时代的潮流。英国《金融时报》首席经济评论员马丁·沃尔夫认为，这次大选结果表明，印度人已抛弃了国大党的"王朝政治"。曼莫汉·辛格总理年事已高，年初就宣布此次大选后即退出政坛。因此，国大党缺乏竞争力很强的总理候选人。

说到底，两个党或政党联盟轮流执政，是议会民主本身的规律。执政党（或执政联盟）往往选前许诺，选后食言。失信于民，便失去政权。区别在于执政时间有长有短。今后还会不断重复"昨天的故事"。

二、印度新政府主要政策走向

国内政策主要有三方面：推行经济改革，重振低迷经济；改善政府治理，惩治贪污腐败；加强国防建设，争当军事大国。

（一）"莫迪经济学"。

莫迪政府上台后，提出了一系列的经济改革计划，促进经济增长，被称为"莫迪经济学"。据报道，主要有以下几方面：

第一，扩大开放，吸引外资，促进经济增长。印度政府已决定放宽外资在国防、保险、电子商务和房地产领域的限制。例如，外资在国防工业的参股比例上限由目前的26%升至49%。

第二，改革税收制度，建立全国统一的税收体系，以改善投资和营商环境。提高个人所得税起征点，照顾中产阶级利益；大幅度增加烟草税税率。

第三，减少福利补贴开支，以减少财政赤字。政府对燃油补贴可能会减少或取消；铁路客运和货运的价格将上调；对粮食补贴和肥料补贴可能会慎重处理，因为这涉及广大农民利益，失去农民选票将危及政权。

第四，推进私有化，出售印度钢铁公司、煤炭公司等上市"公企"的部分股份，目标是筹集资金117亿美元，以改善财政状况，推动系统性改革。

第五，关于《劳工法》和土地征用的改革，莫迪政府多次声称要改，但尚未提出具体方案。

财政部长贾特里11月23日接受记者采访时说，等到2015年2月新的财政预算案出台时，"将有一套完整的二代改革方案"。国外分析家对"莫迪经济学"实行半年来的成效的评价不尽相同，毁誉参半。对印度新政府经济改革的前景的估计也有两种。一种意见认为，莫迪可能难以推行政治上不受欢迎的改革。因为过去瓦杰帕伊领导的印度人民党政府大刀阔斧进行私有化改革没有成功，反而在2004年丢了政权。有"印度改革总设计师"之称的辛格总理2012年提出深化改革的一些措施，涉及放宽对外资限制、削减福利补贴等领域，也在一片反对和抗议声中无果而终。另一些人则认为，为了刺激经济增长，莫迪会利用议会压倒多数强行推进改革。国外投资者和印度国内工商界对莫迪政府的期许，大多因为相信后者。

莫迪许诺把古吉拉特邦模式推广到全国，首先，谈何容易。印度各地区经济发展不平衡。古吉拉特邦地处沿海，进出口贸易发达,石油化工等工业基础雄厚，引进外资较多，开放程度较高。印度大多数邦和中央直辖区特别是内陆地区和东北地区，并不具备这种条件。其次，各邦政府的执政党不同，有的是反对党，有的是盟党友党，还有态度不明确的骑墙派。即使是盟友，也不一定事事都支持中央政府。在现有联邦制体制下，地方上75%—80%的问题在中央政府的管辖范围之外。各路诸侯政出多门，中央政令无法畅通。

印度国内外舆论大都认为，莫迪有大刀阔斧改革的雄心，但会遇到根深蒂固的阻力。多年来，西方强烈要求印度政府进行某些经济改革，印度政府进退两难。例如，零售业向外资开放的问题，不仅国大党不敢触动，印度人民党的竞选纲领中也不敢松口。又如，减少福利补贴会影响中下层普通百姓的生活，继续维持下去又会扩大财政赤字，通货膨胀也会更加严重。再如，土地征用问题是发展工业和基础设施的最大障碍，印度全国90%的项目受阻于土地征用困难。但强拆强迁会引发大规模的农民抗议，影响政局稳定。还有，现有的《劳工法》强调保护工人权利，资方不能轻易开除工人。如果要大力引进外资和发挥私人资本的积极性，就要修改《劳工法》。多年来，修改《劳工法》问题只是辩论，政府未敢进一步行动。总之，经济改革不能停滞不前，又不能不顾印度国情民情，完全按西方要求行事，还不能不考虑下次大选的选票问题。

（二）改善政府治理，提高办事效率，肃清贪污腐败。

莫迪就职后，已经在缩小政府、加强治理方面采取了一些措施，如减少内阁部长人数，要求各部门立即制订提高效率的规划，规定官员出行不能坐飞机头等舱和住五星级宾馆等，获得了好评。

在廉政建设方面，莫迪政府的一个重大措施是追回流向海外的巨额"黑钱"。莫迪组织了专门团队展开调查，于10月下旬向最高法院递交了一份海外黑钱账户的627人名单。

9月27日，南印度泰米尔纳德邦首席部长贾亚拉丽塔因巨额财产来源不明被法院判处监禁4年，并罚款10亿卢比（约合1600多万美元）。美联社报道称，印度很少有官员被判贪污罪成立，入狱的更少。现任省部级官员入狱更是罕见。

但是，莫迪政府面临的困难与障碍也不少。印度是世界上腐败最严重的国家之一。有民调显示，92%的印度人认为腐败现象在过去5年间愈益恶化。印度人民党新领导莫迪以廉洁高效闻名遐迩，这届新政府在反腐方面有可能比国大党做得好一些。但是，腐败问题积重难返。过去揭发出来的许多案件，包括大案要案，有的不了了之，有的拖而不决，甚至拖了几十年。印度舆论广泛关注的政治犯罪化问题越来越严重。据报道，这次大选刚选出的议员中，34%的人背负"刑事指控"，比上次大选（2009）多出4%。印度人民党议员中也有沙人面临"刑事指控"，新内阁成员中1/3背负犯罪指控。莫迪誓言反腐，首先要从执政党自身做起，才能继续得到民众支持。

（三）积极推进国防现代化，争当世界军事强国。

在7月初公布的2014—2015年度预算中，国防开支由上年度2.03万亿卢比增加到2.29万亿卢比，增幅为12.8%。印度是世界上最大的武器进口国，莫迪政府在号召节约政府开支的同时，却继续不惜重金从国外进口大量先进武器装备，印度国防采办委员会已批准了一项35亿美元的军购计划。6月14日，莫迪参加印度从俄罗斯购买的航母"维克拉马蒂亚号"的入列仪式。他在讲话中强调，印度必须在防务能力上自给自足。7月9日，莫迪政府决定追加拨款31亿美元，全力支持建造国产航母计划。莫迪提出"印度制造"宏大计划，大力发展本国制造业，国防工业的本土化也包括在这一计划中。

三、莫迪式外交

在外交方面，对外战略和外交政策不会发生根本改变，但会展现"莫迪风格"——务实、自信、强势。

（一）莫迪政府把改善与邻国关系作为其外交政策的优先方向，首先是南盟各国。

其目的是为发展经济营造和平的周边环境，同时也为了巩固印在南亚的主宰地位。首先稳定"后院"，减少后顾之忧，才能放开手脚展开大国外交，提升印度国际地位。

莫迪对南亚邻国"魅力攻势"第一招，是邀请南盟成员国的领导人到印度出席他的就职典礼，这是印度外交前所未有的创举。莫迪与南盟各国领导人握手言欢，气氛友好。

然后，莫迪就职后不到三星期（6月15日）就出访不丹。印度自独立以来，选择不丹作为新任总理外访首站的，莫迪是第一人。出访前莫迪对记者说，由于地理、历史、文化等多方面原因，印度和不丹之间有"独一无二的特殊关系"，把不丹作为首访国是"自然的选择"。莫迪在与不丹首相会谈中强调，要继续加强两国经济联系，拓展合作，重点是能源领域合作。

8月初，莫迪总理出访尼泊尔。他是时隔17年后第一位访问尼泊尔的印度总理，显示出印度新政府对尼的高度重视，另外也试图弥补一下上届政府对尼泊尔的忽视，因为辛格总理10年任期内没有访问过尼泊尔。莫迪表示，此访"标志着印度与尼泊尔关系正迈向一个新台阶"。双方发表的联合声明说，印方同意斥资20亿卢比修建从比哈尔到加德满都的石油管道，向尼泊尔提供汽油、柴油等。11月25日，南盟峰会在尼泊尔召开期间，印度和尼泊尔签署了包括基础设施和能源合作在内的10项合作协议，印方向尼方提供10亿美元贷款。

印度和巴基斯坦关系是长期积累的老大难问题。两国关系时而紧张时而缓和，很不稳定。特别是2008年发生孟买恐怖袭击事件后，印度和巴基斯坦关系降至谷底。近年来有一定程度缓和，但无实质性进展。阿富汗局势动荡对印度和巴基斯坦关系也有重大的负面影响。印度人民党胜选后，巴基斯坦总理谢里夫当天即与莫迪通电话，邀请其访问巴基斯坦。莫迪也投桃报李，邀请谢里夫参加他就任总理的仪式。5月27日，莫迪与谢里夫举行了双边会晤。印度外交部称，会谈"气氛友好而富有建设性"，重点讨论了安全和经贸问题。莫迪和谢里夫的友好会晤为缓和印巴关系开了个好头。但好景不长。8月19日，印度突然宣布取消原定于8月25日举行的印巴两国外交秘书级（副部长级）会谈，理由是巴基斯坦驻印度大使会见了印控克什米尔地区分裂主义组织代表。与此同时，印控克什米尔地区暴力事件增加，印度和巴基斯坦在克什米尔边境地区发生多起交火事件，导致双方人员伤亡，边境民众逃离家园。印度和巴基斯坦相互指责对方违反停火协议。印度和巴基斯坦自2003年达成停火协议以来，边境地区交火事件时有发生，不过最近一段时间的交火事件是停火协议签订以来最为严重的。印度方面立场强硬，不断放出"狠话"，印度国防部长贾特利称："他们必须认识到，我们的军队不是摆设，如果巴基斯坦执意进行冒险行为，我们的军队将让他们付出承受不起的代价。"贾特利还排除了和巴基斯坦进行谈判的可能性。巴方则向国际社会表明，巴基斯坦政府一直在保持最大限度的克制，但巴方为和平与安宁所付出的努力并未得到印度的配合。巴基斯坦国防部长阿西夫表示，巴方不希望看到边境的紧张局势演变为两国间的对抗。但他同时也警告，巴基斯坦完全有能力对印度的"任何侵犯行为"作出回击。

人们本来期待印度新政府能为印巴关系的改善带来新的契机，却大失所望。目前，印度和巴基斯坦恢复和谈的主动权掌握在印度手中。但印度为和谈设置了先决条件，莫迪总理在9月召开的联合国大会上提出希望与巴基斯坦在"没有恐怖主义阴影笼罩"的情况下举行双边会谈。外媒评价称，莫迪的自信和强硬在印巴关系中得到了充分体现。11月在尼泊尔召开的南盟峰会期间，印度领导人莫迪和巴基斯坦领导人谢里夫未能像过去那样进行双边会晤，只是见面握了手。下一步莫迪政府的对巴政策究竟怎么走，尚待进一步观察。印巴关系能否跳出"紧张—缓和—再紧张……"的怪圈，仍然是一个大问号。

（二）积极开展大国外交。

实际上，印度新政府把大国外交作为印度外交的重中之重。印将继续发展与美国、日本、中国、俄罗斯等主要大国的关系，并巧妙地在大国之间实行"平衡外交"，谋求实现其经济和战略利益的最大化。

第一，莫迪政府从战略上高度重视与美国的关系，因为美国对莫迪实现印度崛起的梦想至关重要。应该说，在辛格政府期间印美关系得到了很大的发展和提升，但在2013年末发生了一起印度女外交官在美国遭逮捕和搜身引发的外交风波，印方采取了多项报复措施。莫迪本人与美国之间还有一个旧的"过节"，即美国曾以"人权"问题为由，拒绝给莫迪发入境签证。起因是2002年古吉拉特邦发生教派暴力冲突，导致1000多人死亡，大部分是穆斯林，作为该邦首席部长莫迪应对此负责。2014年2月，美国得知莫迪胜利在望时，便开始做弥补工作。即将离任的美国驻印度大使与莫迪进行了会晤。5月16日，在印度大选结果公布的当天下午，奥巴马总统即与莫迪通电话，邀请他访美。美国国务院发言人称，美国将加强与印度的战略伙伴关系，促进两国在经济、国防、反恐等方面的合作。

莫迪上任后，肩负着"修复"和"重启"印美关系的重任，他不计前嫌，应邀访美。2014年9月，莫迪赴美出席联大会议并访问美国，受到美方超规格的热烈欢迎。奥巴马与莫迪举行了两次会谈，发表了两份声明。第一次发表的《愿景声明》中称，印度和美国是"21世纪可信赖的伙伴"，这种伙伴关系"将成为世界其他国家的楷模"。第二次会晤后发表的联合声明称，印度的"向东行动"政策与美国的亚太"再平衡"战略表明，两国领导人致力于通过协商、对话和联合演习，与其他亚太地区国家展开更加密切的合作。在会晤中莫迪强调把与美国的伙伴关系置于优先位置，以实现印度的崛起，成为一个世界大国。奥巴马则强调崛起的印度符合美国的利益，他还重申美国支持印度成为安理会常任理事国。上述声明和表态满足了双方的需要，既满足了印度借力美国实现"世界大国"梦想的需要，也满足了美国亚太"再平衡"战略需要印度配合的需要。莫迪此访还有两方面具体成果。经贸方面，双方同意启动"印美投资倡议"，推动美国机构投资者和企业增加对印度投资，并寻求把目前大约1000亿美元的双边贸易额扩大5倍。防务合作方面，双方同意从2015年起延长《印美防务合作框架协议》，两军实施更宏大的防务合作计划和活动，包括扩大联合演习规模。从莫迪访美的情况可以看出，"修复"任务完成得相当漂亮。不久前，印度政府邀请奥巴马2015年1月访问印度，并作为首席嘉宾出席印度国庆庆祝活动。印度新政府的对美政策已清晰可见，尽管不会一帆风顺，但印美关系将越走越近。

第二，印度与日本的关系自进入新世纪以来不断升温。2014年内实现了两国总理互访，2014年1月辛格政府任期内，日本首相安倍访问印度，受到特殊礼遇，应邀作为首席嘉宾出席印度国庆庆典。8月末至9月初莫迪总理访问日本，日本是莫迪访问南亚邻国之外的第一个大国，说明印度两届政府对日本的政策是一贯的、连续的。如果说有什么新特点，那就是媒体炒作的莫迪和安倍个人关系好，政见也相同，莫迪简直就是"印度的安倍"。

莫迪访问日本期间与安倍发表名为《东京宣言》的共同声明，宣布两国将建立"特别的战略全球合作伙伴关系"，加深两国在经济、政治、文化、安保等领域的合作。加上"特别"一词，象征意义大于实际意义。此访具体成果表现在经济上，日本同意在今后5年向印度提供350亿美元的新投资是一个"亮点"。印度媒体指出，两国防务和军事合作的意义也不应低估。但印方期待的三大目标，即日本向印度出售水陆两栖飞机、签订核能协定和引进日本新干线，仍停留在探讨和谈判阶段。与双方对两国关系的高谈阔论相比，具体成果明显不足。

第三，印度与俄罗斯是传统盟友，冷战后建立了新的战略伙伴关系。印俄关系的重要方面是军事合作，俄罗斯是印度最主要的武器装备供应国。印度寻求军购来源多元化，美国等西方国家也极力向印度推销军火，印度与美国、日本走近，印俄关系显得有些疏远。但印度政府仍很重视印俄关系。6月19日莫迪总理会见来访的俄罗斯副总理罗戈津时表示，印度打算把印俄关系提升到更高台阶。7月在巴西举行的"金砖国家"领导人会议期间，莫迪与普京举行了双边会晤，同意扩大两国战略伙伴关系。莫迪邀请普京12月访问印度，年内将成行。

第四，莫迪政府的对华政策将延续上届政府的基本政策，保持两国在各领域友好合作的势头，强调经贸合作。印度新政府上台伊始，中国就表达了继续发展中印友好的真诚愿望。李克强总理在莫迪就职当天即致电祝贺，第三天又与莫迪通电话。莫迪表示，印度为中国发展取得的成就感到高兴，愿意学习借鉴中国成功的经验。还说，发展对华关系是印度外交的重要任务之一。印度新一届政府从战略高度重视印中关系，愿同中方一道全面推进双边多领域合作，通过对话解决存在的问题，使两国和谐相处，实现共同发展。莫迪这一段话把印度新政府的对华政策大方向讲清楚了。9月，中国国家主席习近平应邀访问印度，双方发表的联合声明中说，双方认识到，两国各自的发展进程相互促进，决定实现优势互补，构建更加紧密的发展伙伴关系。两国领导人同意，发展伙伴关系应成为两国战略合作伙伴关系的核心内容。这一提法与以往两国领导人达成的共识相互对照，既有继承，也有发展。从这一新共识中可以看到莫迪对华政策的特点，即更加务实，更加突出经济合作。

人们注意到莫迪担任总理前对中国的态度具有两面性：一方面，作为一邦首席部长，他称赞中国经济建设成就，曾率团访华考察取经，表现友好；另一方面，作为反对党印度人民党领导人之一，莫迪曾多次指责国大党政府对华软弱、妥协。2014年初到"阿鲁纳恰尔邦"（即中国藏南地区）参加竞选活动时声称，"任何大国都别想把这一地区从印度手里夺去"。印度的政党无论国大党或是印度人民党及其领导人，具有两面性是正常的，而且这种两面性还将长期存在下去，但不至于影响中印关系的发展大局。中印关系可望在原有的基础上继续发展，不断迈上新台阶。

另外，外界议论很多的一个热门话题是，美国和日本企图拉拢印度联合制华。看来，印度不会甘心成为被人利用的棋子。莫迪虽然在访美和访日期间说过一些影射中国、美国和日本爱听的话，以换取对方某种回报。但总体上说，莫迪政府在中国和日本之间，在中国、美国、日本之间，在其他主要大国之间，采取的是"平衡外交"策略，左右逢源，两头得利。这样才能实现印度经济与战略利益的最大化。

安倍"地球仪外交"与中日关系

黄大慧[①]

内容提要：安倍再度上台后，积极倡导"地球仪外交"。"地球仪外交"是一种战略性外交，既为日本经济发展服务，又为渐显颓势的日本造势，当然，更是针对中国推行"远交近攻"的外交政策。然而，这一外交非但达不到牵制中国的战略意图，反倒招致日本近邻外交陷入困境。在美国的压力下，特别是基于国内政治经济因素考量，安倍被迫对华采取"温和"态度，积极寻求改善日中关系。APEC 北京峰会期间，中日首脑实现会晤，中日关系迎来转机。但鉴于日本国内政治右倾化的发展趋向，日本对华政策总体上仍将呈现一种比较强势的对抗姿态。中日关系的发展不会一帆风顺。

关键词：地球仪外交 安倍经济学 中日关系

一、"地球仪外交"的战略意图

2012 年 12 月，日本自民党赢得大选，时隔三年三个月，重新回归执政地位；而作为自民党总裁的安倍晋三，亦在五载之后"梅开二度"再登相位。安倍第二次上台以来，无论在内政还是外交领域都极尽表演之能力，各种言行引起了国内外的广泛关注。国内经济上，祭出了被称为"安

---

① 作者系中国人民大学国际关系学院教授，中国人民大学东亚研究中心主任。

倍经济学"的大胆经济刺激政策；国内政治上，大肆推行旨在"摆脱战后体制"的右倾化政策；国际上，则到处开展所谓"地球仪外交"。

2013年1月，安倍首相在国会讲演时表示："外交的基本是，不仅要注视与周边各国的双边关系，还要像俯瞰地球仪那样眺望整个世界，立足于自由、民主主义、基本人权和法治等基本价值，展开战略外交。"积极倡导"地球仪外交"的安倍首相，频频出访，其足迹遍布五大洲。

2013年全年，安倍出访13次，平均每月出访1次还多，共访问了25个国家。进入2014年，安倍加快了出访的节奏，仅上半年就出访8次，访问了18个国家。2014年7月以后，安倍刚刚访问完澳大利亚、新西兰和巴布亚新几内亚三国，就马不停蹄地跑去拉美，遍访了墨西哥和巴西等五个国家。尤其在秋季，安倍更是紧锣密鼓地先后出席了联合国大会、亚欧会议、亚太经合组织领导人非正式会议、东亚峰会、二十国集团领导人会议等一系列重要国际会议。

热衷于"外游"的安倍首相，在不到两年的时间内访问的国家多达50余个，创下了二战后日本历任首相之最。安倍"地球仪外交"是一种战略性外交。安倍如此高密度地频繁出访，不外乎要急于达成如下诸项战略意图。

首先，不能不说，安倍首脑外交是为重振日本经济而开拓市场和获取资源服务的。比如，安倍访问非洲和中东各国，就是旨在确保能源、矿物等资源的稳定供应，并为促进日企开拓成长显著的非洲市场创造条件。同样，安倍访问中南美各国，陪同出访的日本商社和经济团体众多，也意在在中南美这块"资源大陆"上展开"资源外交"。正是安倍的出访，使日本觊觎多年的墨西哥油田开采成为可能。当然，还要看到，安倍出访时对一些发展中国家（尤其是非洲国家）撒钱，试图通过"银弹外交"为日本"入常"做准备。

其次，安倍每访问一地几乎都要谈及"安倍经济学"，其目的显然是为渐显颓势的日本造势，试图重新唤起国际社会对"日本复苏"的关注和信心。冷战结束以来，由于日本经济长期低迷，"失去的十年"、"失去的二十年"渐成国内外对日本的普遍认识。与快速崛起的中国形成鲜明对照，国际社会对日本的关注度显著下降。对此，颇具民族主义心理的安倍晋三忧心忡忡。2013年2月，安倍晋三访美时发表了题为"日本回来了"的演讲，借此向世界宣誓：日本永远不做"二流国家"，"一个强大的日本回来了"。

第三，也是更重要的，安倍首脑外交几乎都是以对抗中国的姿态出现。安倍再度执政之后，在对华政策上与第一次执政时期形成鲜明对照。第一次执政时期，安倍上台伊始便访问中国，甚至提出与中国建立"战略互惠关系"。通过"破冰之旅"，中日关系迅速走上转圜之路。然而，第二次上台后他判若两人，到处散布"中国威胁论"，针对中国大搞"舆论战"，试图混淆国际视听，抹黑中国，孤立中国，牵制中国。尤其是在中国周边地区，打着"价值观外交"幌子，制造矛盾和摩擦，挑拨离间，试图构筑围堵中国的"包围网"。

第四，必须注意到，安倍在四处渲染"中国威胁论"的同时，还积极兜售他的"积极和平主义"，很显然，旨在通过强调"中国威胁论"转移或掩盖国际社会对安倍政府"右倾化"的视线。不仅安倍本人在历史问题上倒行逆施、公然挑战二战后国际秩序，而且日本政府强行通过了解禁集体自卫权的内阁决议，架空"和平宪法"，将日本引向了通往战争之路。第二届安倍政府是二战后日本最右翼的政府。安倍政府的右倾化动向，引起了包括其盟友美国在内的国际社会的警惕。

一言以蔽之，安倍推行的"地球仪外交"，实质上是一种针对中国的"远交近攻"、以邻为壑的外交政策。很显然，这种外交对于中日关系的发展有害而无益。不可否认，安倍的"地球仪外交"一定程度上吸引了国际社会对日本及其"安倍经济学"的关注。另一方面，安倍虽然在国际上制造些"中国威胁论"的风声，但根本达不到牵制中国的战略企图，毋宁说引来了国际社会对日本政治右倾化的关注与担忧。

必须强调指出，透过安倍的"地球仪外交"可见，日本政府正在大力推进针对中国的"外宣"战略。安倍向来极为重视"外宣"工作。早在第一届安倍政府时期，笔者就曾撰文指出，"日本外交正在迎来对外宣传的转折点"。① 如今，日本面对与中国、韩国等国的历史和领土争端，更加

---

① 黄大慧：《冷战后日本的"价值观外交"与中国》，《现代国际关系》2007年第5期。

强化在国际社会宣传本国的立场和主张，企图营造与己有利的国际舆论环境。

二、"地球仪外交"招致"近邻外交"困境

众所周知，日本外交的重心在亚太地区，日本首当其冲理应处理好作为日本外交"堡垒核心"的与美国、中国、韩国、俄罗斯以及朝鲜等国的关系。然而，安倍高调推行的"地球仪外交"偏要俯瞰遥远的世界，而对身边邻国尤其是连安倍也认为是"最重要的双边关系"的中国、韩国等国"视而不见"。正因如此，安倍的"地球仪外交"引来了日本国内的一些质疑。有批评指出，安倍花费纳税人的钱，以对抗中国的名义四处奔走，并未取得应有的外交成果。有媒体甚至将安倍的"地球仪外交"讽刺为"甜甜圈外交"，即在地图上将安倍访问过的国家涂上颜色，俨然像一个中空的甜甜圈，批评安倍避重就轻、舍近求远，躲开中国、韩国两个最重要的邻国到处兜圈子。事实上，在未能实现访华、访韩的"邻国外交"碰壁的背景下，安倍越是竭力走遍世界越是凸显其"近邻外交"的停滞，也就越是招致国内舆论对"地球仪外交"的质疑和批评。

安倍自身也十分清楚，其所推行的"地球仪外交"根本无法达到牵制中国的战略企图。妄图在中国周边地区打造"包围中国网"，更是黄粱一梦，因为中国周边国家都是中国发展的最大受益国，它们要更紧密地发展与中国的关系。也就是说，在中日关系越发紧张的情况下，倘若安倍打着"价值观外交"的幌子或施以经济上的利诱，迫使东南亚国家在中国和日本之间选边站，多数国家很可能在权衡利弊之后靠向中国，而与日本保持距离。这当然是日本方面最不愿意看到的结果。

安倍再度上台后，在高调推行"地球仪外交"之际，摆出与中国对抗的强硬姿态。安倍政府的这种消极对华政策，导致中日政治危机愈演愈烈，两国甚至走到了冲突的边缘。中日关系恶化到了两国邦交正常化以来的最低点。在中日关系严重恶化的同时，日本在历史问题上的倒行逆施和领土争端问题上的进攻姿态，也致使日本与邻国韩国的关系陷入停滞和冷

却状态。日本国内的"嫌韩"、"厌韩"、"反韩"情绪更是甚嚣尘上。日本与中国、韩国的国民感情，均降到了不能再低的程度。另一方面，在安倍迟迟无法与中国和韩国首脑会谈、日本与中国和韩国关系恶化的同时，中国和韩国的首脑却频繁互访见面，中韩关系呈现"蜜月"状态。这种反差不仅招致日本国内舆论对安倍拙劣邻国外交的强烈批判，一些有识之士甚至产生了一种忧虑感，担心如此下去韩国必将"靠向中国"，进而形成"中国和韩国对抗日本"的局面。尤其是朴槿惠领导的韩国，同时与中国和美国保持友好关系，日本颇为担心东北亚的"中美日合作"被"中美韩合作"所取代，从而使日本陷入边缘化和被孤立的境地。对此，安倍身边的人危机感更加强烈，并且发出日中、日韩关系不能再坏下去的强烈呼声。

如何打破日朝关系僵局尤其是解决"绑架日本人质"问题，也是横亘在日本政府面前的一道难题。在期待解决绑架问题的国内舆论压力下，安倍政府部分解除了对朝鲜的制裁。安倍欲在日朝关系上寻求"突破"，不仅仅是出于国内政治的考虑。在与中国和韩国关系无法改善的情况下，"日朝接近"显然有牵制中国和韩国的战略意图在内。然而，日本将解决绑架问题优于朝核问题的做法，不能不引起美国和韩国的疑虑，甚至给美、韩、日对朝体制投下阴影。换句话说，日本无法突破美韩日合作框架，在对朝政策上实行"独断专行式外交"。正因如此，安倍政府在解决绑架问题与美韩日合作问题上落入了进退两难的境地。安倍政府欲通过寻求日朝关系"突破"来牵制中国和韩国或打开外交局面的战略企图，难以得逞。

乌克兰问题发生后，俄罗斯加快了面向亚太地区的"东向战略"步伐。安倍政府认为日俄关系迎来了新的"转换期"，因而相比欧美各国对俄罗斯采取了"温和路线"，试图以此换取普京政府的好感，为改善日俄关系创造条件。安倍甚至期待推进日俄领土问题谈判进程，并最终签订两国间的和平条约。然而，在美国的压力之下，日本不得不与美欧各国步调一致，在乌克兰问题上对俄罗斯实施制裁。结果，日俄关系前景变得黯淡，安倍改善日俄关系的期待落空。与此形成鲜明对照，近期中俄两国的关系越走越近。目睹此情此景，安倍焦虑万分。在此不能不说，在现有亚太国际关系格局之下，日本若要摆脱美国掣肘而发展日俄关系抑或经济上利诱俄罗斯牵制中国，都是枉费心机的。

　　由以上可见，安倍大张旗鼓推进的"地球仪外交"，已经走进了"死胡同"，并且招致其"外交重心"近邻外交陷入困境之中。也就是说，安倍的"地球仪外交"，不仅进一步恶化了与中国和韩国的关系，而且无法实现日俄、日朝关系的"突破"，当然，也不利于日美同盟关系的改善。

三、改善日中关系是安倍政府必然选择

　　安倍在积极倡导"地球仪外交"、针对中国推行"远交近攻"的消极对华政策的同时，也不忘隔空喊话，不时发出希望与中国开展外交对话的声音。安倍多次强调"与中国对话的大门是敞开着的"，尽管他甚是缺乏对话的诚意。进入2014年下半年以来，特别是随着亚太经合组织（APEC）北京峰会的日益临近，日本方面更是表达出了对实现日中首脑会谈的强烈意愿，甚至展开了"积极外交攻势"。安倍政府的对华态度由先前的"强硬"很快转向"温和"，引起了国际社会的广泛关注。事实上，这种转变是日本国内外各种因素共同作用使然。

　　首先，是美国敦促日本改善日中关系的压力。日本是美国在亚太地区的最重要盟友和战略据点，美国当然希望日本能够在亚太"再平衡"战略中扮演重要角色和承担更多责任，而不愿看到日本在领土和历史问题上过于激化同中国和韩国等邻国的矛盾，造成东亚地区形势的不稳定，从而搅乱美国东亚战略部署。美国对安倍政府的右倾化动向也保持警惕，尤其是对不顾美国力劝而执意参拜靖国神社的安倍，以前所未有的"失望"这一强硬措辞予以回应。毫无疑问，安倍"拜鬼"给本来因"跨太平洋战略经济伙伴协定"（TPP）谈判进展不顺而趋冷的日美关系蒙上了一层阴影。此后，尽管安倍一再表示要"复活日美同盟"，但始终得不到奥巴马的积极回应。而且，随着日本与中国、韩国关系的持续恶化，美国敦促日本改善邻国关系的压力与日俱增。美国希望日本利用APEC北京峰会机会实现日中首脑会谈，进而为改善日中关系创造条件。当然，与美国的压力相呼应，安倍还面对来自国内的"安保优先派"的压力。安倍政权的支持基础

来自从精英到草根舆论的保守势力，其中又可分为"安保优先派"和"历史重视派"。前者重视与美国的同盟关系；后者则强调制定自主宪法、自主防卫、参拜靖国神社等。这两派之间的较量直接影响到安倍的内外政策。安倍为了稳固执政基础在历史问题上倒行逆施，虽然满足了"历史重视派"的愿望，却引起了"安保优先派"的不悦。后者担心倘若日本与东亚邻国的关系持续恶化下去，必然损害日美同盟关系，因而力促安倍尽早改善与中国、韩国的关系。

其次，安倍急于寻求改善日中关系有其政治上的如意算盘。安倍政府推行"远交近攻"的外交政策，不仅恶化了与中国、韩国等邻国的关系，而且破坏了地区形势的稳定，因而被视为地区的"麻烦制造者"。安倍的如意算盘是，实现日中首脑会谈、缓和已降至冰点的日中关系，不仅有助于改善日本的国际形象，而且可以减缓美国促其改善邻国关系的压力。安倍很清楚，面对希望亚太地区形势稳定的美国，改善日中关系已成为强化日美同盟关系的重要前提。同时，日本欲借实现日中首脑会谈和改善日中关系，使自己在处理日韩、日朝以及日俄关系等方面赢取主动，甚至争取达到分化或牵制中韩关系和中俄关系的目的。当然，改善日中关系也有助于日本摆脱在地区合作中的被动局面，进而增加日本在与美国TPP谈判中的筹码。在中美构筑新型大国关系的背景下，若日中关系迟迟得不到改善，而日美关系又热不起来，日本十分担心自己被边缘化。2015年是反法西斯战争胜利70周年，也是日本战败70周年。日本方面考虑，倘若在此之前能够缓和或改善与中国、韩国等国的关系，右倾化趋向严重的安倍政府将可能减缓在历史问题上来自国内外的批评和压力。而且，安倍本人意欲届时发表取代"村山谈话"的旨在突出与过去诀别的"安倍谈话"，也好借机对外宣扬"面向未来的关系"。另外，安倍急于寻求改善日中关系有为日本"入常"做准备的考虑。2015年是联合国成立70周年，日本认为这是"入常"的难得良机。但安倍深知，若不能得到中国同意，日本"入常"堪比登天。再把视线放长一点，为了几年后的东京奥运会，日本也需要缓和与邻国的关系。当然，安倍急于实现日中首脑会谈和改善日中关系，也有为今后再选连任做准备的政治考虑。如何应对不断崛起的中国，是日本外交面临的最大课题。倘若能够尽早妥善处理日中关系，安倍必然会在外交上获得较高的"评分",从而有助于对自己执政能力的评价并赢得选民的进一步的支持。安倍野心勃勃,为了实现修改宪法、摆脱二战后体制的最大政治目标,他需要暂时收起锋芒,缓和对外关系和国内政治气氛。

再次,安倍急于寻求改善日中关系,更是重振日本经济的迫切需要。安倍政权最大的课题,莫过于使被称为"安倍经济学"的经济政策获得成功。安倍自身虽然对外交、安保以及修宪问题情有独钟,但其政权的命运却系于"安倍经济学"的成败。"安倍经济学的成败",不仅关乎日本经济,也会对日本政治乃至外交整体产生重大影响,尤其是会对自民党本身的存在意义、权力基础产生重大影响。若"安倍经济学"获得成功,不仅日本经济将恢复活力,安倍长期政权也有望成真。反之,若"安倍经济学"失败,不仅严重打击日本经济,也会严重动摇安倍的政权基础。迄今为止,安倍之所以能保持较高支持率,主要得益于"安倍经济学"。"安倍经济学"初见成效,提振了日本人信心,使他们看到了一线希望,进而对安倍抱有更高的期待。安倍心里十分清楚,要想重振长期低迷的日本经济,光靠"安倍经济学"远远不够,必须进行大刀阔斧的结构性改革,必须借助外力尤其是中国经济的活力。在美欧和多数新兴国家经济增长乏力以及"安倍经济学"风险日益凸显的背景下,发展日中经济合作成为日本政府迫在眉睫的重要课题。安倍也正面临着日本经济界等要求改善日中关系的巨大压力。

四、结语

中国的崛起是不以任何他国的意志为转移的。那些逆历史潮流而动,梦想中国崩溃抑或牵制、迟滞、打断中国发展进程的任何企图,终将难以得逞。作为中国的重要邻国和主要经济伙伴,日本必须正视和承认现实,顺应历史发展大潮,以积极的心态接受中国的强大。日本曾经是中国改革开放政策的积极支持者,也是中国改革开放的最大受益者之一。今天,中国正处于全面深化改革的新阶段,正在转变发展方式,未来仍具有巨大的发展空间。能否抓住这一难得的新机遇，对于日本重振经济至关重要。

2014年11月，在APEC北京会议期间，安倍终于实现了与中国领导人的正式会晤。中日关系初现转圜气象。接下来，就看安倍如何履行改善日中关系的承诺。2014年12月，安倍提前解散众议院，举行大选。大选获胜后，政权基础得以巩固的安倍，将在右倾化道路上越走越远。一旦条件成熟，安倍会大胆地提出修改宪法的动议，进而实现梦寐以求的摆脱二战后体制的宏愿。如此观之，受到日本国内政治右倾化影响，中日关系的前行必然充满波折，不会一帆风顺。另一方面也要看到，安倍为了使作为政权稳定基础的经济政策获得成功，不能不放眼中国市场，加强与中国的经济联系。概而言之，未来日本的对华政策总体上将呈现一种比较强势的对抗姿态，但又不能不表现出一定的灵活性。当前的中日关系，竞争和对抗的色彩越发浓厚，但既竞争又合作的基调并未发生根本性的改变。

亚太自贸区和亚太经济区域化

何伟文[①]

内容提要： 亚太自贸区如果最终建成，将是有史以来最大的自贸区。"北京路线图"将和"茂物目标"一样载入APEC史册。亚太地区各类自贸安排的格局与经济区域化是不同概念。大量的双边和区域次区域自贸安排不构成经济区域。美国主导的TPP主要内容不是贸易。美国更多地出于地缘政治考虑，为亚洲"再平衡"实现资源再分配。中国应实施双轨战略。一方面，在整个亚太层面积极推进亚太自贸区进程，超越并整合TPP、RCEP，争取亚太最高层面的有利地位；另一方面，根据自己的自贸区日程表，有选择地参加若干自贸安排，没有必要急于加入TPP。前一轨带有长远性，后一轨则带有当前性和现实性。

关键词： 亚太自贸区　TPP

　　2014年11月11日APEC北京峰会结束时发表的领导人宣言宣布："我们决定启动并全面、系统地推进亚太自贸区进程。我们批准《亚太经合组织推动实现亚太自贸区北京路线图》。"[②] 这是整个亚太地区贸易自由化进程的里程碑事件。APEC的21个成员经济体GDP占全球GDP的56.8%，占全球贸易额的48%。如果最终建成，将是有史以来最大的自由贸易区。

　　亚太自贸区（Free Trade Area of Asia and Pacific, FTAAP）最早是在2006年APEC河内峰会提出的，旨在整合亚太经合组织范围内众多的次

---

① 作者系中国国际问题研究基金会研究员，对外经贸大学中美经贸关系研究中心主任。
② 《APEC第二十二次领导人非正式会议宣言》，http://www.xinhuanet.com.

区域、诸边和双边自贸协定，为2020年实现区域经济一体化（REI）即"茂物目标"奠定最重要的基础。八年来，亚太经合组织贸易与投资委员会（Committee for Trade and Investment, CTI）、工商咨询委员会（APEC Business Advisory Council, ABAC）和一些成员经济体做了大量基础工作。但由于部分成员经济体意见不尽一致，八年来这一宏大目标始终停留在愿景上。北京峰会的历史功绩在于将其从口头化为行动，迈出了决定性的一步。虽然还没有开始正式谈判，要经过两年的战略研究，但整个亚太自贸区进程的前期工作已经开始。在这个意义上，北京峰会的意义可以在一定程度上与乌拉圭回合谈判启动、多哈回合谈判启动相比，"北京路线图"也将和"茂物目标"一起载入APEC史册。

亚太自贸区不是另起炉灶，而是在亚太地区现有繁多的区域、诸边和双边自贸协定的基础上，寻求其各类条款的相同点，即"最大公约数"，并就不同点进行谈判和融合。也就是以现有各类协定为路径，最后形成一个伞形的涵盖整个APEC地区的自贸协定。因此，我们一方面要积极推动亚太自贸区的进程，一方面要积极按照中国自己的自贸协定谈判日程，实行双轨并进。无论推进哪一轨，都必须认真研究亚太地区各类自贸安排和区域经济趋势，确保中国的利益最大化，并为整个亚太自贸区的历史进程做出最大贡献。

一、亚太地区各类区域、诸边、双边自贸协定概况

亚太地区是全球各类区域、诸边自贸区（Regional Trading Agreements, RTAs）和双边自贸协定（Free Trade Agreements, FTAs）最多的地区。据APEC统计，仅RTA就有56个。据亚洲开发银行统计，亚太地区已经签署的各类RTA和FTA有109个，正在谈判中的有148个，合计257个，占全球这类自贸安排总数的70%。

亚太自贸区主要有三类：双边（FTA）、区域或诸边（RTA）及一国与一个区域性或诸边性自贸区的安排（FTA）。

（一）主要双边安排。

年份	协定签订国
1976	澳大利亚—巴布亚新几内亚
1982	澳大利亚—新西兰
1987	秘鲁—墨西哥
1996	加拿大—智利
1998	智利—墨西哥
2000	新西兰—新加坡
2002	日本—新加坡
2003	新加坡—澳大利亚
2003	美国—智利，美国—新加坡
2003	智利—韩国
2003	中国内地—中国香港
2004	澳大利亚—美国，澳大利亚—泰国
2004	日本—墨西哥
2005	日本—马来西亚
2005	韩国—新加坡
2005	新西兰—泰国
2005	中国—智利
2005	秘鲁—泰国
2006	秘鲁—美国
2006	日本—菲律宾
2006	智利—秘鲁
2007	智利—日本
2007	韩国—美国
2007	文莱—日本
2007	印度尼西亚—日本
2007	日本—泰国
2008	加拿大—秘鲁
2008	中国—新西兰
2008	日本—越南
2008	秘鲁—新加坡
2008	中国—新加坡
2008	澳大利亚—智利

注：该表是APEC贸易与投资委员会2008年梳理各类RTAs和FTAs时编制的，2009年以后的自贸安排没有列出，因此已过时，仅供参考。

资料来源：http://www.apec.org/topics，2008.

2014年11月11日APEC北京峰会期间，中国和韩国宣布结束双边自贸协定实质性谈判。11月17日，二十国集团布里斯班峰会期间，中国和澳大利亚宣布结束双边自贸协定实质性谈判。

它有两个特点。一是主要发生在21世纪；二是一般不发生在邻国之间（他们主要致力于区域性自贸区）。

（二）区域性或诸边自贸区。

按时间顺序，主要有：

1975年，《亚太贸易协定》（Asia Pacific Trade Agreement, APTA），又称《曼谷协定》。它是早在1975年，由联合国亚太经社会（ESCAP）主导，由中国、孟加拉国、印度、老挝、韩国和斯里兰卡六方签订的优惠贸易协定。但在APEC官网上列为2001年。

1992年，《北美自贸协定》（North America Free Trade Agreement, NAFTA）。成员为美国、加拿大、墨西哥。这是继欧盟之后世界最大的自由贸易区。

1992年，东盟10国成立自由贸易区，标志着东盟10国共同大市场的启动。

2005年，"跨太平洋战略伙伴协定"（Trans-Pacific Partnership, TPP）启动。在澳大利亚倡议下，澳大利亚、新加坡、智利和文莱四国（Pacific 4, P4）发起。2006年，美国决定参加。此后参加方逐渐增加。2011年，日本决定参加。目前共12个参加方：美国、加拿大、墨西哥、智利、秘鲁、日本、越南、新加坡、马来西亚、文莱、澳大利亚、新西兰。这12个国家跨越太平洋两岸，环至大洋洲。2013年，12国GDP总量为27.81万亿美元，占全球37.1%。[①] 其宗旨是建立高标准的自贸协定，为21世纪贸易投资和经济治理制订新的规则。TPP不仅涉及传统的边境上措施如关税减让、非关税壁垒的拆除，更多地涉及边境后措施，涵盖投资、政府采购、竞争政策、技术性贸易障碍、知识产权、国有企业、电子商务、劳动标准、环境标准等。奥巴马政府将其连续列为2013年和2014年总统贸易日程的重

---

① http://www.worldbank.org.

点。原打算2013年底达成协议。后延至2014年底。但因美日两国就农产品关税（日方）和汽车零部件关税（美方）等迄未达成妥协，估计年内难以达成协议。

2010年，中、日、韩启动"三边自贸协定"谈判（CJK）。2013年，三国GDP合计15.45万亿美元，占全球20.6%，[①] 贸易总量占全球也超过20%。这是东北亚最大的自贸区。

2014年11月14日，东盟内比都峰会决定从经济、政治安全和社会文化三个方面推进区域一体化建设。其中经济方面建成东盟经济共同体（ASEAN Economic Community, AEC），参照当年欧洲经济共同体（European Economic Community, EEC），至迟2015底完成。东盟作为一个经济区域，经济总量较小。2013年，东盟10国GDP合计为24081亿美元，占全球3.2%。[②] 其中印度尼西亚一国（8683亿美元）占这10国总量的36.0%。泰国、马来西亚、新加坡、菲律宾为2700亿—3800亿美元。

"一带一路"丝绸之路经济带包括海上和陆上两个丝绸之路。前者通过东盟连接南亚的印度、巴基斯坦、孟加拉国和斯里兰卡，主要是南向；后者横穿中亚、亚欧，最后抵达荷兰和德国，是连接欧亚大板块的重大通道，主要是西向。它的建设将有力促进欧亚互联互通，并最终促进欧亚大自贸区的形成。但它的内涵远远超过自贸安排，而是朝向以大规模基础设施投资带动的物质性互联互通（高铁、公路、水路、港口、机场等）、体制上自贸协定和人文上大幅度提升往来这三轨并进的紧密型亚欧经济合作。

（三）区域或诸边加双边。

2002年，《中国—东盟自贸协定》。

2002年，《韩国—东盟自贸协定》。

2008年，《日本—东盟自贸协定》。

2009年，《澳大利亚—东盟—新西兰自贸协定》。

2013年，中国—东盟决定启动自贸协定"升级版"，并力争2015年底

---

① http://www.worldbank.org.

② 同上。其中缅甸数字统计源自中国驻缅甸使馆经商处网站：http://www.mofcom.gov.cn.

前完成谈判。与这一自贸协定并进，启动大规模基础设施投资建设，其核心是以"三纵"为骨干的中国—东盟高铁网，并建设一系列配套的高速公路、机场、港口等。中国与东盟合计，经济总量达到11.65万亿美元（2013年），占全球比重也达到15.6%。[①]

2013年，东盟决定启动东盟10国分别加中国、日本、韩国、印度、澳大利亚、新西兰即"10＋6"谈判，建设区域紧密经济伙伴关系（Regional Close Economic Partnership, RCEP）。RCEP涵盖的16个国家经济总量达到21.48万亿美元（2013年），占全球28.7%，[②]仅略小于TPP（主要原因在美国）。但与后者地缘分散不同，RCEP基本上是东盟区域板块基础加上邻国（中国、印度、澳大利亚、新西兰）或邻近国家（日本、韩国）。呈现出较强的区域一体化特点。

二、现有各类自贸安排与经济板块分析

亚太各类自贸安排的格局和经济区域化格局是不同的概念。大量的双边自贸协定不构成经济区域化，一般性区域自贸安排也不构成经济区域化。只有领土相邻或相近，除贸易自由化即商品自由流动外，更重要的是实现基础设施的互联互通，资本、技术和人员的自由流动，形成以大量相互投资为基础的紧密型经济联合。

比较重要的区域经济板块或区域内紧密联系板块有：

东北亚：中日韩自贸协定有利于经济合作的深化，但在可预见的未来不会成为一个区域经济体。

东南亚＋东北亚＋南亚＋大洋洲（RCEP）：东盟经济一体化、中国与东盟的自贸协定"升级版"、东盟"10+6"即RCEP。但其标准低于TPP。东盟经济共同体如果建成，其经济总量是2.4万亿美元，将是新的区域经济体。在此外围加上中国、日本、韩国、印度、澳大利亚、新西兰六国，属于紧密型区域经济合作，总量巨大，2013年16国GDP之和达到21.48万

---

①② 　http://www.worldbank.org.

亿美元，占全球28.7%。随着中国经济总量持续较快增大，其比重也将在不远的将来超过30%，从而将对世界贸易和经济格局产生重大影响。

亚欧："一带一路"超越了亚太，是更大范围的亚欧区域经济一体化方向。但因规模宏大，将是长远目标。

北美：美国、加拿大和墨西哥三国构成的北美自贸区。目前，除贸易自由化（互免关税）外，美国对加拿大居民入境无限制，但对墨西哥居民在美国停留和就业有相当限制。美国境内有大量墨西哥籍非法移民，奥巴马最近发布总统令，允许在美国生活五年以上并育有子女的非法移民享有合法居留权。这说明美国和墨西哥没有人员自由流动的一体化安排。虽然北美自贸区也在寻求"升级版"，但在可预见的未来这三国不会构成区域化经济，虽然经济联系较之与亚洲国家间更加紧密。美国的经济联系是全球性的。

安第斯共同体：由南美太平洋沿岸国家组成，包括哥伦比亚、玻利维亚、厄瓜多尔和秘鲁。其中秘鲁参加了亚太经合组织。成员之间仍属市场相邻的关税同盟及贸易与投资密切合作关系，也难成区域经济。

上述板块均各分布在太平洋两岸。能够跨洋连接的只有TPP。但TPP的方向和性质均不属于区域经济。

三、对TPP的再探讨

美国主导的TPP是亚太地区最受重视的自贸安排，中国将其视为主导亚太地区贸易格局和贸易规则的最大挑战。

（一）TPP并不是传统的自贸安排，而是美国对各国政府经济治理标准的规则安排，是亚太"再平衡"的地缘政治战略。

美国贸易代表署官网解释TPP经济依据时说："广义的亚太地区是美国最重要的市场。"2012年，美国对该地区商品出口9420亿美元，占对全球出口61%。但这是整个亚太，并不是TPP其他谈判方。据美国商务部统计，2012年美国对目前参加TPP谈判的其他11个国家的出口额为6880.63

亿美元，占对全球出口44.5%。其中3/4是对加拿大和墨西哥出口，合计5084.71亿美元，占比32.9%；而美国与加拿大和墨西哥早在20年前已经组成北美自贸区。对其他9国即智利、秘鲁、日本、新加坡、马来西亚、越南、文莱、澳大利亚、新西兰出口合计只有1795.92亿美元，占比11.6%。2008—2013年这五年间，这9国不是美国出口增长的重要市场。这五年间美国对全球出口净增2921.51亿美元。其中来自加拿大和墨西哥两国为1153.19亿美元，贡献度39.5%；来自其他9国合计净增190.53亿美元，贡献度仅6.5%，只相当于对墨西哥一国出口净增748.59亿美元的1/4，也不及此期间对华出口净增额520.03亿美元的四成（见表一）。

表一　2008—2012年美国与TPP伙伴国商品贸易统计

（单位：亿美元 ）

美国出口	2008	2013	增长（%）	净增额	贡献度（%）
全球	12874.42	15795.93	22.7	2921.51	100.00
加拿大	2611.50	3016.10	15.5		
墨西哥	1512.20	2260.79	49.5		
加墨小计	4123.70	5276.89	28.0	1153.19	39.47
占美国出口（%）	32.03	32.90			
智利	118.57	167.55			
秘鲁	61.83	101.02			
日本	651.42	652.06			
新加坡	278.54	306.72			
马来西亚	129.49	130.07			
越南	27.89	50.36			
文莱	1.11	5.58			
澳大利亚	222.19	261.30			
新西兰	25.34	32.25			
9国小计	1516.38	1706.91	12.6	190.53	6.52
占美出口（%）	11.78	11.61			
中国	697.33	1217.36	74.6	520.03	17.80

资料来源：http://www.trade.gov.

因此，美国在北美自贸区基础上大力推进的TPP，新增的9个贸易伙伴并没有很大贸易分量。更多的是地缘政治考虑，即美国太平洋论坛总裁拉尔夫·科萨说的："表明美国亚洲再平衡的努力是在真正进行亚洲资源再分配。"

美国一再宣称TPP为未来世界贸易制订规则。但TPP的主要内容不是贸易，而是投资和经济体制治理。例如国企、环境、劳工、知识产权、政府采购等。尚难以证明它可以大大扩大贸易。

（二）美国对亚太自贸区和TPP的态度。

美国虽然不反对亚太自贸区，但在实际行动上把主要精力投入TPP谈判。美国2013年和2014年总统贸易议程中，完成TPP谈判均处于优先地位，并隐含着以TPP作为亚太自贸区的战略意图。2011年APEC夏威夷峰会上，美国用大量时间加入TPP谈判内容。既然TPP仅覆盖APEC共21个成员中的12个，怎么能把它作为APEC的重要议程呢？

在美国坚持下，原来设想启动亚太自贸区"可行性研究"改成"战略性研究"。美国担心一旦提可行性研究，就不可逆转，必须搞。而提"战略性研究"，最后也可以不搞。同样，在美国坚持下，2025年建成亚太自贸区的这一具体时限被取消。这里隐含的意思是无限期拖下去，在此过程中TPP达成协议并不断扩容，最后成为事实上的亚太自贸区或以其为标准建设亚太自贸区。其战略目标是美国主导21世纪亚太地区的经济治理和贸易投资规则，作为维持亚太地区主导地位的经济基础。

四、中国的战略选项

亚太自贸区的实施路径是，不另起炉灶，而是"在完成现有路径基础上建成亚太自贸区"。[1] 因此，中国既要努力推动亚太自贸区进程，又要努力有选择性地参与并推动现有各类路径。

---

[1] 《APEC第二十二次领导人非正式会议宣言》，http://www.xinhuanet.com.

根据十八届三中全会的决定，中国自贸区的总战略是："坚持世界贸易体制规则，坚持双边、多边、区域次区域开放合作，扩大同各国各地区利益汇合点，以周边为基础加快实施自由贸易区战略。"① 中国应考虑"双轨"并进的大战略：一方面，在整个亚太层面，积极推动亚太自贸区的建设，以此超越、整合 TPP 和各类自贸安排，争取最高层面的有利地位；另一方面，在近期内，积极推进自己的自贸区日程表，同时，包容并蓄，尽可能缩小矛盾点。这两轨中，前一轨尚在前期阶段，带有长远性；后一轨正在谈判或准备谈判，带有当前性和现实性。

（一）积极推进亚太自贸区进程。

2008 年，APEC 贸易与投资委员会（CTI）编制了亚太所有自贸安排的条款梳理，按各大类领域梳理共同点(convergence)和不同点（divergence），不仅供长远建设亚太自贸区考虑，也供谈判各类区域、诸边和双边自贸安排参考。

2009 年，韩国牵头提出了一份智库研究报告，详细测算了亚太自贸区对 APEC 每个成员经济体的具体利益和挑战。

2014 年，APEC 峰会决定启动为期两年的集体战略研究。将由 APEC 机制内 50 多家智库集体努力。

中国应投入必要力量，积极推进这一研究，超越但参考现有区域、诸边和双边自贸安排，站在整个亚太高度，尽可能多地贡献智慧和方案。在此过程中努力协同 APEC 所有各方的资源和思想，避免单独进行。

（二）科学选择自己的自贸路径，同时包容其他路径。

中国总的自贸日程大致是：对周边侧重区域性安排，对跨洋侧重双边安排，包容 TPP。

第一，对周边侧重区域性安排。在中国和韩国达成自贸协定基础上，积极推进中日韩（东北亚）自贸协定谈判；大力推进中国—东盟自贸区"升

---

① 《中共中央关于全面深化体制改革若干问题的决定》，http://www.xinhuanet.com，2013年11月15日。

级版"，并超越贸易安排，加快中国—东盟的高铁、基础设施互联互通建设，加大与东盟的相互投资。2013年，中国—东盟双边贸易额已达4436亿美元，东盟成为中国第三大贸易伙伴，仅次于欧盟和美国。李克强总理已提出打造中国—东盟"钻石10年"，到2020年双边贸易额争取达到1万亿美元。如果达到，东盟可能超越美国而成为中国二大贸易伙伴。2013年，中国与东盟、日本、韩国、印度及中国的台湾和香港地区贸易额总额合计达到16941.71亿美元，远远超过同美欧贸易额之和（10080.65亿美元）。因此，同周边邻居推进区域性贸易安排，并尽可能向区域经济一体化深化，应当始终是中国的战略选择。

以东盟主导的RCEP为基础再增加印度、澳大利亚和新西兰，这将形成"亚洲半球"的巨大市场，其规模将远远超过太平洋东岸APEC成员的贸易额之和，也远远超过美国同东盟"10+6"的贸易规模。

任何主要经济体的主要贸易伙伴和经济合作伙伴都是周边国家或地区。美国最大的贸易伙伴是加拿大。日本的最大贸易伙伴是中国。德国的最大贸易伙伴是法国、荷兰。欧盟区内贸易占欧盟成员国贸易总额56%。中国的对外贸易和经济合作，也自然应以周边为首。

周边区域安排的更大一个板块是"一带一路"。如前所述，它已超越APEC范畴，不属于本文探讨范围。但同时考虑"一带一路"，可以更清晰地看到中国自贸战略的总思路。

第二，对跨洋侧重双边安排。中国早在2005年就同智利签署了双边自贸协定。当前最重要的跨洋双边谈判是中美双边投资协定(BIT)谈判。接下来可以考虑同加拿大、墨西哥谈判双边自贸协定。

第三，包容TPP。如前所述，TPP的贸易意义有限，更多属于经济治理和地缘政治范畴。

（三）从贸易意义看，中国没有必要急于考虑参加TPP。

中国自贸区谈判已经覆盖了TPP大部分成员；且在涉及TPP成员的地缘贸易上，中国对美国具有明显优势。因此，中国不必急于考虑参加TPP。

TPP除美国、加拿大和墨西哥以外的9个参加方中，中国同新西兰、东盟（包括新加坡、马来西亚、越南）已有双边或区域自贸协定，同韩国、日本、澳大利亚正进行区域或双边自贸协定谈判。同东盟则正进行更高水平的 RCEP 谈判。同美国在进行双边投资协定谈判。未覆盖的只有加拿大、墨西哥、秘鲁和文莱。在目前全球有 546 个双边、区域或多边自贸安排的大环境下，中国并没有被边缘化。

以与日本、韩国、东盟、澳大利亚这些主要地缘贸易伙伴的关系看，在贸易规模和增长态势上，中国比美国具有明显的优势（见表二、表三）。

第一，从贸易规模看，2008 年，中国对日本、韩国、东盟、澳大利亚贸易总额为 7437.71 亿美元，美国为 4946.84 亿美元；中国为美国的 149.7%。2013 年，中国与日本、韩国、东盟、澳大利亚贸易总额为 11667.74 亿美元，美国为 5580.04 亿美元；中国为美国的 209.10%。4 年间从 1.5 倍的优势扩大到近 2 倍优势。此期间中国与日本、韩国、东盟、澳大利亚贸易额年均增长 9.4%，美国只增长 2.4%；中国比美国快 2.9 倍。中国已经取代美国，成为日本和韩国最大贸易伙伴。中国又是澳大利亚最大贸易伙伴，2013 年中国和澳大利亚贸易额达到 1363.78 亿美元，是美国和澳大利亚贸易额 445.94 亿美元的 3.06 倍（见表二和表三）。

表二　2008—2013 年中美对日韩澳东盟贸易比较

（单位：亿美元）

		日本	韩国	东盟	澳大利亚	合计
出口	美国					
	2008	651.42	346.69	668.93	222.19	1889.23
	2013	651.45	415.55	790.27	353.19	2210.46
	增长（%）					17.0
	中国					
	2008	1161.34	739.51	1141.42	223.38	3265.65
	2013	1502.75	911.76	2440.70	375.60	5230.81
	增长（%）					60.2

续表

		日本	韩国	东盟	澳大利亚	合计
进口	美国					
	2008	1392.62	480.69	1101.41	105.89	3080.61
	2013	1385.34	622.28	1269.24	92.72	3369.58
	增长（%）					9.4
	净增额	−7.28	141.59	167.83	−13.17	288.97
	中国					
	2008	1506.51	1121.62	1169.74	374.19	4172.06
	2013	1622.78	1830.73	1995.40	988.18	6437.09
	增长（%）					54.3
	净增额	116.27	709.11	825.66	613.00	2265.03

资料来源：http://www.customs.gov.cn. http://www.trade.gov.

表三　2008—2013年中美对日、韩、澳东盟贸易总额和增长比较

（单位：亿美元）

	2008	2013	累计增长	年均增长
美国	4969.84	5580.04	12.8%	2.4%
中国	7437.71	11667.74	56.9%	9.4%
中国是美国的	149.7%	209.1%	4.44倍	3.92倍
其中				
美国进口	3080.61	3369.58	9.4%	288.97（净增额）
中国进口	4172.06	6437.09	54.3%	2265.03
中国是美国的				783.83%

资料来源：根据表二计算。

第二，从贸易利益看，中国比美国提供了大得多的进口增长利益。2008—2013年，中国和美国从韩国进口分别净增709.11亿和141.59亿美元，中国是美国的5.01倍；从东盟进口分别净增825.66亿和167.83亿美元，中国是美国的4.92倍；虽然中日关系紧张影响到2013年中国从日本进口减少，但这五年间中国从日本进口累计仍然净增116.27亿美元，美国则累计减少7.28亿美元；中国从澳大利亚进口净增了613.0亿美元，美国则减少

了 13.17 亿美元。因此，从贸易互惠和双赢的角度看，中国比美国具有巨大优势。

由于美国的巨大影响力，更由于 TPP 许多内容与中国深化改革和建设高水平开放型经济有同向之处，我们应当积极包容，且在建设亚太自贸区中积极吸收其积极的内核。

在亚太自贸区建设的整个过程中，博弈的焦点将是：以美国主导的 TPP 为基础建立亚太自贸区；还是超越 TPP 的亚太自贸区，但充分包容 TPP、RCEP 等的一切积极成果。我们应当以大国的责任感，以整个亚太的共同利益，充分关注第一种前途，努力争取第二种前途。

深化中越缅经贸合作
推动东亚一体化进程

徐长文[①]

内容提要：中国已成为越南和缅甸的第一大经贸伙伴。2000—2012年东盟十国年均经济增长5.2%，缅甸居首位高达10.5%，越南居第三位增6.9%。中国与东盟自贸区建立以来，越南"在中国与东盟各成员国之间的合作与交流之中起到了桥梁作用"，[②] 缅甸是2014年东盟轮值主席国。越南和缅甸同为"10+1"（东盟与中国自贸区）、"10+3"（东盟与中日韩自贸区）和"10+6"（区域全面经济伙伴关系协定）成员。深化中越缅合作，不仅有利于三国的经济发展，深化友好关系，也有利于推动东亚区域一体化进程。

关键词：经贸合作　中越缅　一体化

一、中越经贸合作的机遇与挑战

（一）中越经贸合作是推动越经济增长的重要动力。

新世纪是中国与越南经贸合作的最佳机遇期。十年多来，随着两国经

---

① 作者系中国国际问题研究基金会研究员。
② 劳灵玲：《中国——广西知识读本》，广西大学出版社，2011年。

济的快速发展，互补性进一步增强，双方的经贸合作持续增加，贸易额由2003年的46.3亿美元增加到2013年的654.8亿美元，增长了13倍多，年均增长达30%以上，远高于近十年中国对外贸易年均增长18%的水平，越南是中国对外贸易中增长最快的国家之一。近十年来，中国一直是越南的最大贸易伙伴，在越南的对外贸易中，中越贸易占20%以上。同时，中国也是对越南投资最多的国家之一，据越方的统计，中国是其第九大投资来源国，中国累积对越南投资70亿美元。中越经贸合作是推动越南经济持续增长的重要动力。

表一　2003—2014年中国与越南贸易发展变化

（单位：亿美元）

年　份	中国对越南进出口变化				差额
	进出口额	增长（%）	对越出口	从越进口	
2003	46.3	42.0	31.8	14.6	17.2
2005	82.0	21.6	56.4	25.5	30.9
2008	194.6	28.8	151.2	43.4	107.8
2010	300.9	43.0	231.1	69.8	161.3
2012	504.4	25.4	342.1	162.3	179.8
2013	654.8	29.8	485.9	168.9	317.0
2014年1—10月	659.8	24.4	499.6	160.1	339.5

注：表中"增长"为与上年比增长。

资料来源：中国《海关统计》各年。

中越经贸合作快速增长的重要因素是，两国关系友好、地理邻近、经济互补性强，双方互有需要。近十年来，中国对越南出口增长很快，2003年只有31.8亿美元，十年后的2013年达到485.9亿美元，增长了14倍多。这表明随着越南的经济发展，其对中国的依存度也在逐步提高，从中国进口增长加快。据越方统计，2013年，越南从中国进口占其总进口比重高达28%，不仅高于从韩国进口的16%，更高于从日本进口的9%。中国对越南出口的商品主要是机电、纺织、贱金属、化工及矿产品五大类产品，占对越南出口总额的80%（见图一）。其中机电产品、纺织品已经成为中国对越南出口的第一和第二大商品。

（单位：亿美元）

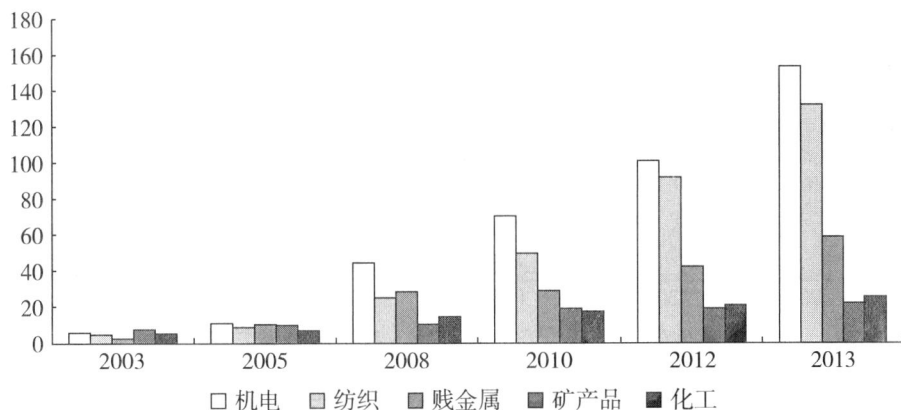

图一　近十年中国对越南出口五大商品

资料来源：中国《海关统计》各年。

　　出现这种现象的原因是，近年来随着越南引进外资的增加，外资中的机电企业所需的原料、部件等均需从中国进口；而外国转移到越南的外资纺织业中的制衣企业所需的布料、纱、线等70%左右也需从中国进口。目前，在越南能提供这些原料和零部件的企业尚未建立起来，这是越南产业结构方面的问题，也是导致中国对越南贸易顺差不断扩大的重要因素，而且短期间内难以改变，这是两国产业结构方面的深层次问题。

　　十年来，中国从越南的进口增长也很快，由2003年的14.6亿美元增加至2013年的168.9亿美元，也增长了10倍多。中国从越南进口的商品可划分五大类，即矿产品、塑料、植物类产品、机电和纺织品，占总额的84%左右（见图二）。近几年，中国从越南进口的矿产品、塑料等有所减少，这与中国调整产业结构有很大关系。目前，机电产品及零部件已经成为中国从越南进口的第一大商品，从越南进口棉花等增长也很快，这也是保持中国从越南进口持续增加的主要原因。

（单位：亿美元）

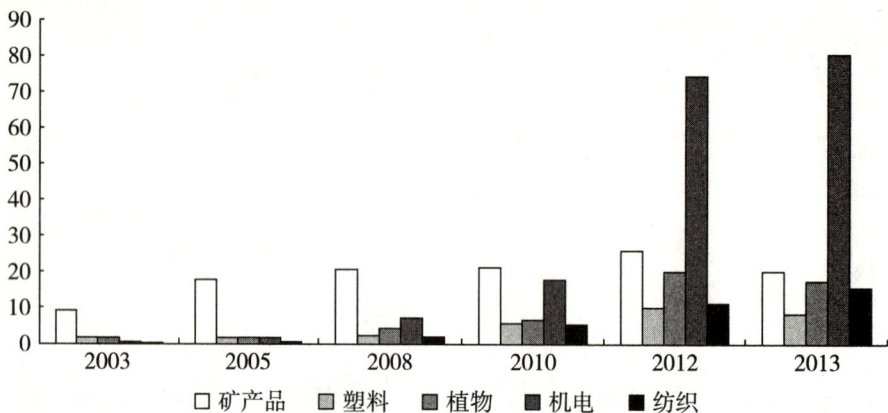

图二　近十年中国从越南进口五大商品

资料来源：中国《海关统计》各年。

越南与中国经贸合作的快速增长，已成为拉动越经济高速增长的重要因素。

（二）越南损害越中关系对越南影响巨大。

近年来，越南在南海地区挑起与中国的岛屿争端、加大资源开发，积极拉美国、日本、菲律宾等国家与中国作对，并开始在越中经贸关系上拆台，为持续发展的越中经贸合作带来了巨大风险。越南方面的所作所为，伤害的不只是中国，越南方面同样受到了不可低估的损失。

第一，中国赴越南旅游人数减少，影响越南外汇收入。越南把越中关系搞坏后，中国到越南观光旅游人数大大下降。2013年，中国赴越南观光旅游人数达190万，为各国之首，并为越南带来了可观的外汇收入。对于每年外汇储备只有200亿美元的越南来说，旅游收入占其GDP的25%。来自中国的旅游人数减少，势必造成越南的外汇收入大幅下降，加剧其经济困难。近几年，越南与日本签订了多项大型基础设施项目，但是由于外汇短缺，不得不终止或延期执行已经签订的合同。日本恼羞成怒，曾一度单方面终止了对越南的开发援助，使面临困境的越南经济雪上加霜。

第二，冲击供应链，越南作茧自缚。近年来，日本、韩国、中国台湾等国家和地区的企业到越南投资设厂增多，但是其所需要的设备及原材料、零部件等都需从中国、泰国等地进口进行调剂，而且多数尚需通过中国大陆、用卡车运输到越南。如果这些基础零部件不能从中国得到及时供应，已设立的生产线就要停工、停产。越南如继续损害两国关系、冲击中国的供应链，倒霉的首先是越南自己。日本富士胶卷公司2013年11月在越南海防市投资90亿日元，建立一家年产200万台的印刷机厂，计划2015年投入生产，但是所需的橡胶滚筒等诸多零部件中的30%需经中国运输至海防市进行安装；日本帝国通讯工业公司在越南投资设立了一家生产数码相机的零部件厂，需要把越南生产的零部件运到中国深圳市进行组装。如果中国和越南间的港口关闭，只有改用空运，而空运的成本是难以承受的。据研究中国和越南产业分工的日本福井县立大学副教授池部亮说："越南无承担风险的能力，加强与中国合作是越南唯一能选择的道路。"

第三，越南暴乱造成的损失难以估量。中国台湾的塑胶工业公司在越南投资建立一家联合钢铁企业，原计划第一高炉2015年5月开工点火。但是由于参与工程建设的员工多数来自中国大陆，2014年5月的越南暴乱后他们已经离开越南回到中国大陆，所以，高炉的开工生产只能延期。据这家台湾企业的负责人说，目前的损失约合300万美元，如开工推迟，每天销售额的损失将达1000万美元。2014年5月的越南暴乱中，遭受损失最大是台湾地区企业。据日本媒体报道，有近2万人在暴乱中受到冲击，被袭击的工厂达400家，其中的日系企业达25家，受害均很严重。

越南当地媒体虽然报道说"98%的企业已开始生产"，但是，所受损失难以估量，有些损失可能随着时间推移逐步显现。很多外资企业都在议论当初选择在越南投资是否妥当，担心今后的风险、企业的生产否能稳定下去等。

第四，对日本的损失也不可低估。在2014年5月中旬的越南暴乱中，有25家日本企业受到剧烈冲击，受害严重。但目前日本人最担心的是经过中国的供应链断裂，日本企业受到的影响将非常严重。近年，日本认为越南有8000万人口、劳动力成本低，而且资源丰富，市场具有巨大潜力，因此，日本企业到越南投资建厂增多。但建厂后所需的设备、原材料及零部件等都需从中国、泰国等地进口。所以，在越南投资的日本企业希望中越关系尽早恢复正常。但是，也有部分日本人寄希望于越南摆脱与中国的关系，这样，越南的基础零部件产业、基础建设领域便会为日本企业提供商业机会。另外，越南也积极拉近同日本、美国的关系，这对于日本、美国推进 TPP 谈判有利。日本拉近与越南的关系也有利于其在 TPP 谈判中获得主导权。但是，越南参加 TPP 谈判的最大障碍是国有企业改革，越南政府原计划 2014—2015 年对 432 家国有企业持有的部分股份向外资出售，2014 年上半年已经出售了约 100 家企业的股份。越南企业民营化的主要目的是引进外资，以外资改善企业的资金不足问题，促进经营改革、提高国有企业的竞争能力。而实际进展并不顺利，很多企业股份得不到外资认可，原因是，外方认为越南国有企业经营信息不透明，相互持股盛行，潜在的负债巨大。越南正在研究将上市企业的外资持有比例由原来的 49% 放宽到 60%，但是遭到国内激烈反对。越南在 TPP 谈判中要求给予发展中国家待遇，但并未如愿。

（三）修复越中关系是促使越南经贸发展的关键。

目前，表面上看，越南不仅是纺织、轻工业等领域的主要生产者，在智能手机、印刷机械等机电制品领域也成为一大生产基地。但是实际上，越南的基础零部件生产和组装能力还很薄弱，尚未起到作为基地的作用。其许多原材料、电子零部件都依靠从中国进口。一旦从中国进口中断，越南进行组装就要停止，出口也必将下降，这是越南的产业结构问题，很难改变。越中供应链中断，受损失的首先是越南自己。

目前，越南正在全国各地进行电力、高速路等基础设施建设，而在这些领域中中国企业承建的项目最多。2013 年，中国对越南直接投资比 2012 年增长 5 倍，金额达 24 亿美元，主要是在越南南部的朔庄省投资建设大型火力发电站。如果这些工程项目延误或者出现挫折，越南必将陷入供电危机。

中越关系恶化，越南经济也将继续下滑。据越南大学经济政策研究中心 2014 年 5 月末发表的报告，受越中关系影响，2014 年越南经济的实际增长率将为 4.15%—4.88%，比原预测的增长 5.4%—5.5% 下调 1 个多百分点。日本瑞穗银行综合研究所也对越南的经济预测由原来的 6% 下调至 5.6%，均低于越南政府2014年计划增长5.8%的水平。

2014年1—6月，越南吸收的国外直接投资比上年同期下降35.3%，出口也低于上年同期。越南是以外资制造业出口增长拉动经济回升的国家，国外投资下降给越南经济带来巨大打击。

面对目前严峻的经济形势，越南国家主席张晋创在越南报刊上公开发表文章称："对中国依赖的现状必需尽早解决。"越南纺织协会已经向其会员企业提出，改变从中国进口丝、线、布料、染料等，而从泰国、印度尼西亚等国家替代进口，但难以实现。越南政府近来提出要努力修复两国关系，促使越南经贸持续增长。

二、中缅经贸合作持续增长

中国与缅甸是好近邻、好伙伴。两国经济互补性强，经贸合作持续发展。特别是近十年，经贸合作步伐加快，贸易额已从2004年的11.5亿美元增至2013年的101.5亿美元，年均增长26.4%。自2011年起，中国已经超过泰国、成为缅甸的第一大贸易伙伴国。

表二　2004—2014年中国与缅甸贸易发展

（单位：亿美元，%）

年　份	进出口总额		出口	进口	差额
	金额	增长			
2004	11.5	6.1	9.4	2.1	7.3
2006	14.6	20.7	12.1	2.5	9.6
2008	26.3	27.7	19.8	6.5	13.3
2010	44.4	53.2	34.8	9.6	25.2
2012	69.7	7.2	56.7	13.0	43.7
2013	101.5	45.6	73.4	28.1	45.3
2014年1—9月	177.5	185.1	69.4	108.1	−38.7

资料来源：中国《海关统计》有关年份。

（一）中缅经贸合作快速发展。

中国和缅甸经济互补性强。近十年来，中国对缅甸主要出口的产品是工业制成品，如机电产品、纺织原料及制品、贱金属及制品、车辆及部件、化工品等五大类产品，占对缅甸出口总额的80%左右。

中国从缅甸进口的产品也充分发挥了缅甸的出口优势，主要是木材及木制品、植物产品、矿产品、塑料制品和水产品等五大类产品，占中国从缅甸进口总额的80%以上。2014年中缅贸易大幅增长，1—9月双方贸易额增长185.1%，超过2013年全年水平。在中国对缅甸出口增长的同时，从缅甸进口也大幅增加，首次对缅甸贸易出现逆差。中国从缅甸进口的矿产品、木材及木制品持续增长，特别是珠宝、贵金属及制品进口增长明显，已成为从缅甸进口的第一大产品。

缅甸自1989年宣布引进外资以来，积极开展在世界各地进行的招商引资活动。缅甸政府非常重视引进中国企业在当地投资设厂，所以，中国也是对缅甸投资最多的国家之一。截至2013年10月末，缅甸从中国引进外资总额达141.9亿美元，占缅甸引进外资总额的32.2%，中国是对缅甸投资最多的国家。

表三　1989—2013年对缅甸投资最多的10个国家和地区

（单位：100万美元，%）

位次	国家和地区	投资项目	投资金额	比重
1	中国	51	14193.40	32.33
2	泰国	69	9984.01	22.74
3	中国香港	61	6458.98	14.75
4	英国	62	3055.52	6.96
5	韩国	84	3044.68	6.94
6	新加坡	96	2584.20	5.89
7	马来西亚	46	1625.86	3.70
8	越南	6	511.19	1.16
9	法国	3	474.36	1.08
10	日本	40	292.42	0.67

注：2013年数据截至10月。

资料来源：[日]《缅甸的投资环境及日系企业投资动向》，JETRO，2013年12月。

近十年来，中缅经贸合作步伐加快的主要原因：一是两国经济增长快速，互补性更强。新世纪以来的10多年中，中国经济年均增长10.2%，是世界上经济增长最快的国家之一。而同期缅甸经济也持续增长，至2007年经济年均增长在12%以上。2008年金融危机使缅甸经济也受到冲击，但是，缅甸适应性很强，经济增长很快又恢复至5%—6%以上。中国和缅甸经济的持续快速增长，不仅为各自的出口提供了丰富的货源，也为扩大相互进口提供了广阔的市场空间，促进了两国经贸合作的快速发展。二是1997年后以美国为首的发达国家以缅甸违反人权为借口，发动包括禁止新投资在内的经济制裁，致使缅甸引进投资举步维艰。而中国一贯坚持不干涉他国内政、尊重各国自主选择发展道路的主张，推动中国缅甸在贸易、投资等各领域的合作。所以，中国不仅已成为缅甸最大贸易伙伴，也是最大的投资伙伴。中缅经贸合作的快速发展，是推动缅甸经济高速增长的主要因素。

（二）中缅经贸合作中面临的主要问题。

近十年来，中缅经贸合作获得快速发展的同时，面临的问题也需引起双方的充分注意，并尽快加以克服，以利于两国经贸合作的可持续发展。

第一，所谓"缅甸将加速摆脱中国"问题。2011年3月吴登盛就任缅总统后，在政治方面实行民主化，在经济领域也实行开放政策，并积极引进外资发展国内经济。缅甸与欧美国家关系逐步改善，欧美等国的投资预期将不断增加。在此期间，中国对缅甸直接投资大幅下降。据缅甸政府发表的统计，2010年4月1日至2011年3月31日缅甸政府批准的中国直接投资（FDI）达83亿美元，2013年中国的投资只有470万美元。西方媒体据此大肆宣扬"缅甸将加速摆脱中国"。其实，2011年之后，来自欧美等发达国家的投资并未像原来预想的那样大幅度增加。2011年缅甸政府批准的FDI总额也只有46亿美元，2012年度又降至14亿美元，2013年度恢复到

41亿美元，均未超过2010年度200亿美元的创纪录水平。

显而易见，2011年后，中国投资虽然下降，但是在缅甸引进的FDI总额下降的情况下，中国对缅甸投资所占的比重虽比高峰时2011年的35%有所下降，但仍占32%，依然是对缅甸投资最多的国家。

在2011—2013年缅甸引进的外资总额中，中国所占比重高达47.2%。只看某一年中国投资减少就说"缅甸将加速摆脱中国"，是没有根据的瞎忽悠。

中缅贸易的相互依存关系依然密切。自20世纪90年代中期以来，缅甸对外贸易持续增长。在缅甸对外贸易中，中国所占比重不断提升，由90年代中期所占10%增至近几年的15%左右。据缅方统计，至2013年度末，中缅贸易额达64亿美元，中国占缅甸贸易的比重高达28.3%（进口占29.6%、出口占26.8%）。

2013年度中缅贸易迅速增加的原因是，缅方在取缔走私贸易的同时深化开放政策，并积极发展边境贸易。边境贸易占缅甸对外贸易的近20%，而且大部分是对中国的贸易。

第二，在缅甸投资需注意环保等问题。近几年来，中国在缅甸投资增加，但是在环境保护等方面受到当地居民斥责的问题也很多，有的甚至被迫暂停施工建设。中国在缅甸北部计划投资36亿美元建设的密松水电站项目，已经投入60%的资金，2009年开始进入施工阶段，2011年9月被暂时冻结；中缅合资建设的莱比塘铜矿项目，也于2012年11月被迫暂时中止。

对此，有关方面应认真总结经验与教训，发挥双方的优势，做好宣传解释工作，避免犯相同的错误，把有利于两国人民的好事做好，为两国人民造福。

三、未来中国与越南、缅甸经贸合作前景展望

（一）日本加强与越南和缅甸的经贸合作。

几年前，日本就提出"中国加1"的策略，即日本企业对中国投资的

同时，为回避风险，也要增加对另一个国家投资。原来选择的替代国家是印度、越南和缅甸等国，经过几年的实践，印度虽然市场大、劳动力也较为低廉，但是官场腐败、办事效率太低等影响投资增加。于是，越南、缅甸可能成为主要选择国家。日本的一些轻工、纺织等劳动力密集型产业已经投资到越南、缅甸地区。

日本富士通公司2012年开始对日本的农业团体提供农作物生产程序，并用新技术在日本和歌山县成功实现了高糖分的蜜橘生产。日本政府也为推动农业技术走向世界给予积极支持，2015年，协助农业对外销售额达150亿日元。2014年3月，首先与越南政府达成了运用日本技术促进越南农业生产现代化协定。按两国协定，日本富士通公司将从2015年开始，在越南河内近郊建立面积达5000平方米的蔬菜工厂。运用富士通公司的培育农作物生产的温度、湿度、日照时间等数据与越南当地的信息网络公司合作，通过国际互联网对越南蔬菜工厂的天窗、空调等进行远距离控制与操作，生产高质、稳定的大叶蔬菜等农产品，满足东亚国家和地区对高质量食品的需求同时，也实现了日本政府农业技术走向世界的战略。

美国、日本和欧洲国家均看好缅甸未来的市场，有意增加对缅甸的经贸合作。特别是日本对扩大日缅经贸关系非常积极。日本JETRO最近发表报告说，缅甸要通过引进外资大力发展经济，而首先要改善基础设施建设，缅甸政府已准备很多项目要推出。2013年就手机通讯、机场建设两个项目进行了国际招标，尽管招标过程还不够透明，但是两项工程均是外国企业中标，表明缅甸政府对于外国企业具有信赖感。

缅甸政府设立了三个经济特区，促进外资企业发展。日本对增加对缅甸投资非常积极，已与缅甸政府及民企合作，在"迪洛瓦经济特区法案"尚未正式发表之前的2013年10月，就签署了在该特区设立合资企业合同，并于11月末举行了开工仪式等，为迎接2015年夏季开业正在积极进行筹备。

日本已经发布，对缅甸提供510亿日元贷款的同时，还提供400亿日元无偿资金及技术合作。在510亿日元贷款中有200亿日元用于完善迪洛瓦经济特区基础设施建设。经济特区开始建设时，将出现电力供应不足、工业园区不足等问题，这正是日本制造业大显身手之处，日资企业给予极大的期待。

缅甸被称为"亚洲最后一块未开垦的土地"。缅甸自 2011 年实施民主化后，作为具有 5000 万人口的巨大市场，引起世界各国的关注。特别是在缅甸的金融领域，世界很多国家银行都想积极参与合作。不久前，有来自世界的 12 个国家、25 家银行提出在缅甸建立银行营业申请，但是，缅甸为保护国内的银行企业提出最多只能批准 10 家银行的申请。结果是批准 9 家银行。日本提出申请的三家银行——三菱东京银行、三井住友银行和瑞穗银行均获得营业许可，而韩国提出申请的三家银行、台湾地区提出申请的三家银行以及印度提出申请的一家银行均落选。这表明缅甸重视与日本关系，寄希望日本的银行进入后，会增加对缅投资。

（二）缅甸在东盟发挥积极作用。

2014 年缅甸担任东盟轮值主席国，国际舆论普遍认为，缅甸为东盟建设和发展做出很大贡献。中国广西大学的中国—东盟研究院缅甸研究所研发表文章说："2014 年 5 月 10—11 日，第 24 届东盟峰会在缅甸首都内比都顺利举行，这是缅甸自 1997 年正式加入东盟以来，首次作为轮值主席国举办东盟峰会。缅甸成功主办东盟峰会意义非同寻常，它标志着经过九年的努力，这个曾遭遇西方大国制裁和压制的东盟成员已经恢复自信，并以正常的姿态登上国际舞台，在东盟事务中发挥积极作用。"[①] 2014 年 11 月中旬，缅甸成功地举办了东盟峰会。

缅甸国土面积达 68 万平方公里，是日本的 1.8 倍，在东盟国家中仅次于印度尼西亚。而且石油、天然气等资源丰富，目前已确定的天然气储量为 25400 亿立方米，石油储量为 32 亿桶。缅甸土地肥沃，阳光充足，是稻米等农产品生产大国。缅甸劳动力充裕且价格低廉。所以，欧美、日本等发达国家均看重缅甸未来发展。据亚洲开发银行（ADB)最近提出的研究报告："缅甸进行的经济改革将使其国内生产总值增长率达 9.5%。如果这种高增长持续下去，到 2030 年人均 GDP 将比现在增长 5 倍，达到 5000 美

---

① 关毓东：《缅甸在主办东盟峰会中的作用》，2014 年 6 月 3 日。

元。"① 缅甸市场将进一步扩大。

（三）中缅经贸合作潜力巨大。

2014年11月14日，李克强总理与缅甸总统吴登盛会谈时表示，对缅甸进行的发电厂等基础设施项目，中国企业将积极给予支持合作。据香港媒体测算，支持金额将达80亿美元。中国与缅甸具有长期友好合作关系，今后在能源、农业、金融领域将深化合作；推进双方本币结算，继续支持相互增设金融机构；扩大文化、教育、卫生、青年、媒体、宗教等人文领域交流，夯实中缅友好的民意基础。中方愿与缅方共同推进孟中印缅经济走廊相关建设，促进缅甸和地区互联互通和经济社会发展。

吴登盛总统也表示要进一步加强交流合作，积极参与孟中印缅经济走廊、"一带一路"和亚投行建设，开展大项目合作，密切人文交流，推动两国关系取得新发展。所以说，中缅经贸合作潜力巨大。

---

① ［日］《进行改革的缅甸经济年增长将达9.5%》，《日本经济新闻》2014年9月20日。

中东问题

叙利亚危机与"伊斯兰国"

安惠侯①

内容提要： 叙利亚危机的实质是外国势力企图更迭现政权。美国始终未对叙利亚发动军事打击。中国的原则立场经得起考验。对叙利亚"化武危机"，美国选择"软着陆"。叙利亚危机政治解决困难重重。巴沙尔连任总统，美国无可奈何。美国成就了"伊斯兰国"的崛起。美国空袭"伊斯兰国"效果有限。"伊斯兰国"给叙利亚危机增添复杂因素。

关键词： 叙利亚危机　美国　中国　"伊斯兰国"

美国总统奥巴马在叙利亚问题上犯了一系列错误：（1）挑起叙利亚内战，却不知如何收场；（2）2011年8月宣称："巴沙尔失去执政的合法性，必须下台。"三年多时间过去，巴沙尔仍在叙利亚执政；（3）2012年8月宣布，"叙利亚政府如果使用或移动化学武器将改变游戏规则"，划出"化武红线"，该红线于2013年被利用来制造一场"化武危机"；（4）美西方及部分地区国家大力支持叙利亚反政府武装，成就了"伊斯兰国"的崛起，该组织反过来矛头也指向美西方；（5）美国接受中国提出的"政治谈判是解决叙利亚危机的唯一正确途径"的主张，但又坚持巴沙尔必须下台，使政治解决陷入僵局；（6）在打击"伊斯兰国"方面，美国给自己设置了许多"禁区"，使得空袭效果不彰。

叙利亚危机非常复杂，在国际上以及中国国内一直存在着许多不同的评估和预测。时过四年，再来反思和考察这场危机的原因和性质、现状和

---

① 作者系中国国际问题研究基金会理事，中国前驻外大使。

走向、影响和警示，应该有一些新的认识和感悟。

（一）叙利亚危机的实质是外国势力干涉叙利亚内政，挑起内战，企图更迭现政权。

2011年3月，在阿拉伯世界大规模民众抗议浪潮的影响下，叙利亚民众举行游行抗议，要求变革。巴沙尔政府采取镇压和怀柔两手，原本可以平息事态，但美国联手沙特阿拉伯、卡塔尔等海湾国家以及土耳其插手叙利亚事务，谴责叙利亚政府，纠集叙利亚反对派，出钱出枪组建反政府武装，于当年7月挑起叙利亚内战，企图推翻巴沙尔政权。叙利亚危机虽包含着民众不满现实、要求变革的因素，但实质不是西方媒体和有些中国学者所认为的，是"民主"与"独裁"之争或"革命"与"反革命"之战，而是赤裸裸的外来干涉，旨在更迭现政权。

美国为维护其霸权，利用阿拉伯世界大动乱，推行"新干涉主义"，要推翻所有不听命于美国的政权。推翻巴沙尔政权也是要削弱伊朗的影响力。沙特阿拉伯等部分地区国家，担心伊朗坐大威胁他们的利益和安全，推翻巴沙尔旨在削弱以伊朗为首的"什叶派新月联盟"。美西方与部分地区国家在推翻巴沙尔政权，削弱伊朗上有着共同的利益。

随着内战延续，在美西方和部分地区国家的怂恿和支持下，形形色色的宗教极端势力、恐怖势力潜入叙利亚开展"圣战"。据叙利亚官方统计，叙利亚境内反政府武装多达1000支，来自80多个国家，其中包括当今猖獗于叙利亚和伊拉克的"伊斯兰国"。恐怖势力的大规模介入，使叙利亚危机具备了新的特质，正如叙利亚政府强调的，内战已演变成一场反恐战争。

（二）美国未发动军事打击是巴沙尔能继续执政的主要原因。

奥巴马宣称巴沙尔必须下台后，中国多数中东问题学者同声预测：巴沙尔下台只是时间早晚的问题。这是"习惯思维"在起作用。在许多人心目中，美国是世界唯一的超级大国，基本上是为所欲为，没有什么想干而干不成的事。奥巴马既然宣称巴沙尔必须下台，巴沙尔就在劫难逃。然而，巴沙尔坚持下来了。原因何在？可从巴沙尔仍拥有民意基础、政府军在战场占有优势、反对派群龙无首且互相争斗等列出多项原因，但最重要的原因是美国至今没有对叙利亚发动直接军事打击。

美国因阿富汗战争和伊拉克战争的拖累，开始从霸权的巅峰向下坠落，2008 年的金融和经济危机重创美国经济，美国国内问题增多，民众反战情绪上升，加上新兴经济体群体性崛起，美国国力相对衰减已是不争的事实，维护全球霸权已感力不从心，常常顾此失彼。奥巴马 2011 年提出亚太"再平衡"战略，将美国全球战略重心转向亚太。为此，美国调整其中东政策：减少对中东的投入，放缓推行"新干涉主义"，避乱求稳。对叙利亚发动直接军事打击，分散精力，也力不从心，同时有悖其全球战略部署。

除了上述根本性原因外，如下因素也使得美国难下决心对叙利亚动武：（1）因俄罗斯和中国反对，美国得不到联合国安理会对叙利亚动武的授权；（2）巴沙尔得到伊朗、俄罗斯、伊拉克什叶派、黎巴嫩真主党的实际支持，美国轻率动武后果严重；（3）极端恐怖势力在叙利亚发展很快，是叙利亚反政府武装的主力，让这些力量替代巴沙尔在叙利亚掌权对美国更加不利。

（三）中国坚持原则、主持正义的立场经得起时间和历史的考验。

中国与俄罗斯一道在联合国三次否决了西方支持的涉叙提案，招来美西方及其媒体的攻击，也一度引起海湾国家的不满。在中国也有一些学者认为因叙利亚而交恶美国、得罪海湾国家，是得不偿失。

中国一贯坚持不干涉内政的原则，反对以武力强行更迭他国政权，主张政治解决各种分歧和争端。中国在叙利亚危机上追求的是，保障叙利亚人民的安全，维护地区的和平和稳定，不谋求任何私利。中国坚持原则立场不摇摆，体现了负责任大国的风范，经得起时间和历史的考验。

经过中方耐心的解释工作以及事态实际发展的影响，海湾国家逐步理解了中方的原则立场，中国与海湾国家的友好合作关系未受到实质性的影响。"政治解决叙利亚危机是唯一正确的途径"的中国主张，成为包括美国在内的国际共识。中国的否决票为避免叙利亚危机扩大和酿成地区性战争、推动叙利亚危机政治解决做出了贡献。

（四）美国对叙利亚"化武危机"最终选择"软着陆"。

自从奥巴马划定"化武红线"后，叙利亚反对派多次指责政府军使用化武，西方媒体立即跟进炒作。叙利亚政府坚决否认，并反指反对派使用化武却栽赃政府军。双方各执一词，真假难辨。从动机上分析，政府军在战场占有优势，无求助化武的需求，况且，使用化武会招来美国军事打击，得不偿失；反对派则有利用美国划定的"化武红线"栽赃政府军、促使美国军事干预叙利亚的需求。奥巴马态度谨慎地表示，确有人使用化武，究竟是谁无法匆忙确定，美国不会匆忙行动。

2013年8月21日，反对派再次指责政府军使用化武，造成1300多人死亡。奥巴马与英国首相通电话，两家认定叙利亚政府军使用了化武，决定在数日内对叙利亚实行有限军事打击。美国箭在弦上，局势顿时紧张。然而，美国国内民调显示，52%的人反对对叙利亚动武。英国议会否决了对叙利亚动武议案，使得英国无法参加对叙利亚的军事打击。美国权衡利弊，最终接受俄罗斯提出的"化武换和平"方案，叙利亚交出全部化武，美国放弃军事打击。"化武危机"实现"软着陆"。媒体后来披露，实际上是海湾地区势力煽动并帮助叙利亚反对派使用化武并栽赃叙利亚政府军。

这是一件具有标志性的事件。知名学者钱文荣先生指出，二战和冷战后，美国从来就是想打就打，而且总能纠集一批帮手，并因此产生美国"全球必胜思想"，自认为可以在世界上为所欲为。这次，奥巴马在叙利亚"化武危机"上被迫退却，表明美国实力下降，今不如昔。美国霸权一呼百应的时代已经成为过去，也许是一去不复返了。[①]

也有学者持不同意见，认为叙利亚同意交出化武，并未消除美国动武的可能性，只是将其推迟，美国最终将通过外部军事干预推翻巴沙尔。[②]又一年过去，销毁化武的工作已经顺利完成。中国派军舰为叙利亚化武运出叙境护航，为销毁叙利亚化武做出了贡献。该学者的预言到现在为止，并未实现。

---

① 钱文荣：《奥巴马2013年对外政策评析》，刘古昌主编：《国际问题研究报告——2013—2014》，世界知识出版社，2014年。

② 董漫远：《叙利亚危机政治解决前景研探》，《国际问题研究》2013年第6期。

（五）叙利亚危机政治解决困难重重。

中国主张"政治解决叙利亚危机是唯一正确的途径"，虽然已成为国际共识，但如何实现政治解决、实现什么样的政治解决，却存在巨大分歧。2012年6月30日在日内瓦举行叙利亚问题"行动小组"外长会议，发表了《日内瓦公报》，主要内容是：政治过渡进程应由叙利亚人民主导；在叙利亚建立具有执行力的"过渡管理机构"；制定新宪法；举行议会和总统选举。几经推迟，2014年1月22日，叙利亚问题第二次日内瓦会议举行。会议分两个阶段进行。第一阶段会期一天，由联合国秘书长潘基文主持，俄罗斯、美国、中国、法国、英国、德国等30多个国家的外长以及叙利亚政府和反对派的代表出席。由于各方立场相去甚远，无法达成共识。叙利亚政府代表和反对派代表更是相互攻击和指责。争论的焦点是巴沙尔总统的去留。第二阶段会议由联合国叙利亚问题特别代表卜拉希米主持叙利亚政府代表与反对派代表会谈。但双方代表拒绝直接会谈，因而采取"同屋会谈"的方式，即双方代表分别坐在不同房间，由卜拉希米来回传话。反对派认为，巴沙尔政权不合法，必须立即成立排除巴沙尔的"过渡管理机构"。政府代表强调，巴沙尔继续担任总统是不可触碰的"红线"。最后，谈判无果而终。

人们原本希望国际社会能帮助叙利亚政府和反对派通过对话达成照顾各方利益具有包容性的政治解决方案，停止内战，组建联合政府，恢复稳定，复兴经济，改善民生。然而，美西方及部分地区国家坚持排除巴沙尔，组建反对派主导的过渡政府。叙利亚反对派之间立场大相径庭，无法组成统一的代表团。有的提出巴沙尔下台是政治解决的前提条件；有的根本反对政治解决，主张通过"圣战"在叙利亚建立"伊斯兰哈里发酋长国"；叙利亚国内主要反对派"叙利亚全国民主变革力量民族协调机构"不承认境外反对派"全国联盟"的代表性，而且只要求实现变革，不主张推翻现政权。叙利亚政府强调自己是民选的合法政府，正在进行的是反恐战争，不接受任何排除巴沙尔的解决方案。

看来，只要美国不放弃"倒巴"并继续支持叙利亚反对派武装，叙利亚内战难以停止；只要美国不发动直接军事打击，巴沙尔政权不会倒台；

只要有关各方不改变态度，政治解决难以实现。叙利亚危机将时紧时松，呈长期化的态势。

（六）对巴沙尔高票当选连任总统，美国无可奈何。

巴沙尔的总统任期应于2014年7月17日结束。巴沙尔是否再次参选、争取连任，引起人们的热议。有不少人认为，巴沙尔放弃参选，体面下台，有利于叙利亚局势走向缓和；如巴沙尔坚持参选，叙利亚局势可能会更加激化：美国不可能容忍巴沙尔连选连任，巴沙尔连选连任会成为美国发动军事打击的口实。[①] 事态果真如此吗？

2014年6月3日，叙利亚举行新一轮总统选举，巴沙尔参选并以88.7%的高票再次当选总统。投票率为73%，[②] 民众投票的积极性很高。据报道，这次大选遭到叙利亚反对派的抵制，选举活动仅在政府军控制的约占全国60%的地区举行。选举过程总体平稳，得到应邀前来观察选举的俄罗斯、伊朗、巴西、朝鲜等多个国际代表团的认可。大选结果公布后，军民纷纷上街庆祝。这再次表明，巴沙尔在叙利亚拥有较高的民意支持，多数民众反对外来势力强加于叙利亚的这场"内战"，认为巴沙尔总统是能够带领国家走出战争的最佳人选。

美西方扶植的一直住在境外的叙利亚主要反对派"叙利亚反对派和革命力量联盟"、北约秘书长、美国国务卿均发布声明，不承认这场选举的合法性。这是意料之中的。作为反制措施，美国国务院宣布，承认"叙利亚反对派和革命力量联盟"驻美国办事处具有正式外交使团地位，美国政府向国会申请2700万美元，用于向叙利亚反对派提供非致命性武装援助，仅此而已。对那些预言美国要借此发动军事打击的学者来说，似乎太出乎意外。事实上，美国对巴沙尔连任总统无可奈何。受美国态度的影响，部分地区国家反巴沙尔的积极性也在削弱。

这是又一件具有标志性意义的事件：巴沙尔进一步站稳脚跟，最困难时期已经过去。

---

① 董漫远：《叙利亚危机政治解决前景研探》，《国际问题研究》2013年第6期。

② 《巴沙尔连任激发全球舆论战》，《环球时报》2014年6月6日。

(七)美国成就了"伊斯兰国"的崛起。

"伊斯兰国"是伊拉克逊尼派极端组织,原为"基地"组织伊拉克分支。在美国推翻萨达姆政权后,该组织加入伊拉克逊尼派武装反美占领、反什叶派势力的斗争,得到来自海湾地区的支持。2006年,该组织脱离"基地"组织,成立"伊拉克伊斯兰国"。2011年美国等国挑起叙利亚内战后,"伊拉克伊斯兰国"潜入叙利亚进行反叙政府的"圣战",招兵买马,扩充实力,得到美西方及部分地区国家的支持和援助,成为叙利亚反政府武装主力。2013年,该组织改名为"伊拉克和沙姆伊斯兰国",目标是在伊拉克、叙利亚、黎巴嫩、巴勒斯坦和约旦等地建立统一的"哈里发伊斯兰国"。2014年1月,该组织杀回伊拉克,夺取了巴格达西面69公里处的重镇费卢杰,并继续攻城略地,于6月占领伊拉克第二大城市摩苏尔等广大地区,震惊世界。6月29日,该组织宣布成立"伊斯兰国",明确当下"国土"范围是从叙利亚的阿颇勒至伊拉克东部迪亚拉省,计划五年内占领整个中东地区以及非洲、欧洲、亚洲部分地区直至中国的西部地区。该组织头目巴格达迪自命为"伊斯兰国"哈里发,要求全世界穆斯林对他效忠。该组织之所以能在如此短的时间里攻城略地,十分猖狂,一是得到部分逊尼派地方势力(包括萨达姆政权残余势力)的支持;二是伊拉克政府军战斗力低弱,一触即溃,不战而逃。

"伊斯兰国"主张极端,迷信暴力,否定现代国家体制,要走反动复古道路,回归正统"哈里发伊斯兰国"体制;手段残忍,滥杀无辜:屠杀战俘,对异教徒和什叶派穆斯林,或强迫改变信仰,或予以处死;公开斩首西方记者和人道救助人员,漠视基本人权,挑战文明底线;狂妄自大,巴格达迪自命为哈里发,要求全世界穆斯林对他效忠;四处树敌,既反美西方、以色列,扬言要血洗美、欧,也反阿拉伯君主制国家和共和制国家。"伊斯兰国"是现代社会的毒瘤,是伊斯兰逊尼派和什叶派争斗的恶性表现,不仅遭到国际社会的严厉谴责,也不被广大逊尼派穆斯林认可,这样的组织可以猖獗于一时,注定要以失败告终。有学者认为,"伊斯兰国"的崛起标志着中东进入新的"大乱局",一战后形成的中东政治版图"面临崩溃"。这是夸大其词,耸人听闻。

（八）美国组建"反恐联盟"空袭"伊斯兰国"成效有限。

伊拉克乱局和"伊斯兰国"的猖獗，是美国发动伊拉克战争和挑起叙利亚内战的后遗症。美国对此负有不可推卸的责任。然而，美国从6月初到8月初近两个月里，除严词谴责"伊斯兰国"的暴行外，仅向伊拉克派出几百名军事人员负责保卫美国驻伊拉克使馆及使馆到机场道路的安全，派航母到海湾地区和几架无人机到伊拉克待命。美国之所以采取按兵不动、静观其变的态度，一是美国认为"伊斯兰国"力量有限，不构成对美国利益的重大威胁；二是美国对马利基政府与伊朗关系密切、支持巴沙尔政权、是什叶派"新月联盟"的重要成员一直不满，欲借"伊斯兰国"的猖獗压马利基下台；三是美国本来在伊拉克采取分而治之的策略，伊什叶派、逊尼派和库尔德人三大派相互矛盾、争斗，形成不了合力，符合美国的利益。

然而，事态的发展超出美国的估计。"伊斯兰国"武装击败伊拉克库尔德人武装，逼近库尔德地区首府；控制摩苏尔水坝，威胁下游巴格达的安全；占领雅兹迪人聚集地，血洗村庄，掳掠妇女，迫使数万人逃往荒山。"伊斯兰国"的猖獗对美国在伊拉克的利益构成威胁，并引发地区国家和国际社会的严重关切。美国如果继续袖手旁观，不仅会激起地区国家的谴责和国际社会的不安，还会引发美国国内民众的不满。8月7日，奥巴马总统宣布对"伊斯兰国"武装发动空袭，同时强调，美国不会派出地面部队重返伊拉克。[1] 美国还组成了包括西方大国和地区国家反恐联盟，共同打击"伊斯兰国"。在美国和盟国的空袭下，"伊斯兰国"的攻势遭受一定程度的遏制，但没有地面部队的配合，空袭难以重创"伊斯兰国"力量。美国随后还向叙利亚境内的"伊斯兰国"势力实施空袭。

美国表示将加强伊拉克政府军和库尔德人武装、加紧培训"叙利亚温和反对派"武装，以加强对"伊斯兰国"的地面攻击能力。为此，美国先是将驻伊拉克美军增加到1400人，后又增派1500人，[2] 负责培训伊拉克部

---

[1] 《美军空袭伊拉克极端武装》，《北京日报》2014年8月9日。

[2] 《奥巴马称打击IS战略由守转攻》，《参考消息》2014年11月11日。

队。伊朗和巴沙尔政府均表示愿与国际社会共同打击"伊斯兰国"极端组织，但美国出于政治考量拒绝与伊朗和叙利亚合作。地区大国各有盘算，对打击"伊斯兰国"并不给力。如，土耳其对"伊斯兰国"武装攻击叙土边境的库尔德人聚集小城科巴尼，袖手旁观，不施援手。沙特阿拉伯等海湾国家更急于推翻巴沙尔政权。打击"伊斯兰国"声势不小，但行动有限，还形成不了合力。看来，"伊斯兰国"虽然注定要失败，但挫败这股势力恐需时日。

（九）"伊斯兰国"猖獗给叙利亚危机增添复杂因素。

"伊斯兰国"武装是叙利亚境内反政府武装的主力，美国空袭"伊斯兰国"客观上减轻了叙利亚政府反恐的压力。美国在空袭前曾通知叙利亚方面。叙利亚对美国在没有取得叙利亚政府同意的情况下越境空袭，未作出强烈反应。除俄罗斯批评美国侵犯了叙利亚领空外，国际社会对美国的行为没有什么负面反应。这当然是因为打击极端恐怖势力得到国际社会的认可。美国仍坚持，巴沙尔已失去执政的合法性，必须下台，但强调，当务之急是打击极端恐怖势力"伊斯兰国"，空袭不会针对叙利亚政府。然而，如果美国越境空袭叙利亚境内恐怖势力目标形成惯例，谁能保证美国今后不依循惯例空袭叙利亚政府目标。

美国已经开始在沙特阿拉伯、约旦等国培训"叙利亚温和反对派"武装。这一方面表明，除去极端恐怖势力，叙利亚境内的反政府武装力量极其微弱，叙利亚内战完全是外来势力挑起的；另一方面，反对派包括"温和反对派"，矛头都指向叙利亚政府。谁能保证美国培训的"温和反对派"一定会投入反恐战斗，而不是枪指政府军。即便力量增强的"温和反对派"当下先加入反恐斗争，事后这股力量仍将是政府的心头之患。

此外，美西方正积极扶植伊拉克和叙利亚的库尔德人武装力量，以抵抗"伊斯兰国"武装的攻击。库尔德人随着自己武装力量的增强，独立建国的倾向也会增强。

美国搅乱中东自作自受难收场

唐继赞[①]

内容提要： 2014 年，中东依然是"多事之秋"。"伊斯兰国"的脱颖而出，成为中东乱局的一个"毒瘤"，令美国等西方国家悚然，国际社会为之揪心。中东乱局的始作俑者是美国。中东乱局的一些重大事件背后，到处都有美国的身影。以"世界领导人"自居的美国，为"阿拉伯之春"推波助澜、促叙利亚战火长燃不熄、亲手制造伊拉克乱局、放任巴以冲突久拖不决。"伊斯兰国"成为心腹之患，乃美国自作自受。如何应对，已成奥巴马的最大难题。空袭困难重重，恐怕难达目的。美国会不会再陷一场深不可测的中东战争，令人存疑。

关键词： 中东乱局　"IS"　自作自受　谨慎应对

中东地区历来是"多事之地"，麻烦之多常常令人目不暇接。而 2014 年的中东乱局，比过去更甚。人们不禁要问，是谁搅乱了中东？答案只有一个：美国。作为中东乱局的始作俑者，美国自作自受，如何收场令人关注。

一、中东乱局背后处处有美国身影

近年来，酿成中东乱局的一些热点事件背后，到处都有美国的身影。

---

① 作者系新华社世界问题研究中心研究员。

这里不妨举几个例子。

（一）为"阿拉伯之春"推波助澜。

2010年至2011年的冬春之交，中东地区的阿拉伯世界发生动乱。突尼斯、埃及、利比亚、也门等国相继出现政权更迭，执政数十年的一代强人本·阿里、穆巴拉克、萨利赫黯然下台，卡扎菲被暴尸荒野，四国政局从而陷入了无休止的动乱。

这场被西方国家称为"阿拉伯之春"的剧变发生，的确是内因起了决定性作用。政权更迭的四个国家普遍存在的经济状况恶化、百姓民不聊生、官员贪腐盛行、社会分配不公，是动乱发生的根本原因。然而，西方国家鼓吹的所谓"民主自由"价值观无疑是这场所谓"革命"的诱因。美国的"大中东民主计划"虽然未被绝大多数阿拉伯人接受，但在部分中东精英中产生了深刻影响。

在"阿拉伯之春"发生之初，美国迅速调整政策，采取了推波助澜的策略。其实，上述四国领导人中，除了利比亚领导人卡扎菲不怎么受美国人待见，其余的都曾是华盛顿的座上宾。本·阿里和穆巴拉克更是美国的传统盟友，萨利赫自"9·11"事件后便是美国的反恐伙伴。但是，为了推行西方民主价值观，美国背信弃义，舍弃了多年老友。卡扎菲一直被华盛顿看作不听话的"异类"，美国自然无义务保护，美军还在置其于死地的北约空袭中起了决定性作用。

（二）助推叙利亚战火长燃不熄。

受"阿拉伯之春"大潮的波及，叙利亚于2011年3月中旬也爆发了所谓的"民主革命"，一个个怀着夺权目的的反对派组织如雨后春笋出现在全国各地，反政府的内战之火遍燃至今，一个好端端的西亚国家被"烧"得遍体鳞伤。联合国统计显示，截至2014年4月，死于仍在持续的这场战祸的无辜平民已超过19万人，逃亡周边国家的难民已达250万之多。国家发展已完全停滞，估计经济损失不少于300亿美元。

在美国眼中，叙利亚历来不听指挥。叙利亚危机的爆发，让华盛顿看到了改造叙利亚政权的难得契机。奥巴马迫不及待地表态支持反对派，危机爆发五个月后的8月18日他就明确放言"巴沙尔必须下台"。由于叙利亚政府军和反对派武装力量对比悬殊，美国也曾想包办代替，复制"利比亚模式"。然而，由于俄罗斯和中国的坚决反对，安理会没有再给美国为首的西方国家实施军事干预的机会。

叙利亚危机已历时近四年时间，叙利亚政权虽然摇摇欲坠，但巴沙尔依旧活得很好，奥巴马的愿望迄今未实现。但是，美国一直没有死心，还在为推翻巴沙尔政权而绞尽脑汁。

（三）伊拉克乱局更是美国造就。

2014年6月初，伊拉克极端组织"伊拉克和沙姆伊斯兰国"在中东崭露头角，在伊拉克西部和北部地区攻城略地，迅速拿下伊拉克第二大城市摩苏尔和战略要地、萨达姆老家提克里特。6月29日，该组织惊人地向全世界宣布，在其控制的伊拉克和叙利亚约20万平方公里(相当于伊拉克和叙利亚面积总和的近1/3)的地区建立"哈里发帝国"，命名为"伊斯兰国"（IS）。该组织头目巴格达迪自任"哈里发"，号召全世界穆斯林向其宣誓效忠。这一极端组织的崛起和"IS"的建立，加剧了伊拉克乱局。

发迹于2003年伊拉克战争爆发后的"IS"极端组织，前身是名不见经传的"基地"组织伊拉克分支，后逐渐成为一支因反对美国占领和什叶派当政而造反的伊拉克逊尼派组织。伊拉克人80%信奉伊斯兰教，其中逊尼派占该国穆斯林的40%，什叶派占60%。在萨达姆时期的伊拉克，逊尼派占统治地位。美国发动的伊拉克战争，推翻了萨达姆政权，打破了维系多年的教派平衡，占人口多数的什叶派一跃而成国家的统治者。加之当时什叶派主导的政府不顾逊尼派的感受，致使逊尼派穆斯林揭竿而起，"IS"应运而生。该组织成立之初，核心力量是伊拉克的逊尼派精英以及被遣散的前伊拉克军队官兵和复兴党官员。他们秘密联合，在反美和反政府的活动中不断壮大。

为了实现亚太"再平衡"战略重心东移的大目标，奥巴马上台后决定从中东抽身，于2011年年底完成从伊拉克撤军。美国的这一重大战略调整，使尚未完善的伊拉克国防安全新体系失去了依赖，"IS"武装获得了自由活动的机遇和空间。叙利亚危机酿成的全国内战，又为"IS"武装提供了用武之地。他们联合"救国阵线"和"支持阵线"部分人马立即投入反政府战斗之中，并于2013年4月宣告成立"伊拉克和沙姆伊斯兰酋长国"。后来，"IS"武装力量重心逐渐东移，将控制区扩大到叙利亚东部及伊拉克西部和北部的连片地区。

"IS"极端组织无疑是"美国制造"，是美国以莫须有的罪名发动的伊拉克战争及其后的长期占领，赋予了这股极端伊斯兰主义思潮兴起的必要条件。正如《纽约时报》一篇文章中所说，巴格达迪的极端主义理念就成形于美军占领伊拉克时期，作为占领者的美军成为巴格达迪及其盟友现成的敌人。萨达姆的倒台，更是打开了伊斯兰极端运动的"潘多拉魔盒"，为巴格达迪传播其极端主义理念提供了土壤。

（四）放任巴以冲突久拖不决。

从1948年以色列建国和第一次中东战争算起，阿以冲突已经延续了66年。阿以冲突的核心，是巴以冲突。巴勒斯坦问题之所以会成为跨世纪难题，与美国历届政府偏袒以色列的政策有绝对关系。

实事求是地讲，受自身利益的驱动，美国还是为推动解决阿以冲突和巴以冲突做了一些有益的工作。比如，推动实现1979年埃以媾和、促成1993年巴以《奥斯陆协议》的签署、多次推动巴以和谈重启，美国都发挥了积极作用。

然而，"成也萧何，败也萧何。"1993年9月启动的巴以和平进程迟迟不能到达终点，主要原因还是在于美国。举世公认，由于美国和以色列的特殊关系，当今世界上能对以色列施加影响的只有美国，尽管其施压能力日渐式微。应该说，美国有压以色列做出让步而促使巴以和平进程取得突破的能力。不过，每到关键时刻华盛顿总是不能或不敢对以色列真正施压。2013年7月至2014年4月重启的巴以和谈无果而终，再次佐证了这一论断。

近些年来，巴以乱局主要体现在加沙地带。2005年，出于以色列的长远安全考虑，时任总理沙龙毅然单方面从加沙地带撤出以色列国防军和全部犹太人定居点，从而结束了以色列对加沙地带长达38年的占领，加沙实现了巴勒斯坦自治。2007年6月，哈马斯在巴勒斯坦内斗中取得加沙地带的控制权后，以色列加强了对加沙地带的封锁，双方冲突从未停止。以色列以报复哈马斯向以境内发射火箭弹为由，已对加沙地带发动三次大规模军事进攻，给巴勒斯坦人带来了惨重伤亡和重大财产损失。2014年发动的"护刃行动"，比之前的"铸铅行动"和"防务之柱"更加惨烈，大大加重了生活在那里的180万巴勒斯坦人的苦难。为实现双方早日停火，美国虽然也曾出面调解，但始终不愿对以色列施压，致使这场战火燃烧了50天。

分析人士认为，正是美国坚持的偏以压巴的一贯政策，维护了以色列的长期占领，使巴勒斯坦问题长期得不到公正解决。

二、"伊斯兰国"成美国心腹之患

"搬起石头砸自己的脚"，就是美国干预中东事务自作自受的客观写照。恐怖大亨本·拉丹的"基地"组织和阿富汗塔利班运动，在它们创业初期都曾得到美国的扶植，结果最终都成了与美国不共戴天的劲敌。美国亲手造就的"IS"，如今也成了华盛顿的心腹之患。"IS"虽然没有获得过美国的扶植，但得到了美国为其生长发育提供的肥沃土壤，这比扶植更为重要。

"IS"是2014年中东乱局中最为突出的一个"毒瘤"。与"基地"组织只重视通过暴力恐怖事件制造国际轰动效应不同，"IS"正在其控制的伊拉克和叙利亚大片土地上建立并强化着军事、财政以及行政管理等功能齐全的"国家体制"。

军事上，"IS"由萨达姆时期身经百战的高级将领们指挥，成员大部分是受过系统训练的前伊拉克军人、伊拉克逊尼派民兵，还有源源不断来自世界上近百个国家的数千名恐怖精英和宗教狂热分子。总兵力其说不一，但至少有3万之众，且后备兵源雄厚。所用武器主要是美国等西方国家制造，其来源多为从伊拉克军队和军火库缴获，还有一部分来自海湾国家的捐助。"IS"武装战斗力较强，伊拉克安全部队远非其对手。用美国参谋长联席会议主席登普西的话说，目前伊拉克军队中一半没有能力成为美国对付"IS"的"有效伙伴",另外一半则需要通过美方训练和装备加以重建。在目前美国及其盟军加紧"空袭"的情况下,"IS"武装仍能同伊拉克政府军和库尔德武装对峙并争夺地盘。

财政上,"IS"的资金链相当雄厚。该组织的资金主要有三大来源:石油交易、控制区活动的收入、私人捐款。在叙利亚东部和伊拉克西北部地区,该组织控制着至少11座大油田。他们把原油拿到黑市以每桶25—60美元的廉价向土耳其等周边国家的石油投机商出售,日均所得在100万美元以上。该组织还在其控制地区内以募捐、税收和绑架人质等手段大肆敛财,单赎金一项成立一年多来就已获益4500多万美元。此外,"IS"虽然因其屠杀异教徒、俘虏和西方人质的残忍行为而为国际社会所不齿,但其作为伊斯兰"圣战"组织依然能得到一些逊尼派穆斯林的支持,来自海湾老财的捐款仍是其可靠的资金来源之一。"IS"还从袭击政府机构的活动中获得不菲的收入。据悉,该组织拿下摩苏尔后从那里的国有银行一笔就搞到4亿多美元储备金。就是这些稳定的资金来源以及该组织严格的财政管理制度,使"IS"成了拥有数十亿美元资产的全球最富有的极端组织。

行政上,管理井井有条。据报道,"IS"临时首都、叙利亚东部地区的拉卡就是"IS"治理模式的典范。在那里,"国家"向居民提供水电,支付工资,管制交通,管理银行、学校、法院和清真寺等几乎所有场所,严格控制物价、操控价格的商家会被处罚和警告、甚至被强行关门。"国家"还在辖区内大量兴建清真寺、幼儿园和学校等宗教和社会福利设施,颇得民心。还有报道说,"IS"控制地区的治安情况普遍良好,甚至有"路不拾遗、夜不闭户"的美誉。

"IS"的迅速崛起,不仅直接威胁着美国等西方国家在伊拉克的机构、利益及人员安全,也令美国树立的伊拉克"中东民主样板"黯然失色。美国用了8年时间、耗资上万亿美元打造的新伊拉克安全体系,面对"IS"极端武装竟是如此不堪一击。此外,在中东地区经过战火洗礼的大批欧美极端分子为西方国家未来安全构成的威胁,无疑也增加了西方国家的后顾之忧。更令美国不能容忍的是,"IS"扬言要在地中海以东的广大中东地区复辟公元6世纪的"伊斯兰哈里发帝国",甚至梦想有朝一日将这个"哈里发帝国"扩展到中国和欧洲。这显然构成了对美国"世界霸权"的巨大挑战。

面对"IS"这个心腹之患，本就被中东事务和乌克兰事件等地区和国际大事缠身、为迟迟不能实现"战略重心东移"而揪心的奥巴马，深感应对乏术。出兵剿灭，对于世界上独一无二的超级大国美国来说，应该有这个能力。但这样做必须投入大量地面部队，再打一场深不可测的中东战争。在奥巴马看来这绝对是一场噩梦。

作为一个以"和平总统"自诩的诺贝尔和平奖获得者，奥巴马执政六年来的最大政绩，只有2011年年底的伊拉克撤军值得一提。如果美军重回伊拉克，不仅美国人民和国际社会不会答应，奥巴马的政绩也会荡然无存。尤为甚者，美国可能会再次陷入一场无底的战争泥淖。持续八年的伊拉克战争和战后占领已让美国精疲力竭，再去打一场完全没有胜算的战争，美国将会被彻底拖垮。

奥巴马坚定地认为，空中打击是目前对付"IS"唯一可行的办法。奥巴马的如意算盘显然是，美国和联军进行空袭，配合以伊拉克政府军和库尔德武装、叙利亚"温和反对派"以及其他国家（比如土耳其）的地面部队，逐渐削弱"IS"的武装力量，最终将其消灭。不过，奥巴马也深知，空中打击有其局限性，光靠空袭不能彻底解决"IS"问题。下一步该怎么办，恐怕奥巴马心里也没有底。

三、空中打击"IS"武装难见成效

奥巴马9月10日发表讲话，宣布将对"IS"实施系统性的空袭，包括其在叙利亚境内的目标，同时组建一个广泛的国际联盟，以削弱并最终摧毁这一极端组织。美国已分别于8月8日和9月22日开始对伊拉克和叙利亚境内的"IS"目标发动空袭行动。从截至12月初的近四个月的进展看，情况并不能令奥巴马满意。11月24日负责打击"IS"事务的美国国防部长哈格尔的"被辞职"，多少可以说明这一点。不难预见，美国对"IS"发起的空中打击，将会困难重重，难见成效。

美国深知，凭一己之力，很难遏制"IS"的发展势头。而且，目前执行的空中打击战略，将是一个耗时长、成本高的系统工程。五角大楼官员说，仅从目前有限的空袭规模粗略估算，美国每月将至少花费10亿美元，高于2011年空袭利比亚的费用。据西方专家乐观估计，这场空袭战至少要打三年。对于这场高消耗的空袭战，美国当然不会完全自掏腰包，它显然是要组织一个由美国主导、世界大国出力和海湾富国出钱的反"IS"国际联盟。

不过，组建反"IS"国际联盟和开展空袭行动并非易事。12月3日，美国领导下的打击"IS"国际联盟在布鲁塞尔召开60个成员国参加的部长级联合大会。会议揭示，主要由西方国家和阿拉伯国家参与的"国际联盟"的空袭行动，尚未见到显效。美国国务卿克里在会上说，"国际联盟"实施的约1000次空袭削弱了"IS"的领导力，打击了其后勤和作战能力。但他不得不承认，打击行动很可能要持续数年。此前，包括美军参谋长联席会议主席登普西在内的美国军界高官一直认为，只靠空袭不能解决"IS"问题。

从目前的情况看，空袭仍然存在不少困难。

其一，叙利亚问题是不可逾越的一道坎。叙利亚政府多次声明，叙利亚欢迎对境内"IS"武装分子进行打击，但必须尊重叙利亚领土主权，事先必须告知叙方。而且，让奥巴马感到纠结的是，美国打击和削弱正在同叙利亚政府军交战的"IS"武装，必然会让巴沙尔政权从中获益。据悉，截至目前，美国还是不得不通过有关途径预先向叙利亚政府通报了相关信息，空袭也未出现"出轨"行为，这令叙方感到高兴。然而，带着打击巴沙尔政权目的参加空袭行动的沙特阿拉伯、卡塔尔等阿拉伯国家并不满意。此外，忌惮于叙利亚问题的敏感性，参加了在伊拉克空袭行动的法国和英国等西方盟友至今均未参加对叙利亚境内的空袭。

其二，空袭效果不佳。"IS"占领伊拉克和叙利亚两国连片土地，其武装分子机动性强，在伊拉克一侧遭到打击后自然会逃往叙利亚一侧暂避。跟踪打击一定会涉及敏感的叙利亚主权，从而使空袭行动受到限制。据报道，目前已出现某些西方国家的飞机因"IS"目标逃过叙伊边界而不得不折返的现象。另外，因为缺乏地面部队的必要配合，空袭的准确性大打折扣。10月底美军向库尔德武装空投武器时，还出现了误投"IS"阵地的可笑现象。

其三，"投鼠忌器"影响空袭效果。"IS"武装分子通常藏身于民众之中。按美国和西方的说法，极端组织是在把民众当作人质，让空袭不便进行。无论西方的智能炸弹有多精准，也不可能区分极端分子和普通民众，难免误伤无辜，从而使空袭付出政治代价。这是美国等西方国家必须谨慎对待的。

其四，伊朗不会参加美国发起的打击"IS"的"空袭"行动。伊朗最高领袖哈梅内伊 9 月 15 日强调，伊朗支持伊拉克和叙利亚政府打击反政府武装，但不会参与任何由美国组建的联盟。哈梅内伊说："美国官员关于组建一个反'伊斯兰国'联盟的言论乏味、空洞，充满自私自利。他们的行为和言论相矛盾。"

美国官员 11 月 7 日说，奥巴马总统已批准向伊拉克增派 1500 名军事人员，指导和训练伊拉克军队以及库尔德武装，以对抗"IS"武装。据此，驻伊拉克美军人数将翻番，总数达到 3100 人。军事专家普遍认为，随着时间的推移和空袭负面效果的显现，美国将被迫继续增兵，最终被拖入一场新的中东战争的可能性不能完全排除。而这必将进一步加剧伊拉克和叙利亚为核心的中东乱局。如何有效应对"IS"，已成美国当前最为困惑的难题之一。

中东乱局还在不断发酵。可以预见，美国主导的遏制和消灭"IS"的国际行动短期内难以达到目的，"IS"问题将持续数年，中东乱局可能会进一步升级。美国应对中东乱局一时难以收场，必将在一定程度上掣肘其"战略重心东移"的步伐。

复杂多变的中东乱局

刘宝莱[①]

内容提要：2014 年，中东地区乱局频仍，跌宕起伏，热点问题均未解决；"伊斯兰国"兴起，危害严重；地区大国博弈加剧，互争雄长。阿拉伯转型四国中的埃及和突尼斯呈现由乱转治的发展趋势。

关键词：中东　动荡　伊核　巴以　叙利亚危机　"伊斯兰国"　埃及　沙特阿拉伯

2014 年，中东国家变革、转型进入第四年。地区政局持续动荡，许多国家安全局势严重恶化，民不聊生。地区热点之多、温度之高、涉及面之广、解决难度之大，仍为世界之最。尤其是"伊斯兰国"极端组织的兴起，更是乱上添乱。同时，埃及和突尼斯政局趋稳。地区大国跃跃欲试，纵横捭阖，争相扩大影响力，地区政治生态发生了重大变化。

一、地区转型国家多有起伏

2014 年，阿拉伯转型四国——埃及、突尼斯、也门、利比亚，正步履艰难地探索符合本国国情的发展道路，其中埃及和突尼斯呈现由乱转治的发展趋势；也门和利比亚则持续动乱，安全局势严重恶化。

---

① 作者系中国国际问题研究基金会高级研究员，中国人民外交学会前副会长。

（一）埃及。

2014年6月3日，埃及前国防部长阿卜杜·法塔赫·塞西高票当选总统。塞西新官上任后烧了三把火。"第一把火"是，稳定政局，平衡左右，促进民族团结。首先迅即成立新政府。他任命过渡时期的马赫莱布总理组阁，保留大部分阁员，增加新代表，以求平稳过渡。他注重权力再分配，调动各方的积极性，避免大权独揽，军事独裁。然后，颁布一系列安全、游行等政令，恢复正常社会秩序。对于发生的暴力事件，软硬兼施，尽量减少负面影响。另外，加大媒体、网络对社会融合和反对分裂的宣传力度，发挥各政治派别作用，促进民族和解。争取青年的支持，执行一项"耗资400亿美元的住房计划"，许诺专为年轻人建百万套住房。[①] 同时，将部分年轻精英安排在政府重要部门。对穆兄会，虽公开宣布非法，下令禁止活动并解散其政党，但也采取怀柔政策，争取温和派，分化强硬派，打击顽固派，对大的头面人物做到留有余地。"第二把火"是，振兴经济，改善民生。此系埃及痼疾，又是塞西政权能否巩固的核心之举。面对经济凋敝、投资锐减、失业率居高不下的困难局面，政府采取了开源节流、减少政府开支、建立"埃及万岁基金"、大力发展旅游业和惩治贪污腐败等措施，并落实"新推出26个旅游胜地、新建8座机场、打造22座城市"计划，[②] 以使民众看到社会的新变化，从而给他们带来新希望。与此同时，政府积极寻求外援，以解燃眉之急。据报道，沙特阿拉伯、科威特和阿联酋今后5年将向埃及提供500亿美元的援助。[③] "第三把火"是，调整对外政策，恢复地区大国地位。接受穆巴拉克和穆尔西的执政教训，塞西谨慎处理对外关系，适度平衡东西方关系，同美西方拉开一定距离，加快东向政策；密切同沙特阿拉伯等海湾国家关系；实现同以色列关系正常化；提高在巴以争端、伊核和打击"伊斯兰国"等重大地区问题上的话语权，进而主导阿盟政治走向。最近，埃及促成了巴以加沙冲突达成长期停火协议，使其地区影响力有所恢复。

---

① 美联社开罗：《塞西推住房计划为竞选铺路》，2014年3月9日。

② 《上台面临两大挑战》，《北京日报》2014年6月9日。

③ [埃及]《500亿美元100万工作日》，今日埃及人报网站，2014年6月23日。

塞西尽管面临诸多挑战，但得到了广大人民和军队的支持。这反映了民心求稳、希望强人领导埃及的愿望。随着埃及政局趋稳、经济逐步恢复和穆兄会的分化，塞西政权将会得到进一步巩固，并将直接影响地区局势走向。总之，正如埃及"阿拉伯抉择论坛"专家乔治·法赫米所言，埃及"倒退回过去是不可能的，军事独裁不可持续"。①

（二）突尼斯。

突尼斯正处于政治过渡时期，政局向好。2013年下半年，突尼斯两位世俗反对派领袖和议员遇害，引起政治危机，执政党"伊斯兰复兴运动"遭到猛烈冲击，制宪议会一度中止运转。10月25日，突尼斯主要政治力量就解决危机开启全国对话，最终以朱玛为候任总理接替"伊斯兰复兴运动"成员拉哈耶德总理平静解决。2014年1月26日，突尼斯制宪议会投票通过新宪法。新宪法被认为是"阿拉伯世界现行宪法中最不伊斯兰化的一部，赋予男性和女性相同的权利"。这标志着始自"阿拉伯之春"的过渡进程树起了"最后一个里程碑"。② 当日，以朱玛为首的新一届过渡政府宣誓就职。新政府重视强化社会治安，振兴经济，吸引外资，发展旅游，增加出口，形势有所好转，尤其是社会秩序恢复正常。失业率也在下降。10月26日，突尼斯进行议会选举。推行"温和世俗模式"的"突尼斯呼声"党，战胜执政党"伊斯兰复兴运动"赢得了选举。11月23日，突尼斯举行总统大选，"突尼斯呼声"党领导人、现年87岁的埃塞卜西获得47.8%的选票，而执政党"伊斯兰复兴运动"主席、现任总统马尔祖基得票率仅26.9%。③ 由于二人选票均未超过50%，将在第二轮选举中见分晓。

（三）也门。

也门政局跌宕起伏。哈迪总统执政后，积极推进政治过渡进程，组建全国对话会议筹备委员会，着手重组军队和安全部队，恢复经济建设，改善民生，大力打击"基地"组织。2013年3月，全国对话会议启动。2014

---

① ［西班牙］《塞西将成埃及新"强权法老"》，《国家报》网站，2014年1月26日。
② ［西班牙］《突尼斯通过"革命性"新宪法》，《阿贝赛报》网站，2014年1月27日。
③ 埃菲社突尼斯：《突尼斯总统选举进入第二轮》，2014年11月23日。

年1月25日，会议闭幕，并通过了《成果文件》。根据各派达成的共识，过渡期将由2年延至3年。自9月21日，也门北部什叶派胡塞武装占领了首都萨那的大片区域，并攻占红海港口城市荷台达。根据胡塞的要求，10月13日，哈迪总统任命也门驻联合国代表哈立德·巴哈出任总理，并已得到胡塞同意。但胡塞仍未从首都撤军，民众对此不满，强烈要求其撤军。在经济重建方面，哈迪总统予以高度重视，推动各地区恢复生产，发展经济，扩大就业，并多方寻求国际社会援助和支持。另外，也门"基地"组织武装经常在南方滋事，袭击军政人员，制造社会动乱。

（四）利比亚。

利比亚动荡不已，乱象丛生。宗教和世俗两大势力争斗激烈。而拒绝政府收编的百余支民兵武装势力坐大，分别依附其中。两派民兵武装大动干戈。7月13日起，支持宗教势力的米苏拉塔民兵武装，以"利比亚黎明"名义，向支持世俗势力的津坦民兵武装及首都的黎波里国际机场发起攻击，动用了迫击炮、火箭弹和坦克，击毁了90%以上的飞机和多处重要设施。首都战火纷飞。包括美西方在内的多国外交人员、侨民和商贾纷纷撤离首都。7月26日，美国宣布关闭美国驻利比亚使馆。

目前，利比亚出现两个议会、两个政府并立的局面。6月25日，利比亚举行议会选举，由世俗势力主导的国民代表大会（新议会）取代了由宗教势力主导的国民议会（旧议会），成为最高权力机构，选举伊萨为议长，任命萨尼为临时政府总理。但国民议会议长萨赫明以新议会"违宪"为由拒绝交权，并宣布解除萨尼临时政府总理职务，任命哈西为"救国政府"总理。随后，伊萨和萨尼在图卜鲁格举行记者招待会，驳斥国民议会的决定不合法。[1] 与此同时，支持世俗势力的哈夫塔尔武装与支持宗教势力的"安萨尔旅"民兵武装在班加西也展开激战。8月27日，联合国安理会通过决议，要求利比亚"立即停火，冲突各方进行政治对话，保障国家的民主过渡"。决议还要求各方展开由利比亚人主导的政治对话，促进稳定局势的恢复，就利比亚过渡进程的下一个步骤达成一致。联合国利比亚特别

---

① 《利比亚首都的黎波里失守》，《北京日报》2014年9月3日。

代表迈特里强调，利比亚局势近日来进一步加剧，"很多利比亚人对民主进程表示怀疑，对政治精英感到失望"。[①] 11月6日，利比亚最高法院裁定国民代表大会（新议会）不合法，从而为利比亚"政治混乱加剧埋下了伏笔"。[②] 12月4日，利比亚临时政府发表声明，表示已派政府国民军向首都进发，号召宗教民兵武装放下武器，自动投降。

二、巴以和谈失败，加沙重燃战火

自2013年7月29日至2014年4月29日，经美国促成的重启巴以和谈持续了九个月，未取得实质性进展，以失败而告终。双方各执一词，互相指责，把失败的责任推给对方。深层次的原因主要是，以方强势、顽固，要价高，不做实质性让步，更不会同意巴勒斯坦立国。以色列同意恢复和谈，意在缓解来自国内外特别是阿拉伯国家的压力，并给美国总统一点面子，而骨子里毫无诚意，甚至在和谈期间仍扩建定居点。巴方热情，充满期待，寄希望美国迫使以色列让步，但在涉及双方边界划分、耶路撒冷地位、巴勒斯坦难民、以色列定居点及水资源分配等关键问题上也难有回旋余地。巴勒斯坦企图通过申请加入国际组织和内部和解向以色列施压，结果适得其反。美国推动巴以和谈，欲增强地区霸主地位。国务卿克里十下中东，频繁穿梭，游说双方领导人，还不时对外施放乐观空气，为双方鼓劲。眼看双方无法达成全面协议，克里又降低标准，力促双方达成框架和平协议，即建立一个以1967年战争前边界为基础、包括领土交换在内的巴勒斯坦国；巴勒斯坦人承认以色列为犹太国家。[③] 但因美方未充分向以色列施压，迫其作出"痛苦让步"，克里未能实现愿望。

7月8日，巴以加沙地带战火又起。以色列发动了"护刃"行动，对加沙地带狂轰滥炸，并出动地面部队。哈马斯武装予以还击。双方交战激烈。经埃及居中调停，8月26日双方达成长期停火协议。这次冲突是近年

---

① 埃菲社纽约：《安理会要求利比亚立即停火》，2014年8月27日。

② 法新社的黎波里：2014年11月6日。

③ [德]《克里向以巴领导人推销框架协议》，"德国之声"电台网站，2014年1月3日。

来双方持续时间最长、交火最激烈、伤亡最惨重的一次。此次冲突导火线是三名犹太青年和一名巴少年被绑架、遇害事件。而实际上，以色列和哈马斯各有所图。因此，巴以实现停火后，双方均称自己取得胜利、达到了目的。

三、叙利亚危机拖而难决，前景难料

叙利亚局势错综复杂，持续紧张动荡。然而眼下总体局势对叙利亚政府有利。（1）巴沙尔高票蝉联总统，反映了民意，有助于巩固其统治地位。美西方尽管不予承认，但也无可奈何。（2）叙利亚统治集团内部保持团结，且正常运转，未受重大损失。（3）反对派众多，分歧严重，势不两立，尚无领军人物。反对派武装各占山头，也未形成合力。（4）政府军占绝对优势，主导战场走向。近来，重创反对派武装，收复了许多失地，甚至有些反对派武装投奔政府或主动撤离一些城镇。（5）在政治解决叙利亚危机问题上，叙利亚政府采取主动，配合联合国，先声夺人，参加国际和会第二次会议，首次同反对派代表同室面谈，虽未谈出成果，但为政治解决迈出了第一步。（6）美国组建国际联盟打击在叙利亚的"伊斯兰国"极端武装，实际上是在帮叙利亚反恐，有利于叙利亚政府收复失地。客观上减轻了巴沙尔的压力。

叙利亚政府仍面临如下挑战：（1）美西方继续千方百计地推翻巴沙尔政权，还会加大全面制裁力度。最近，美国会批准拨款5亿美元，用于培训和武装万余名叙利亚反对派武装，以打击在叙利亚的"伊斯兰国"极端势力和"倒巴"。（2）叙利亚政府军虽占优势，但难以消灭反对派武装，战场上基本处于胶着状态。在此情况下，政府增加了维护社会治安的难度。（3）经济形势恶化，物价飞涨，失业率上升，民不聊生。长此以往，恐将生变。（4）军队连年征战，伤亡不断，将导致军心涣散，尤其在和平环境中会成为不稳定因素。

政治解决叙利亚危机是大势所趋，人心所向，也是唯一有效途径。但因外来干预，问题变得复杂化，致使政治解决前景堪忧。目前看来，还是拖沓局面。

四、伊核谈判有进展，但未能达成协议

伊核谈判已由2014年7月20日延至11月24日，虽有进展，但仍存在严重分歧，故未能达成协议。为此，双方决定将达成协议期限延至2015年6月30日。

伊核问题实质上是美伊关系问题。尽管伊朗鲁哈尼总统执政后双边关系有所松动，但双方长达35年的积怨和隔阂不可能短期内化解。因此，双方依然互不信任。美方担心伊核计划不是用于和平目的的，而是发展核武器，故通过谈判迫使伊朗远离核门槛，进而达到使伊朗去核化的目的。而伊方怀疑美方诚意，害怕上当受骗，被美国人耍弄，不但未被解除制裁，反而"赔了夫人又折兵"。另外，美国和伊朗国内均有杂音。美国国会不少议员认为，伊朗人不可信，需加大制裁，迫其放弃核计划。美国中期选举后，掌控国会两院的共和党将会在伊核问题上处处作梗，决不能让奥巴马"把一个没有核武器的伊朗留作其国际政治遗产"的愿望实现。伊朗国内强硬派认为，要美国解除对伊朗制裁等于与虎谋皮，美国依然是"大魔头"。在伊核维也纳谈判关键时刻，伊朗200名议员曾上书，要求伊核谈判代表团顶住，决不让步。还有美国的中东盟国以色列和沙特阿拉伯对伊朗多有敌意和疑虑，反对伊核谈判达成协议。在当前国际、地区形势发生深刻变化的情况下，美国和伊朗从自身利益考虑，都不愿看到已取得进展的核谈破裂。奥巴马将此作为任期内和平解决地区热点问题的重大突破和成就，同伊朗化敌为友，在打击"伊斯兰国"和解决叙利亚危机方面加强合作，以减轻美国战略东移的牵制。鲁哈尼借此要走活同美西方关系的这步棋，改善伊朗国际孤立处境，使美西方承认伊朗合法政权地位，消除制裁，以振兴国内经济，改善民生，增强国力，成为地区强国。因此，伊核谈判继续延期顺理成章。

五、"伊斯兰国"危害大，难以彻底铲除

"伊斯兰国"（IS）是中东地区的一大毒瘤。近几个月来，"IS"遭到美国主导的国际联盟的连续空袭和伊拉克部队及库尔德武装的反击，攻势锐减，甚至失去部分占领地，但仍控制着伊拉克和叙利亚数省的大片土地。

极端组织"IS"崛起具有深刻的背景和原因：（1）美国一手造成。"伊斯兰国"更名多次。其产生、发展、壮大都与美国息息相关。2003年，美国占领伊拉克后，它作为一支反美武装在逊尼派居住区招兵买马发展起来。2011年叙利亚危机爆发后，它又作为一支叙利亚反对派武装同叙利亚政府军对着干，得到了美西方和沙特阿拉伯、卡塔尔、土耳其等地区国家的大力支援，加之来自世界各地在叙利亚的大部分极端分子加入，成长为一支成员干练、装备精良的武装力量。（2）伊拉克宗教争斗为"IS"提供了生存、发展空间。自2006年至2014年，什叶派马利基任总理长达八年之久。这期间，他大权独揽，排斥异己，将逊尼派政治力量逐出军政要职。更有甚者，他的安全部队攻击逊尼派的和平抗议活动，被许多逊尼派人视为"什叶派的萨达姆"。[1] 这为"伊斯兰国"在逊尼派居住区生存打开了更广阔市场，并得到了一些心怀不满的部族领袖和民众的同情和支持，甚至成为一些逊尼派政客向政府施压的一个筹码。2011年年底，美国从伊拉克撤军，伊拉克出现安全真空，"IS"趁机发难，扩充实力。（3）叙利亚乱局为"IS"提供了壮大的客观环境。在"倒巴"的旗帜下，"IS"增强了实力，并趁叙利亚政府军分兵对付各反对派武装之机，占领了拉卡和代尔祖尔两省的大部分地区。巴格达迪是"利用叙利亚混乱和美国撤军后伊拉克中央政府软弱无力，趁机坐大"。[2]（4）萨达姆残部的部分复兴党员和官兵及欧美极端分子加入有助于提高"IS"的战斗力。

目前看来，"IS"的主要特点是：（1）目标明确，野心勃勃。"IS"要

---

① ［美］迈克尔·克劳利：《伊拉克的终结》，《时代周刊》2014年6月30日。

② 路透社贝鲁特：《巴格达迪：伊拉克的"本·拉丹"》，2014年6月13日。

先建"伊斯兰国"，后建包括中东地区、非洲、欧洲、亚洲部分地区直到中国西部在内的"伊斯兰大帝国"。（2）招募广泛，装备精良。据报道，该组织有"3.15万人"，[①] 来自当地和世界各地，均为逊尼派的极端分子，其中不乏受过高等教育、严格军事训练的高智商者，是"一个高度自我激励性组织"。[②] 至于武器，多为西方先进武器，并配有反坦克导弹、坦克、火炮等重武器。（3）野蛮疯狂，手段残忍。该恐怖组织作恶多端，动辄杀人放火，绑架人员。在伊拉克处死"1700名被俘伊拉克军人"。[③] 在叙利亚"屠村杀700多人"，[④] 对西方记者砍头示众，并在网络上大肆渲染。11月16日，他们发布视频，宣布已将美国人质卡西格和18名叙利亚士兵杀害。12月4日，他们在叙利亚代尔祖尔省制造一起汽车炸弹袭击，造成19名政府军士兵死亡。另外，"伊斯兰国"大搞宗教极端、狂热、原教旨主义。他们每占领一地，就实行十分苛刻的宗教法律，强迫异教徒和什叶派穆斯林改变信仰或处死，从而使大批难民流离失所，制造了人道主义灾难。联合国秘书长、伊拉克副特别代表布斯廷8月7日称，目前已导致约40万人流离失所，其中大多属于伊拉克少数族群"。[⑤]（4）资金雄厚，网络先进。"IS"有"20亿美元资产"，成为全球恐怖组织首富。[⑥] 据报道，"IS"的资产收入有三种渠道："石油、在伊拉克和叙利亚控制区的活动收入、私人捐赠。……它控制了伊拉克最重要的炼油厂和叙利亚富油区代尔祖尔省70%的面积。仅在摩苏尔，每月征收800万美元的'革命税'；抢劫银行，其中从摩苏尔中央银行捞取4亿美元。"[⑦] 另外，在叙利亚的流动炼油厂，每天收入200万美元。目前，美国已组成包括阿拉伯国家在内的国际联盟，强化对"伊斯兰国"、叙利亚"救国阵线"和极端组织"呼罗珊"的军事打击，并提出分三阶段予以彻底解决。经过数月空袭，奥巴马

---

①　[美]吉纳·哈金斯：《关于"伊斯兰国"军事能力应知道的五个方面》，《陆军时报》网站，2014年9月16日。

②　同上。

③　[美]迈克尔·克劳利：《伊拉克的终结》，《时代周刊》2014年6月30日。

④　法新社贝鲁特：《伊斯兰国在叙屠村杀700多人》，2014年8月16日。

⑤　《美军空袭伊拉克极端武装》，《北京日报》2014年8月9日。

⑥　[西班牙]《ISIS如何成为全球最富恐怖组织》，《阿贝赛报》2014年6月29日。

⑦　同上。

承认低估了"伊斯兰国"的能力。诚然，空袭削弱了上述恐怖组织的力量，但要彻底消灭绝非易事。12月3日，美国国务卿克里在布鲁塞尔召开的打击"伊斯兰国"国际联盟首次部长级会议上表示，空袭行动可能会持续数年。

当前，要铲除"伊斯兰国"，需综合处置。就世界范围而言，应切断其财源、兵员和流窜渠道。就地区而言，应断绝其生存空间，使之成为过街的老鼠，人人喊打。鉴于此，美国需改变打击"IS"战略，组建包括伊朗、叙利亚在内的国际联盟，并让地区政府和人民发挥主导作用。

六、地区政治生态发生重大变化

随着美国战略东移的加速，地区大国纵横捭阖，争夺激烈，力量对比此消彼长。塞西在埃及执政后，采取重大举措，调整内外政策，主动对地区事务发声。8月下旬，埃及促成了巴以就加沙冲突达成长期停火协议。沙特阿拉伯力挺塞西。阿卜杜拉国王专访埃及，使埃及地区地位在逐步恢复。沙特阿拉伯加强同埃及联合，与美国改善关系，派军机参与美国对"伊斯兰国"的空袭，反对"穆兄会"，严惩国内宗教极端分子，地区影响力上升。伊朗鲁哈尼执政后，主动缓解同美西方关系，在伊核谈判上作出了让步，并支持伊拉克、叙利亚打击"伊斯兰国"。8月底，伊朗副外长阿卜杜拉希安访问沙特吉达，双方就双边关系、伊拉克问题和共同面临的恐怖主义威胁进行了磋商。值得提及的是，伊朗在叙利亚、伊拉克两大问题上有较大发言权，从而提高了其在地区的竞争力。以色列孤立处境有所缓解。巴以和谈未果，但有利于缓和双方紧张关系。最近，巴以就加沙冲突达成长期停火协议。以方同意解除对加沙的部分封锁，并开放拉法口岸。以色列政府支持埃及塞西政权，坚持埃以和约，联合打击双方边界宗教极端势力；同沙特阿拉伯形成间接联合阵线，就美伊关系和伊核谈判向美施压，促其放缓步伐。对地区动乱，以采取相对超脱态度，以免引火烧身。土耳其进入了埃尔多安时代，但地区影响力明显下降。土耳其反对埃及塞西推翻穆尔西政权，同埃及交恶；对叙利亚危机选边站，支援叙利亚反对派，遭到国内一些政治派别的抨击；在打击"伊斯兰国"问题上态度消极。近年来，土耳其欲取代埃及地位、主导地区走向的梦想已化为泡影，其模式在阿拉伯世界也渐冷落，鲜有问津。

以巴加沙冲突评析

王昌义[①]

内容提要：以色列和巴勒斯坦加沙冲突的背景是：最新一轮以巴谈判破裂，地区政治生态发生新变化，巴勒斯坦的法塔赫和哈马斯两大派宣布和解。冲突持续50天，在国际社会强大压力下，双方在埃及达成停火协议。协议可维持一段时间的相对平静，但不能避免再次发生冲突。冲突没有赢家，双方各有得失。冲突是中东地区政治生态的风向标，加剧了地区国家之间的矛盾，反映出美国调停能力有限，其在中东主导作用面临挑战。冲突凸显公正合理解决巴勒斯坦问题的重要性和紧迫性，目前却看不到解决的前景

关键词：加沙冲突　背景　后果　影响

2014年7月8日至8月26日，以色列同巴勒斯坦的哈马斯组织发生大规模武装冲突。这是2007年哈马斯在加沙掌权以来同以色列发生的第三次冲突，以方称这次军事行动为"护刃"行动。其时间之长、规模之大、人员伤亡之多，超过第一次的"铸铅"行动和第二次的"防务之柱"行动，顿时成为国际社会的关注焦点。

---

① 作者系中国国际问题研究基金会研究员。

一、冲突的起因和背景

以巴冲突的导火索缘于6月12日三名以色列失踪青年死于约旦河西岸，以色列总理内塔尼亚胡指责"哈马斯是罪魁祸首"，但遭哈马斯否认。以色列军方随即追捕犯罪嫌疑人。继而7月2日，一名巴少年在耶路撒冷遇害，激起巴方愤慨。以巴紧张关系迅速升温。加沙的巴勒斯坦武装组织7月初开始向以色列南部发射火箭弹。7月8日，以军发起"护刃"行动。双方大规模冲突就此展开。

这次看似偶然的事件导致的冲突，有着更为广泛、深刻的背景。

（一）最新一轮以巴谈判宣告破裂。

2013年7月29日，以巴和谈在中断三年后在美国撮合下重新启动。双方当时达成协议，巴方暂停申请加入联合国机构，以方分4批释放104名巴在押人员。美国国务卿克里曾表示，要在九个月内促使双方达成最终协议。为此，克里在不到一年的时间内十下中东，进行斡旋。但是，由于双方存在许多重大分歧，谈判没有进展。

据外报透露，这些分歧包括：以方要求先就安全安排达成协议，再谈其他问题。而巴方主张先划定边界，再谈安全等其他问题。关于安全安排，以方要求未来巴勒斯坦国家没有武装，同约旦的边界安全由以军掌控。美国提出，以方可在巴勒斯坦国同约旦的边界保留驻军10年，可在约旦河西岸山头安装雷达预警装置。巴方拒绝，只同意以色列驻军最长3年，在约旦河谷只部署国际部队，巴勒斯坦国领土不允许有任何以安全设施和人员。以方要求巴方承认以色列国家的"犹太属性"，巴方坚决拒绝。巴方要求以方停建定居点，以继续扩建。最后，克里希望双方签署一项框架协议，而不是最终协议。这一目标也成泡影。

4月29日谈判限期来临前，因巴方拒绝延长谈判期限，以色列拒绝如期释放最后一批26名被关押人员。作为回应，巴方重新启动申请加入15个联合国机构和国际公约的程序。以方随即宣布不再释放最后一批在押巴方人员。双方谈判再次陷入严重危机。

（二）地区政治生态发生新变化，巴勒斯坦的法塔赫和哈马斯两大派宣布和解，同意建立联合政府。

2011年中东连续大动荡以来，阿拉伯和伊斯兰国家内部矛盾和斗争激化。各种政治势力竞相"出彩"，旨在扩大本身影响，提高地区事务的话语权。出于教派、政治经济和地缘等利益不同，地区主要国家的政策取向各异，相互关系错综复杂。沙特阿拉伯等逊尼派主导的部分国家，在遏制什叶派当权的伊朗以及推翻同伊朗关系密切的叙利亚巴沙尔政权方面具有共同立场，但在其他方面存在分歧。比如，沙特阿拉伯等国支持埃及的塞西将军推翻穆兄会政权，而卡塔尔和土耳其予以反对。以色列一直视伊朗为主要威胁，同土耳其关系恶化，但同埃及、沙特阿拉伯缓和关系，对地区国家的争执基本持旁观态度，同时严防殃及本国安全。

在动荡、紧张、复杂的地区环境中，哈马斯一直在劣境中求生。2007年哈马斯脱离巴勒斯坦民族权力机构、在加沙自建政权后，原就同法塔赫关系紧张，同以色列更严重对峙，已发生两次重大冲突。近几年，其生存处境更加恶化。以色列封锁加沙，使其对外交往不畅，民众不能自由赴以色列谋生。叙利亚巴沙尔政权受西方和阿盟孤立后，哈马斯撤出驻叙利亚机构，转向卡塔尔，因而同叙利亚关系疏远，同伊朗关系也有所淡化。埃及在穆尔西总统当政时同哈马斯关系亲近，但塞西担任总统后同哈马斯时有摩擦。特别是埃及封锁通往加沙的拉法口岸，加强对边境安全管制，打击走私。过去，哈马斯利用卡塔尔等外部财政救济，通过通往埃及的地道获取建材、燃料及武器弹药等。现在，外部供给被切断，经济拮据，民众生活困苦。失业率高达50%左右，甚至连公职人员的薪水也无力支付。

为打破困局，哈马斯决心奋起一搏，"置之死地而后生"。一方面，积极备战。大量制造、收购火箭弹，深挖通往以色列内地的地道，以便袭击以色列。另一方面，寻求同法塔赫和解，"接受"巴勒斯坦中央政府领导，既卸下经济包袱，又争取外界同情。就在新一轮巴以谈判阻滞的情况下，4月23日，哈马斯和法塔赫达成和解协议，同意在五周内建立由阿巴斯领导的联合政府。以色列总理内塔尼亚胡当天即批评阿巴斯"选择了哈马斯，而不是和平"。

二、冲突经过和各方反应

以军"护刃"行动的主要目的是重创哈马斯的军事实力，摧毁其袭击以色列的军火装备和基础设施，稳定以色列南部居民的生活，减轻国内极右势力指责政府"软弱"的压力，同时，借打击哈马斯，挑动和加剧巴勒斯坦联合政府内两派的矛盾。7月18日，在以军打击哈马斯的同时，以色列国家安全局曾宣布挫败一起哈马斯推翻阿巴斯的图谋。

哈马斯的意图则是通过"绝地反击"打破加沙被封锁局面，同时，显示自己的政治存在和抗以决心，提升自己在巴勒斯坦民众中的人气，并挤压法塔赫在巴勒斯坦内部的主导地位。

双方军事力量过于悬殊。以军凭借巨大的军事优势重拳出击，从陆上、空中和海上发起攻势，机轰炮炸。以陆军在加沙边境部署两个步兵旅，集结数十辆坦克，并征召约40000名预备役士兵，后又增至86000人。为进一步摧毁哈马斯的火箭炮发射设施和地道网络，7月17日，以军一度将军事行动升级，派出地面部队侵入加沙。

哈马斯毫不示弱，面对强势敌人，藏兵于民，进行游击战和地道战，不断向以腹地发射火箭弹，甚至一度发射到特拉维夫机场附近，导致美国和欧洲赴以色列航班暂时停飞。哈马斯还首次出动无人机，进入以色列上空侦察，并利用庞大地道网络，深入以色列境内袭击。

冲突在中东地区引起不同反应。多数阿拉伯国家反应不强烈。阿盟仅呼吁联合国安理会召开紧急会议，讨论以色列空袭行动，并未像过去组织外长代表团赴加沙"声援"。沙特阿拉伯国王阿卜杜拉曾发表讲话，没有谴责以色列、要求其停止空袭，而是呼吁遏制"伊斯兰国"的极端行为。埃及外交部在以色列发动地面攻势后，曾发表声明予以"谴责"。但另一方面，埃及在此期间捣毁连接西奈半岛和加沙的多条地道。这在客观上配合了以军摧毁哈马斯地道的举动。伊朗表现低调，不同于以往高调支持哈马斯、谴责以色列。

　　土耳其和卡塔尔明确支持哈马斯。7月19日，土耳其总理埃尔多安指责以色列行动"比希特勒更野蛮"。他还批评美国祖护以色列，并为穆斯林世界对以色列未采取更强硬立场而惋惜。

　　联合国秘书长潘基文多次讲话，呼吁停火，谴责以色列过度使用武力，致死大量无辜民众，呼吁向巴勒斯坦民众提供人道主义援助。7月21日和28日，安理会先后召开紧急会议，敦促以巴双方立即实行无条件人道主义停火，支持埃及关于持久停火的倡议。

　　美国着重谴责哈马斯袭击以色列，支持以色列"有权自卫"，在巴勒斯坦民众伤亡严重后仅反复呼吁以"克制"。英国、法国等欧盟国家在呼吁停火、谈判解决的同时，批评以色列杀害平民。

　　中国在冲突发生后，立即发声，同各方广泛接触。8月3日，王毅外长在开罗同埃及外长舒凯里会谈后，提出五点和平倡议，包括立即实现全面停火，支持埃及等国提出的停火倡议，联合国安理会应发挥应有作用，国际社会应及时提供人道主义援助，等等。他宣布，中国向加沙人民提供150万美元紧急人道主义现汇援助，中国红十字会也提供人道援助。张明副外长先后多次分别会见巴勒斯坦、以色列驻华大使和来访的巴勒斯坦外交部部长助理等，并集体会见部分阿拉伯国家驻华使节和阿盟驻华代表处主任，就巴勒斯坦和以色列局势做劝和促谈工作。中东问题特使吴思科先后出访以色列、巴勒斯坦、埃及、约旦、卡塔尔、土耳其和伊朗等国，同有关各方交换意见。中方谴责一切导致平民伤亡的军事行动，呼吁立即实现全面停火，国际社会加强协调，形成合力，推动尽快停火，并开启从根本上解决巴勒斯坦问题的持续努力。

　　在埃及、联合国等有关方面的调停下，以色列和巴勒斯坦曾五次实现短暂的人道主义停火，并在开罗举行间接谈判。因分歧严重，谈判均告失败。哈马斯坚持其停火条件：（1）以色列停止在加沙的攻势，及在约旦河西岸和东耶路撒冷的侵略行径。（2）以色列、埃及解除对加沙和拉法口岸的封锁。（3）以色列释放51名在押巴勒斯坦人员。（4）以色列停止破坏刚成立的巴勒斯坦联合政府。以色列对此予以拒绝，并提出自己的停火条件：哈马斯和加沙的其他武装组织停止火箭弹袭击，达成满足以色列安全需求的长期停战协定。

随着冲突时间延长，双方消耗不断加重，国际社会呼吁停火压力越来越大，8月26日，以色列和巴勒斯坦终于在埃及达成停火协议。内容包括：（1）以色列放松与加沙相邻的口岸限制，允许救援物资及建筑材料运进。（2）埃及开放拉法口岸，由巴勒斯坦民族权力机构安全部队监管。（3）加沙渔民出海捕鱼范围由6英里扩大至12英里。关于哈马斯要求的兴建加沙机场和海港、更多解除对加沙的封锁、以色列要求的解除哈马斯武装等其他难点，留待一个月后继续谈判。

冲突持续50天，终于暂告一段落。

三、冲突的后果和影响

（一）军事冲突没有赢家，双方各有得失。

以巴冲突是一场极不相称的军事较量。以方军事上无疑取得了胜利。以色列军方宣布，以军攻击了加沙6000多目标，摧毁哈马斯拥有的约4/5的火箭弹，破坏了32条地道网络，击落2架无人机，炸死哈马斯1名高官和下属卡桑旅的3名指挥官。以军还第一次试行全面基于网络的数字化战斗。其实，以色列作为地区军事强国对付一个武装组织取得上述战果，并不出乎意料。但在政治道义上，由于过度用武而极为孤立。以军轰炸众多民房和联合国学校，杀害大量儿童及其他平民，受到国际社会广泛谴责。11月5日，国际特赦组织发布报告称，以色列在冲突中犯有战争罪。欧洲一些国家发生支持巴勒斯坦人民的群众示威。冲突结束后，为向以色列施压，欧盟强调巴勒斯坦建国的必要性。瑞典已宣布承认巴勒斯坦国。西班牙、英国和法国议会也通过决议，要求政府承认巴勒斯坦国。

对哈马斯来说，这场冲突使以色列在政治道义方面再次为"千夫所指"，使加沙的两面受困状态得到部分缓解，而且面对强敌，战到最后未被打垮，而是同对手签订停火协议，是其所得。不过，这个得分花了太大的代价。首先，冲突造成的巴方生命、财产损失超过前两次冲突之和。据巴方统计，有2145名巴勒斯坦人死亡，10000多人受伤，近30万人逃离家园，60000多栋房屋被毁。大量基础和公共设施损坏严重，直接经济损失初步估计超50亿美元。10月12日，巴勒斯坦财长比沙拉在出席加沙重建会议后对记者说，巴勒斯坦政府"已背起沉重的财政负担，45%的财政预算将用于加沙"。加沙重建可望获得54亿美元的援助，但是巨大的人员伤亡以及心理伤害却无法用金钱来抚平。其次，哈马斯自身的战斗能力和军事装备受到重度摧毁，恢复元气需要较长时间。

阿巴斯及其领导的民族权力机构在冲突中少有作为，既不愿对抗以色列，又不能影响哈马斯，而冲突结果似乎有利其对加沙地区的控制。

（二）停火协议可以维持一段时间的相对平静，但不能避免再次发生武装冲突。

目前，停火是脆弱的，经不起风吹草动。

首先，协议是双方暂时妥协的产物。双方的基本要求都拖而未决。即使部分放松对加沙的封锁、开放拉法口岸，也都要受民族权力机构的管控。

其次，以巴各自内部存在不少分歧。以色列国内极右势力开始就批评内塔尼亚胡对哈马斯"反击不力"，继而有些部长反对停火协议。内塔尼亚胡的执政地位受到挑战。哈马斯高层意见也不尽一致，尤其是一些武装组织可以擅自行事。在巴勒斯坦联合政府内部，哈马斯同法塔赫的矛盾并未消除，还有可能发展。哈马斯同意加入联合政府，但仍试图实际掌控加沙地带。9月7日，阿巴斯就公开批评"有一个影子政府"在掌控加沙地区，表示如果哈马斯不让巴勒斯坦政府在加沙正常运作，将中断同其签署的和解协议。9月25日，两组织已在开罗达成协议，联合政府取得对加沙的控制权，负责加沙重建。但是，哈马斯难以雌伏。哈马斯领导人扎哈尔曾扬言哈马斯会继续"自我武装"，"发展自身抵抗能力"。

更重要的是，巴勒斯坦问题尚未得到全面公正解决，随时可能发生爆炸性局势，不是在加沙就是在约旦河西岸或者东耶路撒冷。加沙战火刚平息，10月底，一些犹太极右翼分子鼓吹犹太人在阿克萨清真寺有祈祷权，引发巴勒斯坦人抗争，以巴局势一度趋紧。11月2日，以色列政府随即重新关闭通往加沙的两个通道。

（三）以巴冲突是中东地区政治生态的风向标。冲突是在地区国家出现新的分化组合情况下发生的，又加剧了地区国家之间的矛盾。

冲突双方各有其直接、间接支持者。以色列背后是埃及、沙特阿拉伯、约旦等，卡塔尔、土耳其则支持哈马斯。加沙冲突的前台固然是以色列和哈马斯之间的生死搏斗，幕后则有不同支持者之间的利害较量。这在停火问题上反映比较突出。

冲突初期，埃及曾提出无条件停火的倡议，以色列当即接受。哈马斯则以"未考虑其要求"为由拒绝。哈马斯驻卡塔尔办事处发言人甚至指责该倡议是向以色列"投降"。而当卡塔尔提出含有释放巴勒斯坦囚犯和加沙对外开放内容的倡议时，以色列断然拒绝。据美联社7月19日的报道，埃及外长舒凯里曾对记者表示，哈马斯和卡塔尔"企图彻底破坏埃及的作用"。他还说，埃哈关系"非常紧张，双方很难共处"。

一些外国媒体认为，"这是一场争夺中东地区主导权的代理人战争"，是穆兄会及其支持者同以色列、埃及、沙特阿拉伯等国之间的斗争。这些说法未免简单化，掩饰了巴以矛盾和阿拉伯国家内部矛盾之间的区别以及巴勒斯坦问题的重要性，不过，地区伊斯兰国家内部矛盾发展是不争的事实。这种态势恰恰不利于冲突本身乃至巴勒斯坦问题的早日解决。

（四）美国调停受限，在中东的主导作用面临新挑战。

美国为促成以巴停火，积极斡旋。总统奥巴马和国务卿克里多次同冲突双方和有关各方电话沟通或当面磋商。美国始而支持埃及倡议，继而敦促卡塔尔调停，中间也曾提出自己的倡议，均未奏效，最后也未参加在开罗举行的谈判。奥巴马事后不无自嘲地表示，作为最强大的国家，"美国仍然没法控制世界上的所有事情"。

究其原因，首先，美国偏袒以色列的立场基本未变。美国对冲突的表态始终是偏以责哈（马斯）。在援助问题上，美国同意向巴方提供4700万美元的人道主义援助，却向以色列提供2.25亿美元，用于补充拦截哈马斯火箭弹的铁穹防务系统。其次，美国的地区盟友对冲突的态度有重大分歧，同时，美国自身又由于在叙利亚或伊朗核问题方面的做法，引起以色列、沙特阿拉伯、土耳其、卡塔尔等国的不满，难以摆平和协调同各方的关系。种种因素叠加，削弱了美国在地区的公信力和执行力，因而难以发挥有效作用。

（五）以巴冲突凸显解决巴勒斯坦问题的重要性和紧迫性，目前却看不到解决的前景。

一段时期以来，以巴和谈几度重启，均无进展。谈判进入攻坚阶段，公正、合理解决问题的条件远不具备。在"以强巴弱"的双方态势和"右强左弱"的以色列国内态势下，以当局无意作出关键性让步。阿拉伯国家忙于内耗，无心操劳巴勒斯坦问题。美国一直被视为可发挥重大作用的外部因素，如今也力不从心。

有观点认为，巴勒斯坦内部统一是实现同以色列谈判的重要一步，如以色列不接受巴勒斯坦内部和解，和谈前景难以乐观。笔者对此不能认同。巴勒斯坦内部实现统一自然有利于增强对以谈判的地位，也有利于可能达成的谈判协议的顺利实施。问题是目前联合政府内的两派除了权力之争外，在对以政策、对谈判态度上也有很大分歧，如何协调动作？而哈马斯还被以色列（以及美欧）看成恐怖组织，以方不会承认否定自己生存权的组织参加巴勒斯坦联合政府，更不会同这样的对手谈判。接下来的问题就是哈马斯能否实现转型，特别是承认以色列的生存权，放弃极端斗争方式。2006年巴勒斯坦立法机构选举时，哈马斯面临转型机遇，但擦肩而过。如今，在地区形势不断动荡、国家和教派之间的矛盾和斗争更加复杂的新情况下，哈马斯是否和能否转型都是问题。

总之，巴勒斯坦问题拖而不决的局面仍将持续，以巴关系保持谈判与冲突并存，紧张与缓和同行。在此过程中，是否能不断孕育必要的"倒逼"因素，值得关注。不管怎样，公正合理解决巴勒斯坦问题才是以巴双方得以和平共处的根本保障。

非传统安全问题

奥巴马第二任期气候变化政策的新动向

陈永龙[①]　　沈雅梅[②]

内容提要： 奥巴马第二任期的气候变化政策出现一些积极动向。在国内，奥巴马努力塑造应对气候变化的战略共识，重视从联邦政府层面推进温室气体减排等气候和能源政策，工作力度明显加大。在外交上，奥巴马致力于2015年底在《联合国气候变化框架公约》框架下达成一项"富有雄心的"国际气候条约或协议，并继续运筹由美国主导的、游离于《联合国气候变化框架公约》之外的气候变化倡议和行动。考虑到国内经济发展状况、极化政治僵局、特殊利益团体诉求以及美国的外交偏好等多重因素，预期今后奥巴马政府将在气候外交领域转向更加主动的出击，有可能推动国际气候变化合作与竞争进入新的活跃期。

关键词： 气候变化　温室气体　可再生能源　极化政治　美国外交

奥巴马第二任期以来，频频依托行政权力，出台气候变化政策和措施，在国内外开展应对气候变化的行动，展现出政府层面更加积极主动的姿态，未来两年有望继续走温和路线，并寻求在国际气候变化领域有所建树。这将为中国等发展中国家应对气候变化带来新的机遇和挑战，应当引起高度重视。

---

① 作者系中国国际问题研究基金会理事、高级研究员。

② 作者系中国国际问题研究基金会研究员。

一、推进全国气候变化行动

尽管奥巴马早在第一任期就把应对气候变化确立为外交优先议程，但随着2009年碳排放总量限制和交易提案遭国会否决，气候变化政策实际上进入"休眠"状态。从2012年竞选连任开始，奥巴马将该议题视为"一项未竟的事业"，矢志重整旗鼓，在国内打好基础，联邦层面的气候变化政策和行动呈现出一些新的动向。

（一）塑造应对气候变化的战略共识。

奥巴马视气候变化为美国面临的最迫切、最复杂、最重大的挑战之一，既把它纳入国家安全战略，认为其攸关美国领导世界的能力；也把它列为一项经济发展政策，强调在确保工业竞争力和社会经济繁荣的基础上加强环境保护。当前，奥巴马政府进一步把应对气候变化视为一项健康政策、一份道义责任、一部分政治遗产。2012年极端气候灾害事件的频繁发生和严重后果，有力地推动奥巴马在连任后立刻确立气候变化议题的优先地位。他在2013年初的就职演说中称，"我们将应对气候变化的威胁"，否则就是"对子孙后代的背叛"。[①] 在当年2月国情咨文中，他表示，将"敦促本届国会寻求一个两党合作的、市场驱动的应对气候变化方案"；"如果国会不尽快行动来保护我们的子孙后代，我不会再等待"，而是"将直接指示内阁在当下以及今后采取行政手段减少污染，让全社会为应对气候变化的后果做好准备，并加快向可持续能源过渡的步伐"。[②]

由于奥巴马希望使气候变化行动成为其执政成果的一部分，这方面的

---

① "Inaugural Address by President Barack Obama", U.S. Capitol, Washington D.C., January 21, 2013, http://www.whitehouse.gov/the-press-office/2013/01/21/inaugural-address-president-barack-obama.

② "Remarks by the President in the State of the Union Address", U.S. Capitol, Washington D.C., February 12, 2013, http://www.whitehouse.gov/the-press-office/2013/02/12/remarks-president-state-union-address.

工作力度比较大。① 2013年6月，他宣布"总统气候变化行动计划"，强调"气候变化已是事实"，"问题不在于是否需要采取行动，而是如何在追悔莫及之前及时行动"。② 2013年11月，为对全国进行动员，奥巴马签署"为美国应对气候变化影响做好准备"的行政令，成立由各州、市和部落领导人组成的"气候预案与恢复工作组"，负责在地方进行气候防范与恢复能力建设，确保基础设施、社区和自然资源能够抵御海平面上升、风暴、干旱以及其他气候变化的影响。2014年6月，奥巴马宣布成立10亿美元竞争基金，用于鼓励州和社区开展应对极端天气事件的创新性研究和地方行动。

（二）加大温室气体减排力度。

奥巴马把温室气体减排置于气候变化工作的首位，早在2008年竞选期间就宣称，到2050年使美国的温室气体排放量减少80%。在2009年哥本哈根气候大会上，美国的承诺是到2020年使温室气体排放量比2005年减少17%。在2014年11月《美中气候变化联合声明》中，美方首次宣布到2025年实现温室气体排放量比2005年减少26%—28%的目标。根据国务院向《联合国气候变化框架公约》提交的第6份《气候行动报告》和首份《两年一度报告》，美国的温室气体减排工作已取得明显进展，以三年数据计算的话，排放量在2009—2011年达到了1994—1996年以来的最低水平。③

作为"总统气候变化行动计划"的一部分，奥巴马致力于削减碳污染，包括采取更多措施严格限制电厂的碳排放，推动清洁能源技术利用，削减甲烷和氢氟碳化合物的排放等。为减少车辆污染排放，环保署继2012年7月出台轿车和轻型卡车燃油经济性标准之后，于2014年3月出台汽车废

---

① Josh Lederman, "Obama stakes final 2 years on climate change", November 18, 2014, http://www.aol.com/article/2014/11/18/obama-stakes-final-2-years-on-climate-change/20995555/.

② "Remarks by the President on Climate Change, Georgetown University", Washington D.C., June 25, 2013, http://whitehouse.gov/briefing-room/statements-and-releases.

③ "Fact Sheet: 2014 U.S. Climate Action Report", U.S. Department of State, January 1, 2014, http://www.state.gov/e/oes/rls/rpts/car6/219259.htm.

气排放与燃油质量的新标准，拟从2017年开始逐步实施。与此同时，由于在源自固定来源的温室气体排放中86%的温室气体来自发电厂，奥巴马政府希望在2030年以前使这部分排放量相对于2005年的水平降低30%。2013年6月24日，他以总统备忘录的形式责成环保署依据《清洁空气法案》第111（d）部分的授权，在2014年6月1日之前制订电厂温室气体排放标准（即"清洁电力管制方案"），并在2015年6月1日之前达成最终文件，现有电厂则需在2016年6月30日之前向环保局提交其落实清洁电力的实施方案。[①] 由于清洁电力计划具有变革美国电力行业的潜力，在国内特殊利益团体中产生激烈争议，其能否顺利推进仍面临诸多挑战。

（三）推动能源革命和转型。

为了依靠科技创新和能源转型为经济复苏提供长期动力，奥巴马的绿色能源政策主张包括发展替代能源、对传统能源的清洁利用以及节能减排。受益于新能源战略，2008年至2013年，美国的可再生能源发电量实现翻番，占到发电总量的近6%。奥巴马第二任内继续对清洁能源和新能源领域予以扶持，对可再生能源与节能方面的投入持续增加。2015财年预算案中，对可再生能源创新项目的投入较2014年度增加了16%，对可持续交通工具及燃料技术的投入较上年度增加15%，提高能效及先进制造技术方面的投入增加了39%。[②]

目前，奥巴马已提出使可再生能源发电量到2020年时再翻一番的目标，并将升级全国电网。他要求联邦政府以身作则，实现联邦政府机构用电量的20%来自可再生能源。为此，内政部将在2020年前增发1万兆瓦可再生能源工程的公共用地使用许可。国防部作为美国最大的能源消耗部门，正在新建3000兆瓦可再生能源发电项目，对7000多个军事基地、军事设施和其他设施的气候脆弱性进行基础性调查，并于2014年10月出台《国防部适应气候变化路线图》，对美军备战必须考虑气候变化因素进行了说明。此外，奥巴马还呼吁能源企业设立能源安全信托基金，推动新技术

---

① "Clean Power Plan Proposed Rule", United States Environmental Protection Agency, June 2, 2014, http://www2.epa.gov/carbon-pollution-standards/clean-power-plan-proposed-rule.

② 龚婷:《能源蓝图的折中色彩（美国视角）》,《人民日报》2014年8月5日，第23版。

研究；承诺为建成一批"更安全、更清洁的"核电站提供高额美元贷款担保；计划使所有政府下属的清洁能源科研机构获得高于2013年水平30%的经费。

二、开展全球气候变化行动

2011年11月的德班气候大会决定，将原本于2012年到期的《京都议定书》法律效力延长五年，并启动了通过2015年12月巴黎气候变化大会达成一项新的全球气候变化协议的进程。随着该时间表的推进，奥巴马政府在国内行动的基础上，重视开展气候变化外交，对待国际气候变化谈判的立场趋向主动和灵活。

（一）担任应对气候变化的领导者。

长期以来，美国在全球气候变化谈判中坚持三点：（1）否定"共同但有区别的责任"，要求全球参与，特别是要求中国、印度和巴西等发展中大国的实质性参与。（2）反对定量减排或设定时间表，主张建立以市场为基础的减排机制，用科技减排，不能影响经济发展。（3）美国自愿减排的目标较低，此前的承诺是到2020年时比2005年基准水平减少17%，这相当于在1990年基础上减少3.34%，远远低于欧盟2020年比1990年减排20%、日本2020年比1990年减排25%的承诺目标。

目前，奥巴马的上述立场出现一些积极的变化。一方面，他承认，美国是造成全球变暖这一全球性问题的原因之一，应承担相应责任，并理所当然担任全球应对气候变化的领导者。[①] 2014年2月，在法国总统奥朗德访美前夕，白宫发表简报，表达了促成巴黎气候变化大会取得成果的决心，称"多边合作对于促成一份以科学为依据、包含主要经济体和温室气体排放国在内的协议至关重要"，并承诺美国将"为在气候变化挑战面前

---

① "Remarks by the President at U.N. Climate Change Summit", United Nations Headquarters, New York, September 23, 2014, http://www.whitehouse.gov/the-press-office/2014/09/23/remarks-president-un-climate-change-summit.

最脆弱的穷国提供更多财政和技术支持"。[①] 2014年3月，国务院发表简报指出，美国把全球气候变化作为一项首要的外交政策重点，寻求在国际上发挥主导作用，首先是落实德班共识，力争在2015年达成一项富有雄心的、吸纳各方参与并且灵活、务实的全球气候变化协议。[②]

另一方面，美国在帮助发展中国家共同减排方面也采取了行动。2013年9月，奥巴马访问瑞典期间与北欧五国发表联合声明，宣布将停止在海外资助建设新的火力发电厂。2014年9月，他在联大气候变化峰会上表示，美国自2009年以来为发展中国家应对气候变化活动提供的财政支持增长了8倍；目前正在向120多个国家提供气候变化援助，帮助其跨越高碳发展阶段。他还在讲话中发起一项旨在共享气候数据和早期预警信息的"公私伙伴关系"计划，以期有助于发展中国家的气候决策和环境保护；要求联邦机构并呼吁国际多边组织在规划国际发展和投资项目时将气候变化因素纳入考虑范围。[③] 2014年11月，奥巴马在出席二十国集团领导人布里斯班峰会期间，宣布向"绿色气候基金"捐助30亿美元，用于协助贫穷国家处理气候变化带来的影响。

（二）开辟气候变化第二战线。

美国外交崇尚现实主义和自由主义，以实力说话，不愿受国际组织和国际协约的束缚。历史上，它在消耗臭氧层物质的谈判和全球环境基金的建立方面付出的努力都十分有限。[④] 小布什政府还基于《京都议定书》对

---

① "FACT SHEET: U.S. Cooperation with France on Protecting the Environment, Building a Clean Energy Economy, and Addressing Climate Change", The White House, February 11, 2014, http://www.whitehouse.gov/the-press-office/2014/02/11/fact-sheet-us-cooperation-france-protecting-environment-building-clean-e.

② "Fact Sheet: Addressing Climate Change: A Top U.S. Priority", Bureau of Public Affairs, U.S. Department of State, March 5, 2014, http://www.state.gov/r/pa/pl/223165.htm.

③ "Fact Sheet: President Obama Announces New Actions to Strengthen Global Resilience to Climate Change and Launches Partnership to Cut Carbon Pollution", the White House, Office of the Press Secretary, September 23, 2014, http://www.whitehouse.gov/the-press-office/2014/09/23/fact-sheet-president-obama-announces-new-actions-strengthen-global-resil.

④ 王之佳编著:《中国环境外交（上）——从斯德哥尔摩到里约热内卢》，中国环境科学出版社，2012年，第69页。

缔约方具有的法律约束力而选择退约。美国在气候变化和环境外交上的一个突出表现就是，往往凭借自身的经济实力、技术优势和外交活力，善于单独或者联合盟友及受援国主动发起倡议，并不放弃谋划《联合国气候变化框架公约》之外的减排机制。

　　仅举几例。在2009年哥本哈根气候变化峰会期间，时任白宫环境质量委员会主席南希·萨特利宣布，将投入500万美元用于开展旨在减少化石燃料和生物质燃烧产生黑碳的国际合作，缓解由黑碳排放造成的北极地区及其周边变暖问题，即"北极黑碳倡议"。2010年10月，美国环保署与墨西哥环境部、36个其他国家及欧盟、亚洲开发银行、美洲开发银行等一起，发起"全球甲烷行动计划"，美国承诺至2015年为该计划提供5300万美元经费。2012年2月，美国与加拿大、墨西哥、瑞典、加纳、孟加拉国以及联合国环境规划署联合发起"气候和清洁空气联盟"，寻求减少黑碳、甲烷以及氢氟碳化合物的排放，该联盟现已扩展为34个成员国，并有联合国开发署、世界银行等重要机构的参与。2014年8月，美国国际发展署和洛克菲勒基金会在首届美非领导人峰会期间宣布，提供1亿美元建立"全球应对力伙伴关系"，以期帮助非洲和亚洲各地社区建设针对极端贫困、粮食不安全及气候变化等长期压力的应对力。2014年9月，美国还积极支持并作为创始成员参加了联合国粮农组织发起的"气候智能型农业全球联盟"。总的看，这些游离于《联合国气候变化框架公约》之外的应对气候变化倡议和行动服务于美国的利益和外交需要，体现了奥巴马政府气候外交始终含有规避不利因素约束、设计和实施替代方案、谋取对国际气候变化议程发挥主导作用的意图。

（三）倡导环境产品贸易自由化。

　　2013年6月，奥巴马在"总统气候变化行动计划"中宣布，准备重新激活世界贸易组织（WTO）的环境产品贸易自由化谈判。事实上，美国一直是环境产品与服务贸易自由化议程的推动者和主导者。从政策依据看，美国《2002年贸易法案》规定，其自贸协定谈判必须确保贸易和环境政策相互支持，优化利用世界资源。因此，美国签署的所有自贸协定都含有环境保护条款。2014年《贸易政策议程》也表明，美国将调动贸易的力量，把贸易协定作为应对国际环境挑战的一个解决办法，在推进贸易合作的同时促进环境目标。[①]

实践中，奥巴马政府所倡导的"跨太平洋战略经济伙伴协定"和"跨大西洋贸易与投资伙伴协定"等自贸谈判均坚持环境标准、环境执法及公众参与等问题上的高水准。2012年9月，在美国推动下，亚太经合组织（APEC）第20次领导人非正式会议达成了关于降低54种低能耗、低碳绿色产品关税的协议，这些产品包括太阳能板、风力涡轮等有利于遏制全球变暖的环境产品，预计其关税将在2015年前降至5%或以下。为进一步打开全球以及APEC框架下的环境产品市场，消除可再生能源和清洁能源技术产品的非关税壁垒问题，美国还联合欧盟、中国等14个WTO成员，于2014年1月发起在WTO框架下的环境产品协议谈判，并于当年7月正式启动了谈判进程。

三、 制约因素

奥巴马政府的气候变化政策既是一项环境政策，也着眼于提升美国的国际领导力和话语权，属于国际制度战略的重要内容。美国开展全球气候变化行动，面临着如何在外交与国内政策之间保持统一与平衡的问题，存在一系列制约因素。

（一）经济发展状况。

美国的环境政策与经济状况有直接联系，经济发展迅速时比较注重环境保护，经济发展低缓期则会削减环保支出。2008年遭遇严重经济危机后，环境与经济之间的这种联系便清晰地表现出来。例如，"哥本哈根协议"草案提及发达国家应在2020年之前每年向发展中国家提供1000亿美元用于应对气候变化，这对当时处于经济衰退期的美国来说是沉重的负

---

① "2014 Trade Policy Agenda and 2013 Annual Report", Office of the United States Trade Representative, Executive Office of the President, http://www.ustr.gov/about-us/press-office/reports-and-publications/2014-0.

担，因而美国反应消极。奥巴马第一任期曾对发展可再生能源做出刺激和补贴政策承诺，但囿于债务危机下的财力所限，并未完全到位。当前，美国制造业复苏、就业率提升、经济基本面向好的趋势在很大程度上受益于页岩气革命的成功以及随之而来的新一轮油气繁荣。油气开采过程特别是页岩气开采所造成的严重环境问题也凸显出来，包括污染空气和地下水、大面积破坏土地、增强地震活跃性、减少生物多样性等。鉴于奥巴马已多次强调，开发清洁能源绝对不会忽略传统能源在美国能源战略中的根本性地位，可以判断，对他而言，固然要对伴随油气资源开发而来的环境问题进行规范，但环境问题本身的优先性是次于能源开发政策的。

（二）两党之争。

近年来，美国的气候变化政策大多以联邦行政机构的政策制定、法院判决、地方政策等方式出现，气候政策在立法上已陷入僵局。这主要是由于在党争激烈、极化政治难除的背景下，共和党对政府立法管制和限制企业排放有抵触，因而在共和党掌控下的国会对政府决策形成掣肘。2013年奥巴马竞选连任获胜后，众议院能源与商业委员会下属能源和电力小组委员会主席、肯塔基州共和党人艾德·惠特菲尔特迅速表示："无论是碳排放限额和交易制度、碳税，还是新的温室气体规定，国会共和党将继续反对任何有可能提高能源成本并造成美国经济竞争劣势的计划。"[①] 奥巴马第二任期以来绕过国会强推大规模减排政令，进一步开罪于共和党，有可能使气候变化行动成为政党博弈的牺牲品，预期奥巴马政府今后实施气候变化行动所需的立法依据或拨款支持将在国会遭遇强硬反对。

（三）特殊利益集团。

随着美国于2009年超过俄罗斯成为世界最大的天然气生产国，2013年成为最大的石油、天然气合并总量生产国，并有望在2015年超过沙特阿拉伯成为世界最大的产油国，代表能源行业利益的特殊利益集团风头日

---

① Juliet Eilperin, "Obama makes a moral case for action on climate change", *The Washington Post*, January 24, 2013.

盛。化石燃料业、传统制造业、交通运输业等特殊利益集团以雄厚的资金和强大的院外游说能力为后盾，阻挠国会的环境立法，成为奥巴马政府推动气候法案寸步难行的重要原因。例如，针对环保署的"清洁电力管制方案"，包括美国电力公司、南方电力等在内的"美国清洁煤电力联盟"发布报告称，方案会造成29个州的电价上涨，扼杀285万个岗位。"美国全国采矿业协会"则投入100万美元广告费用，宣传该方案会为消费者带来巨额电费负担。美国商会也表示，方案"将对美国经济造成深远影响，商会将深入参与该决策过程并做出强有力的回应"。民主党员、参议院能源和自然资源委员会主席玛丽·兰德鲁也直言，总统的任何行动均"不应损害正在进行的能源革命及这场革命为本州和全国中产阶级家庭所带来的高收入就业"，"美国作为能源超级大国的地位不应受到减损"。① 另一方面，由于奥巴马的2014年国情咨文将重点放在实施能源自主战略上，对气候变化问题只是一语带过，这引起了环保主义者的强烈不满。塞拉俱乐部、环境防卫基金、地球正义法律事务所等18家环保机构联合致信奥巴马，提醒其在能源开发和应对气候变化问题上"不可能两面讨好"。奥巴马夹在环保利益与保障能源安全之间，气候变化政策的两面性十分突出。

（四）外交和国际因素。

随着生态环境问题从一般环境问题上升为政治问题，并成为各国政治、经济、科技和外交较量的焦点，美国无论在气候变化行动还是在国际环境规则制订上，都怀有与其他国家互动或博弈的强烈动机。一方面，面对欧洲成为应对气候变化的实际领导者，美国寻求与之抗衡。面对世界环保产业迅速发展和预计已达4000亿美元的环保产业市场规模，美国力图从中分得最大的一杯羹。这些促使美国开展更加积极的气候变化外交，引领低碳经济新潮流，为美国的政治和经济利益服务。但另一方面，它必须顾及盟友在气候变化问题上的立场，保持与盟友的沟通与协调，气候变化与外交需要之间存在一定矛盾。例如，两个最亲密的盟友加拿大和澳大利

---

① Susan Ferrechio, "Energy-sate Democrats slam Obama plan for international climate change pact", *The Examiner*, August 27, 2014.

亚因自身能源禀赋和经济发展需求，在气候政策取向上比较保守，对美国有一定影响。2014年11月，美国和澳大利亚在保护大堡礁问题上发生龃龉，对奥巴马而言是个教训，今后不得不注意在这个问题上谨慎发声。美国和加拿大的"基石XL"输油管道项目迄未得到国会和白宫批准，也引起加拿大总理哈珀放出重话，把该计划提升为"加美关系的试金石"。这意味着，奥巴马在"基石XL"输油管道项目上除了衡量这对于两国温室气体排放量的影响，还必须考量如若行使否决权将会对双边关系造成的负面影响。

（五）其他不确定性。

盖洛普公司2014年3月的一项民调显示，有81%的美国人相信全球变暖问题的严重性；但只有57%的美国人相信气候变化是由人类活动造成的；在对15项全国性议程的重要性排序中，气候变化位列倒数第二。可见，气候变化的科学依据并未为民众所普遍接受，对气候变化议题的关注度也有待提高。2014年5月，众议院科学、空间与技术委员会就联合国政府间气候变化委员会（IPCC）工作举行听证会指出，IPCC的气候变化工作报告《旨在散布恐惧和惊慌，从而推行特定的官方政策》，其基础是"非科学的"。① 2014年9月，代表福音派主张的"康沃尔造物管理联盟"发表了一份题为《保护穷人：反对有害的气候变化政策十大理由》的宣言，宣言得到150多名科学家、经济学家、神学家、哲学家、教会事工领袖及媒体领导人的签署，也对全球变暖问题的科学依据提出质疑。② 新任参议院环境与公共事务委员会主席、俄克拉荷马州共和党参议员詹姆斯·因霍夫一贯从强烈的宗教观念和意识形态出发，声称全球变暖是"史上最大的愚弄行为"，认为"人类自以为能够改变上帝创造自然气候的条件是可耻

---

① "Statement of Chairman Lamar Smith (R-Texas), Full Committee Hearing on Examining the UN Intergovernmental Panel on Climate Change Process", May 29, 2014, http://docs.house.gov/meetings/SY/SY00/20140529/102283/HHRG-113-SY00-20140529-SD005.pdf.

② "Protect the Poor: Ten Reasons to Oppose Harmful Climate Change Policies", Cornwall Alliance, September 17, 2014, http://www.cornwallalliance.org/2014/09/17/protect-the-poor-ten-reasons-to-oppose-harmful-climate-change-policies/.

的"，并斥责气候变化行动是"企图让美国停止运作的阴谋"。① 因霍夫在新一届国会主导环境立法议程的专门委员会中身居要职，这将赋予他与白宫减排倡议"叫板"的强大力量。

四、政策评价

总的看，美国的气候变化政策既是国内集团利益和公共政策相互协调的问题，也折射出国际关系中的大国权力和利益博弈，这在一定程度上刺激了国际舞台上的气候治理仍然具有分散性和自主性。

近两年来，奥巴马政府重视在应对气候变化上"做好分内之事"，国内进程有明显改善，在国际上也出现了气候变化政策调整的迹象，并且塑造了日益广泛的应对气候变化国际联盟，可以预期，今后奥巴马政府的气候外交有望转向主动出击，行动力度继续加强。并且，相对在国内陷于"跛脚"的局面而言，奥巴马在国际环境事务中的态度会更显积极，这必将促进国际气候变化合作的新发展。事实上，美国通过与中国达成《气候变化联合声明》，特别是两国在"共同但有区别的责任和各自能力原则"上达成共识，预示着美国的国际气候变化谈判立场比以前有所松动，这在一定程度上为2015巴黎气候变化大会取得成果注入了新的政治推动力。

另一方面，由于美国一贯重视抓气候外交的主导权，善于调动资金和技术优势开展环境外交，吸引更多国家成为伙伴，积累了"隐性资源"。美国如果在国内减排上取得实质性进展，必将要求其他国家跟进，这会对中国等其他排放大国形成更大的减排压力。关于环保署"清洁电力管制方案"中强化的温室气体排放标准、燃料经济性标准、能效标准等，要警惕其发展成为新型绿色贸易壁垒的可能性。如果针对轿车、重型卡车以及电器等的相关标准发展成新的国际贸易"规则"，这意味着，未来中国相关产品必须符合特定条件才能出口到美国，必将增加中国在相关领域追赶西

---

① Neela Banerjee, "GOP primed to blunt environmental rules", *Los Angeles Times*, November 8, 2014, A10.

方核心技术的难度。此外，环境与自贸协定挂钩，有可能迫使发展中国家承担过多的环境责任，执行与美国对等的环境标准，从而进一步带动美国的环境产业出口和环境技术出口；这反过来却可能成为对发展中国家的新的绿色壁垒，削弱发展中国家在初级产品出口方面的优势，损害发展中国家的利益。

当前中国生态危机及应对策略

蒋明君[①]

内容提要： 环境污染与生态安全在中国一直是个非常棘手的问题。空气污染（雾霾）、沙尘暴、江河污染、土地污染、近海污染、地下水污染、植被破坏、湿地锐减、生物多样性减少，飓风、泥石流、地震、食品不安全，各类传染病和癌症发病率呈进一步上升趋势。面对如上诸多问题，我们应深刻认识生态文明建设的重大意义；应正确处理生态环境和生产力的关系，牢固树立保护生态环境就是保护生产力、改善生态环境就是发展生产力的理念；应以最严密的法治为生态建设提供保障；应加强生态文明建设，努力构建生态安全格局。

关键词： 环境污染 生态危机 生存状态 应对策略

环境污染与生态安全在中国一直是个非常棘手的问题。全世界都在关注中国的环境，关注中国作为一个负责任大国会以什么样的姿态来对待环境与生态问题，因为它涉及每个国家的切身利益，还直接牵扯到每个人的生存状态。例如：空气污染、沙尘暴、江河污染、土地污染、近海污染、地下水污染、植被破坏、湿地锐减、生物多样性减少，各类自然灾害频发，以及多种传染病和癌症发病率呈进一步上升趋势，以上每一个话题都让人胆战心惊。2007 年中国共产党第十七次全国代表大会首次把生态文明建设和科学发展观写入大会报告。2012 年中国共产党第十八次全国代表大会把生态文明建设写入《党章》，并纳入国家"五位一体"的发展战略，

---

① 作者系中国国际问题研究基金会高级研究员、生态安全研究中心主任。

同时提出了建设"美丽中国"实现"中国梦"的战略构想。2014年4月习近平主席在主持中央国家安全会议第一次会议期间，又将生态安全、资源安全纳入国家安全体系。早在1998年作为亚太地区国际协调委员会秘书长，我在主持首届亚太国家和平发展会议期间提出，"21世纪最大的政治问题，一是生态安全、二是资源安全"，因为生态安全关系人类生存，资源安全关系国家发展。我建言各国政府要把生态安全和资源安全纳入国家长期发展战略，共同保护我们赖以生存的地球家园。当时，这并没有引起中国各级政府的重视。当时全国上下都在抓经济建设，追求的是GDP而不是环境，由此导致了今天的生态危机。

一、当前环境污染和生态破坏状况

（一）关于雾霾和空气污染问题。

2014年伊始，雾霾侵袭了中国大江南北，多个城市遭遇史上最大的雾霾污染。北京时间2014年1月5日上午6时，中央气象台发布了2014年第一个雾霾黄色预警。雾霾天气，不仅对民众生存规律和健康构成严重威胁，而且成为国家发展的瓶颈。为此，从中央到地方多种治霾措施纷纷出台，虽然有些提法不尽科学，但反映了各级政府治理雾霾的决心和态度。我认为，一个城市、一个国家首先要有正气，就是要加强生态文明建设，改变粗放型经济发展模式，改善不健康的生活方式，全面提高国民的综合素质；二要接地气，就是把破坏的自然环境加以修复，把没有破坏的自然环境加以保护，要实现人与人、人与自然、人与社会的和谐；三要顺天气，就是要积极应对极端天气，降低气候变化和灾害风险，做好灾害预警、灾害救援、灾后重建工作。正气、地气、天气，三气相通就不生浊气。

（二）关于水资源安全和污染问题。

在经济地理中，对于经济区域的规划，首要的自然因素和条件就是水。人类文明历史中水扮演了最重要的角色。所有人类文明都发生在江、河、湖、海附近，这并非偶然。有水，才有生命，才有文明，才有人类的发展和延续。中国近年来发生的水资源危机和水污染问题，使众多河流都已经失去了支持环境和人类活动的功能。中国境内共有50000多条河流，目前已经干枯2700多条，剩余的70%以上受到污染，特别在北方地区基本上是"有河则枯、有水则污"。南方的珠江等河流也受到不同程度污染。无锡太湖、云南滇池、抚仙湖、鄱阳湖等重要湖泊也受到严重污染。中国的水库，青藏高原和云桂高原污染状况更严重，近期三峡水库中部污染严重。2010年以来中国特大干旱，号称水资源最丰富的西南地区竟然出现赤地千里的状况。山川河流形成期是一个漫长的过程，一旦平衡被打破，在短期内很难恢复。即使从现在起国家采取紧急措施并投入大量资金，也需要上百年时间才能恢复。中华文明始于治水，而今神州大地四处干旱净水几乎无存。

（三）关于国土安全和污染问题。

人类对高水平物质生活的追求，促进了科学技术的进步。工业革命满足人类各种物质要求的同时，却也导致了环境的严重污染。在经历工业污染带来的危机之后，西方社会对于环境保护形成共识，要限制无度、无节制的开发，呼吁保护人类赖以生存的地球家园。2013年12月31日，中国国土资源部召开新闻发布会称：第二次全国土地调查显示，中国现有5000万亩耕地受到中度和重度污染、已经不宜耕种；还有一定数量的耕地因开矿塌陷造成地表土层破坏，因地下水超采无法正常耕种，这样算下来，适宜稳定利用的耕地面积为1.2亿公顷，刚好是18亿亩耕地红线的数值。第二次土地调查显示，因草原退化、耕地开垦、建设用地等因素，全国草地减少1066.7万公顷；具有生态涵养的滩涂、沼泽减少10.7%，冰川与积雪减少7.5%，局部地区盐碱地、沙地进一步增加，导致生态承载能力严重下降。随着工业化、城镇化的快速发展，中国耕地面积大量减少。2006年3月（国民经济和社会发展第11个五年规划纲要）提出，"18亿亩耕地是未来五年一个具有法律效力的约束性指标，是不可逾越的一道生态红线"。据国土资源部调查，1997年至2009年，中国耕地面积净减1.2亿亩，2009年中国粮食播种面积只有16.35亿亩，已经突破了18亿亩红线。全国土地利用详查资料显示，中国可耕地面积为1.3×10^8公顷，约占国土面积的14.2%，人均耕地只有0.11公顷，不及世界平均水平的1/2。在现有耕地中，耕地质量总体较差，质量较好和质量一般的农田占2/3，存在各种障碍因素的低产土壤约占1/3，如盐碱地、红壤丘陵地、水土流失地、沙化地、干旱地、涝洼地等；耕地肥力呈现持续下降态势，全国耕地有机质含量平均降到1%，明显低于欧美国家2.5%—4.0%的水准。据调查，中国每年因环境污染损失粮食10×109公斤，占全国粮食总产量的3%，相当于每年粮食进口的总量。中国农科院土壤研究发现，中国1/5的耕地面积遭受严重污染，中低产耕地占总面积的65%，亩产1000公斤的耕地仅占6.09%。目前中国人均耕地面积不到0.1公顷，只有美国的1/6、阿根廷的1/9、加拿大的1/14。2005年农田干旱面积为3882公顷，2007年攀升到4899公顷，2010年50年一遇的全国性干旱只是开始。2010年，水利部称，中国每年农业缺水300亿立方米以上；大部分农田水利工程运行时间长，老化失修严重，目前434个大型灌溉骨干工程完好率不足50%。此外，中国还是农业自然灾害频繁而且非常严重的国家，主要有六大特点：一是对自然资源的高强度利用导致其欠缺更加敏感，例如水资源的超量开采是许多地区干旱日益加重的主要原因；二是气候变化导致极端天气和气候灾害频发，尤其是南涝北旱态势持续发展；三是经济全球化导致有害生物入侵及人畜患病风险加大；四是农业技术进步缓慢，使得农业应对自然灾害的脆弱性更加突出；五是气候变化已经改变了中国农作物布局和农业生产结构；六是全球气候变暖将加剧病虫害对农业生产的危害程度，特别是小麦锈病、黏虫、草地螟等的危害加重。近期，由于太阳活动异常偏弱和地质海洋活动异常，农业自然灾害将进一步加剧，我们必须认真应对。

（四）关于粮食和食品安全问题。

"民以食为天，国以粮为本。"没有粮食整个社会都将崩溃，历史上很多次改朝换代的直接因素就是人民因饥饿而造反。联合国粮食计划署公布的报告称，全球粮食储备仅为4.05亿吨，只够人类维持53天。粮食作为一种政治武器和最重要的战略资源。2000年，美国政府对农民种粮实行大量补贴。据美国农业部数据，2000年对农民补贴占农民收入的40%，欧盟多国政府补贴已达到国内生产总值的1.4%，而同期的农业产值只有1.1%。

在这些国家，农民收入至少跟城里人差不多。然而在中国，随着种子、化肥、农机、水费、电费的不断攀升，农民辛苦劳动一年只能净挣2000—3000元，不及进城务工人员收入的1/3，不及城镇居民收入的1/5—1/4。目前，中国农村强壮劳动力大多数进城打工，农民工数量达到2亿多，未来可能增加至4亿。这是未来形成粮食安全的一大隐患。

（五）关于化肥农药激素污染问题。

伴随食物中越来越多地使用催熟剂，性早熟病例在全国各地多有发生，仅扬州一年就出现了1000多名性早熟儿童，为追求更好的收益，农民还会使用类似于辣椒膨大素、土豆膨大素、萝卜膨大素等各种激素。所以，人们越来越关心我们怎样才能吃上安全的粮食蔬菜和水果。近年来，国家在几座大城市的超市和农贸市场对蔬菜和水果进行检测，结果显示，一种蔬菜残留很多种不同的农药，比如苦瓜上残留着6种不同的农药，菠菜上残留着6种不同的农药，扁豆上有8种不同的农药，黄瓜上有4种，荷兰豆上有6种，白菜上有4种，豇豆上有11种，水果砂糖橘上含有9种，小西红柿含有6种，检测报告显示，45份样品中，竟然检测出50种农药成分，这使消费者不知不觉中就把这些很难清洗的农药吃下去了。这些残留的农药中，可以致癌的有21种，影响内分泌系统的有15种，影响神经系统的有6种。资料显示，全世界各个国家，使用农药量逐年增加，在高速度、高产量、利益最大化的市场运行中，各类人群长期食用含有残留农药的食物，各种毒素在人体内不断积累，量变到质变，各种奇奇怪怪、意想不到的疾病就会普遍爆发。像高血压、心脏病、糖尿病和癌症几乎成了常见病。

最近100多年来，错误的价值观、商业和消费的价值观渗透到家家户户，就是鼓励消费、刺激欲望，加大商业化，人类发明创造了一个自圆其说的大市场，在这个大市场里，只要是人们想要的，拿出钱来就能供应给你，时髦的口号是："没有给不了的，只有想不到的。"现今，已经商业化、市场化的科学家们就开始研制大量的催化剂、化学饲料。本来，一只鸡正常长大至少需要半年，而现在，只需要35天就催大了；本来一只猪正常长大至少需要一年，而现在只需要三个月就催大了。这彻底破坏了自然万物生长的规律和生长的速度，人为地创造出一个地球上从来没有过的生物周期。2011年5月一则新闻报道指出：各地养殖场为了催大催肥鸡鱼肉，大量使用抗生素。报告显示，医务界生产的抗生素，有80%已经通过各种渠道进入动物的体内，最后又被人类吃掉了，结果导致许多疾病。同时，人以后再使用抗生素来治病已经不太管用，因为人对抗生素产生了抗药性。另外一份报告显示，世界卫生组织近期的统计结果是，全世界消费者普遍存在被农药毒害的隐患。比如早在1989年，欧盟就以立法的形式禁止含有激素的牛肉进口，这主要是针对美国的养殖业，他们为了加快牛肉的生产长期以来对生牛滥用激素，还有为了满足市场的需求，让农作物增产和早熟，世界各地都在过量地使用着化肥，农药、化肥和激素对土地植被、各种动物尤其是对地下水资源造成了极大的破坏和污染，更对人类和动物的血液和内分泌系统、神经系统造成数不清的病变。这样的结果科学家们形容是非常残酷的现实，再不改变观念，已经无法控制。

（六）关于地质灾害泥石流问题。

地质灾害如崩塌、滑坡、泥石流、地裂缝、水土流失、土地沙漠化及沼泽化、土壤盐碱化，以及地震、火山喷发等，都是在一定动力诱发（破坏）下发生的。诱发动力有的是自然的，也有人为的。据此，地质灾害也可按动力成因概分为自然灾害和人为灾害两类。自然灾害发生的地点、规模和频率，受自然地质条件控制，不以人类历史发展为转移；人为地质灾害受人类经济活动制约。诱发地质灾害的主要因素：一是矿产资源的过度开采，预留矿柱少，造成采空坍塌，山体开裂，发生滑坡和泥石流灾害。二是植被破坏，开挖边坡，修建公路，依山建房，形成山体滑坡。三是水库渗漏，导致泥石流，增加水容量，对水库下游形成潜在威胁。四是采石放炮，堆填加载，乱砍滥伐，是地质灾害重要诱发因素。值得警惕的是，在中国城市土地开发强度高速发展的背后是土地滥用和违法建筑。当前，城市化快速发展给民众带来生活便利的同时，各级政府需要深刻审视城市质量。这个质量不单是林立的高楼大厦和国内生产总值增长的数据，还有经济发展方式的可持续性，城市规划的科学性，环境的质量和生态的安全性。

（七）关于生物多样性减少问题。

生物多样性是人类赖以生存和发展的基础。人类的衣、食、往、行以及物质和文化生活的许多方面都与生物多样密切相关：一是生物多样性为我们提供了食物、纤维、木材、药材和多种工业原料和生活必需品。二是生物多样性在保持土壤肥力、保证水质，调节气候等方面发挥了重要作用。例如，黄河流域曾是中华民族的摇篮，在几千年前还是一片十分富饶的土地。树木林立，百花芬芳，各种野生动物四处出没。但由于长期战争及人类过度开发，如今这里已经变成生物多样性极为贫乏的地区，所见之处是黄土荒坡，遇到刮风天气便是飞沙走石，沙漠化十分严重。三是生物多样性在大气层成分、地球表面温度、地表沉积层氧化还原电位以及pH值等方面的调控方面发挥着重要作用。例如，现在地球大气层中的氧气含量为21%，供给我们呼吸，这主要归功于植物的光合作用。四是生物多样性的维持将有益于珍稀濒危物种的保护。我们都知道，任何一个物种一旦灭绝，将永远不可能再生，今天生存在我们地球上的物种，尤其是处于灭绝边缘的濒危物种，一旦消失，人类将永远丧失这些宝贵的生物资源。自从地球上存在生命以来，已经有千百万种植物和动物灭绝或消亡，有些灭亡属于自然演化过程，有些则属于人为破坏。在过去300年中，由于栖息地毁坏、环境污染以及战争和狩猎等因素，物种灭绝速度人为地提高了1000多倍。在今后20年内，如果我们不采取行动阻止人为对自然的破坏，将会有100万种物种处于灭亡的威胁中。

二、环境污染与生态危机应对策略

（一）深刻认识生态文明建设的重大意义。

2013年9月7日，习近平主席在纳扎尔巴耶夫大学指出："我们既要绿水青山，也要金山银山。宁要绿水青山，不要金山银山，绿水青山就是金山银山。"经过三十多年的快速发展，中国积累下来的生态和环境问题日益显现，各类灾害进入高发和频发阶段。例如，全国江河水系、地下水污染和饮用水安全问题不容忽视，有的地区重金属、土壤污染严重，全国频繁出现大范围长时间的雾霾污染天气等。随着社会发展和人民生活水平不断提高，人民群众对干净的水、清新的空气、安全的食品、优美的环境等要求越来越高，生态安全与环境安全在群众生活幸福指数中的地位不断凸显，环境问题日益成为重要的民生问题。老百姓过去"盼温饱"现在"盼环保"，过去"求生存"现在"求生态"。生态安全与环境问题是实现美丽中国和"中国梦"的重要组成部分，衣食住行无不与环境有关，是老百姓最基础最现实的生存条件，所有人概莫能外。实现十八大确定的到2020年国内生产总值和城乡居民人均收入比2010年翻一番的目标，如果是我们继续以牺牲环境为代价的粗放式增长，那么，生态与环境只会遭到更加严重的破坏，再高的GDP，再高的收入也不能拯救我们赖以生存的环境，环境破坏了，民生也无从谈起。届时自然将对我们人类进行更加疯狂的报复。维护生态安全，保护自然环境，关系广大人民的根本利益，关系中华民族发展的长远利益，是功在当代、利在千秋的事业。只有深刻意识到环境对国家、对人民发展的深刻意义后，才能切实做出行动保护自然环境，才能拥有蓝天、碧水、青山、绿地。[①]

（二）正确处理"生态环境和生产力"的关系。

2013年5月习近平主席在中央政治局第六次集体学习时指出："要正确处理好经济发展同生态环境保护的关系，牢固树立保护生态环境就是保护生产力、改善生态环境就是发展生产力的理念。"长期以来，中国坚持以经济建设为中心，推动经济快速发展起来，在这个过程中，一些地方、一些领域没有处理好经济发展同环境保护的关系，以无节制消耗资源、破坏环境为代价换取经济一时发展，导致能源和资源、生态和环境问题越来越突出。这种状况不改变，能源安全与资源安全将难以支撑、生态安全与环境安全将不堪重负，反过来必然对经济与可持续发展带来严重影响，中国发展的空间和后劲将越来越小。习近平主席指出："我们在生态环境方面欠账太多了，如果不从现在起把这项工作紧紧抓起来，将来会付出更大的

[①]　http://news.xinhuanet.com/politics/2014-08/15/c_1112090316.htm.

代价。"实践证明，脱离环境保护搞经济发展是"竭泽而渔"，离开经济发展抓环境保护是"缘木求鱼"。经济发展决定人们的生活水平，生态环境决定人们的生存条件。生态问题不能用停止发展的办法解决，保护优先不是反对发展，其核心是要正确处理保护与发展的关系，在发展中保护环境，用良好的环境保证可持续发展，实现生态安全。事实证明，我们可以把生态文明建设和环境保护工作与推动产业发展、群众脱贫致富紧密结合起来。我们只有更加重视生态安全与环境安全这一生产要素，更加尊重自然生态发展规律，保护和利用好自然环境，才能更好地发展生产力，在更高层次上实现人与自然的和谐。要克服把保护生态与发展生产力对立起来的传统思维，下大决心、花大气力改变不合理的产业结构、资源利用方式、能源结构、空间布局、生活方式，更加自觉地推动绿色发展、循环发展、低碳发展，决不以牺牲环境、浪费资源为代价换取一时的经济增长，决不走"先污染后治理"的老路，探索走出一条环境保护新路，实现经济社会发展与环境保护的共赢。①

（三）最严密的法治为生态建设提供保障。

"只有实行最严格的制度、最严密的法治，才能为生态建设提供可靠保障。要建立责任追究制度，对那些不顾生态环境盲目决策、造成严重后果的人，必须追究其责任，而且应该终身追究。"习近平主席提出的"实行最严格的制度、最严密的法治、最严的生态法治观"，充分表达了中央的坚决态度，同时也牢牢抓住了生态文明建设的"牛鼻子"。建设生态文明是一场涉及生产方式、生活方式、思维方式和价值观念的革命性变革。实现这样的根本性变革，必须依靠制度和法治。我国生态环境保护中存在的一些突出问题，大都与体制不完善、机制不健全、法治不完备有关。2014年1至6月，中国各级检察机关立案侦查发生在群众身边、损害群众利益渎职侵权犯罪案件4463件，涉案6190人，其中，涉及生态和环境领域663人次。法律是红线、法治是底线。任何人、任何组织都不能触碰、更不得破坏。习近平指出，要牢固树立生态红线的观念。在生态安全问题上，就

---

① http://news.xinhuanet.com/politics/2014-08/15/c_1112090316.htm.

是不能越雷池一步，否则就应该受到惩罚。科学的考核评价体系犹如"指挥棒"，在生态文明制度和生态安全建设中是最重要的。要把资源消耗、环境损害、生态效益等，能够体现生态建设的指标纳入经济社会发展评价体系，要建立生态文明和生态安全管理体系、考核办法、奖惩机制，使之成为推进生态文明建设的重要导向和约束。生态文明建设既事关发展方式，又事关人民福祉，只有筑牢生态安全与环境安全的防护墙，建设"美丽中国"才能"梦想成真"。[①]

（四）加强生态文明建设，努力构建生态安全格局。

据中国科学院的报告称，从20世纪末以来，中国经济增长取得巨大成就的同时，环境水平一直呈下降趋势。2009年世界银行报告指出，由于环境破坏导致中国国民收入损失9%，这几乎是与国民收入增长速度相同。也就是说，经济增长取得的成就为环境问题而减缩。近年来，中央人民政府虽然开始重视环境安全问题，但是，为什么环境水平和承载能力还在下降呢？根本原因在于经济增长方式问题。从1953年国家第一个五年计划以来，我们靠投入大量资源来实现经济的增长。这种发展模式造成资源大量浪费，环境受到严重污染、生态遭受严重破坏。如果这种发展方式不改变，就很难解决资源短缺和环境污染问题。中国著名经济学家吴敬琏说："中国现在消耗了全世界能源总量的21.3%，只生产了世界GDP总量的11.6%，这样一种增长模式不仅带来了资源的高消耗。"[②]这导致了今天的环境危机和生态破坏，成为实现可持续发展的瓶颈。我们要下决心改善生存和发展环境，实现绿色增长最重要的是改变依靠资源投入来实现经济一时发展，必须依靠科技进步来促进经济增长。但是这种经济增长的方式已经提出了几十年，国家第九个五年计划是1996—2000年，提出了实现经济增长方式的转变。但是，从那个时候起到现在已经过去三个五年了，这个发展模式的转变并没有实现，为什么会这样呢？在总结"十一五"经验、规划"十二五"期间，我们已经得出了结论，它的根本原因是体制障

---

①　http://news.xinhuanet.com/politics/2014-08/15/c_1112090316.htm.

②　http://news.youth.cn/gn/201307/t20130720_3562973.htm.

碍。作为体制障碍最重要的一点就是市场没有在资源配置中发挥决定性作用。既然我们找到了环境危机和生态破坏的根源，就必须从源头上解决问题，要依靠改革创新促进体制建设，体制的改变才能推进增长模式的转变，增长模式的转变才能从源头上解决环境危机和生态破坏问题。十八大决定要全面深化改革，实现环境优化、生态安全、可持续发展的最根本性措施，就是全面深化改革。除了推进改革、经济转型、绿色转型之外，在建设生态文明、构建生态安全格局方面，我们还需要付出艰巨的努力，因为反对生态文明建设的各种错误思想、观念、做法还是相当普遍，而且根深蒂固，如GDP至上、先污染后发展、后治理是发展的唯一道路等。一些地方政府和一些企业仍然采取上有政策下有对策的方式破坏自然环境。例如：神农架林区采取推山头、炸溶洞、填沟壑的方式在国家自然保护区建设高山机场。再如：2014年贵州省砍掉2万亩森林建设高尔夫球场。这些靠破坏自然环境来发展经济的事件，已经超出了国家划定的生态红线。这些不利于生态文明建设的思想和做法必须克服和纠正，要用更先进的、更科学的、更长远的发展理念去教育人们。要加速体制改革，要完善法制建设，要建立维权意识，要加强绿色执政，要开展绿色创新，要实现绿色增长，这样我们赖以生存的环境才有希望得到根本上的改善。

发展中国家形势

拉美国家经济改革的特点

沈　安[①]

内容提要：2014年拉美各国开始全面实施新一轮经济改革，转变增长模式，调整经济结构，加强基础设施建设，实施各项改革和调整措施。这一改革需要巨额的资金投入和内外企业的合作与投资，因而为中国企业扩大对拉贸易和投资带来了重要机遇。但是，这一轮危机存在明显的应急性特点，并且把基础设施建设作为重点，而一些长期存在的结构性问题没有受到应有的重视或列入改革的议程，这些问题不解决，将成为这一轮改革的制约因素，对此应有清醒的认识。

关键词：拉美　经济改革　基础设施　调整结构

在严峻的世界经济形势影响下，拉美经济增速进一步放缓，个别国家甚至滑到衰退边缘，为应对这一挑战，拉美各国纷纷开始实施新一轮经济改革，力图调整经济结构，实现可持续的发展。2014年，经济改革再度成为拉美地区各国经济和社会发展的主旋律，一些国家在前几年改革的基础上，大力实施各项改革和调整措施，这一改革为中国企业扩大对拉贸易和投资带来了重要机遇。

---

① 作者系新华社世界问题研究中心研究员。

一、严峻挑战促使开启新一轮改革

2003年以后拉美多数国家经历了长达六年的经济繁荣，并成功抵御了国际金融危机的冲击，但2012年后各主要国家经济增长开始放缓，少数国家甚至陷入新的衰退。

这种形势是由多方面因素造成的。外部因素主要是世界经济持续走低形势的影响，而内部因素主要是经济结构不合理和发展战略及政策调整滞后，劳动生产率低，国际竞争力低下，缺乏增长后劲。其主要表现为，长期存在的一些结构性问题制约了经济的发展。一些国家能源不足制约了经济增长，或者对单一产业或某些初级产品出口过度依赖。国内储蓄偏低，2003—2010年全地区年平均储蓄率仅为19.2%。投资不足，2011年全地区平均投资率仅为22.9%，大大低于亚洲发展中国家的40%。缺乏科技创新，2011年，亚洲国家出口的高中技术产品比拉美高3.3倍。资本、市场和技术上严重对外依赖的现象依旧。保护主义严重损害其产业升级，产品竞争力不高。过度依赖初级产品出口的国家，经济脆弱，在国际市场发生变动的时候，特别是在市场需求下降、价格波动时，容易受到伤害。保护主义严重的国家，开放度偏低，过度依赖本国消费，缺乏增长动力。

基础设施投资不足，是拉美国家存在多年的问题之一。联合国拉美经委会2014年10月14日发表的研究报告指出，拉美地区基础设施建设投资偏低是该地区经济发展滞后的因素之一。该报告说，2003—2012年的10年中拉美地区各国在4个基础设施部门（交通运输、能源、电信、供水和排水）平均投资占GDP比重仅为2.7%。2012年这一比重为3.49%。投资占比最高的国家是哥斯达黎加（5.47%），最低是巴拉圭（1.51%），除巴西（4.1%）外，墨西哥（3.32%）、阿根廷（2.89%）、智利（2.83%）、哥伦比亚（2.45%）等都在平均数以下。报告建议，2014—2020年，全地区每年投资占GDP的比重应提高到6.2%，即3200亿美元，才能满足基础设施建设的需要。

联合国拉美经委会认为，拉美地区必须进行结构改革。该机构执行秘书阿利西亚·巴尔塞拉指出，拉美国家面临的最大挑战是：结构改革，通过扩大技术创新和产业链条，提高投资和劳动生产率。"改革并使出口结构多元化，降低对初级产品的依赖"。

这些结构性问题有些由来已久，但有些却是近10年来经济社会发展战略、发展政策造成的，换言之，是近10年经济增长方式造成的。对此各国已经有明确认识，并已经针对这些问题采取措施，制定新的调整和改革规划，在推动经济增长的同时，走上新的改革转型之路。

二、新一轮改革举措及特点

拉美各国政府对此也有明确认识。早在2005年，一些国家就已采取措施进行改革和调整。但全地区的大规模改革则始于2012年，这一轮改革的突出特点是全面改革，重点改变增长方式，改革宏观经济结构，推动制度创新的机制改革。既顾及眼前形势又着眼长远发展，克服危机，复苏经济，与经济改革调整相结合。主要表现在以下几个方面。

（一）转变增长模式，大力改革和调整宏观经济结构。

通过扩大内部基础建设投资和消费拉动经济增长。改变过度依赖某种或某些产品出口的模式，特别是过度依赖矿产品、能源、农牧业产品出口的状况。大力调整经济结构，加强基础设施建设，重点发展制约发展的经济部门，创造和培育新的增长点，大力发展高新产业特别是新能源和信息产业。增加国内消费。继续扩大出口，特别是非传统部门产品的出口。

（二）推动制度创新和机制改革。

修改法律法规，以法律形式确定新的发展战略和政策，调整财政、税收和投资政策，以鼓励投资，扩大就业，控制通货膨胀，保障供给。如，墨西哥为推行能源改革，修改了《宪法》相关条款和20多部二级法律，制定了一系列新法律法规。同时，通过了《交通改革法》、《税收改革法》和《金融改革法》等法律。

（三）加强基础设施建设，作为复苏经济、调整结构、克服发展短板的重点。

各国都推出一系列大规模基础设施建设计划，其中包括大规模交通运输系统的重建和现代化计划，加强铁路、高铁、公路、港口、航空建设。

（四）制定和实施新的能源和矿业战略与政策，扩大能源生产。

将开发和发展可再生能源等新能源作为能源发展战略的重点。墨西哥的能源改革力度最大，阿根廷也推出了新的石油企业税利政策。巴西、墨西哥、阿根廷和智利等都推出新能源开发计划。

（五）实施再工业化战略，重振和发展本国制造业。

针对各国20世纪90年代新自由主义改革期间造成的去工业化带来的工业发展滞后的后果，各国都推出了新的鼓励本国制造业和信息产业发展的新规划和新政策。

（六）改革教育、科技。

教育改革是实现社会公正公平的重要内容之一，也是实现国家可持续发展和社会安定的必要条件之一。

墨西哥培尼亚政府的三大任务之一就是全面推行教育改革，从整个教育体制上改革本国教育。政府正在推动国会通过新的教育法案。

巴西罗塞夫政府把发展教育作为新一届政府的施政重点。为了应对长期以来国内对教育滞后问题强烈的社会不满和抗议，政府把教育改革作为政府施政的优先重点。

智利把教育改革作为政府当前最重要的改革任务。智利的教育改革是面对学生和全社会要求恢复全面免费教育的诉求，任务繁重，难以实现。

（七）继续关注社会发展。

保障和改善民生，卫生保健。改革分配制度，完善社会保障体系。把公共工程作为拉动经济的动力之一。

（八）扩大对外开放，寻求外国投资与合作，强调对外自由贸易谈判。

在对外经贸合作与地区一体化方面不断探索新路。继续强化贸易多元化，开拓新市场，增加出口，吸引外国直接投资。扩大与中国等东亚地区国家的经济贸易，加速与欧盟等地区外的贸易谈判。继续加强地区一体化进程，完善拉共体全地区的合作机制，各小地区一体化在加强本地区一体化进程的同时，还在谋求加强各一体化组织之间横向的联系与合作，其中最引人瞩目的是太平洋联盟与南方共同市场2014年开始合作磋商。安第斯共同市场成员国中的秘鲁和哥伦比亚先后与欧盟达成自由贸易协议，南方共同市场也在加速与欧盟的贸易谈判。

但是，值得注意的是，贸易和投资保护主义也有所强化，一边限制进口，一边对外国投资也做出了种种限制，以保护本国工业。在金融方面，有些国家采取了一些限制汇兑和资金保护措施，以保护本国金融市场，加强对外自由贸易谈判。

三、有待深化改革的结构问题

各国改革的重点基本放在基础设施建设上，但一些重要的结构性问题没有被提上改革日程或仍未列入全面深化改革的计划，而这些结构性问题的确是造成当前经济形势欠佳的关键因素，因此，这些结构性问题能否改革关系到经济改革的成败，必须引起高度重视。

（一）价格政策与控制通货膨胀政策问题。

在一些国家，为控制通货膨胀实施严格的价格管制和高利率政策，特别是能源、食品等价格。这导致企业严重亏损，丧失生产积极性，国内市场供应不足，反而推动物价上涨。

（二）税收政策和制度问题。

据拉美经委会报告，税务改革是拉美国家当务之急，需要彻底改革现行税收体制。最大的弊端是逃税严重，逃税成为拉美"财政黑洞"。其次，税收制度不合理、效率低，消费税为间接税，商业贸易税、公司税和个人税为直接税。第三是税率偏低，18个拉美国家平均税率（占GDP比率）为18%—20%，而欧盟28个国家为35%，欧元区18个国家为44%，斯堪的纳维亚地区国家超过45%。上述情况导致税收增长缓慢，2009—2012年，18个拉美国家中的13个国家税收占GDP的比率仅从18.9%增长到20.7%。

（三）保护主义问题。

有些国家特别是阿根廷和巴西等，贸易和投资保护主义十分严重，成为阻碍贸易增长和外资流入的主要障碍。但迄今并未有取消或减少这些保护措施的迹象。

（四）经济发展与社会发展的关系与比例问题。

某些社会福利政策和扶贫方案造成公共财政负担过重、难以持续以及社会保障、劳动者保护与企业负担及利益等方面的问题。

（五）科技发展滞后，技术上对外依赖严重，产品竞争力低下。

这个普遍存在的问题短时内难以解决。

（六）对初级产品过度依赖的结构问题。

对此各国均有明确认识，也希望改变，但迄今仍缺乏具体的推动制造业发展规划。

（七）内部储蓄率偏低，投资不足，不得不依赖外资的问题。

据拉美经委会数字，2003—2011年，国内储蓄偏低，2003—2010年全地区年平均储蓄率仅为19.2%。投资不足，2011年全地区平均投资率仅为22.9%，大大低于亚洲发展中国家的40%。

（八）政府干预与市场经济的关系问题。

一些国家政府对经济过度干预，激进左派国家尤为严重，其主要表现之一是大规模的国有化，对价格、汇率、利率等管理过度过死。

（九）企业公司政策及改善投资环境问题。

即在企业投资经营所需要的各类条件，政府腐败和政府效率低下等。

（十）财政、货币和金融政策，包括汇兑、汇率、利率、信贷政策等。为控制通货膨胀，实行高利率和汇率管制，导致企业融资困难。

这些问题在拉美各国都有不同程度的存在。不解决这些问题，就无法调动企业投资的积极性，无法实现吸引外资的目标，也就无法根本改变现存的结构失衡、无法达到经济的可持续发展。当然，在有些国家已经公布的改革方案和措施中，包括一些涉及上述领域的措施，但是总体来说，还没有任何一个国家制定了比较全面的深化改革计划。

四、拉美主要国家的改革措施

（一）巴西。

2008年以来，巴西政府先后20多次颁布复苏和改革经济措施，力图推动基础设施建设和生产性投资，调整经济结构。

1. 交通运输

2008年，巴西宣布，为2014年世界杯足球赛专门建设的圣保罗、里约和坎皮纳斯之间的高速铁路，投资150亿美元。

2008年，巴西与阿根廷和委内瑞拉签署协议，决定建设连接三国的铁路网。巴西政府还宣布计划修建一条从巴西大西洋海岸港口到巴拉圭的农产品运输专用铁路。

2013年，推出了为期25年、总投资1330亿雷亚尔的投资计划，包括建设7500公里高速公路、10000公里铁路、改扩建机场和港口等一系列重大工程。

巴西和秘鲁政府推动了在巴西大西洋港口到秘鲁太平洋港口之间修筑一条横跨南美大陆的铁路的计划。这条铁路全长4544公里，中间要翻越海拔4000多米的安第斯山脉，总投资至少需要100亿美元。中国国家主席习近平2014年访问巴西时，中国与巴西和秘鲁达成共同建设该项目的合作协议，三方决定共同进行项目的可行性研究。

2. 再工业化

巴西公布了振兴本国工业的计划和一系列政策措施，还计划兴建世界上最大的造纸厂、化肥厂和炼油厂。

2014年6月19日，巴西推出支持出口商与制造业的措施，刺激工业复苏。"支持投资计划"（Programa de Apoyo a la Inversion, PSI）延长到2015年。按照该计划，国家开发银行向购置机器、卡车和其他资本货物的公司提供有补贴的信贷。降低对公司的税收。食品、饮料、建筑、在国外经营的服务业和制造业企业减税9%。建立新的更灵活的缴税规则，促进欠税企业尽早完税。生产建筑材料和资本货物的工业企业继续实施免税。这项减税政策早在2012年和2013年就已实施，导致当年政府财政收入未能完成计划指标。这些措施既是为了复兴经济也是为了调整经济结构，因此，不仅仅是应急性举措，而是具有长远的意义。

3. 复苏经济

巴西其他一些复苏经济措施也对调整经济结构具有一定的作用。如，降低利率、延长贷款期限和让雷亚尔贬值，以重振国内市场消费和出口。2012年后推出的支持农业措施。向大中农业企业和家庭企业提供优惠贷款。

2014年罗塞夫胜选连任后，出台了一系列改革和调整措施，其中主要有：把银行基准利率从11%提高到11.25%。调整财政政策，改善公共收支。提高银行贷款额度。计划改革一些社会税种，提高燃料进口税，简化纳税手续。通过经营许可证转让扩大私人在基础设施、能源和交通设施建设中的投资。

总体来看，这些措施多数仍在计划之中，已实施的效果也不明显，

2014年巴西经济仍持续下滑，实际上陷入衰退。但对今后经济结构的调整会产生一定的影响。

（二）墨西哥。

政府大力推行经济改革，制定并实施需要庞大投资的能源、交通运输与通信等基础设施建设计划，推行能源、税收和金融改革、教育改革，鼓励扩大对外开放，鼓励外国投资，并在吸引外国投资方面取得明显成果。

2013年5月20日，墨西哥公布了为期6年的国家发展计划，经济改革和能源、基础设施的建设总投资达4万亿比索，约合3000亿美元。后来，投资规模再次增加，达到近6000亿美元。到目前为止，已经通过立法并付诸实施的经济改革计划有以下几项：

1. 交通和通信改革

2013年7月15日正式颁布的《交通改革法》规定，交通和通信基础设施投资计划6年总投资规模1.3万亿比索（约合1000亿美元），其中5820亿比索用于基础设施和交通，7000亿比索用于通信。该计划包括的项目有：15条高速公路、29条公路、16条绕城高速公路、7座桥梁、3条客运铁路、6组不同城市之间的运输网络、4条货运铁路、7座机场、7座海港。

吸引外资参加本国通信和信息产业，放宽对外资的限制，允许扩大外资在广播电视和网络公司的占股比例。

2. 能源改革

2013年12月，颁布国会两院通过的有关能源改革的宪法修正案。此后，又先后通过了20多项二级法律，完成了有关能源改革的法律修改工作。能源改革的主要内容是：（1）打破国营的墨西哥石油公司（PEMEX）和国家电力公司对能源的垄断，允许私人资本参加能源的勘探和开采、石油加工、石油化工、运输与仓储等生产活动。（2）改革墨西哥石油公司和电力公司，使之成为国有生产性企业。对两个公司的财务、人事组织、工会等实施改革。

不过，在油气开发方面，允许外资加入的主要是深海油田、页岩气和清洁能源。

电力方面的开放程度相对高一些。

能源改革遭到左翼政治力量的反对，认为这实际上是石油私有化，违反墨西哥《宪法》。

3. 税收改革

2013年10月国会通过的《税收改革法案》规定，改革的目的是建立公正透明的税收制度，促进经济增长，建立新的全面的社会保障体系。实际上，主要目的是增加税收。改革包括：（1）全国统一增值税率为16%，取消原有边境地区的11%的优惠增值税。（2）提高对高收入阶层和企业集团的所得税。（3）提高房产买卖的增值税率。（4）开征对部分食品（所谓垃圾食品）和饮料税（5%）。（5）提高交易所利润税和红利税。这项改革将使部分大企业税负增加，因此，遭到大企业和右翼政党的反对。

4. 金融改革

2013年12月正式颁布国会通过的《金融改革法》，其中规定，改革的目的促进银行增加贷款，促进经济的增长，推动银行体系健康发展，避免金融危机。主要改革内容是：（1）加强开发银行的作用；（2）鼓励商业银行竞争，降低利率，增加投资；（3）强化对银行体系的监管。

（三）阿根廷。

政府先后公布了一系列新的开发项目，制定相关政策，有些项目已经实施，有些仍处于计划阶段。政府把发展能源作为重点，先后出台了一系列新政策，推动油气和电力发展项目，把吸引外资作为政策的重点。

1. 能源建设

2012年，颁布《石油主权法》。2013年，颁布的《油气开采和投资促进法》，其中规定，凡5年内在阿根廷投资总额超过10亿美元的油气企业，其产量的20%可免税出口海外市场；符合上述条件的企业还可不受外汇管制，100%自由支配外汇。2014年，颁布新的《石油法》，规定延长油气田租让期限和减少上缴税利，以吸引投资，增加产量，减少进口。

阿根廷与中国合作建设第四座核电站"阿图查3号"。中国将在设计、投产、运营方面为阿根廷提供技术、设备和工具，总投资20亿美元。在南方的圣克鲁斯省的圣克鲁斯河上，建设两座水电站——"基什内尔水坝"和"豪尔赫·塞佩尼克水坝"。中国葛洲坝集团公司与阿根廷两家公司组成的集团在第二次招标中中标。习近平主席访问阿根廷期间，中阿签署合作协议，中国3家商业银行将提供47.14亿美元贷款。

2. 铁路网现代化

阿根廷拥有南美最大的铁路网，但20世纪90年代后逐步落后，部分路段甚至废弃，整体运输能力大大下降。2004年后，政府着手重整铁路，力图恢复运输能力。主要举措有，改组经营单位和方式，增加新设备，改造、恢复和增强地铁和城铁运输。

1990年停运的布宜诺斯艾利斯市萨缅托城铁重建工程，于2008年启动，总投资30亿美元，2012年停建。阿根廷政府宣布2014年第三季度恢复生产。该工程包括购置25辆中国造新列车。

全国铁路网重建计划中，首先是中部的圣马丁铁路和北部的贝尔格拉诺铁路两大铁路网，其他铁路网的重建也将开始。2013年，美洲开发银行向阿根廷提供12亿美元，用于城市铁路（包括地铁）的维修和重建和设备更新。

根据习近平主席访问阿根廷期间两国政府签署的协议，中国将在阿根廷的水电、矿业、金融和农业出口方面提供230亿美元的投资。

（四）智利。

智利计划在2014年后的10年间投资1200亿美元，大力发展经济。其中，在矿业方面的投资将超过500亿美元，能源方面投资超过400亿美元，基础设施建设方面投资约300亿美元。[①] 这些工程计划不仅需要巨额投资，而且需要国际大财团和大公司的推动和参与，否则很难启动。智利政府已经表示欢迎外国资本参加，并明确表示希望中方企业参与投资。

智利把发展新能源放在重要地位，计划到2025年智利能源的20%来自新能源。政府将加大对风能、太阳能和地热能的投资，将其作为新能源的重点。政府计划发电和输电系统等基础设施的建设。

智利政府还计划加大投资建设电网，实现本国电网与安第斯地区其他国家电网的联网运营。智利已与秘鲁、厄瓜多尔和哥伦比亚磋商联网事宜。

---

① http://finance.sina.com.cn/world/mzjj/20101116/18368962491.shtml.

（五）哥伦比亚。

近年来，哥伦比亚实施了一系列基础设施建设工程，包括公路、城市和乡村道路、给水排水系统、油气田和矿业设施、体育设施、住房等市政工程。政府制定了2012—2020年基础设施建设投资规划，预计总投资780亿美元，年平均占GDP的3.3%。其中，公共投资占52.4%，其余为私人投资。全部项目中，交通运输占56.2%、矿业和能源占18.8%、住房占12.6%、信息及电信技术方面的公共投资占7.1%、城市交通占5.3%。

（六）秘鲁。

秘鲁政府与各行业部门联合确定，2012—2021年基础设施建设总投资需要880亿美元，相当于其年国内生产总值的33%。其中投资能源330亿美元、占37.5%，交通运输210亿美元、占23.8%，电信192亿美元（主要用于宽带建设）、占21.8%。其他项目包括教育、供水和排水、教育和卫生保健等。为筹措资金，政府允许私人管理的养老金基金（2012年总额达到287.54亿美元）进入基础设施建设投资。

五、结束语

这一轮经济改革已成为拉美地区经济和社会发展的主旋律，因而成为世界舆论关注的重点。这一改革，特别是大规模的基础建设投资计划，为中国扩大对拉美贸易和投资提供了新的机会。也要看到，这一轮改革是为应对严峻的世界经济形势和本国经济放缓的挑战而展开的，因此，具有明显的应急性特点，并把严重制约经济的基础设施建设滞后作为改革的重点。虽然各国强调经济结构的改革与调整，但上述许多结构性问题都没有列入改革议程，而这些重要问题不能及时解决，势必影响整个宏观经济结构改革的前景。对此，我们必须保持清醒的头脑。

巴西总统选举对巴西形势发展的影响

周志伟[①]

内容提要： 在2014年的总统选举中，现任总统罗塞夫凭借微弱的优势成功获得连任，实现了劳工党自2002年以来在总统选举中的"四连胜"。胶着的选情体现了当前巴西复杂的政治生态，劳工党和社会民主党的"两党对决"局面依然延续，经济困境和腐败丑闻使得劳工党的力量优势萎缩严重。与此同时，微弱的优势获选预示着罗塞夫在第二任期的执政压力和难度。未来四年，罗塞夫的最大挑战是实现经济增长的尽快恢复，并使社会政策惠及更多的中产阶级，从而巩固劳工党的执政基础。如果在上述两方面难有突破，罗塞夫政府和劳工党有可能再次面临信任危机。

关键词： 巴西　总统选举　罗塞夫　劳工党　变革

2014年10月26日，巴西新一届大选尘埃落定。现任总统、劳工党候选人罗塞夫最终以51.64%的支持率战胜社会民主党候选人阿埃西奥·内维斯，成功获得连任，从而也实现了自2002年总统选举以来劳工党对社会民主党的"四连胜"，将劳工党政府任期再续四年。但是，罗塞夫仅以3.28%的优势获胜，这不仅创下了"两党对决"最近20年来的最微弱优势，同时也使本次大选成为巴西再民主化以来选情最胶着的一次。胶着的选情，一方面，体现了巴西当前复杂的政治生态；另一方面，预示着罗塞夫在其第二任期内的执政难度。

---

① 作者系中国社会科学院拉丁美洲研究所副研究员、巴西研究中心执行主任。

一、巴西总统选举选情分析

2014年年初至8月中旬，劳工党总统候选人、现任总统罗塞夫、社会民主党候选人内维斯和社会党总统候选人坎波斯在本年度巴西大选中是位居前三位的候选人。罗塞夫为巴西前总统及劳工党创始人卢拉一手提拔起来的政权继承人。自2011年执政以来，因经济放缓、民众抗议等因素，谋求连任的罗塞夫面临越来越多的争议。后两位则是巴西政坛"少壮派"的杰出代表，政治形象和政策主张贴近选民"求变"的心态，但由于在全国范围内缺乏足够的认知度和影响力，他们在选举初期不足以给罗塞夫施加足够的压力。比如，在8月初的民调中，罗塞夫的支持率约38%，内维斯和坎波斯则分别为23%和9%。

8月13日，坎波斯在竞选活动中意外坠机身亡，社会党改由原副总统候选人席尔瓦替补参选，此举改变了总统选举的原本走势。8月底，在席尔瓦宣布参选总统后的首次民调中，他以28.2%的支持率超越内维斯（16%），升至第二位，将罗塞夫的优势压缩至6个百分点。并且，在第二轮的模拟投票中，席尔瓦甚至能力压罗塞夫当选。进入9月，席尔瓦的民调支持率与罗塞夫不相上下，差距控制在民调误差范围内。席尔瓦的"崛起"主要归因于以下因素：第一，席尔瓦鲜明的个人标签——环保主义和福音教派——具有较强的号召力，在2010年首轮总统选举中，曾获得19%的支持率，在全国具备较稳固的支持群体；第二，坎波斯的意外身亡为席尔瓦赢得了部分选民的同情，尤其在坎波斯曾经主政的伯南布哥州，席尔瓦继承了坎波斯的大部分票源；第三，席尔瓦提出的"新政策"和"打破两党独大局面"的口号具有很强的号召力。正因为如此，罗塞夫和内维斯的竞选策略因势调整。前者旨在避免席尔瓦进入第二轮，后者意在"逆袭"席尔瓦争取从首轮胜出。

在"左右夹击"的攻势下，席尔瓦对内维斯的优势在进入电视辩论阶段后逐渐萎缩，加之社会党在推举席尔瓦替选问题上出现分化，盟党力量较为单薄，席尔瓦反对同性恋婚姻和堕胎的强硬立场、农业部门对环保主义政策的担忧等因素，使席尔瓦的支持率在10月5日首轮投票前被内维斯超越。最终，罗塞夫和内维斯以41.59%和33.55%分居首轮投票的前两位，进入第二轮，席尔瓦则以21.32%的支持率止步首轮，其得票率与2010年大选时基本持平。席尔瓦的出局不仅使劳工党和社会民主党在总统选举中的"两党对决"局面延续，而且再次证明，在缺乏强有力政党支持的前提下，"局外人"仅靠个人魅力和口号难以实现"第三条道路"的突破。

第二轮选举延续了过去20年来劳工党和社会民主党"两党竞选"的形式和风格。相比而言，本次更多体现在两党之间的对攻转换，两位候选人缺乏对竞选纲领的充分辩论。并且，两位将攻击对方的矛头都选定在经济和腐败两大议题上，内维斯抨击劳工党及其盟党的腐败以及最近一届政府在经济上的糟糕表现，而罗塞夫则针对社会民主党执政期间以及内维斯执掌州长（米纳斯吉拉斯州）任内的腐败问题进行了针锋相对的回击，并且努力唤起民众对社会民主党执政期间（1995—2002年）经济混乱的回忆。

最终，罗塞夫仅以3.28%的优势（346万票）击败内维斯，延续了自2002年以来在总统选举中劳工党对社会民主党"四连胜"的神话。对于选民人数超过1.4亿的巴西来说，如此差距可谓是"毫厘之间"。"变革"是贯穿巴西2014年大选的关键词，谋求连任的罗塞夫也提出了"新政府、新理念"、"延续中求变革"等竞选口号。从所涉及改革的内容看，罗塞夫和内维斯的政策主张区别不大，均强调严惩腐败，实现经济可持续增长，延续且扩大民生项目，增加医疗和卫生投入，改善公共安全，等等。但是，选民对两位候选人所代表的政党及其执政理念的认识与理解存在较大差异。社会民主党执政期间（1995—2002年）正值巴西经济调整阶段，卡多佐主持的"雷亚尔计划"虽使通货膨胀从4位数降至2位数，但在这一阶段巴西面临高通胀、低增长（年均2.3%）、高失业（2002年曾升至12%）等一系列问题，两极分化进一步加剧，巴西贫困率在这一阶段一直维持在35%左右的水平，这些都是巴西中下阶层民众尚未挥去的苦痛记忆。与之对应的是，劳工党在其执政的12年（2003—2014年）间，通过一揽子扶贫政策使4000万人脱贫，近3000万人进入中产阶级，中产阶级居多的"纺锤形"社会结构已经成形，国内消费由此成为国际金融危机爆发后支撑巴西经济的重要支柱。在这一阶段，巴西贫困率从2003年的

35.7% 降至 2012 年的 15.9%，赤贫率更从 15% 降到了 3.5%。另外，尽管罗塞夫上任以来经济表现乏力，但就业市场需求旺盛，年增就业数量达 179 万，失业率持续降至 2013 年的 5.4%，是最近 20 多年来的最低位。选民对两党执政业绩的认同差异在贫困地区体现得尤为明显。在第二轮投票中，在相对落后的北部和东北部地区，罗塞夫几乎获得全胜，其支持率在其中 5 个州超过 70%，而在发达程度较高的中西部、东南部和南部地区，罗塞夫仅在米纳斯和里约两州获胜，而内维斯在其中 5 个州的支持率则高达 60%。与总统选举同时进行的州长选举也成了影响总统选情的因素。在当选的 27 个州长（含巴西利亚联邦行政区）中，支持罗塞夫的占到 15 个，这为罗塞夫在全国范围争取选票创造了有利条件。最终，罗塞夫在第二轮投票中获得了 51.64% 的支持率，以超过对手内维斯（48.36%）3 个百分点的优势成功获得连任。总体来看，两位候选人都拥有比较稳定的"票仓"，而居中的中产阶级是两位获选人竞争的主要群体。选举结果的细小差距或许正体现在选民对于两党执政经历的认识差异之上，绝大多数选民（包括支持罗塞夫的选民）期待变革，但多数更倾向于有保障的变革，而非存在未知成本和风险的变革。

二、 罗塞夫新任期的政策主张

在 2014 年总统选举中，罗塞夫的竞选纲领提出"更多的变革，更好的未来"的理念。从具体内容来看，这份长达 42 页的竞选纲领的主要思想是，在肯定劳工党过去三届政府给巴西带来的积极变化的前提下，提出启动"变革的新周期"，以克服制约巴西充分发展的制度性问题。变革，一方面，着眼于稳定经济和扩大社会政策；另一方面，强调提升生产竞争力。从政策议题的具体内容来看，罗塞夫更强调"延续中求变革"的思路。

关于政治改革，罗塞夫呼吁"有必要尽快扩大和深化政治改革"，以解决巴西代议制民主体制中的问题。在具体表述中，针对政治改革的主要议题，罗塞夫在竞选纲领中强调开展全民公投，提高公民参与。针对政治改革的内容，罗塞夫尤其强调改善政治代表性、完善选举制度以及提高决策透明度，加大反腐力度。针对这些问题，罗塞夫一方面指出，选举制度应对竞选融资作更明确的规定，另一方面强调，建立并健全公民对其代表的监督机制，加强公民的决策参与。另外，罗塞夫还呼吁开展联邦体制改革，更好地明确联邦、州和市三级政府的职能，从而改善公共服务的灵活性和质量。

在经济领域，罗塞夫提出了"加强宏观经济政策稳定"、"坚决控制通货膨胀"和"实现经济与社会的强劲且可持续增长"这三大目标，明确了通过"提高投资率"、"扩大国内消费市场"和"增加基础设施投资"等实现经济增长的政策手段。另外，在罗塞夫的竞选纲领中强调"生产力"和"竞争力"两大概念，着眼于通过农业、工业和科技政策降低投资和生产成本，鼓励提高创新能力，简化税制，减少物流成本，提高行政效率和环境政策的效力，改善国内营商环境，提高生产力和竞争力。在竞选纲领中，罗塞夫强调基础设施和能源业。比如，提出"将铁路、内河航运和沿海航运置于优先位置，减少现有的瓶颈问题，在全国和地区范围开设新的客、货流通网络"，与此同时，"继续推进公路、港口和机场的更新和扩建"，采取有针对性的政策鼓励"公私合作"的投资模式。针对能源业，罗塞夫强调，"扩大能源生产和运输系统以保障能源供给安全和降低运输成本"，"保持巴西能源结构的多样性和先进性"。

社会政策方面，罗塞夫强调"教育政策应实现从教育普及向教育质量提高的转型"，以支持"巴西步入知识性社会"。从具体政策来看，罗塞夫承诺将石油特许权使用费收入的75%投入教育领域。此外，罗塞夫竞选纲领还明确了将强化"技术教育和就业获取全国计划"，在2015—2018年再增加10万个"科学无国界"海外留学奖学金名额。此外，罗塞夫承诺扩大"我的房子，我的生活"计划，增加城市住房供给量；加大城市交通投入，保障快捷、安全和高效的交通体系；扩大联邦政府在公共安全领域的作用，设立"国家公安学院"，加强警察和刑侦人员的培训，整合全国公安系统。在减贫方面，罗塞夫提出"消除赤贫仅仅只是开始"的理念，承诺在巩固现有社会政策所取得成果的基础上，扩大政策辐射面，避免脱贫人口的"返贫"现象。针对2013年民众抗议中呼吁较多的卫生医疗问题，罗塞夫承诺在第二任期内扩大"更多医生计划"、"急诊网络、专家会诊网络和"紧急移动就诊服务"。

外交政策方面，罗塞夫在竞选纲领中明确指出，继续将南美洲、拉丁美洲和加勒比地区置于优先位置，加强南方共同市场（MERCOSUL）、南美洲国家联盟（UNASUL）、拉丁美洲与加勒比共同体（CELAC）建设，从贸易和生产一体化的角度推动地区一体化，尤其强化金融、基础设施和能源的一体化建设。此外，罗塞夫在竞选纲领中强调，新任期将延续"南南合作"的外交主线，深化与非洲、亚洲（尤其是中国）、阿拉伯世界的关系。与此同时，竞选纲领强调，对南方世界（尤其指"金砖国家"）的外交侧重"并非意味着忽视发达国家"，与美国、欧盟和日本的关系对巴西同样至关重要。在全球治理层面，罗塞夫在竞选纲领中强调"构建规划所有交流方式（尤其是互联网）的机制，保证公民、企业和政府的隐私权"，促进诸如联合国、国际货币基金组织和世界银行等主要国际机构的改革。

三、新政府内政外交走势分析

自2011年执政以来，罗塞夫在自己的第一任期面临着政治腐败严重、经济萎靡不振、民众抗议此起彼伏等严峻局面，在这种局面下，求变不仅是巴西民众的主流心态，也是劳工党政府延续执政所必需的出路。客观地说，巴西民众的求变心态并非是对过去12年劳工党执政的全盘否定，如果回顾过去12年的民调，甚至可以得出"劳工党政府总体保持着较高民众认可度"的结论。但是，在过去的四届大选中，劳工党对社会民主党的优势从22个百分点缩小为3个百分点，这形象地反映了在中间选民（投票与两党意识形态无关）中求变的群体在逐步上升，从大选结果的微弱差距来看，他们甚至具备了主导大选走势的规模。因此，要保持未来四年执政的稳定以及劳工党的执政党地位，罗塞夫必须寻求政策的改变或转型，扭转国内的困难局面，尤其是经济和社会形势。对于罗塞夫而言，问题在于她拥有多大的政策调整空间和余地。

微弱的优势获选预示着罗塞夫在第二任期的执政压力和难度。未来四年，罗塞夫的最大挑战是实现经济增长的尽快恢复，与此同时，使社会政策惠及更多的中产阶级，从而巩固劳工党的执政基础。

从经济增长来看，罗塞夫第二任期将面临严峻的挑战，根据市场预测，2014年巴西GDP增速将回缩至0.3%。在竞选纲领中，罗塞夫强调通过扩大国内消费和提高投资的政策手段拉动经济快速恢复。首先，受国际金融危机的影响，国内消费在过去的五年间一直扮演着支撑巴西经济的主要支柱，受通货膨胀上升、利率回升等因素的影响，国内消费对经济的贡献逐渐萎缩。虽然发达国家经济开始回暖，但由于新兴经济体总体低迷，外部需求对巴西经济的刺激程度尚不明了，初步判断，应该不太可能恢复到金融危机爆发之前水平。其次，从投资来看，在短期内也很难有改观。在大选获胜后，为防止通货膨胀失控，罗塞夫延续了"加息平抑通胀"的做法，使基准利率回升至11.25%。根据市场预测，2015年仍有进一步加息的可能，利率的上升将对巴西本来不高的投资率（2013年为18.3%）形成新的制约。尽管罗塞夫在竞选纲领中强调"公私合作"的投资模式，但受制于国内投资环境，私人投资很难在短时期内形成对公共投资的有效补充。另外，随着发达国家量化宽松政策的退出，外资的流入也有可能面临萎缩的局面，而国际市场利率的上升将进一步恶化巴西国际融资条件。对于国内融资成本较高的巴西来说，投资率的提高空间也非常有限。因此，从短期来看，巴西经济形势很难走出滞涨的局面。社会政策一直是劳工党政府的优先目标，也是巩固执政的手段和途径。在竞选纲领中，罗塞夫提出"扩大投入"的承诺无疑将增加财政恶化的风险，进而殃及宏观经济的稳定和市场信心的恢复。如果在上述两方面难有突破，那么，2016年里约奥运会有可能再次使罗塞夫政府面临最近两年中连续遭遇的信任危机。

外交政策虽不是2014年巴西选举辩论的重点，但却是两位候选人立场差异最大的领域。在罗塞夫的第二任期内，巴西外交仍将延续"南南外交"的主线，巩固南美洲地区一体化，加强与亚洲和非洲发展中国家的经贸合作，推进"金砖国家"、印度—巴西—南非三国论坛（IBSA）等新兴经济体合作机制的发展，提升巴西在国际决策体系中的影响力和地位。

自劳工党执政以来，南美洲一体化一直是巴西对外战略的基础，其目标是实现南美洲在经济、政治、基础设施、安全等多领域的一体化，将南美洲整合为世界多极格局中的一极。尽管南方共同市场面临贸易争端和发展困境，但罗塞夫的外交政策仍将南方共同市场作为外交最优先的选择，政策方向是克服成员国内部的贸易纠纷，并推动南方共同市场合作超越经贸领域，实现公共政策的整合。针对南美洲国家联盟，现在尚不可能从自由贸易着手，罗塞夫的政策思路应该是，在优先加强南美基础设施、能源和生产链一体化的基础上，进一步强化南美洲"团结自强"的政治决心。相比而言，罗塞夫的连任的确对南美一体化是一个利好消息，尽管一体化存在诸多问题和困难，但南美洲一体化是所有南美国家对外政策的共同优先目标。

随着中国取代美国成为巴西第一大贸易伙伴，美国对巴西的重要性有所下降，加之两国在地区和国际事务中身份和立场的分歧，美国在巴西外交中的地位下滑明显。在罗塞夫第一任期内，棉花补贴争端以及"监听门"事件使得巴美关系陷入停顿，两国互信出现倒退，罗塞夫对美国的疏远在巴西朝野也面临一定争议。恢复和保持巴美关系的正常化将是罗塞夫对美政策的主要目标，除强化经贸合作外，教育、科技和创新合作将是罗塞夫政府对美政策的重点。但是，由于两国国际身份的差异，巴美两国关系仍将维持若即若离的状态。

对华关系方面，巴西既希望有效地利用巴中经济互补和两国在国际事务上的共同诉求，实现自身经济社会的发展和国际地位的提升，同时也希望采取有效对策，应对中国可能给巴西带来的各种影响，使巴中关系更加贴近巴西的国家利益。罗塞夫的连任有助于中巴关系的平稳发展，尤其有利于中巴两国之间的国际多边合作。中短期内，巴西对华政策的优先目标是保持双边贸易的持续增长，扩大相互投资，尤其扩大中国对巴西基础设施的投资，增加巴西高附加值产品对华出口，深化航天、教育、科技和创新合作，加强全球政治和经济事务的协作。罗塞夫政府认同与中国的共同国际身份和利益，因此，国际多边合作将是未来中巴关系的另一重要增长点，两国拥有了诸如"金砖国家"、基础四国、二十国集团、中拉论坛（China-CELAC Forum）等合作平台，合作逐渐趋于务实具体。可以预见，在未来的四年间，中巴关系稳定的发展节奏应该能够得到较好的保持和延续。

后 记

　　《国际问题纵论文集 2014/2015年》经数十位撰稿人和编委会的辛勤劳动，与读者见面了。这是中国国际问题研究基金会自2004年组织编写首部论文集之后的第十二部文集。这部文集主要论述2014年中国外交和国际政治、外交、安全、经济形势演变的特点和近几十年来国际关系发展变化的趋势以及当今世界面临的重大问题产生的根源、影响及应对之策。

　　2014年，国际战略稳定因美俄关系恶化受到负面影响，地区性冲突持续不断，受国际金融危机后国际体系和国际秩序深度调整的影响，世界经济复苏乏力。美国经济温和增长，预算赤字有所减少，但两党对立和高债务等政治、经济问题仍难觅良方，综合国力相对下降正日益牵制其外交战略的实施和国际影响力的发挥。欧洲经济深层次矛盾尚未得到解决，经济治理挑战增多，欧俄关系受乌克兰危机制约走弱。中东局势动荡加剧，极端组织势力崛起对地区稳定和国际安全形成新的严峻挑战，巴以关系跌宕起伏，伊朗与美国关系松动，阿拉伯世界转型之路艰难。新兴经济体经济增长放缓，面临调结构，促增长，增就业等严重挑战，但较发达经济体仍享有发展优势和良好前景。气候变化，生态、能源、粮食安全等问题受到各方高度关注。

　　纵观这一年国际形势的复杂深刻演变，对我国机遇多于挑战。

中国特色全方位大国外交有声有色，亮点频现，构建以合作共赢为核心的新型国际关系和全球伙伴关系网络取得重大进展。

对上述诸多重大国际问题，数十位我国知名专家、学者和资深外交官撰文，发表他们的研究成果和真知灼见，以飨读者。

本书仍采用国务院前副总理兼外长钱其琛为我们首部文集所做的序言。他的序言对我们研究国际问题具有十分重要的指导意义。我们真诚感谢每一篇论文的作者和世界知识出版社为本书出版付出劳动的所有工作人员。基金会秘书处杨云龙和李莉同志也为本书的编辑出版做了大量工作，在此一并表示感谢。

本书难免存在疏漏和不足，恳请读者批评指正。

中国国际问题研究基金会

2014 年 12 月 30 日

图书在版编目（CIP）数据

国际问题纵论文集. 2014～2015 / 刘古昌，沈国放主编. —北京：
世界知识出版社，2015. 2
ISBN 978-7-5012-4859-9

Ⅰ. ①国… Ⅱ. ①刘… ②沈… Ⅲ. ①国际问题—文集—2014～2015
Ⅳ. ①D815-53
中国版本图书馆CIP数据核字（2015）第020128号

书　名	**国际问题纵论文集 2014/2015** Guoji Wenti Zonglun Wenji 2014/2015
主　编	刘古昌
执行主编	沈国放
副主编	吴祖荣
责任编辑	柏　英
责任出版	赵　玥
责任校对	马莉娜
出版发行	世界知识出版社
地址邮编	北京市东城区干面胡同51号（100010）
电　话	010-65265923（发行）　010-85119023（邮购）
网　址	www.wap1934.com
经　销	新华书店
印　刷	北京京科印刷有限公司
开本印张	720×1020毫米　1/16　30½印张
字　数	484千字
版次印次	2015年2月第一版　2015年2月第一次印刷
标准书号	ISBN 978-7-5012-4859-9
定　价	58.80元